高等院校师范类专业系列教材

语文课堂教学技能与微格训练

张孔义等　编著

图书在版编目（CIP）数据

语文课堂教学技能与微格训练 / 张孔义等编著.
—杭州：浙江大学出版社，2011.8(2021.12 重印)
ISBN 978-7-308-08927-2

Ⅰ.①语… Ⅱ.①张… Ⅲ.①中学语文课一课堂教学一教学研究一师范大学一教材 Ⅳ.①G633.302

中国版本图书馆 CIP 数据核字（2011）第 150914 号

语文课堂教学技能与微格训练
张孔义等 编著

责任编辑 黄兆宁
封面设计 联合视务
出版发行 浙江大学出版社
（杭州市天目山路 148 号　邮政编码 310007）
网址：http://www.zjupress.com
排　　版 杭州青翊图文设计有限公司
印　　刷 杭州丰源印刷有限公司
开　　本 710mm×1000mm　1/16
印　　张 18.5
字　　数 342 千
版 印 次 2011 年 8 月第 1 版　2021 年 12 月第 10 次印刷
书　　号 ISBN 978-7-308-08927-2
定　　价 49.00 元

浙江大学出版社市场运营中心联系方式：0571－88925591；http://zjdxcbs.tmall.com

目　录

绪　论

一、课程性质

课堂教学技能是教师必备的专业技能。早在1992年，原国家教委印发了《高等师范学校学生的教师职业技能训练基本要求》，要求师范生“在校学习期间，必须积极、自觉、主动地进行教师职业技能的训练，掌握教师职业基本技能”，把具备教师职业技能作为师范生从师任教的基本素质。1994年，教育部又颁发了《高等师范学校学生的教师职业技能训练大纲(试行)》，要求对高师学生切实加强教师职业技能训练，并且印发了《高等师范学校学生的教师技能训练基本要求》。由此，师范院校相继开设了有关课程，对师范生进行课堂教学技能的训练；教师培训机构也开展了对在职教师课堂教学技能的强化训练。

语文课堂教学技能，就是在这样的形势下逐渐发展成为一门有自身理论体系、在现代技术支持下的语文教师职业技能训练类课程。它具有基础性、实践性、技术性的特点。

所谓基础性，是指这是一门技能的初级训练课程。我们知道，技能是个体运用已有的知识经验，通过练习而形成的一定动作方式或智力活动方式，它分为初级阶段和高级阶段。初级阶段，是指在一定的知识基础上，按一定的方式通过反复练习或由模仿而达到“会做”某事或“能够”完成某种工作的水平；当初级技能反复练习，使活动方式的基本成分达到自动化的程度，并且能够根据具体环境变化而灵活运用时，就达到了“善于”做某事或“巧于”做某事的阶段，这就是技能发展的高级阶段。师范院校学生在校训练课堂教学技能，由于训练时间有限，又缺乏具体的教学环境，不可能达到技能发展的高级阶段。因此，本课程主要是训练学生的课堂教学技能达到初级水平——“会做”或“能够”完成基本教学任务即可，以便将来走上工作岗位能够很快适应教学工作，然后经过一定的课堂教学实践和在职培训，能够迅速发展成为有熟练技巧的教学能手。

所谓实践性，是指这是一门在基本理论、基本方法宏观指导下的微观实践操作课程。我们知道，任何技能都必须通过实践练习才能获得。因此，这门课程既要学习必要的理论知识，以便指导技能的有效习得，减少技能训练的盲目性；同时也要注重案例示范，以便观察、模仿技能；但课程的教学实施应该以实践训练为核心，要在实践中不断练习而形成和完善学生的语文课堂教学技能。

所谓技术性，是指这是一门以现代技术为技能训练手段的课程。训练学生的课堂教学技能的手段有很多，可以观摩真实的课堂教学实践，可以模拟课堂教学实践，但根据教学实际情况，目前最行之有效的手段是利用微格教学进行课堂教学技能训练，可以省时省力，能在短期内帮助学生迅速而有效地获得课堂教学技能。

二、语文课堂教学技能含义与分类

要训练语文课堂教学技能，首先需要理解课堂教学技能的含义和分类。

(一)语文课堂教学技能的含义

什么是课堂教学技能？目前，对于课堂教学技能的解释主要有以下几种说法：

一是教学行为说。这种观点主要是根据微格教学研究成果而提出来的，如孟宪恺在《微格教学基本教程》一书中指出："教学技能是教师在教学过程中，运用与教学有关的知识和经验，促进学生学习的教学行为方式。"①这种教学技能观以行为主义心理学为理论依据，用外显的行为来界定教学技能，将教学技能视为可描述、可观察、可操作、可分解、可测量的教师的外显教学行为，这为教学技能的有效训练提供了客观依据。其客观性方面是值得肯定的，其可操作性也是值得借鉴的。然而，由于教师的教学行为是一个极其复杂的过程，它不仅具有外显性的一面，也具有内隐性和观念性的一面。因此，这种教学技能观忽视其内隐性和主观性的因素，没能全面揭示教学技能的实质，降低了教学技能在提高教学质量上的有效性。

二是活动方式说。这种观点主要是借鉴了认知心理学关于技能的界定。如 1990 年出版的《教育大辞典》第一卷，就将技能定义为"主体在已有的知识经验基础上，经过练习形成的执行某种任务的活动方式"。② 认知心理学认为，技能是个体运用已有的知识经验，通过练习而形成智力活动方式和肢体动作方式的复杂系统。这种教学技能观看到了在教学活动中具有具体活动程序的技能，

① 孟宪恺.微格教学基本教程.北京：北京师范大学出版社，1992：23.

② 顾明远.教育大辞典.上海：上海教育出版社，1990：147.

并且这种活动程序也存在于职业教育的教学活动中，如教师口语技能中的发音、板书技能中的书写、教师体态语技能以及教师必需的其他大量的专业操作技能等，因而这种教学技能观有其值得肯定的一面。但是，所谓的“活动方式”仍然是以外显的动作技能来实现，而在教学活动中所需要的大量的心智技能是不能完全用活动方式来表达的。该观点忽视了技能与知识的联系，未能揭示技能尤其是智慧技能与知识的本质联系。因此，在技能的训练方法上，势必导致机械模仿和重复练习。

三是结构说。这种观点试图把技能的外显行为和认知活动方式整合起来。如斯诺(R. F. Snow)认为“教学技能是由与行为及认知有关的事项的结构系列组成”。[①] 这种观点认为，教学技能不是单指教师的教学行为或认知活动方式，而是由二者结合而成的系列。这种观点对教学技能的认识由单纯强调外显行为转向注重外显行为与认知因素二者的结合，强调教学技能结构中各因素的相互联系，无疑比前两种学说对教学技能的认识要全面、科学一些。但是，它只描述了教学技能的构成要素，却未给教学技能以明确的规定，也未能全面揭示教学技能的内涵。

四是知识说。该观点借鉴当代心理学理论对知识的划分，将教学技能纳入知识范畴。在认知心理学派广义知识观中，动作技能、智慧技能和认知策略均被视为不同形式的程序性知识，他们将知识、技能和策略都统一在知识范畴内。这种观点看到了知识与技能的联系和一致性，认为教学技能即是关于教学的程序性知识，它包括动作技能、智慧技能和认知策略，这对技能心理机制的揭示具有积极的作用。但是，这种教学技能观混淆了知识与技能的概念，过分强调内部的认知结构，忽视技能的外显属性，难以说明教学技能的本质特征，并导致对教学技能训练的否定，不利于教师的职业训练。

上述四种教学技能观从不同的角度上对教学技能进行分析，都具有一定的合理性，揭示了教学技能是一个既包括外显的动作技能，又包括内隐的心智技能的一个综合体，它是以认知为基础，以行为活动为外在表现并通过反复练习后才能形成的综合性教学能力。胡淑珍、胡清薇在对各种“教学技能”的定义作深入辨析的基础上提出了自己的解释[②]：“教学技能系指通过练习运用教学理论知识和规则达成某种教学目标的能力。”“它既包括在教学理论基础上，按照一定方式进行反复练习或由于模仿而形成的初级教学技能，也包括在教学理论基础上按一定方式经多次练习，使教学活动方式的基本成分达到自动化水平的高级教学技能即教学技巧。”这一解释较好地揭示了教学技能的本质。

---

① [日]井上光洋.教师的实践能力与课堂教学.载:高教研究·中日教师教育交流专辑.1998:1.

② 胡淑珍、胡清薇.教学技能观的辨析与思考,课程·教材·教法,2002(2):25

首先，从教学技能的属概念来看，如果将教学技能的属概念定位为“行为方式”或“活动方式”，虽然反映了教学技能具有可观察、可操作、可测量的外显教学行为特征，这为教学技能的有效训练提供了客观依据；但是却忽视了教学技能也具有内隐性和主观性的因素。如果将教学技能的属概念定位为“知识”，认为教学技能即关于教学的程序性知识，它包括动作技能、智慧技能和认知策略，这在知识层面上把知识和技能统一起来，对技能心理机制的揭示具有积极的作用；但是却混淆了知识与技能的概念，过分强调内部的认知结构，忽视技能的外显属性，从而难以说明教学技能的实质，并导致对教学技能训练的否定。将教学技能的属概念定位在“能力”上，能力是个体心理特征，它是一个比知识和技能具有更大包容范围的概念，知识和技能都是能力结构的基本要素，它既具有外显的行为特征，又具有内隐的心理活动过程。

其次，从技能的类型来看，一般分为动作技能和智慧技能两大类。在当代认知心理学家看来，智慧技能有一般与特殊之分，这特殊的智慧技能即认知策略。教学技能则包容动作技能和智慧技能。如板书、体态和操作等技能，多以一定的外显形式，通过肢体和肌肉运动来实现，具有可观察、可操作、可测量的外显性一面。然而，在复杂的教学活动中，大量的教学技能则是通过头脑内部活动的偏于内部心理活动过程的智慧技能和自我调控技能，如导入、反馈、应变、结束等技能，它们往往表现在对知识、信息的加工和改造上，对它们的认识主要是通过教学活动的变化来推测和判断，因此，它具有内隐性和观念性。教学技能正是通过外显的行为动作来体现，通过内隐的心理活动来调控，并通过一系列教学活动的变化来确证的。

再次，就技能的来源而言，教学技能既表现为个体的经验，又是人类经验的结晶。它植根于个体经验，又不是个体经验的简单描述，而是在千百万教师经验的基础上，经过反复筛选和实践检验而高度概括化、系统化的理论系统。它不是从肤浅的经验中拾来的互不联系的技巧，而是一种有前提性假设、有演绎、有归纳地建立的理论体系。这种在丰富多彩经验基础上形成，又以简约化的形态呈现的教学技能体系，既源于教学经验，又高于教学经验，是个体经验与人类经验、理论与实践相结合的产物，反映了多样性与简约性的统一。

第四，就技能的形成而言，强调练习在技能形成中的不可替代性，是心理学界的共识，这对于认识技能与知识的区别是重要的，对于技能的训练也是不可忽略的。然而仅此还不够，不关注知识对技能形成的作用，不仅导致机械模仿和技能训练的盲目性，也难以从知识与技能的联系中揭示教学技能的实质。因此，在技能的形成上，强调练习的不可替代性和知识的不可或缺性应当等量齐观。

第五，就技能的熟练而言，自动化通常被视为技能的一大特征。技能一旦达到自动化程度，所进行的活动则不需要或很少需要意识控制，可以极大地提高活动效率。同样，具有娴熟教学技能的教师，其课堂教学往往组织得严谨有序，张弛适度，生动活泼，遇到偶发事件能从容不迫、应付自如，这样，使教师能将有限的"工作记忆"容量用于创造性的活动中去，从而大大提高教学质量和效率。

从对教学技能的理解，我们可以引申出对语文课堂教学技能的定义。所谓语文课堂教学技能，指的是语文教师在其所从事的语文教学工作中，为了实现语文教学目标，在教学理论知识的指导下，通过反复练习而逐渐形成的顺利完成教学任务的能力。

(二)语文课堂教学技能的分类

要进行课堂教学技能训练，首先需要确定教师在教学工作中的技能的种类，也就是对课堂教学技能进行恰当分类。对课堂教学技能的分类，各国的师范教育工作者之间存在着很大的差异，有着不同的分类思想和分类方法。不同的文化背景，不同的分类目的和角度又影响了分类的一致性。目前对课堂教学技能分类的方法主要有以下几种。

一是按微格教学的需要进行分类。1963 年，美国斯坦福大学开发了《微格教学》，开始对复杂的课堂教学技能进行分类训练。他们将课堂教学技能分解为 14 种要素技能，它们是：刺激的变化、导入、总结、非语言表达、强化、提问的频率、提问的深度、高水平提问、发散性提问、确认、例证、运用教材、有计划的重复、沟通的完成等。我国自 20 世纪 90 年代开始推广微格教学后，加强了对教学技能的研究。在 1992 年出版的孟宪恺主编的《微格教学基础教程》中，按微格教学的需要把课堂教学技能设定为 10 项：导入、提问、讲解、变化、强化、演示、板书、结束、教学语言和课堂组织等技能。北京教育学院的李颖主编的《中学语文微格教学教程》根据微格教学的特点和语文教学技能构成，把微格教学中语文课堂教学技能训练设定为教学语言技能、导入技能、讲解技能、提问技能、结束技能、板书技能、变化技能、强化技能等。

二是按照教师教学能力构成因素进行分类。在国家教委 1994 年下发的《高等师范学校学生的教师职业技能训练大纲》中，把教学技能分为：教学设计、使用教学媒体、课堂教学、组织和指导课外活动和教学研究五类技能。在课堂教学技能中，主要设定了 9 项基本技能，即导入、板书、演示、讲解、提问、反馈和强化、结束、组织教学和变化技能。周庆元主编的《语文教师职业技能训练教程》一书则将语文教学技能划分为：语文教师基本技能训练、语文教学基本技能训练、教育管理基本技能训练三编，其中包括口语、书写、读写、教学设计、课堂教学、教学训练、复习检测、活动辅导、教学媒体使用、教学研究、集体教育和个体教育等12种技能训练。饶杰腾、王问渔主编的《基础教育现代化教学基本功·中学语文卷》也按教学准备、教学过程、教学研究分为三部分共27项教学技能。

三是按照教学程序进行分类。高艳的《现代教学基本技能》把教学技能分为:课堂教学的前期准备技能,即教学目标编订技能及教案编制;课堂教学的基本技能,包括导入、提问、讲授、讨论、演示、诊断,补救和结束技能等七个方面的基本技能。许昌师专张铁牛把教学技能分为课前、课堂和课后教学技能三大类,然后设定为20项基本技能,分为:课前教学技能(确定教学目标、了解学生、分析处理教材、选择教学媒体、选择教学方法、进行教学设计);课堂教学技能(导入、讲解、提问、演示、板书、强化、变化、应变、结束);课后教学技能(复习、辅导、指导课外活动、教学测评和教学研究技能)。

以上对教学技能的分类都各有其道理,但也都存在着一些问题。按照微格教学的需要所做的分类,便于运用现代化的微格教学手段来训练教学技能,易于把握每种单项技能的基本特征与构成要素,但会排斥一些不便于利用微格教学手段训练的高度复杂和综合性强的课堂教学技能。按照教师教学能力和教学全过程来分类教学技能,追求分类的科学性和全面性,涵盖了教学技能的方方面面,分类思路清晰,具体可感,便于初学者学习和理解。但把课堂教学前的教学设计技能和课堂教学后的辅导技能等包括在里面,存在着分类求全求细、过于繁杂的毛病,既与《语文教学论》的课程存在较大的重叠,又无法在该门课程有限的时间内全面兼顾训练所有的教学技能。

我们认为,划分课堂教学技能,首先,是考虑教学技能的理论框架,划分出来的每一项教学技能具有特定的内涵和外延,在同一层次上具有不可替代性,具有合理性、相对独立性、可分解性和可操作性的特点,并能在实践中进行训练。其次,要考虑与相关课程的联系与区别,《语文教学论》与《语文教学心理学》等课程可以是侧重于语文教学理论的学习,《语文教学技能》、《语文教材分析》、《三字一话》等课程可以是侧重于语文教学实践的学习,《语文教学研究》等课程可以是侧重于语文教学研究的学习,各有侧重,又互相联系成为一个整体,没有必要在一门课程中包罗万象,毕其功于一役。再次,是考虑学习对象的特点,学习本门课程的是没有教学经验的师范生,学习的时间非常有限,一般为每周2课时,一共为38课时,在初学阶段学习课堂教学技能不能求全求细,应该在有限的课程开设时间里,集中精力训练最基本的课堂教学技能。因此,我们借鉴微格教学研究的成果,运用教育技能学的理论框架,结合当前教育改革发展的新趋势,通过对优秀教师课堂教学各环节所需要的技能进行分析,从中抽取出影响教学效果的最基本的课堂教学技能，这主要包括：导入、讲授、示范、提问、组织教学活动、反馈与引导、应变、结束等技能。其中，“导入”、“讲授”、“提问”、“应变”、“结束”等技能是所有教学技能训练都包含的项目。语文课堂教学涉及许多内隐的智慧技能的学习，心理学研究表明，内隐的智慧技能学习需要示范教学以利于学生观察和模仿，而目前语文课堂教学普遍忽略技能示范的教学，影响了学生学习语文技能的效率，因此增加“示范技能”作为课堂教学基本技能。“组织教学活动技能”是为了适应新世纪课程改革发展的需要而增补的教学技能，这主要是指组织学生进行合作学习的技能和组织学生进行探究性学习的技能等，以帮助教师借助教学技能改变传统的教学模式，培养学生的参与意识、协作意识和创新精神，实现教学的创新，取得更好的教学效果。“反馈与引导”是课堂教学最主要组成部分，是所有学习活动启动之后必须具有的后续促进措施，决定着课堂教学质量的高低，因而也是课堂教学的基本技能。而“板书技能”本来也是语文课堂教学的最基本技能之一，但该技能一般会纳入《三字一话》的课程内容中进行训练，故在本课程就不再进行训练。其他更专门的教学技能可以在以后的教学实践和教师继续教育中再逐步学习和掌握。

本书具体阐述了这些基本课堂教学技能的含义、作用、理论视野、分类案例及其操作程序、迁移运用、微格训练要求、测评指标等，以便于在短时间内训练学生掌握基本的课堂教学技能，保证学生能基本胜任课堂教学任务。

三、语文课堂教学技能形成与发展

语文课堂教学技能主要属于心智技能的范畴，它的形成遵循心智技能形成的规律。对于心智技能形成的规律，安德森将菲茨与波斯纳的动作技能形成三阶段来解释心智技能形成的过程[①]：认知阶段、联结阶段、自动化阶段。也就是说，人们要掌握一项新技能时，首先要了解技能的操作模式（模型或一组步骤），然后形成这一技能的程序使之运用起来得心应手，最后通过内化或操练技能达到娴熟于心。语文课堂教学技能的形成也经历这三个阶段，其过程就是一个由不会教到会教的过程。在这过程中，首先需要感知他人的课堂教学行为，知道怎么教；然后有意识地借鉴他人的教学经验尝试一步一步学习教学；再经过反复练习和反馈矫正，达到较为熟练地开展教学活动，从而达到会教的境地。这个形成过程从纵向上按其熟练程度同样可以分为认知、联结、自动化三个层次。

（一）认知阶段

任何技能的习得都必须经历认知阶段。所谓认知，是指在学习一种新的技

① 冯忠良、伍新春．教育心理学．北京：人民教育出版社，2000：402.

能的初期，学习者通过指导者的言语讲解或观察他人的行为表现，认识技能的特征和操作过程。这一阶段的学习也称为知觉学习，其主要任务是理解技能的构成因素和基本要求，知道技能操作的活动程序。

在语文课堂教学技能的学习上，师范生在认知学习阶段，就是通过教师的讲解和观察优秀教师课堂教学行为，理解每一项课堂教学技能的概念、特征、作用、操作等因素，在头脑中建立起课堂教学技能运用的活动映像，即知道怎么开展课堂教学活动。需要注意的是，由于师范生没有教学实践经验，难以深刻领悟教学理论和教学技能，因此，在这一阶段的学习，观察范例是非常重要的学习方式。通过观察范例，可以帮助师范生直观感知课堂教学技能，帮助他们更好地理解教学技能学习的目的、意义，掌握教学技能的构成和实施方法，在心理上建立教学技能的行为模式。由于课堂教学技能的获得是在知道技能是什么和怎么操作的基础上经过反复练习而形成的，因此，学生对课堂教学技能的理解越深刻，后面阶段练习的正确性和稳定性越好，掌握的熟练程度越高。

（二）联结阶段

技能学习重点不在于知，而在于行。从知到行，需要把技能的心理行为模式展现出来，这就进入了联结阶段。在这一阶段，学习的重点是把技能的心理行为模式一步一步演练，掌握局部动作，然后再综合成更大的单位，使之成为一个连续技能的整体。这一阶段又分为两个子程序：合成与程序化。

1. 合成

所谓合成，是指学习者把知道的技能活动模式以心理的或外显的操作方式实施，先是演练一系列个别的技能动作方式，然后组合成一个前后连贯的程序。心理学研究表明，每种技能都是由多个要素构成的，技能的实施过程是依据各要素的功能及各要素之间内在的联系而形成一定的时序系列，只有掌握这种时序系列，才能把握各要素之间的动态联系。这就要求学习者不仅知道而且能顺利执行技能的程序，即知道先做什么后做什么，一个活动的完成就成为进入下一活动的信号，使技能的实施形成整体，并趋于协调稳定。

在语文课堂教学技能的学习上，处于这一阶段的师范生尝试执行课堂教学技能。首先回忆出有关技能的行为方式，以教学理论为指导，以示范为样板，按照技能的原则和要求进行心理模拟。然后根据技能的要求，选择适当的教学内容，设计教学技能运用方案，并在设定的情景中（如微格教学情境或模拟情境）进行实践活动，把设计方案变成具体的课堂教学行为。在这一阶段的师范生操练教学技能往往表现出以下特征：在教学技能执行上，生硬地参照优秀教师的教学技能示范依葫芦画瓢进行尝试操作，动作迟缓，动作的正确性和稳定性很差，没有任何灵活性，动作与动作之间的相互联系不够协调，出现断断续续的现象;在意识监控上,对教学技能的所有行为细节都需要高度的注意力加以监控才能勉强完成执行;在自我感觉上,从始至终高度紧张,小心翼翼,有时还会不知所措,出现一些毫无关联的下意识行为。这需要通过多次的训练,逐渐促使教学技能的学习进入下一阶段。

2.程序化

所谓程序化,是指在执行技能的程序过程中将逐渐摆脱对技能动作的有意识的监控。在语文课堂教学技能的学习上,就是指师范生通过感悟、仿效和练习,能把构成教学技能的一系列动作依其内在的联系,联结成为一个整体,能够独立地进行教学操作,并在多次的实践操作中获得反馈,这种反馈可以是教师的指导、小组讨论和自我反思相结合,使不规范的动作行为得到纠正,正确的行为得到强化。在这一阶段,师范生实施的课堂教学技能表现为动作比较稳定,各种教学方式的联系较为协调,相互干扰减少,多余动作逐渐消失;在整个技能实施过程逐渐减少有意识的监控;在自我感觉上,自信心有所提高,紧张心态有所放松。

合成与程序化都注重教学技能实施的整体性、协调性、正确性和稳定性;它们的区别主要是在意识的监控的程度上。在合成阶段,技能动作的运用需要意识监控每一步动作,即在做上一步技能动作时需要考虑"下一步做什么"。随着不断地练习,进入程序化阶段,学习者逐渐减少有意识的监控。

从师范教育的角度看,由于师范生缺乏教学实践经验,不可能对课堂教学技能真正做到深刻理解,熟练掌握,灵活运用的程度,因此,师范生教学技能的学习应该定位在这一层次上,不可要求过高。要求师范生毕业后到中小学就能熟练地运用教学技能进行教学是不切合实际的。

(三)自动化阶段

自动化阶段比程序化阶段提高了一个层次。两个阶段有共同之处,那就是一连串的技能动作已经联系成为一个有机的整体并巩固下来,在实际运用中整个技能动作互相协调地、自动地完成,不需要有意识来监控其表现,不容易受到其他因素干扰。两个阶段也有区别,那就是,在程序化阶段,学习者对技能的运用虽然连贯而协调,但比较刻板;而在自动化阶段学习者对技能的运用具有灵活性,能够根据环境的变化而随机变化。

在语文课堂教学技能的学习上,达到该层次的教师的教学技能具有以下特征:在不同的条件下都能够独立地熟练地执行教学技能,并表现出动作连贯而协调,具有较高的正确性与稳定性,具有较好的灵活性;在意识监控上,表现出较少监控技能的执行,更多注意环境条件的变化,以便根据变化而灵活运用教学技能;在自我感觉上,常常感觉到轻松自如,从容不迫。

从我国教师的专业发展的实际历程来看，师范生毕业后到中小学任教，一般需要一轮教学周期左右(即 3～5 年)，通过在教学实践中不断运用和反复调整，并通过在职培训的提高，教学技能才有可能达到该层次。当然，教师的课堂教学技能还可以在以后的教学历练中继续不断得到提高，使教学技能最终发展为教学技巧、教学艺术的境界。

四、运用微格教学训练学生语文课堂教学技能

(一)微格教学的发展

微格教学(Microteaching)是系统地训练师范生掌握课堂教学基本技能的一种教学方式，它以现代教育学理论和心理学理论为基础，以现代视听技术为手段，把课堂教学技能划分为一系列可操作的教学行为进行有控制实践训练，帮助师范生真正掌握课堂教学的基本技能。

微格教学起源于美国，后来英国、澳大利亚等国家相继进行研究和实践，形成了具有各国特色的教学技能体系。

20 世纪 50 年代末，美国掀起了教育改革运动，为了提高教育质量，需要提高教师的教学水平，于是，20 世纪 60 年代初，斯坦福大学的 D. W. 阿伦(D. W. Allen)和他的同事 W. 伊芙(W. Eve)开始研究运用现代科学技术来培训教师的教学技能。他们研发了一种装有摄像机、录像机等视听设备的微格教室，开创了系统控制下的课堂技能训练方法，其操作过程是：确定训练项目→学习理论→观摩示范→角色扮演练习→反馈评价→矫正重教。这种方法的特点是采用小规模教学活动的方式，每个角色扮演时间只有几分钟，针对某一项技能进行训练，同时运用现代录像、录音手段，即时反馈教学实况，当即进行评价与矫正。最初开发了精神诱导法，继而开发了提问技能，经过发展完善形成了 13 个项目技能训练体系的微格教学课程。

20 世纪 70 年代英国诺丁汉大学的乔治・布朗，将微格教学发展改进，提出备课、感知(指师生相互作用的反馈信息的感知)、执教为“微格教学”的三个要素。在英国有 90%以上的教师培训院校开设了微格教学课程。

与此同时，澳大利亚悉尼大学也积极移植并开设微格教学课程，1972 年，《悉尼基本教学技能》第一分册出版，全书(共五个分册)于 1978 年出齐。

我国从 20 世纪 80 年代初期引进微格教学，开始对教学技能进行研究和训练。90 年代后，我国对教学技能及其培训方法的研究进入推广普及阶段。到现在，全国绝大多数师范院校和其他教师培训机构都开展微格教学，培训职前和职后教师，并取得良好的效果。

(二)微格教学技术系统

目前,微格教学的技术系统发展已经相当完善。该系统采用当前先进的数字化传输、数字化存储和网络应用技术,由一个总控室和多个微格教室组成,是集网络、数字、多媒体、声音、视频、存储、传输及视频监控技术于一体的全数字化网络系统,能够完成对采集的课堂信息的统一管理,并能对资源进行各种操作,具有网络化、智能化、数字化、自动化、系统化、交互式可视化、个性化的特点,在管理、操作方面更加容易、简便。现代的微格教室如图1所示:

图1　现代微格教室

该系统实时性强,可以实时察看微格教室的现场教学情况,对各教学现场的学生、教师进行远程教学评估和观摩,授课教师在现场可以方便地将声音、视频信号切换到大屏幕电视机上并控制各种设备的各种功能。

该系统可以录像存储方式保存微格教学内容,并采用非线性编辑系统对录像文件进行剪辑和合成;还可以随时查询并选取多媒体教学录像文件及相关资料进行播放。该系统运用于师范生的教学技能培训突破了传统的课堂模拟形式,具有双控、监视、评课、示范、互相观摩、分控、巡视扫描、对讲、远程遥控、录像和倒计时等功能。该系统的观摩和评价系统均采用计算机设备,可通过交换机连接校园网或Internet。信息记录方式可采用硬盘存贮或刻录成光盘,以便教师和执教者随时、随地通过网络或光盘进行点播、测评与观摩。数字化微格教学系统凸显了微格教学中观摩反馈的重要功能。

(三)微格教学的优势与不足

目前,我国大多数师范院校和教师培训机构,都广泛采用微格教学来训练师范生和初任教师的教学技能。其中还开展了相应的实验研究,这些实验研究都证明了微格教学在训练教师教学技能上有良好的效果。如仲玉英的研究表明,用微格教学模式培训师范生教学技能不仅是必要的,而且也是十分有效的。[①] 雷体南所开展的大范围推广训练的研究也证明,学生经过微格教学训练后的教学技能得到了很大的提高。[②] 这些研究说明,微格教学的引入,对改革教学法课程,实现师范生培训方法、手段现代化及提高培训质量和效率,起到了积极作用。微格教学很好地地解决了师范生和新任教师教学技能培训中教学能力只能意会不能言传的困难,使受训者能较快地、熟练地掌握教学活动中的各种技能。吕飞飞对微格教学的作用与优点概括为四大点[③]。

1.训练目标明确、具体,有利于发挥受训者的主观能动性

传统的教学技能训练方法以讲授为主,追求系统全面,受训者有所知而不能为,不能在短期内体验到成功的喜悦。而微格教学对复杂的教学技能进行分解训练,从简单的单项教学技能入手,制定出各项技能训练的具体目标及计划,每一项技能要求都具有可操作性,并通过微格录像提供的教学行为表现逐项对照检查,及时调整自身的教学行为。这种目标单一而明确,注重技能的操作性的微格教学,既有利于受训者在操作层面上掌握教学技能,还可以直接看到自己的成功之处,从而得到自我肯定,能信心十足地弥补不足之处而尽快走向完善。

2.教学实践过程声像化,有利于训练规范的语言、自然的体态

微格教学中,声像设备把每一位受训者的讲课过程如实地记录了下来,受训者能及时获悉自己的教学语言及作为教师的形象。因此,微格教学一方面真实地再现了受训者的语言现状,使他们在语言上发现问题,进一步加强语言规范化的训练;另一方面,微格教学还直观地拍摄了每位受训者的一举一动,如“手势”、“目光”、“身势”、“服饰”以及身体的角度与整体的协调性等等。有些在教学法课堂中反复强调的问题,如多余的口头禅、不够大方的习惯性动作,还会在微格教学中“重犯”,但是一旦观看录像后,给所有受训者留下的印象是极其深刻的,这有利于及时修正。观摩之后,受训者明白了教学中应掌握一套规范的语言,具有一副自然的体态;也懂得了作为教师的一举一动、一言一行应处处体现教育工作者应有的风貌。

3.反馈及时并进行反复训练,有利于强化有效的教学行为

技能学习需要反复训练,及时反馈,使技能行为经过一定的强化而能固定

---

① 仲玉英.微格教学与高师学生教学技能提高的实验研究.高等师范教育研究,1998(5):58－62.

② 雷体南、李文胜、彭中.应用微格教学方法大面积训练师范生教学技能模式的试验研究.电化教育研究,1998(3):93－98

③ 吕飞飞.微格教学与师范生教学技能的培训.绍兴文理学院学报,2007(8):52－55.

下来。微格教学就是采用反复训练的教学方式，给受训者及同伴更多机会去尝试实践、发现错误、修正错误并不断提高自己的教学行为，有利于学会教学技能，并使行为得以固定。

4.采用科学的视听设备记录，有利于获得较全面的信息量

现代教育学认为教师提高自己的教学技能必须不断地获得三种信息：①教学内容和教学方法的信息；②来自学生的反馈信息；③教师自身教学行为的信息。在其他培训模式中比较注意的是前两种信息，而微格教学能同时获得这三种信息。在微格教学中，三种信息都受到高度重视，尤其是学生的反馈信息，只有在运用视听设备的模式中才能获得。根据录像，受训者可以比较客观而全面地分析自己的教学情况，看到自己的优点和缺陷，真正地把握自己，从而主动地调节自己的教学行为。因此，微格教学强调导师、同伴一起来观看录像，分析其中的优点和缺点，使之能准确而迅速地找到改进教学技术的有效方法，逐步趋于完善。

当然，微格教学在实际运用中也存在一些问题，主要是：①微格教学理论的局限性。建立在行为主义理论基础之上的微格教学训练模式，忽视了技能学习的心理过程及理论内化对行为的指导作用，有较大的局限性。②缺乏对心智技能的培养和训练。微格教学对训练教态等具有可见行为的教学技能是最为有效的，而对讲解等需要思维积极参与的教学技能培训效果就不那么显著。③缺乏与实际课堂教学的紧密联系。有些微格教学训练割裂了教学行为与教学情景的密切联系，忽视了教学技能的具体学科运用，不能把教学技能与课堂教学密切结合。因此，在微格教学中，一定要注意发挥微格教学优势，克服其缺陷。

(四)运用微格教学训练教学技能的程序

根据技能形成的规律，经过几十年的教学实践，运用微格教学来训练课堂教学技能已经形成了较为成熟的教学模式，那就是：从课堂教学过程中抽取出一系列的教学技能，每项技能提出明确的要求，制定量化的评价标准，分类对师范生或初任教师进行分组训练，每组成员由6～10名学员组成，在导师的指导下选取短小精湛的教学内容，共同备课；一位学员就某一教学片断实施5～10分钟的教学，其他学员扮演学生，并进行教学实况录像；每位学员依次进行片段教学并录像，轮流扮演“教师”和“学生”的角色；在导师指导下观看录像，进行反思和分析；根据反馈修改教案，再次进行片段教学和录像。当每项单一的技能掌握之后，再综合运用到教学实践中去，形成课堂教学的综合能力。李玉宽、黄

晨、张秀云等通过实践研究总结了运用微格教学训练师范生教学技能的过程①，如图 2 所示：

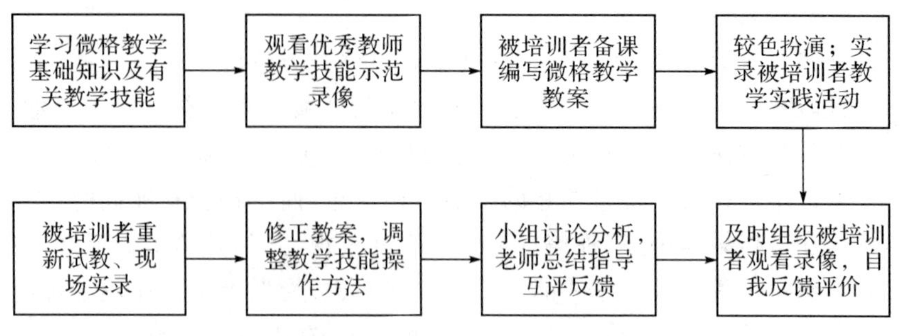

图 2 微格教学训练的步骤

下面我们具体说明训练程序。

1. 理论学习

理论学习是教师在进行微格教学之前指导学生学习相关的基本理论，如有关教学目标、教学设计、教学技能的理论，尤其是对每项课堂教学技能进行充分的讲解，这包括教学技能的学习目标、作用与功能、运用原则、操作过程、注意事项等。理论学习是技能训练的前提，对技能一无所知当然谈不上自觉的训练，对技能笼统模糊的认知也不可能实施有效的训练。理论上认识越深刻，越有利于以后观察学习内容的同化与顺应，训练效果越好。

2. 观摩范例

观摩范例是教师播放优秀教师运用教学技能的课堂录像片段，增强学生对所培训的教学技能的形象感知。在学生观看录像的过程中，教师适时给予必要的提示与指导，解说优秀教师运用教学技能的特征，引导学生观察、吸收和消化他人的教学经验。这些生动、形象和规范的教学示范录像为学生提供了微格教学的感性认识和模仿依据。当然，教师也可以为学生提供反面案例，引导学生分析课堂教学技能运用时容易出现的问题，以利于今后实践时尽可能减少不规范行为的出现。

这两个环节属于技能形成的认知阶段，主要是帮助学生获得技能的感性认识，理解技能的功能和要领，学习相关的背景知识和研究成果。认知方式包括符号方式和直观方式。学生阅读教材、听教师讲解关于技能的理论知识等属符号认知模式，其特点是能简明揭示技能的要义和操作过程；观摩示范等属直观

① 李玉宽、黄晨、张秀云等. 运用微格教学培养师范生教学技能的实践与研究. 天津师大学报(自然科学版)，1999(3)：64—68.

认知方式，其特点是生动具体，易于模仿。实际训练中结合运用这两种方式能充分认识技能，获得相得益彰的效果。

3.编写教案

编写教案是学生根据既定的训练目标进行微格教学教案设计。微格教学的教案属于片段式教案，教学目标单一，教学内容集中，教学过程要突出单项教学技能的特点和操作过程，一般包括以下内容：教学目标、对象、内容，详细的教学片段过程，尤其要写明该教学技能应用的构想，所运用的教学技能的活动过程，可能出现的学生学习行为及对策等。

4.微格实践

微格实践是学生分小组进行微格教学，并利用摄像、录像设备将教学实践过程记录下来。微格实践就是一种分角色模拟教学，一个学生充当教师角色，其他学生充当学生角色，就所要训练的课堂教学技能，按照预先设计的教案，进行教学活动。小组成员轮流模拟教师角色，进行10分钟左右的微格教学实践活动，并一一利用微格教学的设备准确记录教学活动的过程，以便活动后分析。

这两个环节属于技能形成的联结阶段，其核心的是模拟实践，这是一个有明确目的和具体要求的反复实践的过程。在这一阶段学习要注意形式的多样化和手段的现代化。师范生可以采用小组交流竞赛的活动方式来强化练习效果，初任教师可结合教学实践自我练习，也可参加培训有组织地练习。无论采用何种方式练习都必须人人亲自参与实践，并用既定的目的和要求来检查督促才能取得良好效果。

5.反思与反馈

反思与反馈是微格教学最重要的一步。心理学的研究表明，机械重复性练习一般无助于增进技能，只有当练习者充分感知自己练习中的表现，并有意识据此调整下一步行为时，练习才会有实质性进展。这充分说明了反馈与反思环节的重要意义。反馈可以分为三种类型：外部反馈——由他人提供教学反馈信息；内部反馈——由训练者自己从训练中获得体验、领悟和认识；音像反馈——由录像、录音提供练习行为的反馈信息。在实际训练中尽量做到以上三条途径一起开通，以更全面、及时、准确地获得反馈，调整训练的进程与方法。因此，微格教学模拟实践活动结束后，教师及时组织学生一起观看录像，分析学生的教学行为，采用自我反思、同伴评议和导师点评相结合的方式，提出改进教学的方法。首先，执教学生对本次课题作简要的说明，阐明自己的教学设计意图，反思自己的教学得失和感受；然后，导师和小组成员再对其教学过程进行集体评议，分析其实践过程是否达到了预设的目标，是否掌握了所培训的教学技能，赞赏优点，指出有待改进的地方；必要时，导师还可以对其需改进的教学行为亲自示范或再次观摩范例，以利于受训学生真正感知到需要改进的行为和改进的具体策略。

6. 修改教案

修改教案是学生根据老师和同伴在反思与反馈阶段提出的意见，结合自我的感受对原教案进行修改，切实吸取他人的有效建议，也便于进行第二次微格教学训练。

7. 再次实践

再次实践是学生改进教学方案后进行第二次微格教学，也可以把训练中初步掌握的教学技能付诸教学实践之中。这既是检验学生对教学技能运用不足的改进情况，也是对教学技能的反复练习，以期达到较为牢固掌握的程度。

后三个环节是技能训练深化、升华的环节，主要为了促进技能学习进入自动化阶段。通过反思、调整、再实践，加深对技能的理解，突破练习中的难点，自觉地矫正行为，升华实践经验，使技能运用达到娴熟程度。

以上这种运用微格教学训练课堂教学技能的方式，体现了理论学习与实践训练相结合的特点，是个人实践与集体智慧相结合的过程，符合技能形成的规律，对激发学员主动寻求规律，掌握方法以致形成技能是至关重要的。通过微格教学，可以帮助师范生具体可感地了解、分析自己的教学行为，加快掌握教学的基本技能；还可以为初任教师提供技术上的支持，大量减少在真实教学环境中由于经验不足而带来的教学失误，缩短了新手教师成长的周期。当然，运用微格教学培训课堂教学技能，其具体培训方式应根据培训对象的不同有所区别，对师范生应侧重于基本教学技能的学习训练，而对于初任教师则应侧重于对教学技能的研讨、优化、完善。

第一章　导入技能

一、导入技能简介

在语文教学中，导入新课极为重要。俗话说，万事开头难。上课也一样，一堂课怎么开始，也考验着每一位教师的教学智慧。设计一堂课的开头，我们称之为导入，这是一种课堂教学技能，是指教师在一个新的教学内容或教学活动起始阶段，通过某些教学行为，唤起学生的注意，激发学习兴趣，或让学生明确学什么，为什么要学，或建立新旧学习内容之间的内在联系，引导学生转入学习新课。导入如同音乐定调，调子定低了，会压着嗓子唱不出来，调子定高了，又会唱到一半可能就难以唱下去。而好的开头，犹如精彩亮相，美丽的“凤头”，响亮的“爆竹”，引人入胜，情景皆出，进而点燃学生思维的火花，使学生思维向广阔性、深刻性和灵活性发展。

下面，我们先来看看两位教师教丰子恺的《竹影》一文是怎么设计导入的。

【例 1-1】　师：今天我在车上突然看到一个国际动漫节的墙体广告，我一阵激动，你们是不是也很喜欢漫画？

生：是……

师：那现在我们一起来欣赏几幅漫画（多媒体显示丰子恺的三幅儿童漫画）。

师：有同学曾经看过这些漫画，并能说出这是谁的作品吗？

生：丰子恺。

师：丰子恺是现代画家、散文家，他在 1925 年出版了《子恺漫画》，这是他的第一本漫画集，也是中国第一本漫画集，今天我们一起来学习丰子恺先生的一篇同样充满童趣的散文《竹影》。（《竹影》课堂教学实录片段）

【例 1-2】　师：同学们，你们最喜欢看哪种画？

生 1：卡通画。

生 2：日本的漫画。

师：为什么啊？

生：画得好看，颜色漂亮，很生动有趣。

师：是啊，好看又有趣的画确实让人喜欢，今天老师也给同学们带来了几幅画，我们一起来看看。（屏幕展示三幅漫画）这三幅漫画有些什么特点？

生 1：都是关于小孩子玩游戏的。

生 2：我觉得那里面的小孩子很有想象力，你看，第一幅画里那个小孩可能很羡慕大人们可以骑脚踏车，所以他就把两把大蒲扇放在胯下，一前一后的，当做脚踏车。

生 3：对啊，第二幅画的小朋友把人和椅子重叠在一起，就当做拉黄包车了。

师：同学们都很有发现问题的眼光，这三幅画确实充满了小孩子那种天真淳朴和那很可爱的想象力，不由得让我们想起了上学期我们学过的一篇文言文——《童趣》。

这几幅有趣的漫画其实都出自一个人之手，那就是画家丰子恺先生。这几幅画都是他在看小朋友玩的时候觉得有意思就信手画下来的，没想到啊，成了名画，有时候啊，玩也会玩出点名堂来哈。那同学们又知不知道丰子恺除了是个画家外，还在哪方面成就比较大啊？

生：写作，他还是散文家。

师：对，今天丰子恺先生给我们带来的这篇散文《竹影》其实也在写小朋友玩，我们来看看，从竹影他们又玩出点什么来了。（《竹影》课堂教学实录片段）

比较上面两例的导入可以看出明显差异。例 1-1 那位教师的导入简单而肤浅。提及动漫，欣赏漫画，似乎是为了激发学生的兴趣，但激发兴趣后却置之不理，没有利用这些兴趣于学习，提动漫的目的是为了引出漫画，欣赏漫画是为了引出画家，提起画家是为了引出他所写的文章，然后进入课文学习。简单就是整个过程都是匆匆而过，所涉及的教学内容点到为止，不作任何展开，就是要求学生“欣赏漫画”，其实只是点点多媒体，让学生看看而已，没有展开讨论，根本谈不上欣赏。肤浅就是前后教学内容缺乏内在联系，呈现后一教学内容即把前一教学内容扔掉，就像猴子掰玉米，掰了一个扔一个。因此，导入既没有真正激发起学生的学习兴趣，更谈不上建构学生学习的起点。从现实的动漫广告到欣赏漫画，从漫画作者联系到其所写的文章，只是表面上形式联系，没有形成认知上的本质上联系，因而前面的教学没有对后面的学习产生任何影响。

例 1-2 那位老师的导入则较为丰富深入。问学生“喜欢哪种画”，既是了解学生学习起点，也是激发学生的兴趣；要求学生说“为什么喜欢”，引导学生观赏讨论几幅漫画，从抽象到现象，深化学生兴趣，并从几幅漫画的特点聚焦童趣，然后回忆以前学过的相关课文丰富学生的童趣感，为后面学习的课文建构背景知识经验；最后从画家画的童趣漫画引入作家写的童趣文章，可以形成漫画和文字两种不同艺术表达形式的对比，相映成趣。这样的导入，真正激发了学生的兴趣，并在这基础上深化兴趣，使兴趣成为学习课文的背景知识经验。导入教学过程环环相扣，步步深入，形成对比，具有认知上的本质联系。

可见，教师如能用三五分钟的时间精心设计导入语，激发学生的学习兴趣，拨动其思维之弦，让他们以最佳的兴奋状态投入学习活动，就能充分调动学生的积极性和求知欲，吸引学生进入学习新课的良好气氛中，以便尽快地接受新的知识。具体地讲，导入的作用如下：

首先，激发学生的兴趣，引起学习动机。兴趣是入门的导向，学习的重要内驱力。学生对学习产生兴趣，则会触发学习动机，从而驱动学生积极主动地投入学习，提高学习效率。所以，善导的教师，在教学之始，总会千方百计设计恰如其分、新鲜有趣、引人入胜的导入，以激发学生的学习兴趣，诱发学生求知欲，使学生有一种力求认识世界，渴望获得知识，不断追求真理的心向。

其次，集中学生注意力，引入学习情境。学生良好的心理状态是提高课堂教学效率的基本保障。课前，学生可能从事了各种活动，上课伊始，学生情绪稳定性不足，注意力分散，大脑的兴奋程度不尽相同，还可能沉浸在课前的活动中，所以，在课的起始，通过导入给学生较强的、较新颖的刺激，帮助学生收敛课前活动的各种思想，在大脑皮质和有关神经中枢，形成对本课新内容的兴奋中心，把学生的注意迅速集中并指向特定的新的教学任务之中，为完成学习任务做好心理上的准备。

再次，明确学习目标，形成学习期待。明确学习目标，既是为教学起到定向和导向作用，也是确保学生积极主动学习的必要前提。如果学生不知道学习目标是什么，就不知道应该学什么，更谈不起如何主动学习。因此，在教学导入时，教师可通过直接展示或间接提出问题等方式，向学生明确学习目标，使每个学生都了解他们这节课应该做什么，怎样做的及这节课的学习应达到什么样的目的，以便学生能够按照自己的特点安排好学习的进度，积极主动投身学习，并有意识地调控自己的学习过程。

最后，创设学习情境，联系旧课新知。学习总是发生在一定情境之中，教师如果能在导入阶段创设真实的学习情境，架起新旧知识联系的桥梁，则有利于学生学习新知识、新概念、新原理、技能，提高学生的学习效率。

二、导入技能的理论视野

课堂教学导入有许多理论支撑。这里我们主要从有意义学习理论、动机理论、注意理论三方面加以说明。

(一)有意义学习与导入

美国心理学家奥苏贝尔提出了“有意义言语学习理论”[①],这一理论为导入方法设计提供心理学依据。

奥苏贝尔从两个维度对学习进行阐述。一个维度是学习进行的方式,由此把学习划分为接受学习和发现学习。另一个维度是学习内容(学习材料与学习者原有知识的关系),由此把学习划分为机械学习和有意义学习。所谓机械学习就是逐字记诵,学习者没有在已知的内容和要记忆的内容之间建立真正的联系;所谓有意义学习是指以实质性的和非人为的方式将潜在有意义的信息与学习者已知内容联系起来的过程。实质性联系和非人为性联系,这是意义学习的两个密切相关的指标。所谓实质性,指表达的词语虽不同,但却是等值的。所谓非人为性,指有内在的联系,不是任意的联想、联系,指“这些观念与学习者认知结构中原有观念的适当部分”的关联。有意义学习有三个必要条件。第一,学习者必须对学习任务采取一种有意义学习的心向。第二,要学习的材料必须是潜在有意义的,即学习任务和学习材料应该是互相关联的、有组织的。第三,学习者对所学内容有一定的了解,并能够把这些已知的知识和要学习的新内容联系起来。

课堂教学的导入,就是在学习的开始阶段,通过明确学习目标,激发学生学习兴趣和动机,设法引导学生形成有意义学习的心向;通过诊断学生的学习起点,激活学生原有知识经验,联系以前学过的相关知识,提供学习新知识的背景材料,建立起一条把学生的已知信息和将要呈现的信息连接在一起的桥梁,形成有意义学习的条件。这样,学生具有愿意把新学的内容与原有的知识建立起联系的倾向,并且能够把新旧知识联系起来,在认知结构中新旧知识的相互作用导致新旧知识的同化,从而不仅使新知识获得了意义,而且原有知识经验也因此得到了修改而获得新的意义。

(二)学习兴趣、学习动机与导入

学习兴趣、学习动机是学习积极性中很现实、很活跃的心理成分,它在学习活动中起着十分重要的作用。中小学生的学习积极性往往以自己的学习兴趣和学习动机为转移。

所谓兴趣是积极探究某种事物或进行某种活动的倾向。学习兴趣是学生对学习对象的一种力求认识或趋近的倾向。这种倾向是和一定的情感联系着

---

① M.P.德里斯科尔.学习心理学——面向教学的取向(第三版).王小明等译.上海:华东师范大学出版社,2007:98

的，是形成学习动机的重要因素。当一个学生对教学内容发生兴趣时，他总是积极主动、心情愉快地去学习，在学习过程中，他能灌注全部热情，兴致勃勃，津津有味，甚至会达到对所学知识迷恋不舍的地步；在学习后，他会产生满足感，觉得书是他的良师益友，自己从中受到了启迪，并由此产生欢快、惬意的心情。否则，学生只是形式地、勉强地去学习，会觉得学习是一种沉重的负担。所谓“知之者不如好之者，好之者不如乐之者”，就是这个道理。

所谓学习动机是激发个体进行学习活动、维持已引起的学习活动，并致使个体的学习活动朝向一定的学习目标的一种内部启动机制。[①] 动机分为外部动机和内部动机。如果学生是受到外部因素（如奖励、惩罚或社会压力）的影响而采取行动时，这就是出于外部动机。相反，如果学生的行为完全是由于个人兴趣、好奇心或是获得快乐体验这一目的而引发时，这就是出于内部动机。内部动机和外部动机在课堂教学中都非常重要，这主要表现在：①促使学生的学习行为朝向具体的目标。具有某种动机的学生会自己设定某种目标，并使自己的行为朝向这些目标。②促使学生为达到目标而努力。缺乏动机的学生往往觉得学习枯燥而不愿意完成任务，有动机的学生在学习过程中遇到困难就能坚持下去，并克服困难，努力完成学习任务。③激发和维持学习活动。缺乏学习动机的学生不会为学习付出必要的努力，具有强烈学习动机的学生会全身心投入学习过程中。④提高信息加工水平。动机影响着加工何种信息以及怎样加工信息。具有学习动机的学生注意力更集中，更倾向于进行有意义的学习，力求理解所学习的内容。

因此，教师在上课的开始阶段，针对学生年龄特点、心理特征，精心设计导入教学环节，例如使用生动而新颖的相关学习材料，把教学内容和学生的生活联系起来等，诱发学生产生兴趣和好奇心，使他们从原来的“要我学”转变为“我要学”。一旦“我要学”这种发自内心的愿望被诱发出，就会形成学习的内部动机，学生全身心地投入课堂学习活动，有意识地去获取课堂活动所指向的知识和技能，从而表现出令人满意的行为，取得令人满意的学习成绩。

（三）注意与导入

注意状态是学习的必要条件，而分心则是学习的大敌。注意是指意识的指向性与集中性。所谓指向性，是指意识指向某一对象或活动而离开另一对象或活动。注意的指向性使人能够选择对个体具有意义的外界信息，并在头脑中对它继续加工。所谓集中性，是指注意对所指向的对象保持高度的紧张性。注意还具有维持的功能与调节的功能，是人的活动在一定的时间内处于持续的紧张

① 冯忠良、伍新春.教育心理学.北京：人民教育出版社.2000：217.

状态。[1] 注意分有意注意和无意注意两种。有意注意经常是由无意注意引起的。心理学认为:引起无意注意的重要原因是客观刺激物的特点。从刺激物来看,强烈的刺激,如巨大的声音,对比突出的事物,如声音的突然升高和降低,变化的刺激物,如闪烁不定的灯光等,都容易引起人们不由自主地注意它们,但关键在于刺激物的新奇性。任何新奇的东西都容易成为注意的对象,而刻板的、千篇一律的习惯性刺激物就不易引起人们的注意。引起无意注意的另一类原因是外部刺激物符合人的内部状态,凡是能满足一个人的需要的兴趣的事物,都容易成为无意注意的对象,凡是能激起某种情绪的刺激物都容易引起人们的注意。课堂教学的环境虽然已是经过人为控制的环境,隔绝了一定的干扰学习的因素,但也并非是真空世界,仍然存在大量的各种刺激,有的刺激是属于重要的学习内容,有的刺激是属于次要的学习内容,还有的刺激与学习内容毫无关系,甚至有的刺激会干扰当前的学习活动。学生要正常地开展学习,就必须提起注意,选择与学习有关的重要信息,忽视与学习无关的信息。注意就像心灵的窗户,知识的阳光必须通过注意才能照射到心灵中来。因此,在教学的初始阶段,不少老师在导语设计上细细揣摩、再三斟酌,以便通过某些教学行为来消除其他课程的延续思维或课外活动形成的心理杂念的干扰,把学生的注意力迅速集中到本课的学习内容上来,使学生饶有兴味地投入新的学习情境中去。

总之,导入要成功,兴趣、动机、注意这几个因素缺一不可。可以说,兴趣是学习的先导,动机是学习的驱动力,注意则是学习的门户。有效的教学导入所获得的结果就是:学习兴趣→学习动机→集中注意→自主学习和有意学习。

三、导入技能案例分析

导入有一定的规律,但没有固定的方法。由于教育对象不同、内容不同,开头不会相同;即使是同一内容,不同的教师也有不同的处理方法。教学实践告诉我们,语文课堂教学导入的方法是多种多样的,教师可以根据教学任务和内容、学生的年龄特征和心理需要设计适宜的导入。下面我们介绍一些例子,供大家参考。

(一)明确目标

教室上课必须有明确的教学目标,这是不容置疑的问题。但是,教学目标是否要让学生知道,这在课堂教学实践中存在着不同的看法,有的人认为,教学艺术就如同剥笋,在引导学生一步一步深入学习中,最后让学生豁然开朗,发现这节课学习的是什么。有的认为,上课开始阶段就应该让学生明确这节课学习

① 彭聃龄、张必隐.认知心理学.杭州:浙江教育出版社.2004:105.

的目标是什么，然后主动地研讨学习内容，达到学习目标。从现代教育理论上来看，上课开始阶段让学生明确学习目标，有利于发挥学生学习的主动性。例如，加涅就主张告知学生学习目标，这样做可以促使学生为学习做好准备；克劳尔也认为，学习目标有利于将学生的注意力指向某些信息而忽视某些信息。[①]因此，需要教师研究的问题在于：上课时怎样向学生呈现学习目标才是最有效的。下面我们具体分析几种呈现教学目标的方法。

【例 1-3】 师：今天我们学习《小麻雀》这篇课文，主要是指导同学们学习自己读书。自己读书当然不是随便看看就完了，而是要有目的、有要求地认真读、认真思考，求得深刻理解，学到本领。今天我们就来试一试。

这一课的学习要求是：第一，学习作者是怎么样写小麻雀的；第二，体会作者在写小麻雀的过程中寄托了什么样的感情，也就是要领会这篇文章的中心。这一堂课我们先来解决第一个问题，第二堂课我们再讨论第二个问题。（《小麻雀》课堂教学实录片段）

例 1-3 的教师直接讲述这节课的教学目标，先是说明学习这篇课文的整体的学习目标，然后分别说明学习这篇课文需要两节课，并分别说明每节课的学习目标，每节课都是以一个学习目标为主，学习目标集中突出，教师的陈述语言简明扼要。当然，教师也可以通过板书或多媒体等方式呈现教学目标。

【例 1-4】 师：学习这篇课文，老师准备教会大家哪件事呢？（学生七嘴八舌，老师边重复边板书：学习重点：1. 字词：万事俱备，只欠东风；不无裨益。）

师：大家听我喊“预备——起”，用一分钟看课文下面注释，然后自问自答，可以出声。（学生迅速翻开书看）

师：我暂时不提问，下面做第二件事，老师想领着咱们思维的战舰驶向何方呢？（学生边思考边说，教师板书：1. 字词：万事俱备，只欠东风；不无裨益。2. 学习用图表说明事物的方法。3. 读懂全文，会说、会写、会用。）（《统筹方法》课堂教学实录片段）

在例 1-4 的课例中，教师通过引导学生思考并自己确定学习目标，在学生提出的众多的学习目标中挑选符合教师心目中的教学目标作为本节课的学习目标。确定教学目标的权利从教师转移到学生，更能体现以学生为主的教学思想，让学生感觉到学什么是自己的学习兴趣，有利于学生形成学习主人公的心态。

【例 1-5】 师：上课前先请问大家一个问题：这篇课文的学习重点是什么啊？

---

① M. P. 德里斯科尔. 学习心理学——面向教学的取向(第三版). 王小明等译. 上海：华东师范大学出版社，2007：50.

生:(教室里一片沉默,看来没有人课前曾思考这个问题。教师准备进一步引导时,突然,后排的一个同学举手)本课的学习重点是整体感知,揣摩语言。

师:非常正确!你怎么知道的?

生:在教材第5页上,编辑是有单元学习重点说明的。

师:好!都用的是同一本语文书,可××同学就比大家会读。他知道不但要读单篇的课文,而且还要读单元前面的说明,从中发现课文的学习重点。——好,请同学们打开书第5页。(单元提示:"本单元的学习重点是整体感知,揣摩语言。揣摩语言,是在一定的语境中,如联系中心意思,联系上下文,对语言的深层次含义、感情色彩等,进行辨析、品味。")

师:大家对这几句话有没有什么疑问,或者说从中看出什么问题没有?(生沉默。)我就有问题,现在问大家——既然"学习重点是整体感知,揣摩语言",那么,接下来就应该先解释什么叫"整体感知"再解释"揣摩语言",但为什么书上却根本不讲什么叫"整体感知",而直接就解释什么叫"揣摩语言"呢?(学生们惊讶:咦?我为什么没发现这个问题呢?)注意:从无疑处发现问题,这是最重要的读书方法之一。好,大家现在就来思考这个问题吧?同桌之间可以讨论一下这是为什么?

(两分钟过后,请几个学生站起来交流他们的看法。)

生1:"整体感知"谁都懂是什么意思,所以不用解释。

生2:"揣摩语言"则不太好懂,所以要解释。

生3:"整体感知"是要达到的目的,而"语言揣摩"则是达到目的的手段。

生4:其实,看起来没解释"整体感知",但实际上解释"揣摩语言"中就解释了"整体感知",比如书上不是写了吗?"联系中心意思","联系上下文",这就是"整体感知"了。

师:都有道理。重要的不是标准答案,而是善于提出问题并对这些问题进行思考。不过,我这儿要对"揣摩语言"作些补充性解释。揣摩语言一定要联系语境。所谓"语境",包括外部语境与内部语境。外部语境指社会背景、文化背景、人际关系等等。比如,外国人看宋丹丹和黄宏的小品就不知道中国人为什么要笑;又如,我们今天读鲁迅的文章,对有些语言也觉得不理解。这就是对外部语境不熟悉。而内部语境,就是指文章的中心思想、上下文的照应等等。这是同学们很容易理解的。同学们注意,所谓阅读,主要就是通过揣摩语言去整体感知文章的内涵,体会作者的思想感情,进而走进作者的心灵。下面我们就去揣摩这篇课文的语言,进而整体感知文章的内涵。(《荷塘月色》课堂教学实录片段)

在例1-5的课例中,教师也是引导学生自己根据课文特点和单元要求来确定学习目标，但和例1-4有所不同。例1-4教师问学生学什么，学生根据初步感觉作出不同的表述，教师从中加以选择来确定教学目标。这里需要注意的是，学生当时思考确定学习目标时含有一定的随感性，虽然确定了学习目标，但由于教师没有问“为什么”，多数学生对学习目标的确定只知其然，不知其所以然。例1-5则不同，教师问要学什么，学生回答了，教师不满足于此，而是再追问“你怎么知道的”，也就是让学生理性思考确定学习目标的依据。问为什么，促使学生对学习目标的确定寻找理由，分析依据，学习也就从下意识的随意性的活动发展为有意识的有理由的活动，从感性上升到理性，如果教师经常引导学生进行这样的思考，学生会逐渐形成自我确定学习目标的能力，当学生离开教师，课外自学时就能自主确定学习目标。

(二)复习旧知识

学习是一个循序渐进的过程，经常运用已有知识可以使旧的知识得到不断巩固、保持，并有利于获得新知识。有经验的教师很注意引导学生温故而知新，在每堂课开始时，通常采用复习以前学过的相关知识作为导入新课的方法。这种方法，便于学生巩固已学的知识，便于将新旧知识逻辑有机地联系起来，也便于教师循序渐进地开展教学。我们来看看下面通过回忆旧知识导入的课例。

【例1-6】 师：同学们，以前我们背过很多诗词，现在请大家回忆，在我们背过的诗词中，有哪些是描写月亮或月光的？

生1：“床前明月光，疑是地上霜。举头望明月，低头思故乡。”

师：这是谁的诗？表达什么感情？

生众：李白的《静夜思》，表达思乡之情。

生2：“雁字回时，月满西楼。”

师：这又是谁的诗？

生众：李清照的《一剪梅》，表达思亲之情。

生3：李白的《闻王昌龄左迁龙标遥有此寄》“我寄愁心与明月，随君直到夜郎西”，表达思友之情。

师：(启发)月落乌啼霜满天……

生4：江枫渔火对愁眠。

师：这表达了？

生4：失意怅惘之情。

生5：柳永的《雨霖玲》“今宵酒醒何处，杨柳岸、晓风残月”，表达离愁别恨之情。

生6：“无言独上西楼，月如钩。”这是南唐后主李煜的《相见欢》，表达凄婉忧郁之情。

师:(启发)明月松间照……

生7:清泉石上流。这是王维的《山居秋暝》,表现幽静和谐环境气氛。

生8:"晨兴理荒秽,带月荷锄归。"陶渊明的《归园田居》,表达悠然闲适之情。

生9:"疏影横斜水清浅,暗香浮动月黄昏。"林逋的《山园小梅》,表现朦胧幽雅的环境气氛。

师:太好了!通过复习,大家知道我国的文人常用月亮、月光表达对故乡和亲人友人的思念之情,或表达离愁别绪凄婉之情,或表达幽静闲适之情,今天我们再来学习一首写月的词,请看课题(板书:《水调歌头·明月几时有》)。我们来看看这首词表达的是什么情感。(《水调歌头·明月几时有》课堂教学实录片段)

例1-6的这位教师执教宋代名家苏东坡的名作《水调歌头·明月几时有》,不是指导学生仅仅就该词进行解读,而是引导学生回忆以前学过的有关描写月亮的诗词,建构起中国传统文化中"月亮"的丰富内涵,在更广阔的时空背景下去研读该诗词,其起点就更为高远。我们知道,我国文人对月亮情有独钟,尤其在中国古典诗词中,诗人们常常借月抒怀,月亮不仅仅是光照人寰的一个普通星体,更是通脱淡泊的一种文化象征。"月亮"意象负载着民族深刻的文化内蕴,流转在诗人广阔的心灵空间。这位教师在教学的起始阶段引导学生回忆以前学过的有关描写月亮的诗词,目的是帮助学生建构起有关月亮的文化内涵。由于学生群体思维会有一种互相暗示的导向,因此教师需要适时加以启发,引导学生思维多向发散。例如,教师要求学生回忆学过的描写月的诗词,学生很自然想起最熟悉的《静夜思》,从而形成了思乡、思亲、思友的回忆思路;教师在学生完成这一月亮意象回忆后适时进行启发,给学生提示新的思路:"月落乌啼霜满天",从而引导学生换一个回忆思路,进入离愁别绪和忧郁的意象回忆;然后,教师又在适当的时候提示"明月松间照",再次引导学生转换回忆思路,于是又进入了清幽闲适的意象回忆思路。正是在教师的恰当启发下,学生形成了古诗词有关月亮的丰富多彩的文化意象,既把原来零散的知识建立起网状的认知结构,又形成了学习新内容的厚实的基石——《水调歌头·明月几时有》中的月亮的文化意蕴是什么?激起学生探究的兴趣。

【例1-7】 师:在中国,牛郎织女的故事可谓是家喻户晓。同学们听说过有关牛郎织女的民间传说故事和诗词佳作吗?听说过吗?

生:听说过(齐声)。

师:在唐代啊,刘禹锡在《浪淘沙》一词中写道,让我们来齐读一下:"九曲黄河万里沙",1、2……

师生:九曲黄河万里沙,浪淘风簸自天涯。如今直上银河去,同到牵牛织女家。

师：我国现代诗人郭沫若也曾在他的《天上的街市》一诗中这样写道："你看，那浅浅的天河，定然是不甚宽广。那隔着河的牛郎织女，定能够骑着牛儿来往。"千百年来人们一直盼望着牛郎织女能够鹊桥相会，从此过上自由幸福的生活。可是从天文学的角度看，牛郎星和织女星真能如人们所愿年年相遇吗？带着问题今天我们就来共同学习叶至善的一篇科学小品文《卧看牵牛织女星》。（《卧看牵牛织女星》课堂教学实录片段）

在上面的课例中，教师要求学生回忆旧知识，目的不甚明确，处理较为简单。从刘禹锡的《浪淘沙》到郭沫若的《天上的街市》，再到科学小品《卧看牵牛织女星》，其中有什么联系呢？是某事物发展过程，还是不同的文章体式对相同的事物的不同表达方式？教师只是简单点了一句："天文学的角度看牛郎星和织女星"，但后面的教学内容却一点也没有涉及文学角度是如何看"牛郎星和织女星"，天文学角度是如何看"牛郎星和织女星"，学生没有这两者的对比，也就无法建构起新旧知识在本质上的联系。因此，简单回忆一些看似相关的知识，而不引导学生认识到这些新旧知识在什么角度上相关、如何联系，则难以形成一定的知识结构，导入的旧知识也就不可能成为吸取新知识的基础。

（三）介绍背景知识

所谓背景知识，是指与课文相关的背景材料，如作者生平、时代背景、写作缘起及社会影响等。阅读心理学研究表明，阅读理解是背景信息（即学生原有知识经验）和课文信息交互的结果，背景信息、课文信息是决定阅读理解的重要因素。由于语文教材选文广泛，课文信息丰富多彩、包罗万象，而处于成长阶段的学生头脑中的背景信息则具有明显的局限性，尤其是有些文章写作时代或所写的内容与学生距离很远，学生往往缺乏理解这些文章的相应的背景知识，为此，教师常常会在阅读教学中引入背景知识以弥补学生背景信息的不足，使背景知识成为连接背景信息和课文信息的桥梁。

我们来看看下面的课例。

【例 1-8】 师：讲《赤壁赋》不能不讲"乌台诗案"。（板书）苏轼与王安石同一时代，两人私交甚厚，但苏轼反对王安石变法，尤其"不敢默视"新法推行中的流弊，时时"缘诗人之义，托事以讽"。王安石罢相后，几个监察御史从苏轼诗文中深文周纳，罗织罪状，弹劾苏轼"指斥乘舆"、"包藏祸心"，于元丰二年(1079)把他从湖州逮捕，投入监狱，勘问他诽谤朝廷的罪行，酿成北宋有名的文字狱"乌台诗案"。

生1（脱口而出）：为什么会叫"乌台诗案"？

师：这一案件先由监察御史告发，后在御史台狱受审。汉代时御史台外柏树上有很多乌鸦，所以人称御史台为乌台，也戏指御史们都是乌鸦嘴，所以此案称为“乌台诗案”。由于宋朝有不杀士大夫的惯例，所以经过四个月的折磨后，苏轼免于一死，但被贬为黄州团练。被贬黄州后，苏轼经常游赏赤壁矶，在被贬第四年即1082年，一气写下了《念奴娇·赤壁怀古》和前后《赤壁赋》三篇传世名作，由他的政治低谷转而登上他文学创作的巅峰。今天我们要学的前《赤壁赋》正记录了苏轼从失意矛盾中超脱的心路历程。

师：现在同学们一起来看课文标题“赤壁赋”，同学们对“赋”了解多少？

生2：刚学的《诗经》“六义”有赋、比、兴。赋者，敷也，敷陈其事而直言之者也。是铺陈排比。

师：说得非常好。“赋”原先是一种文学表现手法。到汉朝发展成为一种文体，“赤壁赋”的“赋”是古代的一种文体。汉有大赋，铺陈扬厉；六朝骈赋，铺陈对仗；唐朝律赋，铺陈对仗，平仄用韵。至此“赋”被层层束缚，已无法写了。于是宋朝文人对“赋”进行改革，产生了文赋，突破声律对仗，自由挥洒，杂入大量散句，故称文赋。但文赋仍保留汉赋主客问答的形式。客多是虚拟的，用于流露作者思想的一个侧面，主则用于表现作者的主导思想，他们共同反映了作者思想的矛盾困惑。

师：标题“赤壁赋”其实可以理解为“赋赤壁”，用“赋”的形式写赤壁。假设我们同学游览了赤壁，让你们来写赤壁，你们觉得可以写哪些内容？

生（杂然答道）：自然风景、历史人物……

师：那么，《赤壁赋》有没有写自然风物和历史人文？如果有，请找出相关段落。

生（杂然答道）：第一段写自然景观……

师：同学们齐读第一段。（生齐读）那么有没有写历史人文的？

生（杂然答道）：第三段前半部分写历史人文……

师：同学们齐读第三段。（生齐读）（《赤壁赋》课堂教学实录片段）

课例1-8的教师以相关背景知识作为导入。首先，教师先简单介绍写作背景。教师指出：“讲《赤壁赋》不能不讲‘乌台诗案’”，学生疑惑：“为什么会叫‘乌台诗案’？”这说明学生缺乏这相应的背景知识，而获得这背景知识有利于理解作者的人生变化和思想感情的发展。然后，教师介绍有关“赋”的文体知识，学生对“赋”的理解源于《诗经》“六义”，有所知，但不全面，为此，教师从表现手法到文体发展及其主要特征作了介绍，以便学生从赋的文体特点上理解文章内容。最后，教师提示学生：“‘赤壁赋’其实可以理解为‘赋赤壁’，用‘赋’的形式写赤壁。假设我们同学游览了赤壁，让你们来写赤壁，你们觉得可以写哪些内容？”这是在帮助学生初步也就是形成理解文章的图式。教师在这里所导入的背景知识既是学生所缺乏的，也是理解文章所必需的，与课文新信息具有一致性。

【例 1-9】 师：钱钟书和杨绛都是德高望重的作家，他们的作品《围城》和《洗澡》在文学界有很高的知名度，但是他们的生活却鲜为人知：杨绛的女儿在1979年英年早逝，1881年钱先生也离开了人世。面对生活的种种不幸，杨绛却乐观豁达，在92岁那年，杨绛拿起笔写下了《我们仨》。

（幻灯出示照片：一家三口的照片，女儿居中，钱、杨各居左右。）

（幻灯出示字幕：开卷的瞬间，恍若中国的一个世纪，与这个风烛残年却依旧美丽如昔的老人并肩同行。）

生：（齐读字幕）

（幻灯出示课题：《老王》　　杨绛）

生：（齐读"绛 jiàng"字音两遍）

（幻灯出示字幕：杨绛生平）

生：（指名读字幕的"杨绛生平"）杨绛，（1911—　），钱钟书夫人，本名杨季康，著名的作家、评论家、翻译家、学者。祖籍江苏无锡，生于北京。1932年毕业于苏州东吴大学。1935—1938年留学英法，回国后曾在上海震旦女子文理学院、清华大学任教。1949年后，在中国社会科学院文学研究所、外国文学研究所工作。主要作品有长篇小说《洗澡》，回忆录《我们仨》，散文《干校六记》，随笔集《将饮茶》，译作《堂吉诃德》等。

（幻灯出示：时代背景）

生：（齐读"时代背景"）文章作于1984年。这是一篇回忆性的散文，作者记叙了自己从前同老王交往中的几个片段，当时正是"文化大革命"时期，是一个荒唐动乱的年代，作者夫妇被认为是"反动学术权威"。但是，任何邪风对老王都没有丝毫影响，他照样尊重作者夫妇。由此与老王的交往深深地印刻在了作者的脑海之中。

师：下面请同学们默读课文，注意三个问题……（《老王》课堂教学实录片段）

课例1-9的教师也以介绍背景知识作为导入，先介绍作者一家人的概况，然后介绍作者的生平，再介绍文章的写作背景。在这些背景知识中，家人概况虽然可以吸引学生注意力，激发兴趣，但从阅读理解的角度而言，这些信息与理解课文无直接联系，在此引入这些陌生的信息会分散学生学习本课的注意力，比如，可能就会有学生心里发问：《围城》和《洗澡》写什么的？这样就形成了学习的冲突效应。作者生平对扩大学生的知识面有积极的意义，但内容枯燥不足以引发学生兴趣，而且与课文信息没有一致性，对理解课文没有促进作用，属于冗余信息。只有写作背景与课文信息具有一致性，才能对理解文章起到促进作用。如果学生不了解“文化大革命”的历史背景，就难以深入理解文章中所写的人与事，因此，帮助学生建构相应的历史背景知识是理解本文所必需的。从上面的分析可以看出，教师介绍背景知识缺乏选择性，而这种现象在教学中较为常见。有的教师介绍背景知识，从作者生平、时代背景，到写作缘起、社会影响等等，不管与课文信息相关程度如何，只要与课文有关的各种内容都一网打尽，其中有些与课文信息具有一致性，有些与课文信息无直接关联，有些甚至与课文信息冲突。在阅读的过程中，所有的背景知识(包括与课文信息无直接关联的信息)都进入学生的工作记忆，学生需要首先吸收背景知识，并将其暂时存储在短时记忆中，然后再去阅读课文信息，并利用背景知识去试图解读文本。这时就会出现以下情况：阅读能力一般的学生无法区分有效信息和无效信息，不知道该选用哪些信息来帮助解读课文；而阅读能力好的学生也需要剔除无关信息的干扰，这样便导致其信息加工时间的延长，降低理解效率。因此，从广义的角度而言，所有的背景知识虽然或有利于扩大学生知识面，或能激发学习兴趣，是有一定好处的，但在有限的课时中，背景知识作用的最大化是值得思考的。如果再从与阅读理解的关系而言，与课文信息无关的内容应该尽量不要引入课堂，因为会抑制阅读理解。

(四)诊断起点

著名心理学家维果茨基提出了“最近发展区”的理论①，他认为，学生有两种不同的发展水平：实际的发展水平和潜在的发展水平。实际的发展水平是指学生当前的智力水平和解决当前具体问题的能力。潜在的发展水平是指学生在老师或同伴的帮助下能够达到的能力水平或取得的成就。而位于学生当前发展水平和潜在发展水平之间的一个区域就是最近发展区。他还认为，教学如果是处于最近发展区内，在老师或更有能力的同学提供的适当挑战和帮助下，学生就能获得发展。要确保教学是处在最近发展区，这就需要教师在备课时真切了解学生的当前能力现状和发展的需要，在教学过程中运用教学诊断能力不断诊断学生的现有发展需要和水平，并根据学生的当前微观的学习起点和变化，确定教学目标和教学重点，灵活选择教学内容和教学策略，真正促进学生知情意的发展。因此，在导入阶段确切诊断学生学习本课教学内容的学习起点是非常重要的。下面我们来观看教师在导入阶段对学生学习起点的诊断课例。

【例 1-10】 师：我记得一位名人说过，“读书是一种冒险”。这是就书的内容而言的，是否恰当，另当别论。但刚刚学过《前方》这篇课文的阅读经历告诉我们，读书，对我们来说常常是一种挑战，考验着我们的耐心、意志和求索的坚

① [美]理查德·I.阿兰兹著.学会教学.丛立新等译，上海：华东师范大学出版社，2007：340.

持。今天要学的《今生今世的证据》，将再一次挑战我们的读书勇气。在课前，我请同学们自己先阅读这篇课文，努力形成自己的理解。你们读过了吗？（学生答“读过了”）读懂了吗？（学生沉默）大家不要紧张。其实，不要说你们，就是我，尽管读过几遍，也对自己的理解不是很有把握。我们还是随便聊聊吧，读这种作品，很难说谁的理解就完全正确，更没有什么标准答案。就算是交流读书心得，大家谈谈自己理解，可好？A同学，你的阅读面比较广，你先来谈谈？

生A：说实话，我读不大懂，搞不清这篇作品到底说的什么；从作品字面看，好像是说要珍惜往昔的生活的，但看课文的编排，又把它放在“月是故乡明”这个人文主题里。这两样内容我很难把它们拧到一起，总之是稀里糊涂的。

师：这不奇怪，我读书也常常有这样的情形，有些文章，往往是听了人家的理解之后受到启发，才慢慢读懂的。你看平时发言积极的同学今天都低着头，情况大概跟你差不多。但我想还是应该有自认为是读懂了的同学。下面，谁再说说？

生B：这篇散文，讲的是故乡对一个人生命的意义。作者认为当故乡在一个人的记忆中不再存在时，他的生命也就是历史，就会成为一片虚空，没有了根，没有了归宿，也就没有了通向未来的方向。

师：你是读了课文获得的印象的呢，还是参考了别的书籍的说法获得这个印象的？

生B：我先读课文，读不懂，我就去看教学参考书，觉得它的说法有道理，就再去读课文，这才理解了课文。

师：不要紧，读不懂课文，看看参考书再来读课文，这是常有的事。我们做老师的也要看参考书的。只是参考书仅仅是参考，我们还应该有自己的理解。还有谁愿意谈谈？

生C：我觉得，如果不考虑书页边上“月是故乡明”的人文主题，我觉得大致读懂了课文，但一联系“月是故乡明”，跟A同学一样，就给搅糊涂了——

师：我打断一下，你先别考虑书页边上的话，那是课文编者加的。课文是作者写的，你只谈对课文的理解。

生C：我觉得课文写的是作者对人生的一种看法。在作者看来，世上万物都会消失，消失了以后那曾经存在的一切都像梦似的，使人们怀疑它存在过的真实性。这样，作者就想到，已经存在过的一切就需要证明。我们经历过的童年、少年、青年时代的生活，我们的快乐、孤独等等都应当成为我们存在的证据，这对我们今后的生活都是有意义的。

（纷然议论，很多同学表示赞同）

师：看来，C同学说出了很多同学的想法。还有不同的意见吗？

（学生沉默）

师：刚才三位同学的发言，代表了我们全班对课文的理解的三种情况：一种是像C同学那样，凭自己的努力已经形成了比较确定的看法；一种是像B同学那样，起先读不懂，看了参考书再读课文，感觉到自己读懂了；还有一种是像A同学那样，怎么都读不懂。无论在感觉上是懂了还是没懂，只要大家认真读过、想过，就已经完成了作业；大家或是带着自己的理解，或是带着问题，就已经为上课做好了必要的准备。那么，刚才C和B两位同学的意见哪个正确呢？得请最高权威来裁决。谁最权威呢？

（学生众："课文！"）

师：对！对课文的理解，必须要有原文做根据：对文章基本内容的理解，要有文章的基本思路和写作背景的依据；对句子和词语的理解，要有原文和它的上下文的依据。我们已经读过课文，现在，请同学们试着"竖读"一遍，将课文的基本话题整理出来。

（学生阅读活动……）（《今生今世的证据》课堂教学实录片段）

在上面的课例中，教师首先需要对学生的现有能力状况进行细致而深入的了解。这种了解，包括教学设计时了解学生的基本特征，如学生的学习动机和兴趣、个人对学习的期望、认知成熟程度、学习风格、经验背景、社会文化背景等等；还包括教学开始时了解学生对所学的内容理解的当前状态（知识、能力和态度的现状）。前者一般是宏观的大致的了解，可以适用于所有教学内容；后者一般是微观的具体的了解，需要根据不同的教学内容而作动态的诊断和分析，这是因为学生对不同的教学内容理解的当前状态是不同的。因此，对学生当前阅读能力现状的诊断和分析也就显得更为重要和更为困难。在本课例中，教师在教《今生今世的证据》一课的起始阶段要求学生"谈谈自己对课文的理解"，也就是说说自己到底哪些地方不懂，或者说哪些地方感到困惑。学生纷纷说出自己的初步阅读感受，有的学生说"读不大懂，搞不清这篇作品到底说的什么"；有的学生先读课文，读不懂，再就去看教学参考书，觉得它的说法有道理，就再去读课文，这样理解了课文；还有的学生对课文形成自己的看法。总的来看，学生对课文的理解存在着困惑，这种理解的困惑不是从读不懂的字词句这些微观理解的层面上，而是从对全文的整体理解这一宏观层面上来说，这正是反映了他们对这篇课文理解的当前能力状态。这就是在实施教学前对学生理解学习内容的当前能力进行细致的动态的诊断和分析。在对学生学习起点进行诊断的基础上，教师再根据学生理解的当前能力状态来确定教学目标和教学过程。在课堂教学过程中，虽然教师会在备课时预设教学目标，但最终的有效的教学目标和教学过程应该是根据当时的诊断分析而动态生成的。根据诊断分析，了解学生的当前能力状态，根据学生的当前状态与目标状态的差异构成了学生学习需要，从学生学习需要出发动态生成教学目标和教学过程，这就是课堂教学动态生成的意义和价值所在。本课例的教师根据学生对教材编者的编辑意图的误解和对课文理解的困惑，发现其主要原因是“难以把整篇课文的内容串起来理解”，因此确定接下来的教学活动是指导学生采用“竖读”方法，引导学生梳理课文的内容，分析课文内容之间的联系。这是激发学生合适的阅读图式，以便能够以正确的阅读图式解读课文，从而达到对课文的理解。

（五）激活生活经验

阅读是读者运用已有知识经验去解释文本所提供的信息，从而建构意义的过程。激活学生的原有知识经验，是启动阅读进而达到理解的关键因素。从信息交流来看，人类的各种活动可以有许多共性，给人以相似的感受，这些共性和相似点是不同时代不同区域的人们能够相互沟通和交流的基础，也是文本构成的核心内容，唤起学生的这些生活经验，是学生进入文章的写作情境、领悟课文内容的必要条件。从文学欣赏来看，在阅读文学作品时，读者的思想情感或生活经历，与作品中的人物所具有的相通或相似之处，更容易被深深打动，形成一种强烈的心理感应状态，这就叫做共鸣。共鸣有三种情况：①物我相融。读者把自己的经历、经验融进艺术形象之中。②移情现象。读者把自己的情感外射到作品的事物上去，使后者似乎有了自己的情感。③表同现象。读者把自己比拟成作品中的人物，悲欢与共。经过设身处地，实现心理认同与同化，达到物我两忘、物我融合。所有这些都以读者启动原有知识经验为基础。因此，教师在上课开始阶段，引导学生回忆已有生活经验，寻找原有知识经验中与文本所表达的思想感情相通或相似之处，以便进一步与文本进行深刻对话。

下面我们来看看几则激活学生原有知识经验的课例。

【例 1-11】 师：同学们，我想你们曾不止一次参加郊游、远足、野外聚会，你们能说说自己当时的感受吗？

生 A：这样的活动我们从小学时就有了。走出课堂，不再受功课的压力，在旷野中自己做饭吃，做各种有趣的游戏，非常轻松愉快，是平时在学校里根本感受不到的。

师：你的感受主要在新鲜，还有点三味书屋的孩子们来到百草园那种味道。还有吗？

生 B：可以呼吸大自然中新鲜的空气，饱览山水的美丽景色。登临高山，远眺大海，还有一种世界实在太大、自己太渺小的感觉。

（其他学生纷纷谈了自己的不同感受，从略）

师：你们刚才都谈得很好。把你们的感受概括起来，大致上有这样三个方面：一是卸了课业压力的轻松感，二是在陌生野外活动的新鲜感，三是大自然会引发你产生一些思考。其实，前面两种感觉不一定就来自野外，只要不上课不做作业，到一个陌生的地方搞活动就能得到。但第三个感觉只能来自人和大自然的接触。人处在寥廓旷远的天地之间，人世的一切都退隐到脑后了，我们直接和天地对话了，从广大的天地这个视野来感受自己的存在，心胸一下子变得开阔并且纯净起来了。所以，经常到大自然中去感受，不仅有利于身体健康，也有利于灵魂的纯洁。古人喜欢登高望远，喜欢到山水间聚会，不是没有缘由的。今天我们学的《兰亭集序》，就有这方面的内容。我们且看看王羲之到底想的是什么。(《兰亭集序》课堂教学实录片段)

课例 1-11 的教学起始阶段，教师就请学生回忆郊游、远足等野外聚会活动的体验。这样的活动体验多种多样，有深有浅，教师通过概括整理，抽取出能够和课文的写作情境对接生活经验："世界实在太大，自己太渺小"和"我们直接和天地对话了，从广大的天地这个视野来感受自己的存在"这样的生活体验。这种体验，凡是参加过郊游的学生都曾有过的，但是，这种体验交错在郊游所获得的各种感受之中，需要加以启发才能从这些感受中提取并突显出来，成为实现和课文写作情境对接的条件。因此，上课的第一环节导入中，教师的主要工作便是唤起学生的郊游体验，然后从学生众多的感受中加以导引和提炼，引出"经常到大自然中去感受，不仅有利于身体健康，也有利于灵魂的纯洁。古人喜欢登高望远，喜欢到山水间聚会，不是没有缘由的"这种生活体验，从而具备了理解课文的主要内容和体会作者写作情境的基本条件，这样教学就转入第二个阶段——进入课文解读。

【例 1-12】 师：人们对文明的追求，对艺术的热爱，有时会焕发出无限的热情和浑身的力量。今天，在我们的"课前五分钟听说训练"中，请同学们来描述一番你的父辈看戏、看电影的有关经历或场面，欢迎踊跃发言。

生 1：我常听我妈妈讲她小时候看电影的事儿，那时候，没电视，年轻人只要听说方圆一二十里内有电影、有戏，就会像传播"南京解放了"的消息一样，很快把村子热闹得沸腾起来。于是"喊我""一路儿"的声音就在满村子里东奔西走。

师：好，"东奔西走"，生动极了。

生 2：我妈妈讲她年轻的时候，最爱跟着舅舅们跋山涉水看电影。尤其是半夜回家时，满山路上、峡江中的火把交相辉映，蜿蜒游动，简直就是一条游龙。晚了找不到路回家的小孩子，也不要紧，就跟着火把走，火把就是路。岔道口那些道别的话，你一听就知道自己是哪部分的，赶快跟上大部队。看一次电影，光是这段经历，就能让人兴奋好几天，回味好一阵的。

师：很好。"游龙""火把路""哪部分""大部队"，让人历历在目。

生3：我爸爸上有两个哥哥，下有两个弟弟，他说在家中起着“承上启下”的作用。队上一年一度的电影或戏班的到来，就更加巩固了他的地位。他扛上两条长板凳，早早地来到目的地，“一字儿”摆开，为父母兄弟的会师，开辟好一块牢固的根据地……

师：（忍俊不禁）好！好！三个同学绘声绘色，精彩纷呈，愿很多人的练笔本中有这么精彩的一段。

师：看戏曾是人们向往无比的一项群众性文娱活动。京剧是我国戏曲中的精品，有着悠久的历史、光辉的成就，更是我们的国粹。《看戏》这篇课文描绘了首都人民观看我国著名的京剧表演大师梅兰芳先生演出《穆桂英挂帅》的动人场面。现在请同学们快速阅读这篇课文，然后说说自己对这篇文章的感受。（《看戏》课堂教学实录片段）

例1-12的导入设计非常巧妙。现在的学生多数不喜欢看戏，没有亲临戏院感受其中氛围的经历，更不可能感受到20世纪50年代劳动大众翻身解放后蜂拥至大广场观看著名京剧大师表演的热烈场面。像《看戏》这类作品所反映的社会生活与学生所熟悉的生活有很大距离，教师怎样激发学生的原有知识经验去解读课文呢？本课教师提供了一个很好的范例：要求学生去采访与作品所描写的生活有类似经历的长辈，了解当时类似的生活情境，然后在班上进行交流，这样就把他人的生活经验转化为自己的生活经验，进而构成解读文本的原有知识经验。

【例1-13】　师：老师在上课前想先了解一个问题：在我们的生活经历中，你有没有被别人骗过？如果有的话，请举手说说。

生1：别人打电话叫我到班主任老师那里去，去了后，原来没有这回事。

生2：我去买东西，那人找了零钱，我回家一看是一张假钞。

师：刚才两位同学是说的被别人骗，那我们现在反过来说，你有没有骗过别人??

生3：在愚人节的时候，我打电话告诉别人有什么活动，但别人去了，实际上没有。

师：由此可见，在我们的日常生活中，骗人或者被人骗的现象也确实客观存在。今天，我们就欣赏一下由丹麦著名童话作家安徒生写的一篇文章《皇帝的新装》，其中对皇帝骗到了什么程度呢？下面请同学们把书翻到134页《皇帝的新装》。（《皇帝的新装》课堂教学实录片段）

例1-13的教师也试图激发学生的原有生活经验，但所激活的学生的原有生活经验却与课文信息无法对接。学生日常生活中的“受骗”或“欺骗”，更多的是一种善意的开玩笑；而课文所写的一个皇帝、几个大臣和两个骗子之间上演的骗与被骗的滑稽喜剧，揭示的是皇帝及其臣民的愚蠢、虚伪，凸现他们的自私人性。这两者在本质上是不同的。在阅读理解过程中，如果激发起来的原有知识经验与课文信息表面上相似，实质上却存在着本质上的差异，这样，不但不能顺利吸取课文信息，反而会误解课文信息，甚至歪曲课文信息。

(六)创设情境

创设情境就是在教学过程中为了达到既定的教学目的，从教学需要出发，以学生原有的认知水平和无意识心理特征为基础，利用形象的画面、逼真的场景、生动情感等方式，创设与教学内容相适应的具体教学氛围，从而感染学生，诱发好奇心，激发兴趣，点燃他们求知的火花，帮助学生迅速而正确理解教学内容，从而提高教学质量。

下面我们观看几则创设情境的课例。

【例 1-14】 师：同学们愿意听电影故事吗？

生：愿意！

师：不过，这不是一个欢乐的故事，而是一个凄楚悲凉的故事。听着，心情会很沉重。我还给大家提个要求。因为是电影故事，请大家边听边在脑海中把这个故事幻化成电影画面。我相信大家都是杰出的“电影摄影师”，一定能够把画面在大脑中构想得场景逼真，而且每人都能够切实地身临其境。能做到吗？

生：能！

师：我开始讲述。(语调低沉，语速缓慢，满怀感情)1200 多年前，一个秋天，九月初九重阳节前后。夔州，长江边。大风凛冽地吹，吹得江边万木凋零。树叶在天空中飘飘洒洒，漫山遍地满是衰败、枯黄的树叶。江水滚滚翻腾，急剧地向前冲击。凄冷的风中，有几只孤鸟在盘旋。远处还不时传来几声猿的哀鸣。这时，一位老人朝山上走来。他衣衫褴褛，老眼浑浊，蓬头垢面。老人步履蹒跚，跌跌撞撞。他已经满身疾病，有肺病、疟疾、风痹，而且已经“右臂偏枯耳半聋”。

重阳节，是登高祈求长寿的节日。可是这位老人，一生坎坷，穷愁潦倒，似乎已经走到了生命的冬季。而且此时，国家正处在战乱之中，他远离家乡，孤独地一个人在外漂泊。

面对万里江天，面对孤独的飞鸟，面对衰败的枯树，老人百感千愁涌上心头……

(放音乐《二泉映月》，老师在乐声中满怀深情地朗诵《登高》全诗。课堂中气氛凝重，有些学生流下泪来)

师：这个老人是谁呀？

生：是杜甫。

生：老师，请您再朗诵一遍吧！（她红着脸，噙着眼泪。全体学生都应声附和）

师：老师朗诵得好吗？还没听够呀。

生：好，还想再听！

（师再朗诵，学生跟读）

师：大家读得相当棒！我猜一定比平时读得好。知道这是为什么吗？

生：老师，你很动情。你感染了我们大家，我们被不知不觉感动了。

师：那么，老师为什么很动情？

生：你很理解杜甫，很理解这首诗。

师：对，要想读好，首先得理解诗的作者，理解诗的内涵，必须走进作者的内心。我有这样一个观点，就是，要想读好一首诗或一篇文章，你就把你自己当成作者，化身为其人，就当这首诗或这篇文章就是你自己写的。老师在读这首诗时就真是这样想的，我想我就是杜甫，就是那个老病孤独的杜甫。我就站在长江边上，衣衫褴褛，蓬头垢面，登高望远，怀想家乡，思念亲人，牵挂祖国，同时更凄凉地想自我人生，想自己这一辈子。

所以，读好一首诗，理解——这是首先要做到的。注意，所谓理解，就是理性地把握。（板书：理性地把握）这应是诵读好的一个前提。下面我们一起来深入理解杜甫《登高》这首诗歌。（《登高》课堂教学实录片段）

在上面的课例中，教师以语言描述的方法创设教学情境。上课伊始，教师要描述一个故事给学生听，激发起学生的学习兴趣，同时要求学生“边听边在脑海中把这个故事幻化成电影画面”，这是化抽象为形象，在这基础上教师深情朗读诗歌，学生受到情感的感染，并把这种情感体验自然转移到对课文的体验上，从而生发出具有共鸣效应的情感波澜，对课文的学习，也就“尽在不言中”了。

【例 1-15】 一位教师在教《周总理，你在哪里》一文时，考虑到学生远离那个时代的生活情境，就插放一段录像，用电视屏幕把学生带到 1976 年 1 月 11 日长安街上催人泪下的场面实况，让学生目睹总理逝世后，首都人民群众不顾“四人帮”百般阻挠对总理举行各种悼念仪式，让学生体会当时全国人民无限悲痛的心情和对周总理真挚的情感，这样给课堂营造了一种哀痛、悲凉的气氛，使学生的感情与作者产生了共鸣。在这基础上，教师不失时机地调动了学生主动活动的积极性：假如你就是站在为总理送行队伍里的红领巾，当看到灵车载着总理的遗体渐渐远去的时候，你会怎么想，怎么说，怎么做呢？

生甲：（含着热泪，气愤地）我会说，敬爱的周总理，您是被“四人帮”迫害死的，我要把他们抓起来，让他们永远跪在您的墓前。

生乙：（深情地）敬爱的周总理，我们不会忘记您对我们少年儿童的关怀，不会忘记您在生与死的紧急关头，把生的希望送给小扬眉，把死的危险留给自己。

(已学课文《一个降落伞包》的情节)……

师:《周总理,你在哪里》,这首诗的题目不是一般的询问,而是反映了全国人民对总理的思念之情,作者这一呼唤,扣人心弦地激起人们的感情共鸣……(《周总理,你在哪里》课堂教学实录片段)

例 1-15 的教师通过多媒体方式创设教学情境,学生既能够穿越时空,"观古今于一瞬,抚四海于须臾",置身于历史事件的情境之中,又激发了深沉怀念和无限悲愤的情感。接着,教师又在激发学生情感的基础上,导入了主动活动的境界,作了"假如我也在为总理送行"的全新建构,调动学生丰富的想象,让大家自由地各抒真情。最后再适时解释题意"这首诗的题目不是一般的询问,而是反映了全国人民对总理的思念之情",这样就对解释诗文,激发学生对周总理的崇敬、爱戴和怀念的感情起到了很好的作用。

课堂教学导入还有许多方法,例如品味题目、观图联想、讲述故事、运用名言、巧猜谜语、设计问题、引发讨论、运用类比、进行对比等。只要能够激发学生学习兴趣,形成强烈的学习动机,搭建从学生原有知识起点到新知识之间的桥梁,都是成功的导入。

四、导入技能灵活运用

导入虽然只占一节课的 5 分钟左右,但不少教师的导入也会灵活组合多种导入方法,以取得更好的教学效果。下面的课例较好地运用了多种导入方法,为学生学习新课奠定了扎实的基础。

【例 1-16】 师:事实上生活中的文化现象很多,只要我们留心观察,定会有很多收获,课前已经布置大家做了一些搜集工作,不知你们找到哪些?

生:(众)吃文化,酒文化,茶文化,服饰文化……

师:能不能说得具体一点?

生:比如吃文化,我们中国是一个美食王国,饮食讲究色、香、味,烹饪强调刀工火候,吃东西用筷子,轻挑慢夹。那西方人就不同了,牛排、鲜奶,刀子、叉子,还有爪子一齐上。(众生笑)这每种吃法就代表了一种文化。

师:说得精彩,那你是否注意过文化的本质特征呢?

生:(面露难色)

师:不要紧,拿出词典看看,词典上是怎样给文化定义的?

生:(查词典)人类在历史发展过程中所创造的物质财富和精神财富的总和……

师:我也对生活中的文化现象进行过一些考察,发现人类的这种物质和精神财富大致有三种类型:①精神型的。容易理解,我们平时所接触的小说、诗歌、散文、戏剧等精神文化产品就是。②物质型的。主要指凝聚着人类文化的物质产品,如(点示)我穿的西服,他穿的中山服,她穿的和服(众生笑)。这每一种服饰就代表着一种文化。③心理型的。比如,吃文化、酒文化就较为复杂,主要指人们通过某物某事所表现出来的一种心理定式。

师:下面我们选择一个更加具体的对象来试试。胡同大家见过吗?

生:(众)见过!

师:胡同能不能称为一种文化?

生:(众)能!

师:那么它应该属于哪一种文化类型?

生:(私语)物质型的。心理型的。

师:请申述理由。

生:(热烈地讨论)

师:静一静,说它是物质型的,一定强调的是胡同的——

生:(众)建筑形式、建筑风格。

师:心理型的呢?(沉默,教师随意点一学生作答)

生:(迟疑地)可能着眼于胡同里人的生活吧。

师:汪曾祺写有一篇《胡同文化》,下面我们看看作者笔下的胡同到底属于哪种文化,好不好?请大家翻开书,读课文1、5两段,思考我提出的问题。(《胡同文化》课堂教学实录片段)

例1-16的教师运用了查找相关资料、联系生活、提供先行组织者[①]等方法来导入教学,取得良好的教学效果:一是形成学习支架,为学生搭建坚实的学习新知识的基础;二是造成认知冲突,激发好奇心和探究热情。

学生学习新知识,总是在具备一定的知识经验基础上去吸取、消化新知识,学生如果缺乏学习新知识所必须具备的知识基础,学习就会出现困难,难以建构起新的意义。因此,教师在教学前,需要了解学生学习新知识可能会缺乏哪些必需的前提知识经验,并设法引导学生获取这些相应的知识经验,以便建构起从学生原有知识经验顺利达到新知识的桥梁。阅读《胡同文化》这样的课文,学生对文化可能只具备零碎的、肤浅的认识,为了弥补原有知识经验的缺陷,以便深刻理解课文,教师逐渐给学生搭建起感性认识支架和理性认识支架。首先,教师在上课前布置学生搜集有关中国文化的资料;上课起始引导学生交流收集到的资料,使学生获得有关文化的感性认识,从而搭建起学生学习课文的感性认识支架。接着,教师要求学生思考"文化的本质特征",这就是从感性认

---

① 奥苏贝尔认为,先行组织者是在比要学习的新材料更抽象、更一般、更包容的水平上呈现的。

识引向理性认识,学习难度增加,形成了认知挑战;在学生难以解决学习问题时,教师提示了解决问题的策略:“拿出词典看看,词典上是怎样给文化定义的”,学生从词典获得的“文化”的定义比较抽象简单,教师又及时补充了有关文化分类的知识,使学生对文化有了比较全面的认识。

在学生对文化有了初步感性和理性认识的基础上,教师引导学生思考:“胡同文化属于哪一种文化类型?”这造成了学生认知上的冲突,有的学生认为是属于物质性的文化,有的学生认为是属于心理性的文化,教师要求学生说明理由,从而激发起学生的好奇心和探究热情,自然而然地把学生引导到对课文的深入阅读和研讨上。

【例 1-17】 师:前面我们布置大家观察了桥(教师板书,下同),下面请同学们说说你见过哪些类型的桥。

生:独木桥、水泥预制桥、钢梁桥、石拱桥、铁索桥……

生:江河大桥、立交桥、过街天桥……

师:大家见过的桥确实不少,那么你们能否用一句最简洁的话说说桥的特征?

生:架在河面上,用水泥、钢筋作材料的建筑物,如枝城长江大桥。

生:不对,有的桥也用木材作材料,如独木桥。

生:还有,有的桥不是架在河面上,而是架在空中的,如立交桥。

师:大家说得很有道理,看来要把握事物的特征,还必须找到同类事物的共同点。下面大家想想,哪些才是形形色色的桥所共同具有的特点,可以查词典,看看词典是怎样说的。

生:(查词典)架在河面上连接两岸的建筑物。

师:根据我们前面的讨论,大家想想这样概括桥的特点是否准确?

生:不够准确。前面已经说过,立交桥就不是架在河面上的。

师:看来时代在发展,词的含义也在发展,大家修改修改。

生:架在水面或空中,用来连接两端的建筑物。

师:我们一起回顾一下刚才讲到的抓事物特征的方法。事实上桥用什么材料做,千差万别,不是共有的特点;桥的作用——架在水面上或者空中连通两地供通行才是共同具有的。抓特征就是要找出同类事物的共同点。

师:下面我们把桥的范围缩小,局限于石拱桥。按照上述抓特征的方法找找石拱桥的特征,看看石拱桥有什么共同点。

生:桥洞呈弧形就像虹。

生:桥身全由石料构成。

师:说得较好,不过同学们所看到的还只是桥的外部特点,事实上我们在分析事物特征时，并不像这样显而易见，还需要我们仔细研究。下面我们把桥的范围再缩小来研究中国石拱桥有什么特征，可能难度就会增大。请同学们翻开课文《中国石拱桥》，先看课文写到石拱桥的哪些特点。（学生浏览课文，找中国石拱桥的特点。）（《中国石拱桥》课堂教学实录片段）

例1-17的教师也是综合运用多种导入方法，取得良好的教学效果。教师课前布置学生观察各种类型的桥，积累一定的生活经验。这是把学生的生活体验引入课堂，使之成为学习新知识的基础。上课时在学生交流各种类型桥梁的基础上要求学生"用一句最简洁的话说说桥的特征"，这既是引导学生把直觉感受转换成言语形式，也是对感性认识的概括和提升，学习从直接经验中总结出一般的规律的方法；学生从感性认识中抽象出一般规律有一定难度，在学习活动中，学生产生了分歧，教师对这种分歧没有简单地肯定或否定，而是让学生在争论中互相驳难和补充，同时，教师提供词典解释作为参照，让学生认识到时代在发展，词的含义也在发展，即使对权威解释也需要根据社会发展不断修订，认识是一个不断完善的过程。在学生达到初步共识的基础上，教师再引导学生"把桥的范围再缩小来研究中国石拱桥有什么特征"，进入对课文的研读。导入，就是给学生搭建理解新知识的桥梁，建构意义的坚实起点，不断造成学生认知的落差，激发学生探究的热情。

五、导入教学设计

（一）语文课堂教学导入的设计要求

语文课堂教学导入的设计要求具体包括以下几点。

1.目的明确

导入要有较强的目的性，让学生明确将要学什么、怎么学、为什么学，不能含糊其辞，随意发挥。

2.新颖有趣

导入设计要新颖。可以是内容新颖，材料新颖，方法新颖，手段新颖，以便满足学生的好奇心理，吸引学生的注意力。导入设计还要有趣味性，或形象生动，或活泼幽默，或形成悬念，做到引人入胜。这样能最大限度地引起学生的兴趣，吸引注意力，形成学习动机，促使学生以最佳的心理状态投身到学习活动中去。

3.富有启发

导入设计要有启发性。启发性的关键在于启动学生的思维活动。可以通过激发好奇心，促成探究心理，造成认知矛盾，营造问题情境等方式，启动学生新旧知识联系的思维，运用原有知识经验去解读文本的思维，探究问题解决问题的思维。这样,为学生顺利地理解新的学习内容创造了前提条件,使课堂教学获得好的教学效果。

4. 包含知识

导入设计要具有科学性。设计导入在知识上要和教学内容相吻合,并形成知识间的联系,要能用最短的时间让学生了解学什么、怎样学。切忌虽有知识但互不相关,是凌乱的知识片段,或脱离教学内容,为了趣味而趣味,甚至低俗,没有知识含量。

5. 联系紧密

导入的各项内容及其与新课内容要具有较好的相关性。或以旧带新,或联系生活,或提供恰当材料,与新课衔接自然,没有无关信息。

6. 语言准确、优美

导入设计还要讲究语言艺术。语言艺术的前提是准确性和条理性,即清楚明确而又有条理地表达教学内容,语调有节奏、有停顿,这是教学的起码要求。语言艺术的更高要求是优美,或形象生动,或言简意赅,语言丰富又富于变化。切忌过多的口头禅、说话有气无力、即兴笑料、低级庸俗等。

(二)导入设计的方法

导入设计的方法具体包括六点。

1. 明确教学目标

导入是整个课堂教学过程的一个组成部分,是实现课堂教学目标的起始点。因此,导入的设计,首先必须明确整堂课的核心教学目标是什么,然后考虑导入怎样为整堂课的教学目标服务。只有紧扣教学目标设计导入,才能保证课堂教学的效率。例如,柳宗元的《小石潭记》这一名篇的教学就有如下主要教学目标:一是着力点集中在文言文语言的学习,譬如"掌握常用文言实词、虚词的意义和用法"、"了解常见的文言句式特点"、"翻译课文"、"疏通、理解本文的意思"等;二是侧重于山水游记的学习,譬如"欣赏山水景色之美"、"学习对景物入微地观察并抓住特点写景"、"学习写景状物、借景抒情的方法"等;三是重点体会作者的思想感情,譬如"领悟作者借景所寄寓的情感"、"体会作者思想感情的变化"、"理解作者在贬居生活中孤独凄凉的心境"等;四是重心移到理解古代文人的情感背后所反映的一个时代的文化精神特征,譬如"体验柳宗元深层的情感"、"感悟柳宗元人生的态度"等。主要教学目标不同,导入的具体方法也会有所不同。

2. 研究教学内容

导入虽然简短,只占一节课的十分之一时间,但却是为学生建构起学习课文的第一个支点,影响着后续学习活动的展开。有效的导入必须和教学内容保持一致，这需要教师在设计导入前深入研究课文，思考课文属于什么文体，内容、结构以及语言上具有什么特点，根据这些特点设计来设计相应的导入，或温故知新，或从生活到文本，从而成为学生学习课文的有效支点。

3.了解学生起点

导入的关键之一是激发学生的学习兴趣，调控学生注意力和课堂气氛，这就需要教师真切了解学生的学习起点，认识所教学生的一般情况和学习所教内容的准备情况，以便设计出适合学生需要的导入。

4.收集相关资料

导入往往是从课外引导到课内的教学活动过程，这需要教师在设计导入时收集、选择与所教课文相关的、能激发学生兴趣的课外资料。课外资料的收集，可以采用平时广泛收集和备课时专项收集相结合的方法。也即在平时阅读书报或上网浏览时，发现有趣、有用的资料都广泛收集，备课时可以围绕课文选择关系密切的资料作为导入凭借。

5.确定教学切入点

从导入到课文的学习有一个连接点，这一连接点就是课文教学的切入点。设计好切入点，就是选择通过导入引导学生走进课文、理解文本的起点，进而串起对全文主旨的把握。好的切入点具有提纲挈领、统领课堂的作用，有利于引导学生快速而深入地掌握课文重点内容，突破理解的难点。还是以《小石潭记》为例，有人曾以“石”作为切入点，从潭中石到岸边石，串起对课文的阅读理解；也有人曾以游踪为切入点，从“发现石潭”到“潭中景物”，再到“小潭的源流”，最后到“潭中的气氛”，串起了对课文的阅读理解；还有以“清”为教学的切入点，通过概括小石潭的“清”的特点，达到对文本整体感知的目的；通过景“清”而引出作者的即时心境——“乐”；通过“过清”而探究作者历时的心境，成功地串起全文的教学活动。切入点不同，选择导入的具体方法也会不同。

6.安排导入内容和方法

导入也是一个简短的教学活动过程，一般可以形成“引例—展开—对接”的教学活动。“引例”就是引入课内外学生熟悉的、与课文有紧密联系的例子，以激发学生的学习兴趣；“展开”就是引导学生对例子稍微展开讨论；“对接”就是通过讨论引导学生联系到将要学习的新内容上来。

六、导入技能评价

运用表1-1评价导入的教学效果。

表 1-1　导入技能评价表

课题：　　　　讲课教师：　　　　评价者：

项　目	优	中	差
目标明确，学生知道学什么、怎么学、为什么要学	5	3	1
联系紧密，或以旧带新，或联系生活，或提供恰当材料，与新课衔接自然，没有无关信息	5	3	1
新颖有趣，能激发学生学习兴趣，吸引注意力，形成学习动机	5	3	1
有启发性，能启动学生思维，造成认知矛盾，促成探究	5	3	1
语言清晰、有条理	5	3	1
满怀热情，神态自如	5	3	1
导入时间掌握得当，教学节奏紧凑	5	3	1
能面向全体学生	5	3	1
合计			

注：请听课后根据以下各项评价指标评出等级(在相应的等级上打钩)，总分在 1～10 为差，11～20 为一般，21～30 为中等，31～40 为优良。

【微格训练】

一、案例分析练习：仔细阅读下面的导入课例，分析其优缺点。

例 1：《人生寓言》

师：英国作家萧伯纳有句名言"人生中有两大不幸，一是没有得到他心爱的东西，二是得到他心爱的东西"，不知大家是否赞同？

生 1：我不赞同。没有得到心爱的东西感到不幸情有可原，但得到了心爱的东西应该庆幸才对呀！

生 2：我也不赞同。这两句话似乎自相矛盾。

师：我和大家也有一样的疑问。看来，萧伯纳这句名言真有问题。今天带着这个问题我们来思考人生的两大难题：如何对待幸与不幸。下面请大家随着著名哲学家周国平走进他的《人生寓言》。

师：说起寓言，你知道哪些寓言故事呢？

生 1：拔苗助长、掩耳盗铃。

生 2：狐假虎威、东施效颦。

师：大家知道的可真不少，看来平时积累很重要。大家喜欢这些寓言故事吗？

生 3：喜欢。因为寓言读起来既有趣又发人深省。

生 4：寓言，它总是以比喻性的故事寄寓意味深长的道理，言在此而意在彼，给人以生活上的启示。

师:那么从“东施效颦”这个寓言故事你得到了哪些启示呢?

生5:告诉我们不要盲目地模仿别人。

师:作家严文井将寓言比作一个魔袋,袋子很小,却能取出比袋子大得多的东西。现在再读“丑女效颦”这个故事,除了这个带有普遍意义的寓意外,换个角度看,你会有什么新的发现呢?

生6:爱美之心,人皆有之。

师:瞧,这就是魔袋,我们取出了比袋子要大的东西。一个寓言故事只要你用心去读,就可以读出许多理趣,读出许多智慧。下面请欣赏第一个魔袋《白兔与月亮》,看你能取出哪些东西来呢?

例2:《死海不死》

师:今天要和同学们一起阅读的是一篇说明文。先请同学们打开课本,看一下目录的第一页,这一页共列出两个说明文单元,我们要阅读的说明文就在这两个单元里,同学们还不知道是哪一篇,现在给你们一个条件:这篇文章的标题很能引起人们阅读的兴趣,你们猜是哪一篇,看谁猜得快猜得准。

(学生看书后纷纷举手)

师:看来同学们都知道是哪一篇了,你们真聪明!好,你来说。

生1:《死海不死》。

师:完全正确!但你能说明一下为什么你猜是这一篇呢?

生1:这个题目叫“死海不死”,既然是“死海”,可又为什么说它“不死”,这就在读者心里造成悬念,引起了阅读的兴趣。

师:刚才好多同学都举手了,你们猜的也是这一篇吗?有猜别的课文的吗?

生(众):也是这一篇。

师(指一学生):那你同意刚才那位同学的意见吗?

生2:同意。我认为这个标题本身包含着一对矛盾:“死海”和“不死”,使读者产生疑问,急于想去读文章,弄明白究竟是怎么回事。所以这个题目对读者有吸引力。

师:有不同意见的同学请举手(无人举手)。有补充意见的同学请举手(无人举手)。哦,“英雄所见略同”,看来你们一个个都是小英雄!(笑)不过,我还有个问题想考考各位英雄:标题上有两个“死”字,它们的意思是一样的吗?

生3:前一个“死”字指没有生命,第二个指淹死、死掉。

师:完全正确。你课前有没有看过这篇课文?(生摇头)那你怎么能回答得这样正确?

生3:我在地理课上学到过。

师：啊，真好！地理课上学到的知识，用到了语文课上，这叫知识的“迁移”（板书“迁移”）。学习中经常注意“迁移”，知识就学得活了。现在请同学把书合拢，暂时不要看课文，大家回忆一下地理课上学到的关于死海的知识，比一比谁的记忆力好。（指一在偷偷看课文的学生）哈，你违规了，不许偷看！

（学生思考、回忆，片刻后陆续举手）

师：为了使回忆有条理，请按照以下几点逐一来说：（板书：1. 地理位置；2. 得名原因；3. 海水趣事。）

生 1：死海的位置在约旦和巴基斯坦（众插话：巴勒斯坦）巴勒斯坦中间。

师：巴勒斯坦在亚洲西部，巴基斯坦在亚洲南部，和我们中国接壤。这两个国家的中文译名只差一个字，而且都是亚洲国家，很容易记错，建议这位同学课外去找世界地图或亚洲地图查一查，以后就不会再搞错了。谁来说“得名原因”？

生 2：死海的海水含盐量特别高，水里各种动植物都不能生存，所以叫死海。

师：哦，死海的海水含盐量高，这是它的特点，由于有这个特点，就出现了一些有趣的现象，谁能说说是什么现象？

生（七嘴八舌）：人不会淹死。

师：为什么会出现这种现象？

（无人举手）

师：我估计同学们都知道，只是暂时还没有找到合适的语言来表达，是吗？（指定一学生）这位同学戴着眼镜，看起来挺有学问，你来给大家说说看。

生 3：人在死海里不会下沉，即使不会游泳的人也淹不死，因为……因为海水含盐量高，所以人不会下沉。

师：为什么海水含盐量高，人就不会下沉？你总得讲出点道理来。

生 3：海水含盐量高，它的质量就大。

师（追问）：那如果扔进海水里的是一块铁呢？它会下沉吗？

生 3：我想会下沉的。

师：那么人为什么不下沉？光说海水的质量大，恐怕还不够吧？我知道你心里明白，问题是怎样把心里明白的道理准确地表达出来。

生 3：（思考片刻）海水的质量比人体的质量大。

师：说对了。但表达上还有一点点不足，想一想，在数学里如果一个数比另一个数大，是怎样表达的？你这句话如果能用数学的语言来表达，那就更好了。

生 3：海水的质量大于人体的质量。

师：那么铁块为什么会下沉？

生 3：因为海水的质量小于铁块的质量。

师:好!“大于”“小于”的“于”怎么解释?“大于”“小于”一般用在什么情况下?

生3:“于”是“比”的意思,一般在两个数作比较的时候用。

师:说得真好!我说你有学问嘛,果然没看错人!(众笑)

师:关于死海的知识,同学们都已了解;这篇课文属于说明文,关于说明文的知识,估计同学们也已经知道了不少。你们已经知道的东西,如果还要老师重复地教,你们觉得有劲吗?(众:没劲!)是呀,我也觉得没劲。因此,我想我们在决定这篇课文里哪些知识需要老师教之前,先请同学们讨论一下“什么知识可以不教”。现在请同学们打开课本,把这篇《死海不死》看一遍,然后根据课文后面练习题的要求想一想:练习题要求我们掌握的知识哪些可以不教?前后左右的同学可以小声议论议论,互相交流。

例3:《散步》

师:(导入)看这幅画面,给这两幅画面起名或用一句简短的话作概括。(老师用多媒体出示画面,手指画面,示意学生看图做答。)

生(甲):是描述了一位小朋友在与他的老爸亲吻,体现出了浓浓的亲情。它可用两个名称作图片的标题:一是亲吻,二是亲情,我觉得这两个标题比较合适。

(同学们做评价,结果都认为他回答得不错。)

生(乙):老师,我想做补充,我认为这幅画表现了一位军人回家与自己的儿子见面的亲吻,也是亲情的最好体现。

生(丙)我想用“离别后的相见”为题目,写出父子间离别后非常想念对方,相见时抱在了一起亲吻,体现了他们间的亲情如蜜般的甜美。

师:好!同学们的表达很精彩,我们鼓掌向他们表示祝贺!好,再来看一张。

出示画面:

师：谁来描述这幅画面。

生（甲）：晚上灯下的妈妈在陪同他的孩子做作业，其乐融融。也体现了亲情。

生（乙）：昏黄的灯光下，亲爱的妈妈在看着他的孩子们做着作业，有时还向妈妈提出了些问题，真好。这幅画面让我感到暖暖的。我想用“亲情”两个字做这幅画面的标题。

师：好，同学们回答得真好。是啊，生活中出现浓浓亲情的画面还少吗？同学们还想看吗？

生（齐）：想！（热情很高）

师：进入下一张空白幻灯片。（画面没有了，学生没得看了，发出了嘘声。）

师：好，同学们，今天我给大家带来了一个特别的礼物，那就是用文字写成的画面。——莫怀戚的《散步》，大家想不想看？

生（齐）：想！

师：快速地翻到课本123页，看一看是一幅怎样的画面，读时，用圆珠笔或铅笔划出自己不认识的生字词，好不好？

例4：《只有一个地球》

师：（出示幻灯）大家看大屏幕上是什么字？

生：（齐答）是家。

师：哪位同学来介绍你的家？

生1：我的家在××小区，住在四楼，家里有父母亲……

师：那是你的小家，那我们的大“家”在哪里？

生2：中国。

师：能不能思路再开阔一点。

生（齐答）：地球。宇宙。

师：那你们知道今天我们要上哪一课？

生（响亮齐答）：只有一个地球。

师(出示幻灯　课题):拿到一篇文章首先一步是读课文,那你们喜欢用什么方式读课文?

生议论,有默读、有朗读。

师:接下去,就用你们自己喜欢的方式读课文,俗话说:“不动笔墨不读书”,老师要求你们在读课文时用笔在课文上做记号。

全体学生按自己的方式读课文。

二、微格模拟练习:从下面各题中选择一题,进行导入设计,然后在微格教室中进行导入练习,分析其中的效果。

1. 选择一篇散文体裁的课文,进行导入部分的教学设计。

2. 选择一篇小说体裁的课文,进行导入部分的教学设计。

3. 选择一篇诗歌体裁的课文,进行导入部分的教学设计。

4. 选择一篇说明文体裁的课文,进行导入部分的教学设计。

第二章　讲授技能

一、讲授技能简介

讲授，一直是课堂教学的一种重要形式。它是教师通过口头语言(有时结合运用各种教学媒体)，向学生描述情景、叙述事实、解释概念、论证原理、阐明规律的教学行为。或者是在学生充分感知感性材料的基础上，教师通过分析、归纳、综合和概括，形成概念、原理、规律、法则等，使学生从感性认识上升到理性认识。

讲授教学方法往往被作为注入式教学的代表受到较多的批判。确实，教师运用讲授教学方法，易于照本宣科，变成满堂灌，学生被动接受，师生之间、学生之间互动不足，不利于激发学生的学习兴趣，不利于调动学生的积极性和主动性。教学往往集中在低水平的认知活动上(记忆)，不利于发展学生的高水平思维能力，尤其是创造性思维能力。教授常常比较枯燥乏味，需要学生很强的注意力。

但是，自人类社会教学活动产生以来，讲授式教学一直是一种最基本的教学形式和方法，它经过几个社会发展阶段都不曾被淘汰，即使在大力提倡发现法、探究法的今天，纵观全国各级各类学校，讲授教学方法仍然被广大教师所采用。这是因为，目前学校的主要教育目标之一还是获取知识，主要的学习方法是记忆；教材的编制、课堂教学的展开、测试的方式都是以知识为主要内容，而讲授是传授知识的有效手段，通过讲授，可以帮助学生理解、记忆新知识；扩展学生的知识结构；培养学生倾听和思考知识的习惯。尤其是在教学重点、难点、小结、解惑和归纳上都离不开讲授法的点睛之笔，这说明了讲授方法有其存在的优势。具体来说，讲授在教学中的作用主要体现在以下几方面。

首先，教师通过讲授，可以在较短的时间里，系统而准确地传授较多的知识。教师的讲授比学生的发言更具有权威性，也更全面、完整，可以省去回答、讨论中补充、订正的时间。所以，讲授与谈话、讨论等方法比较起来，更为经济而高效。讲授教学方法能在短时间内传递大量的信息，提供系统的知识结构。能够在较短的时间内，将一门学科的知识集中、系统地传授给学生；让教师有更多时间专注于所确定的目标内容上。

其次，讲授教学方法容易学习和掌握，便于教师控制，尤其对于新教师来说，由于缺乏驾驭课堂交流技能，如果采用讨论等方法，则可能难以处理学生意外反应而提出的发散问题，而讲解可以按照教师预先准备好的材料按部就班地推进教学，便于控制课堂进程，增强安全感，所以被多数教师广泛使用。

再次，讲授也是育人的一个重要措施。教师向学生系统地讲解自己对教材理解的同时，总是以讲授语融入教师的见解和情感，使学生不仅感受到教师对教材中有关知识的鲜明态度，从而更深刻、更具体地感知教材，学到知识，而且，教师讲授中的情感也能引起学生的共鸣，使其受到感染和启迪，对学生的思想意识，产生深刻的、潜移默化的感化作用。

最后，讲授也可以培育学生的学习能。教师不论是描述所讲对象还是叙述事实，不论是准确说明还是严密论证，讲授语必须条理清晰、准确明白、逻辑严密。这对学生的语言发展和思维能力的提高有积极的影响。教师在讲授中运用启发式，引导学生积极思考，这样，在讲授知识的同时，也可以传授学生获得知识和技能的方法。

讲授法也确实有一定的机械性和被动性。因此，如何既保持课堂讲授系统性、高效率的优点又克服“满堂灌”的缺陷，这是教学改革一直在探索的问题。教师通过运用启发式的讲授，或把讲授与提问、讲授与讨论等结合起来，通过深入浅出的讲授，启发学生思考，促进学生学得更积极、更主动，并不断把问题引向深入，使学生能力得到提高，使讲授的过程成为将知识转化为学生认识的“桥梁”和“纽带”。

二、讲授技能的理论视野

(一)图式理论

1781年，伊曼纽尔·康特(Immanuel Kant)首先提出了图式论(schema theory)，他认为新信息、新概念及新思想只有在与个人已经具有的知识有关联时，才会产生意义。这个理论后来受到巴列特(Barlett，1932)的重视并进一步发展，经过实验，他认为图式是对先前反应或经验的一种积极组织，也就是说图式是由过去的经验组成的。皮亚杰在20世纪40年代初期通过研究儿童认知的发展，进一步丰富了这一观点，他认为，儿童在发展的过程中习得了一些特定的知识结构(如儿童对物质与社会因果性的认识)，这些特定的知识结构是人的学习的综合性产物，同时也是认知结构组织的最基本单元。他把这种知识结构称作“图式”。20 世纪 70 年代后期，美国人工智能专家鲁梅哈特(D. E. Rumelhart)等做了大量研究，把图式的概念发展成一种完整的理论。

鲁梅哈特认为，图式是“表征记忆中业已贮存的有关类概念(generic concept)的资料结构”，这些类概念可以相互激活。图式是对过去的概括，但又在不断地改进着，并不断地在对现有的事物发生着适应性的反应。换言之，图式就是储存在大脑中的过去获得知识结构，或者说是认识构架，是人们认识新信息的参照物。每个人依据过去的经历、所受的教育及影响，在脑中记录下了无数知识(即背景知识)，这些知识在大脑中按情景分门别类，组成了图式。这些图式分为三大类：形式图式(formal schema)、内容图式(content schema)以及语言图式(language schema)。形式图式包含有关语法结构或有关不同类型原文的知识。内容图式是主要储存有关事物、事件内容的知识图式。语言图式则是指读者对原文语言的掌握程度。一个人的图式对他理解新事物有重大影响。人们必须把储存于头脑中、已有的背景知识与新事物联系起来，依靠这些图式去理解和解释新事物，当输入的信息与头脑中的图式相吻合，理解取得了成功，反之，则理解失败。理解失败的原因可能有三种情况：①没有具备与新知识相适应的图式，在这种情况下就不可能理解新知识。②虽然具有与新知识有关的图式，但环境没有提供足以激活图式的线索，图式没有发挥应有的消化新知识的作用。③激活与新知识不相适应的图式，并据此去解释新知识从而产生误解。[①]

(二)接受学习理论

第一章已经介绍了奥苏贝尔从两个维度对学习进行阐述。从学习内容维度上把学习划分为机械学习和有意义学习，从学习进行的方式上把学习划分为接受学习和发现学习(见图 2-1)。所谓接受学习，是把学习的内容以定论的形式传授给学生，要求学生把教学内容加以内化，以便将来再现或运用。所谓发现学习，是学习的主要内容未直接呈现给学习者，所呈现的只是一些提示性的线索，学生须进行有指导性的发现，然后才能将发现的结论内化到认识结构中去，以便日后运用。这比接受学习多了一个环节——发现。这两个维度互不依赖，彼此独立。并且，每一个维度都存在许多过渡形式。无论是接受学习还是发现学习，都有可能是机械的，也有可能是意义的。如果教师讲授富于启发性，则会形成意义学习；如果发现学习只是让学生机械记忆解决问题的步骤，而不

---

① H. Singer & R. B. Ruddell(1985). Theoretical Models and Processes of Reading. 3th edition International Reading Association, Newark, 722－750.

了解正在做什么，为什么这样做，就会出现机械学习。[1]

有意义学习	弄清概念之间的关系	听导师精心设计的指导	科学研究
	听演讲或看教材	学校实验室实验	例行的“研究”或智慧的“生产”
机械学习	记乘法表	运用公式解题	尝试与错误“迷宫”问题解决
	接受学习	有指导的发现学习	独立的发现学习

图 2-1　分布于有意义学习—机械学习发现学习—接受学习之间的学习举例

奥苏伯尔强调有意义的接受学习与有意义的发现学习，在教学中，教师应把有意义的讲授与有意义的引导发现结合起来。而事实上学生在学校学习，有许多知识是通过接受而获取的，因为这是学习前人积累的大量知识的捷径；而有些知识则要通过发现学习来实现。学校教学应该是接受学习和发现学习的有机结合。

(三)图式理论、接受学习理论与讲授

图式理论和接受学习理论对于讲授教学的启发，一是讲授要在学生原有知识的基础上展开。学生的原有知识在很大程度上决定着他们从学习情境中学到什么新知识。对要学习的任何新内容，学生或多或少都已经知道一些东西，这就是学生认识新内容的图式。学习是用原有图式去解释新的信息，这就是把已有知识和要学的新知识之间建立起内在的联系。但是，学生往往不会自动地激活其图式，也不会自动地正确运用图式去解释信息，而是倾向于把要学习的信息看做孤立于且区别于原有知识，因而采用机械学习方式来接受新信息，这样，就不能将新信息同化到相关的原有知识中去。因此，教师讲授就需要设法激活学生的原有知识，并设法在新学习情境中运用原有知识，促使学生积极运用原有的图式去解释新的学习内容，又在理解新内容的基础上形成新的图式。

二是讲授的内容对学生必须要有潜在的意义。如果学生没有认识到所学习的新内容的潜在意义，学生就难以激活和运用原有知识，因为不知道哪些原有知识和新信息是相关的。为了让学生了解所学内容的意义，可以采用精加工策略帮助学生深刻理解所学内容，让学生对所讲授的内容知道“是什么”，即能正确地描述所学知识的内容，不是简单地感性地描述现象，而是达到科学概括

---

① 王本法．奥苏贝尔学习类型划分的理论及其意义．教育理论与实践，1996(4)：57－60

的程度;知道“为什么”,即能解释说明事物和现象的因果联系,揭露事物内在的逻辑依据和本质联系;能用自己的语言流畅地合乎逻辑地表述,并用自己举出的例子来说明;能融会贯通地纳入自己原有的知识结构,构成新的知识体系,形成新的见解。

三是讲授的内容要有良好组织。讲授的内容如果是凌乱的知识碎片,学生则难以把它们联系起来形成知识结构。讲授的内容如果是有系统的“知识群”,学生则易于理解,也便于学生主动利用自己认知结构中适当的原有知识来“类属”新的学习材料,这种“类属”过程就是新旧知识的意义联系和相互作用的同化过程,其结果是使学生形成了进一步分化和巩固的知识结构。

三、讲授技能案例分析

讲授的方法是多种多样的,教师可以根据所要讲授的内容、学生的特征,选择合适的方法进行讲授。下面我们从具体的讲授例子来分析讲授方法的运用。

(一)提示性讲授

提示性讲授,可以是在学生开始学习活动之前提示学习的要求,以便让学生明确学习目标,知道学习活动是什么,怎么开展学习活动;也可以是对课文所反映的内容的时代背景作几句提示性的交代,让学生在学习课文时能联系当时的时代背景和环境来领会;还可以是在学生学习遇到困惑时简单提示思维的方法或线索,以便学生找到思考问题的路径,走出思维的泥潭。这类提示性的讲授,虽然往往只是三言两语,但却是很有必要的,起着把学生引上路的作用。

【例 2-1】 师:这是一篇知识短文,怎么学习?我们应该掌握一些学习方法。因为本文对读报的常识解释得很通俗、很具体,完全可以自己学懂,不用老师多讲了。关键在于掌握学习这类文章的方法,因为掌握了学习方法之后,我们课下就可以举一反三地自学同类课文,所以这节课我主要教给同学们学习知识短文的方法。

第一种方法叫提纲法。(板书:提纲法)什么叫提纲法?就是给课文的每一个段落添加一个小标题,课文主要写的是什么内容,一看小标题便清楚了。下面请同学们给这篇课文列个简明的提纲。

(众生边翻书边思考,有的用笔在写)

师:第一段应怎样拟小标题?

生 1:报纸可以提高认识,获得知识和能力。

生 2:报纸的作用。

生 3:报纸是一个重要的渠道。

生 4:报纸是信息的来源。

生5：报纸对民众起宣传教育作用。

师：你们所说的"提高认识，获得知识和能力"以及"信息的来源"，其实都可以用"作用"来概括。第一段向我们介绍了报纸的作用。（板书：作用）（《读报常识》课堂实录片段）

课堂教学主要是由一系列学习活动组成的，每次开展学习活动之前，教师首先需要讲明学习活动的要求。本课例中，教师先说明本课的特点是"知识短文"，"对读报的常识解释得很通俗、很具体，完全可以自己学懂，不用老师多讲了"，因此，确定的教学目标是"掌握学习这类文章的方法"，第一个学习活动的要求是学习第一种方法——"提纲法"。然后介绍什么是提纲法，该方法有什么好处。在这些提示性讲授的基础上再指导学生练习掌握提纲法。这段提示性讲授简明扼要、提纲挈领，为学生后面的学习活动指明方向，保证学习活动有效开展。

值得注意的是，由于课堂教学中教师讲授各个学习活动的要求大多不是课前仔细设计出来的，而是临场动态生成的，因此也容易出现各种问题。有时可能会出现教学要求与学生实际活动指向不一致的问题。例如，有一位教师在开展某一教学活动前对学生作如下讲授："现在请大家打开课本，我们来欣赏一下这篇课文的录音朗读。在听的过程之中，请大家注意课文的注释。待会儿我们要做一个小小的词语测试。"教师设计本次学习活动应该是"欣赏课文的录音朗读"，但学生真正进行的学习活动是"注意课文的字词注释"，这样，学习活动要求和最终的学习活动相背离了。又如，一位教师教《散步》时在一个学习活动中要求学生"以小男孩的身份复述故事情节"，当几位学生进行复述后，教师引导学生评议"复述的详略怎样"，这样，评价背离了原先所确定的"变换角色复述"的要求。可见，教师在课堂教学中临时动态生成的学习活动要求的讲授，由于缺乏仔细斟酌，有时会出现随意性，因此，降低了教学的效率。

【例2-2】 师：从这三则寓言看，我们大致可以获得这样的印象：寓言故事和作者所说的社会现象根本是两回事。作者"纠正"这些寓言，目的何在？

生P：重点不是讲寓言，而是为了引出下面对社会现象的议论。

师：那么下面的六则寓言呢？现在，我们以很快的速度默读下面的六段文字。

（学生读课文。教师请最先读完、很有信心地等待发言的学生谈看法）

生Q：我看下面的六则寓言和前面的三则完全一样，重点都在寓言后边的议论。

……

师：这就触及本文的写作动机了，就是说，作者写这篇文章，到底想干什么？

生 T:我看醉翁之意不在酒,在评论社会。

生 W:我看作者是在借题发挥,抨击社会上那些丑恶现象。

师:你们都说得很肯定,我无法反驳你们的意见。但是我觉得,这样获得的认识结论虽然说是有根据的,但总觉得还不够牢靠。要牢靠,需要拉开阅读距离,把这篇文章放到写作背景里来看。要了解写作背景,比较方便的办法是看这篇文章收在作者的那本集子里,那是一本什么样的集子。这篇文章是从哪里选出来的?

生(齐):《写在人生边上》

师:《写在人生边上》收了作者10篇文章。作者在序言里是这么说的:人生是一本书。一种人没读几页就发了一大堆评论了,还有一种人,他用消遣的方法读,偶尔有些感触,就随手在书边上写几个字。作者说自己的这些文章也就是写在书边上的那几行字。你们猜猜看,《写在人生的边上》这本书是讲什么的?

学生 Y:大概是讲对人生的感触的。

师:如果你们心里还没底,那我告诉大家这个文集都讲了些什么东西。第一篇《魔鬼夜访钱钟书》魔鬼来访问他,与他谈论人性。还有一篇是《论快乐》。什么是快乐?快乐是由人的精神决定的。再有一篇是《吃饭》,有些人根本不吃饭,他是冲着菜吃的。接着就是这篇《读〈伊索寓言〉》。此外还有《论俗气》、《论文盲》、《论文人》……总共10篇。《写在人生的边上》这本集子的大环境应该能够帮助我们准确判断《读〈伊索寓言〉》是讲什么的。如果大家有兴趣,到图书馆里去借来看看。我看过,很有意思的。

(学生交头接耳,议论纷纷……)(《读〈伊索寓言〉》课堂实录片段)

孟子曾说:"颂其诗,读其书,不知其人,可乎?是以论其世也。"[①]也就是说,要深入理解作品的内容,除了需要理解作品的词句外,还需要对作者的生平思想及其所处的时代有一定的认识,结合这些方面来对作品进行考察,才比较周全,这就是知人论世。语文教学历来就重视引导学生了解作者的生平、思想、文学主张以及作品的写作背景去分析研读作品内涵。可惜,后来演变成公式化的"时代背景分析"和"作者介绍",成为一个独立的知识点,而没有将其纳入文本学习的框架之中。本课例在学生通过研读课本基本理解作品的写作意图的基础上,教师提示性讲授写作背景,以加深学生对作品的理解。值得注意的是,教师不是不加选择地从作者生平到创作概况、艺术风格等一一加以讲授,而是紧扣对课文的理解,介绍收在同一本集子里的其他作品,一方面以其他作品的特

---

① 万丽华、蓝旭译注.孟子.北京:中华书局,2006:236

点印证对课文的理解，另一方面激发学生课外阅读的兴趣。由此可见，教师介绍作家的生平思想和作品的写作背景，在时机上和内容上都应该有所选择，最好是融会到对文本的理解中去，这样才可能起到良好的教学效果。

（二）描述性讲授

描述性讲授是通过形象生动的语言描述，或叙述故事、刻画人物，或描述场面、渲染气氛，或展现过程、举例说明等，把抽象化为形象，把深奥变为通俗，以便学生易于理解课文的内容。文学作品阅读的一个重要过程就是再现过程，即读者凭借自身经验将文字符号再现为具体可感的形象。这就要求教师在教学中注意引导学生认真分析课文所描写的具体形象和生动画面，理解作者是如何想象的，并把课文的内容用自己的语言形象地描述出来。科技作品虽然写的是抽象事理，但如果能够把其中某些抽象内容化为形象具体可感的东西，学生则会更易于理解。需要注意的是，描述性讲授不是复述课文，一是要对教材原文进行删、增、改，即删去与讲授任务无关的内容，增加必须补充或更新的内容，使学生更容易理解；二是需要进行语言转换，就是把教材语言、教案语言转换成讲述语言：变繁为简，变深为浅，变抽象为具体，变呆板为生动，变书面语言为口头语言，变一般交际语言为学科讲述语言。

【例 2-3】　师：同学们，我先给大家讲个故事，大家要认真思考，听出这个故事渲染的是怎样一种情境，并希望大家把故事的中心用简明、连贯的语言记录下来。

一千二百多年前的一个秋天，重阳节前后。在夔州，长江边上，秋风凛冽地吹着，吹得万木凋零，漫山遍野是衰败、枯黄的树叶。江水急剧地翻滚，孤鸟在空中久久地盘旋，远处还不时传来几声猿的哀鸣。这时，有一位老人，衣衫褴褛，蓬头垢面，步履蹒跚，跌跌撞撞地朝山上走来，他浑身疾病，有肺病、疟疾、风痹，而且“右臂偏枯耳半聋”了。

重阳节，是登高祈求长寿的日子。可是，这位老人，一生坎坷，穷愁潦倒，似乎走到生命的晚秋。此时，国家正处在战乱之中，他远离家乡，孤独地漂泊。

面对万里江天，面对衰败的枯树，老人百感千愁涌上心头……

（师深情地朗读）

风急天高猿啸哀，渚清沙白鸟飞回。无边落木萧萧下，不尽长江滚滚来。万里悲秋常作客，百年多病独登台。艰难苦恨繁霜鬓，潦倒新停浊酒杯。

（幻灯同时映出诗句和作者，让学生自由朗诵）

师：这情境是——

生：是凄楚、悲伤的情境。

生：是悲凉、忧伤的情境。

生：是凄楚、孤独的情境。

生：是悲凉、孤单的情境。

师：都说得很对。那么，要读懂这首诗，最好从哪方面入手？

生：从情境入手。因为诗中人物悲凉、孤独的感觉是通过情境来表现的。

生：应该从人物入手。因为诗中悲凉、孤独的情境是通过诗中人物的情感表现出来的。

师：两位同学从不同的角度得出不同的结论。但都肯定了——

生：情境与人物是交融在一起的。

生：情境与人物是统一的。

师：都说得很好。领悟这首诗的内容，就是要把握好情境与人物的关系。请同学们根据自己的领悟，自由地朗读这首诗。(《登高》课堂教学实录片段)

诗歌、散文等文学作品最突出的特点是意境美，意境是情景交融、主客观统一的艺术境界，能把读者引入想象和联想的艺术空间。阅读这类作品，如能引导学生进入意境，再现意境，触动学生的感情，放飞他们想象的翅膀，就会取得意想不到的教学效果。本课例中，教师教杜甫的《登高》，没有孤立地解说诗句和重点分析表现手法，以免把这一完美的诗篇分割得支离破碎，讲成一些干巴巴的概念。而是运用形象生动的语言，描述诗歌的意境，使学生步入云淡天高、鸟飞猿啼、寒风瑟瑟、落叶纷飞的深秋，目睹长江源远流长、气势磅礴的景象。在领略境界广大深远、景象寥廓萧森、气魄宏伟激昂的基础上，体会诗人那种韶华易逝、壮志难酬的感觉，感受诗人常年漂泊、老病孤愁的苦难人生历程。在这基础上，根据诗歌有较大跳跃性，抓住其借景抒情的特点，通过反复朗读，启发学生想象，逐渐深入感受到诗人的情感。

【例 2-4】 师：大家看"赵州桥非常雄伟"这段。这段共谈了四个特点，我们看第三点："大拱由 28 道拱圈拼成，就像这么多同样形状的弓合拢在一起，做成一个弧形的桥洞"。"大拱由 28 道拱圈拼成"是怎么回事，理解不理解？

生 1：我认为是在大拱的两边各有 14 个拱圈。

生 2：我认为是在大拱底下一个挨一个的由 28 道拱圈拼成。

师：看来你们对这句话还没搞懂。要想理解这句话，一定要结合下文考虑。"就像这么多同样形状的弓合拢在一起"，要注意这句话。什么叫"拱"呢？(用手划弧)这就叫做拱。那么什么叫拱圈呢？这样的单独的一个拱就叫一个拱圈。假如我的一个手指就代表一个拱圈(一手指弯曲成弧形)，代表一个一米宽的拱圈，假如就用这么一个一米宽的拱圈架一座桥，这么窄的桥只能走一个人，要是走一辆车就过不去了。怎么办呢？再来一个同样宽的拱圈，把两个拱圈合并在一起，(两手指并排弯曲成弧形)就比原来宽一倍了，这样就能过车了。还得过大型车辆呢，还得错车呢，这样就一道拱圈一道拱圈地往上合并，(三个手指、四个手指、五个手指并排弯曲成弧形)一直增到了28道拱圈。换句话说，也就是28道小窄桥合并成了一个大宽桥。因此课文写道有一道拱圈坏了，不会影响桥的承重。这是为什么呢？因为这28道拱圈，一个个是独立的，合起来又是一个整体。坏了一道拱圈，不会影响其他拱圈，其他拱圈照样承担重量，照样发挥作用。只要避开那道坏的拱圈，车辆照样能过去。只有弄懂这一点，才能更好地理解赵州桥为什么如此坚固。(《中国石拱桥》课堂教学实录片段)

在例2-4中，"大拱由28道拱圈拼成"这句话似乎简单，其实是学生理解的一个难点，从接下来的两位学生的回答可以印证这一点。教师对这一难点问题的讲授语言十分精彩，用并排的手指弯成弧形，直观形象；再配以联系实际生活的通俗的解说，就使学生的疑难迎刃而解了。这就把疑难问题讲解得形象生动、通俗易懂。

(三)解说式讲解

解说式讲解是通过解释、剖析去传授知识的方法。使用这种方法，或是运用学生所熟悉的事例或现象，引导学生从情境中接触概念，从而理解概念；或是把已知的知识与未知的问题联系起来进行比较，发现和把握事物的本质属性和基本特征；或者从部分到整体，先分解说明再综合成整体认识；或者先举例再概括，或者由近及远，由易到难，由已知到未知，由具体到抽象；或者由学生自己分析理解再由教师指点，或者把所要传授的知识，分解为若干颇具启发性、引人入胜的问题，使学生在回答这些问题中掌握知识，或者先将新知识的主要部分，有重点的解析之后，再让学生自己去读教科书自己去理解等等。在教学过程中，教师一般不把现成的结论告诉学生，尽量让学生通过对例子的分析或师生共同讨论得出结论。

【例2-5】 师：现在，我们品一品描写王小玉的文字，看看下面的句子："那双眼睛，如秋水，如寒星，如宝珠，如白水银里头养着两丸黑水银……"你们觉得这句话好在哪里？

生：用很多比喻描绘王小玉眼睛之美，体现她的气质。

师：不过，用这一连串的比喻是不是嫌啰嗦了些？写一句"眼如秋水"不行吗？

(学生七嘴八舌，有说"行"也有说"不行"的。教师指定一学生回答。)

生1：我觉得可以写简单些，不是说简洁是一种境界吗？"眼如秋水"已经写出了王小玉眼睛的美，后面就不必再重复了。

师：你认为后面几句是画蛇添足？(该生点头。教师又请另一位学生发言)你的看法呢？

生2:我说不准。不过,既然刘鹗是大文学家,我想他的文章一定不会有问题吧?(学生大笑,该生有些难为情。教师示意学生安静下来。)

师:你这种猜想有一定道理,文学大师笔下确实不会有太多问题。但猜测是没有说服力的,我们必须从语句本身去找根据。刚才有同学说这里用了很多比喻,请你说说比喻的基本特征。

生:本体和喻体之间有相似点。

师:秋水与眼睛的相似处在哪里?

生:(顿悟)这句话是用秋水比喻眼睛的清澈纯净。

师:(追问)那么,"寒星"有何特征?

生:非常明亮!

师:"宝珠"呢?

生:有美丽的光泽。

师:"白水银里养着两丸黑水银"呢?

生:黑白分明。

师:仅此而已?

生:(补充)圆润灵动。

师:分析得多好啊!我们把刚才的分析综合一下看看效果怎样:这双眼睛,像秋水一般清澈纯净,像天宇中的寒星一样晶莹明亮,像宝石一样闪烁着美丽动人的光泽,它黑白分明,像白水银中的黑水银一样圆润灵动。你们看后面几个比喻是蛇足吗?(生笑)这是用几个比喻各自侧重一个方面,是从不同的角度进行描写的,这就是一种博喻。作者用一组比喻把一双眼睛描绘得如此动人。"巧笑倩兮,美目盼兮",动人的眼睛是最美的风景。(《明湖居听书》课堂教学实录片段)

在例2-5中,教师讲博喻,没有直接从概念入手,而是从讨论例子抽象出相应的概念。教师先分析例句的表达效果,通过对比博喻和简洁描述的表达效果的区别,同时复习比喻的特点,把理解各句比喻的侧重点作为台阶,然后综合在一起,上升到对博喻的理解,讲解过渡自然、结构严谨,学生很容易在心理上接受深层次的知识。

(四)分析性讲授

分析性讲授是以概念、规律、原理、理论为中心内容的讲解,通过解释和分析教学内容中的规律、定理和法则等,使学生掌握有关的规律性的知识。讲授侧重于发展学生的抽象思维能力,重在解释、说明、剖析,适用于各种以释概念、明义理、示方法、传知识、练技能等内容的教学。

例如,一位教师在教《祝福》,引导学生理解文章通过多次描写祥林嫂的眼睛来表现她的悲剧性命运，理解“典型化”文学创作原理，就采用了分析性讲授。

【例 2-6】 师：鲁迅说：“要极省俭地画出一个人的特征，最好是画他的眼睛。”如果把鲁迅的“画眼睛”艺术仅仅看做描写人物的眼睛，只算是狭义的解释。其实，鲁迅的所谓“画眼睛”是形象的比喻，是一个理论上的概括，意思是指艺术创作中典型化的一种手段或准则。现在，请大家列举鲁迅其他作品中典型化写法的例子。

生：祥林嫂四次发出“我真傻”喟叹，用来表现她凄惨无告的精神状态。

生：《白光》中作者让封建科举制度的殉葬品陈士诚三次产生“这回又完”的幻觉，用来表现他陷入疯癫的绝望心理。

生：《孔乙己》中孔乙己反复地说“窃书不能算偷……”，刻画出他的迂腐性格；《故乡》中用“细脚伶仃的圆规”来刻画杨二嫂这个病态的畸形儿……

师：通过这些例子，我们可以获得什么结论？画眼睛这种典型化手法在鲁迅小说中运用得相当广泛，归纳起来有三种情况：一是让人物反复其语言或行动，以显示其灵魂；二是抓住人物关键性语言，显示其思想本质；三是捕捉人物外貌、性格、行为的特征，显示人物的心灵世界。(《祝福》课堂教学实录片段)

典型化创作手法是一种文艺创作理论，如果单纯就概念讲概念，或仅就课文一个例子讲概念，学生都有可能一知半解。例 2-6 的教师首先简单解释概念含义；然后要求学生联系以前学过的文章为概念提供丰富的例子说明，在这基础上再从这些不同的例子中抽取共同特征形成规律性知识。这样的教学，既根据定义和上层概念的联系来阐明概念的含义，还把新概念的意义和学生头脑中的例子联系起来，促进学生主动参与，丰富他们的理解，强化了概念。

(五)补充性讲授

补充性讲授是在学生经过自学和交流，对一些问题有一定理解的基础上，教师对学生的理解作进一步的补充、发挥，以便丰富、完善学生的理解。学生在课堂上进行的语文学习，不是从无知到知，而是从知得不多、到知得越来越多、越来越丰富，越来越深刻。当学生经过读书、思考、讨论有了一定的理解，但还认识不全或领会不深时，教师要作补充性的讲解。

例如，一位教师引导学生理解文章的丰富内涵时，在学生交流理解的基础上作了较好的补充性讲授，丰富了学生的理解。

【例 2-7】 师：谁接着来读第二段？(一学生读第二段)

师：请坐。看这儿，“母亲是用八十多斤的身体去承受那么重的担子”，刚才我说了，会读书的人能看到字面里面的意思，请你想一想，母亲肩上挑的重担仅仅是那一百多斤的东西吗？你对这个“重担”是怎么理解的？

生：我的理解是，母亲不只是承受一百多斤的担子，还把我和妹妹辛辛苦苦养大。

师：辛辛苦苦养大，不仅是养育儿女啊，还有什么？

生：还有各种各样复杂的家务劳动。

师：是啊，为了家庭，为了生活，她要做多少事情啊！

生："我们长大以后，可以干活了，但逢有重担，母亲总是叫我们放下，让她来挑。"

师：你是怎么理解这句话的？

生：就是我们长大了，已经可以干活了，但是要是有重的家务劳动，或者是背重的东西，母亲还是叫我们放下，她自己来干。

师：（转向另一名同学）你呢？你是怎么理解这句话的？

生：母亲很关心我们，虽然我们可以干活了，但是母亲还是要自己干一些重活。

师：说得多好啊！这就是"重担"的含意。同学们，"乳哺三年娘受苦，移干就湿卧娘身"，说的是母亲养育儿女的艰辛；"儿病恨不将身替，调理汤药不离身"，说的是母亲在儿女生病的时候的焦虑和对儿女的照料；"昔孟母，择邻处，子不学，断机杼"，说的是母亲为了教育子女所做出的巨大贡献；"慈母手中线，游子身上衣。临行密密缝，意恐迟迟归"，说的是母亲对远行的儿女的体贴和牵挂。同学们，母亲的重担里面装的东西实在是太多太多，母亲所挑的不是一百多斤的重担，她挑的实际上是大半个天！同学们，当我们这样理解了"重担"的意思之后，再回过头来看前面这句话，"翻山越岭"，母亲仅仅是翻过一座座山、一道道岭吗？这个"翻山越岭"你现在是怎么体会的？

生：可能是辛辛苦苦地养育自己的儿女。（《第一次抱母亲》课堂教学实录片段）

阅读文学作品，有的词句看似简单明白，但如果展开思维、上下联系，就可以透过字面理解到更多的意思。像本课例中的"重担"一句，教师引导学生联系文章上下文，联系生活经验，进行解读，在学生理解的基础上教师又联系课外其他资料进行补充性讲授，使学生对文本的理解从肤浅到深刻、从片面到全面、从单一角度到多角度。教师的补充性讲授就是在引导学生"学"的过程中，起着提高和深化的作用。

总而言之，讲授的教学方法经过长时间演变已经发展为比较完备的教学方法，除了上面介绍的几种讲授方法外，还有许多可供选择的讲授方法。在中小学日常课堂教学中，教师运用讲授方法可以从不同角度、不同侧面帮助学生理解教学内容的要点和基本含义，帮助他们将新知识与旧知识联结起来，纳入自己的知识体系之中。当然，要有效运用讲授方法，需要根据教学内容的特点、学生的特点、教学环境的特点、教师的特点，灵活选择合适的讲授方法加以运用。这里既有科学性，又有很大的艺术性。

四、讲授技能灵活运用

讲授方法常常因教师讲学生听而被指责为“以教师为中心”的教学，为了改变这种被动接受的教学方式，许多教师不断改变讲授方法，例如，注意讲授的启发性，即在讲授过程中注意激发学生的思维活动，向学生提出各种问题，诱导学生根据讲授的线索进行思考，引导学生把旧知识与新知识紧密地联系起来。又如，讲授和多媒体手段结合，把抽象的、概括的、间接的知识用直观的方式呈现出来，让学生运用多种感官接受信息。

一位教师教冰心的小诗《纸船》，在引导学生理解诗歌感情的基础上，进一步引导学生再现诗歌的意境，教师先运用教授方法再现诗歌的意境，这是给学生做示范，然后让学生再现自己对诗歌意境的理解，这是从教师的讲授迁移到学生的讲授。

【例 2-8】　师：刚才我们一起感受了诗歌的感情，学习诗歌不但要入情，还要入境。就是进入诗歌所创设的意境，感受诗人所处的情境，体会诗人此时此刻的心境。老师来朗读这首诗，请大家闭上眼睛，用心去体验去感受，展开想象和联想在你的脑海中构思一幅幅画卷。

（师配乐朗读）

师：老师初读这首诗时，被诗人真诚的情感打动了，老师试着用笔记录了自己脑海中的画面：海浪滔滔，天风吹卷，遥遥的海岸越来越模糊了，但心中依然清晰的是母亲泪光闪闪的双眼。我轻倚栏杆，精心地将一只只用思念与泪水折成的纸船抛到茫茫的大洋之中。但这天风、这海浪又怎能知晓我的心愿？它们无情地将我的船儿翻卷回我的身边。船儿啊，求你，平安地驶去，将我的思念、我的爱带到母亲的身边。（屏幕展示，教师朗读）

师：老师的文字只是想给同学们一点启发，让我们拿起笔抒写、描述诗歌带给你的情境。（学生写作）

师：哪位同学读读你所写的文字？

生 1：浪花在大海母亲的怀抱里撒着娇，而我却孤独地倚着那凉凉的栏杆。望着一望无际的大海，不觉模糊了双眼，将那小小的船儿抛下在这无边无际之中，希望能将我的思念带给母亲。海浪却无情地将它打湿了；海风欢笑着吹卷起来，又唱着欢乐的曲子离开了。我仍在不断地叠着叠着……大海呀，请您休息一会儿吧，让我那心之船顺利地到达母亲的身边；大海呀，求您了，让船儿带我的悲哀远去吧！

师:老师从你的朗读中听出了深切的呼唤。

生2:海风呼啸,海浪无情地拍打着礁石。怒吼的是离别的歌,低吟的是忧伤的情。我小心翼翼地把我那沉沉的思念放进白船儿,却又怕这些纸船太小太小,无以承载我的哀愁。残酷的海风与海浪啊,我求你,求你平静一会儿吧,哪怕只一会儿。我求你们,让我的心之船顺利到达母亲的身边。

师:你的语言很具有诗的意境。

生3:海岸总是那么模糊,我翘首观望,却怎样都看不见。母亲,你可知道你的女儿对你是怎样的思念。飒飒的海风不停地向我扑来,扑向我这颗哀愁的、无助的心。我不知我该怎样做,这浪涛总是带给我遥远与不安。这时,我所寄托的只有一只只小小的船。我把我的心、我的情、我的思念全托付在这儿。只希望有一只能把我的心意传达。然而,海浪总是那么残酷,当我每一次坚定地把一只纸船投入海中时,浪涛总是把他淹没,淹没载着我的爱和思念的纸船。但我依然坚信,这纸船一定会载着我真切的思念流到母亲的身边。

师:同学们的朗读深深地把老师打动了。看来同学们都能入情入境地感悟诗歌。让我们一起深情地背诵这首诗。(学生齐背)

师:这节课我们学习了一种赏析诗歌的方法——入情入境地感悟诗歌,这样我们才能走进诗歌,走进作者的心灵,体味诗歌的美。最后推荐大家阅读冰心先生的诗集《繁星》和《春水》。(《纸船》课堂教学实录片段)

"诗无达诂",诗歌的欣赏是个性化的解读。在例2-8中,教师虽然已经对诗歌的意境作了讲解,但这只是属于教师心中的意境,并不能取代所有学生心中的意境。正因为需要个性化解读,所以,在教师讲解的基础上,也让学生学着讲解,把自己心目中的意境和同学交流。而学生的讲解是在教师搭建阶梯的基础上实现的:一是再现意境。教师要求学生在听和朗读这首诗时,"请大家闭上眼睛,用心去体验去感受,展开想象和联想,在你的脑海中构思一幅幅画卷"。在诵读和吟咏中再现情境,并沉浸其中,这是进入诗歌意境的关键。二是教师示范。"老师初读这首诗时,被诗人真诚的情感打动了,老师试着用笔记录了自己脑海中的画面。"老师以自己的"下水"作为引导,这是蓄势与孕情。三是再造意境。教师要求学生"试着用笔记录自己脑海中的画面",这是一个个性化的创造过程,恰如"接受美学"所主张的那样,作品的创作,最终是在读者的手中完成的,学生进入《纸船》的意境,是发挥"想象与联想",再造一个他们自己心中的《纸船》。这里由教师的讲授顺利地转移到学生的讲授。

五、讲授教学设计

任何教学方法的运用,要想获得良好的效果,都需要仔细的设计。下面介绍课堂讲授设计的要求和具体设计的方法。

(一)语文课堂教学讲授的设计要求

1.讲授内容对学生来说是新颖的

学生听课,对新知识、新观点、新材料、新角度,以及新的动态、新的方法、新的语言等总是感兴趣的。唯其新,才具有信息刺激的强度,引人注意。因为新,才易于对原有信息的修正、扩充、生成。

2.讲授要有中心,有重点

首先,讲授要紧扣主旨,突出重点和难点。其次,要运用强调技术,即通过语音、语言行为或重复向学生提醒重要信息。如“要记住这……”“这是重要的”,或提高声音。认知学习认为,学生通过注意信息开始加工信息,强调能加强注意。研究表明,强调能提高成绩。

3.讲授要条理清楚,层次分明

首先,讲授内容的各部分之间要有合理的联系,即符合教材知识本身的序和学生认知发展的年龄特征的序,如围绕事物发展内在联系组成将讲授的基本线索,通过条分缕析、层层剥笋的方式来组织教学语言,从而使讲授思路一步步向前逻辑推进。其次,讲授要注意将讲授的新知识和学生的已有知识联系起来,即充分地把学生所掌握的知识全部储备中与解决面临的问题有关的部分抽取出来,作为引导、启发讲授的知识起点,促使学生运用已有知识对面临的问题进行思考。最后,讲授过程恰当使用内容转换的标志语,即讲授中一部分内容结束、另一部分内容开始时使用鲜明的转换词语。讲解杂乱主要原因,一是以不恰当的顺序呈现,二是加进讲解的信息没有清楚地表明和主旨的联系。

4.讲授的语言要准确规范、丰富生动、简明易懂

教师课堂讲授语言是学生了解、熟悉和直接模仿、学习、运用语言的活样板。教师课堂讲授语言对学生的语言熏陶最直接、具体。教师讲授语言分基础要求和高级要求。基础要求是要正确、规范:讲普通话,遣词造句合乎语法规范,停顿要恰当,力戒用语含糊。高级要求是丰富、生动:选词用语鲜明、准确、生动,具有较强的修辞能力;词汇丰富,句式多样,根据教授内容、情境和学生特点灵活运用讲解语、阐释语、提醒语、幽默语、诙谐语、激励语、加重语等;表情神态亲切优雅。

5.讲授过程要有启发性

在讲授过程中,教师要注意激发学生的学习兴趣,调动学生学习的主动性,诱导学生根据讲授的线索进行相应的思考,传授相应的思维方法和处理问题的方法,提高学生的创造力。教师可以边讲授边向学生提出各种问题,引导学生把旧知识与新知识紧密地联系起来,诱导学生沿着讲授思路来理解教材内容

(教材思路)并转化为自己的学习思路。要避免简单地灌输、记忆、考试复述的方式。

6.讲授要及时反馈和调整

教师备课虽然会考虑学生因素,但总带有一定的主观性。因此,在实际教学过程中,要从动态的、综合的角度考察学情,根据教学中的实际情况(如学生的表情、学生回答问题时所提供的反馈信息)及时调节讲授的内容和节奏。调控讲授的内容,学生已经理解了要顺势结束,学生还感到迷惑则考虑增加正反例子,或改变内容。调控讲授的节奏,过快学生的接受和理解可能跟不上,过慢学生学习能力得不到满足而厌烦,注意力不集中。调控讲授的语音,音量、音调、音调变化等适当,注意运用停顿来控制学生的注意力。调控讲授的情绪,对讲授内容有浓厚兴趣,激发学生的注意力,没有激情的讲授会令学生感到枯燥乏味,当然,过多的激情会把学生的注意吸引到教师身上而忽略讲授的内容。同时还要注意,一次讲解不能太长,长的讲解分段进行,时间控制在5～10分钟。

(二)讲授设计方法

讲授教学的设计可以分为五步。

1.深入研究教材

教师教学第一要务是研究教材,全面而深入理解教学内容,确定课堂教学重点和难点,不但要知道是什么,还要知道为什么是这样,知道其前后联系怎样,适用于什么条件,什么内容容易混淆等。只有对所讲的内容知之越多越深,才能讲得清楚。正所谓"以其昭昭使人昭昭"。

2.分析学生的原有知识

有意义的接受学习必须和学生的原有知识联系起来,促使新旧知识建立起联系。教师只有了解学生对所学内容所具备的原有知识,讲授才有针对性。如果教师讲授的新知识与学生的原有知识无法产生联系,学生的学习要么变成机械学习,要么所学的知识是支离破碎的。

3.确定讲授的内容和目标

根据课堂教学的重点和难点,以及学生对学习内容所具有的起点知识来确定教授的内容和目标,明确学生要知道、理解或能做什么。在这基础上挑选或准备讲授的例子。如果讲授的是抽象的知识,这需要寻找能说明抽象知识的例子。挑选好的例子是很困难的。什么样的例子是好例子?好的例子要能充分说明知识的特征。如果教一个概念,例子要能说明所教概念的特征;如果教一组概念,例子要能说明概念之间的联系。有些知识,还需要使用正反两方面例子来防止学生混淆相近概念。正面例子告诉学生概念是什么,反面例子告诉学生概念不是什么。选择正面例子时需要一系列例子能从不同角度全面说明概念的所有特征,如果只反映部分特征,那么学生对概念的理解是不完全和不正确的。有些知识很难用例子说明,还需要通过定义来说明。学生对该定义理解的程度又依赖于定义的质量和背景知识。如果仅用定义,学生可能会只记忆定义而没有理解。除了讲授概念和概括外,讲授教学法主要用于教事实。对于事实知识的教学,要特别注意把这些知识按照逻辑和相互联系的方式组织起来。

4.设计讲授程序

根据教学的目的要求、教材内容特点和学生的实际情况,设计讲授的程序和确定讲授的形式方法。设计讲授程序要循序渐进。从哪里讲起,哪里是重点、难点,要胸中有数。课前可设计一个讲授计划,讲授时,按准备好的内容和次序逐项进行,不可随意插入无关的内容,使学生把握讲授的思路,做到主次分明、条理清晰,把握教材的内在联系。一般来说,讲授顺序可以这样安排:首先,引入话题。可以是讲明讲授目标,或呈现引导材料,或了解学生对讲授内容认识的情况等,注意吸引学生注意。接着,展开讲授。讲授知识,要解释清楚概念,梳理知识之间的联系;讲解作品,要字词句仔细斟酌推敲;对争议的疑难问题,不仅罗列各方观点与材料,还需要明确的看法,切忌此亦可、彼亦可,弄得学生无所适从。学生需要的是清楚、明晰的信息,而不是似是而非,含混杂乱的讲解。展开讲授也要注意其顺序,可以先讲核心内容,后讲附属内容;先讲连续性过程,后讲阶段性概念;先讲具体事例,后讲抽象概念;并列概念同时讲授;先强调重要内容,再进入正式讲授;先讲整体概貌,后讲具体细节等。最后,总结强化。注意对重点内容进行强调,可以通过交互活动检查学生对新知识理解的情况,并强化、拓展他们的思维技能。

5.课前感知和试讲

新教师或对讲授教学方法掌握还不是很熟练的教师,最好课前练习试讲,这样可以及时发现问题,进行改进,保证讲授的质量。通过微格训练,可以回顾和反思自己讲授的清晰性和逻辑性等,进而监控自己的讲授。这是改善讲授的好方法。

六、讲授技能评价

运用表 2-1 来评价讲授的教学效果。

表 2-1　讲授技能评价表

课题：　　　　　　　　讲课教师：　　　　　　　　评价者：

项　目	优	中	差
讲授内容新颖	5	3	1
讲授紧扣主旨,重点突出	5	3	1
表达有条理,讲授各部分内容之间有联系,注意和学生原有知识联系	5	3	1
语言准确规范	5	3	1
语言丰富生动	5	3	1
讲授有启发性,和学生有互动	5	3	1
讲授时间掌握得当,根据学生的反应作出一定的调节	5	3	1
神态大方亲切,举止得当	5	3	1
合计			

注:请听课后根据以下各项评价指标评出等级(在相应的等级上打钩),总分在 1～10 为差,11～20 为一般,21～30 为中等,31～40 为优良。

【微格训练】

一、讲授案例分析:仔细阅读下面的讲授课例,分析其优缺点。

例 1:《察今》中介绍背景

师:今天我们学习文言文《察今》。(板书课题)"察今"是什么意思? 课文从哪儿选来的? 请同学们打开课本,先阅读课本注释①。

生:是从《吕氏春秋》里节选来的。

师:《吕氏春秋》是一部什么样的书?

生:《吕氏春秋》又名《吕览》,是秦国的相国吕不韦请他的门客编写的。书的内容,课本注释未作介绍,请老师介绍一下。

师:好。我就《吕氏春秋》的内容作点补充。这部书还比较有名。全书二十卷,分十二纪、八览、六论共一百六十篇,十余万字。因书出于众人之手,思想庞杂,几乎包容了儒、道、墨、名、兵、农、阴阳各家学说,汉朝学者把它列入杂家。它基本上是一部学术汇编,主要价值在于保存了很多秦以前各家的思想资料。《吕氏春秋》的文章都比较短,但组织严密,运用了许多比喻、神话传说和寓言故事来说明道理,很讲究逻辑修辞。据《史记》记载,这部书编成以后,吕不韦曾把它悬之国门(咸阳城门上),声称:有谁能增减一字,便当众赏赐千金。后来便用"一字千金"这个成语来称誉文词精妙。这篇课文对原文作了删节。下边请同学说说课文题目"察今"是什么意思?

生:“察今”是明察当今实际情况的意思。

例 2:《荷塘月色》讲授“作者心情的不宁静”

师:有人把这篇文章所表现的思想感情概括为“淡淡的喜悦,淡淡的哀愁”,我认为是很贴切的。但作者的感情底色是“不宁静”。

生:李老师,作者的心情为什么会“不宁静”呢?

师:这个问题问得好极了!不过我也不知道,因为这可能永远是个迷。但是,正因为这是个迷,所以,它为无数读者提供了品味、解读、思考的无限空间。关于朱自清心情“不宁静”的原因,有人认为是源于对蒋介石 4.12 反革命政变的愤懑,联系到朱自清当时的思想背景和这篇文章的写作时间,这不能说没有道理;也有人认为是源于作者的思乡之情,因为结尾作者说“这令我到底惦着江南”了;还有人认为源于作者作为一名小资产阶级知识分子面对人生十字路口而产生的苦闷、彷徨;甚至还有人根据一些史料,认为朱自清的“不宁静”是源于家庭生活的不和谐等等,还有其他的说法。我认为,在这个问题上,没有必要规定一个权威性的唯一答案,应该允许仁者见仁、智者见智。而且也正因为如此,《荷塘月色》成为一首耐读的朦胧诗,过去、今天和未来的每一位读者会因年龄、阅历、所处时代等等因素,而从同一篇《荷塘月色》中读出属于自己的一片荷塘月色。这就是创造性阅读,这就是阅读名作的乐趣!

例 3:《荷塘月色》中讲授“通感”

师:在描写景物的时候,作者用得最多的修辞手法是什么?

生:比喻,拟人。

师:不错。这里所使用的一连串比喻,描写了些什么本体?

生:荷花、荷叶、清香、颤动。

师:它们的喻体呢?

生:“一粒粒的明珠”,“碧天里的星星”,“渺茫的歌声”,“闪电”,“凝碧的波浪”。

师:很好!不知道大家注意没有,在刚才这些比喻中,本体与喻体之间的关系有特别的一点。——看出来没有?

生 1:“微风过处,送来缕缕清香,仿佛远处高楼上渺茫的歌声似的”一句,有些特别。

师:哪儿特别?

生 1:一个闻到的,一个听到的。

师:对,本体和喻体,一个是嗅觉形象,一个是听觉形象。有些比喻,本体和喻体在表面差距很大。台湾诗人余光中，写了一首诗《乡愁》，诗中的比喻用得很好。他这样写的：

小时候/乡愁是一枚小小的邮票/我在这头/母亲在那头

长大后/乡愁是一张窄窄的船票/我在这头/新娘在那头

后来啊/乡愁是一方矮矮的坟墓/我在外头/母亲在里头

而现在/乡愁是一湾浅浅的海峡/我在这头/大陆在那头

师：写得好吗？

生：好！

师：诗里边把乡愁比着什么？

生2：邮票、船票、坟墓、海峡。

师：这些比喻为诗作增添了活力。它们追求的不是事物形体的表面的相似，而是强调它们内在的本质的相似，以及情绪上的联系。用得好，给人新颖的感受。这类比喻还有一个特点，就是能以简洁的形式，从多方面去丰富读者的感受。像课文中的例子，把人的嗅觉和听觉沟通起来了，这在修辞上叫做"通感"，沟通感觉。这个句子是比喻和通感的融合，或者说比喻中有通感。

例4：《赤壁赋》中讲授"赋"

师：现在同学们一起来看课文标题"赤壁赋"，同学们对"赋"了解多少？

生2：刚学的《诗经》"六义"有赋、比、兴。赋者，敷也，敷陈其事而直言之者也。是铺陈排比。

师：说得非常好。"赋"原先是一种文学表现手法。到汉朝发展成为一种文体，"赤壁赋"的"赋"是古代的一种文体。汉有大赋，铺陈扬厉；六朝骈赋，铺陈对仗；唐朝律赋，铺陈对仗，平仄用韵。至此"赋"被层层束缚，已无法写了。于是宋朝文人对"赋"进行改革，产生了文赋，突破声律对仗，自由挥洒，杂入大量散句，故称文赋。但文赋仍保留汉赋主客问答的形式。客多是虚拟的，用于流露作者思想的一个侧面，主则用于表现作者的主导思想，他们共同反映了作者思想的矛盾困惑。

二、讲授微格模拟训练：从下面各题中选择一题，进行讲授设计，然后在微格教室中进行讲授练习，分析其中的效果。

1. 讲解柳宗元的《江雪》的意境。（"千山鸟飞绝，万径人踪灭。孤舟蓑笠翁，独钓寒江雪。"）

2. 讲授柳宗元《捕蛇者说》一文的写作特点——蓄势。

3. 假设你在教鲁迅的《故乡》，开始分析杨二嫂的这个人物，突然一个调皮的学生没有举手就站了起来问:"老师,杨二嫂为什么叫豆腐西施?"学生哄堂大笑。在这种情况下,请你设计一段讲授内容。

4.假设你在教《论语十则》,一个学生问道:"'士不可以不弘毅,任重而道远,仁以为己任,不亦重乎?死而后已,不亦远乎?',老师,'仁'是什么意思?"请你设计一段讲授内容解决这个问题。

第三章　示范技能

一、示范技能简介

《全日制义务教育语文课程标准(实验版修订稿)》把教学目标划分为三个维度:知识与能力、过程与方法、情感态度与价值观。其中,能力、过程与方法这类教学目标,属于智力技能的教学目标,对这类教学目标,不少教师难以把握,指导方法简单,往往采用尝试错误的方式开展教学,学生学习屡屡受挫,教学效果不佳。

我们先来看看一位教师的教学片段。

【例 3-1】 师:同学们已经预习了课文,课文的内容呢基本了解了,我要检查一下大家了解的程度怎么样,用几句话口头复述一下本文的主要内容。听清楚了吗?用几句话复述本文的主要内容。同学们看书,你看哪些关键性的词句我们还要把它抓住,哪些段落的内容我们把它的中心句找出来,开头、结尾的内容不要放过。

(学生学习,教师巡视。)

师:有的同学觉得有些困难了,老师提示一下啊,地点在什么地方,注意一下,什么时间发现的,发现的这些秦俑有什么样的特点,发现的这些秦俑有什么价值,人们是怎样评论的。五个方面,重点是特点,不一定要用文中的话来说,自己归纳一下就可以了。

(学生学习,教师巡视。)

师:前后同学可以互相讨论,把自己最好的想法提出来。(停一会儿)时间,地点,秦俑的特点,有什么价值,人们怎么评价的。(停一会儿)我看到有的同学用笔在画了,很好的。有什么问题没有,找到了吗?(停一会儿)我们来讨论一下看看,交流一下,五个方面如果有的同学感到为难了,那么你就说一两点也可以,大家互相补充,全班同学形成一个合力把这个问题解决了。说一两方面也可以。哪位同学先说？

生：作者参观位于临潼县东约十里并于1974年发现的规模巨大的兵马俑，这些兵马俑个个栩栩如生，成为中国艺术宝库之明珠，世界艺术史上壮丽的一页。因此被称为世界上独一无二的第八奇观。

师：不错，请坐。（指另一个学生）你说说看还有什么补充。

生：秦俑的发现是研究中国古代政治文化军事艺术及秦代历史的最真实的资料，弥足珍贵，秦俑的发觉是20世纪最壮观的考古发现，它震撼了世界。

师：把这几句加上去你觉得恰不恰当？

生：我觉得它应该再加上时间。

师：加上时间？什么时间？

生：是今春三月。

师：今春三月？嗯……

生：还有是作者陪同北京的几位作家驱车来到这个秦始皇博物馆。

师：好的，请坐，对不对，你说。

生：前面说到特点，但只说到每一个武士勇士的特点，但他没有说到庞大的军阵。

师：补充这一点是吧，嗯……刚才同学说了还应该补充一个时间，对不对？

生（众答）：不对。

师：不对？为什么？

生：因为今春三月是今年春天的三月份而作者写这个文章的时候不是今年写的，所以这个今春三月不应该……

师：不应该把它看成发觉秦俑的时间，是这样理解的吗？你说呢？

师：同意他的看法，没关系的，老师刚才说要找出时间，那么这个时间词有几个地方，这个时间呢有两个，一个是发觉秦俑的时间，哪一年啊？

生（齐答）：1974年。

师：一个呢是作者去参观这个地方的时间，发觉时间和参观时间必须要清楚，对不对，有可能刚才老师的问题没有提清楚，不怪大家，后面几个同学补充得也很好，时间抓住了，地点抓住了，特点抓住了，特别是讨论这个特点的时候我们同学补充得非常恰当，特别是哪个军阵的气势，队列补充进去，好的，价值，评价抓住了。

同学们想想看，老师为什么要大家做这样一个作业？对我们学习课文有什么启发？（稍停）练习做得很好，做这个练习有什么目的？你说说看——

生：这样子练习可以使我们对文章有更清楚的了解，更深一层的。

师：更清楚的更深一层的，对不对？好，请坐。最主要的是更清楚更全面地了解课文的主要内容。

从例 3-1 的课例中我们可以看到，教师的教学目标是明确的，那就是：“用几句话口头复述一下本文的主要内容。”这是指导学生运用复述的智力活动来促进对课文的理解。教师也对教学活动作了简要说明：“同学们看书，你看哪些关键性的词句我们还要把它抓住，哪些段落的内容我们把它的中心句找出来，开头、结尾的内容不要放过。”但从教学的实效来看，学生开展的学习活动并不顺利，出现了多次挫折。在开始阶段，教师布置学习任务，学生开始学习活动，教师巡堂监控学生学习时发现学生学习出现困难，于是教师返回讲台进行提示：“有的同学觉得有些困难了，老师提示一下啊，地点在什么地方，注意一下，什么时间发现的，发现的这些秦俑有什么样的特点，发现的这些秦俑有什么价值，人们是怎样评论的。五个方面，重点是特点，不一定要用文中的话来说，自己归纳一下就可以了。”在教师提示下，学生再次开展学习活动，教师第二次巡堂观察学生学习，还是发现提示仍然没能解决学生学习的困难。于是，教师第二次返回讲台要求学生利用另一个学习活动来帮助原来的学习活动：“前后同学可以互相讨论，把自己最好的想法提出来。”在学生讨论一会儿后，教师第三次提示学生注意“时间、地点、秦俑的特点、有什么价值、人们怎么评价的”等因素。经过多次提示，少数学生才勉强进行复述这一智力活动。

以上的教学现象，在语文课堂教学中涉及培养能力、落实过程与方法的教学目标时，是比较常见的。教师提出学习要求，学生尝试完成学习任务，遇到重重困难，教师反复指导，经过种种挫折后，学生才勉强完成学习任务。为什么会出现这种现象呢？一是在语文教学中，有关能力、过程与方法的教学目标，本来就是相对较难的，学生学习出现困难也是正常的。二是采用尝试错误学习的方式学习有关能力、过程与方法的教学目标效果不佳。能力、过程与方法的教学目标，属于智力技能范畴，具有实践性、操作性和内隐性的特点。所谓实践性就是必须在具体的情境中进行某种活动，所谓操作性就是在其活动过程中需要遵循一定的程序，所谓内隐性就是所进行的活动及其程序是无法观看到的、发生在大脑里面的内在认知过程。尝试错误学习是学习者在遇到新的情况或问题时，尝试本身所具有的各种反应方式，在进行许多错误尝试中偶然获得成功，通过强化把成功的反应固定下来，从而学习到正确的行为。这对于学习可以观察得到的外在行为或比较简单的内隐认知活动是有一定效果的。而对于学习较为复杂的内隐智力技能，由于学习者无法观察到其活动过程，也难以对其所尝试的种种活动分辨出哪些是正确的哪些是错误的，也就无法从各种尝试活动中选择出正确的反应加以固定和强化。学习这些较为复杂的内隐的智力技能，需要让学习者感知到这些智力技能是怎样操作的，也就需要富有经验的教师通过示范把它们外化成为学生可以观察或感觉到的操作规程，以便在头脑中建立起智力技能的操作过程和方法，这样学生才可能有效地学习和掌握。也就是说，采用示范教学方法进行学习，其效果会较为理想。

什么是示范教学？示范，是指教师，或者指定学生，或者借助计算机投影仪或网络教学系统一步一步地演示并讲解正在开展的规范的学习活动过程，以便学生观察、讨论、理解进而模仿该学习活动的操作步骤和方法。在学习过程中，通过标准行为来指导学习者学习，可以减少不必要的尝试与错误，提高学习的效率。

示范教学方法在学习具有较强的外显行为的操作性学科教学中，如体育运动技巧、自然实验、科技制作、信息技术等，是一种重要而非常有效的教学方法。学生通过观察标准行为的示范，在头脑中形成所要学习的动作的清晰表象，了解所学动作的结构、要领的方法，并使之内化，经过思维的加工，建立起正确的动作概念。这样有利于促进新行为的学习，或消除已形成的不适当的行为。这种教学方法不仅能够很直观地让学生从教师的示范操作中学到操作方法，提高掌握动作要领的效率，还可以提高学生学习兴趣，造成一种跃跃欲试的心理气氛，激发学生积极参与学习活动，形成学习的自觉性，有利于培养正确的动作定型。

有的教师认为，示范教学只适用于外显行为的教学。其实，在包含复杂的内在认知技能的学科中，示范性教学同样也是一种非常有效的教学方法。如在数学教学中，数学教师就很重视示范内在的运算技能。语文的阅读和写作也有大量的内在的智慧技能需要学习，这些智慧技能是怎样操作的，同样需要富有经验的教师把它们通过示范外化成为学生可以观察或感觉到的操作规程，以便在头脑中建立起智慧技能的操作过程和方法，这样学生才能有效地学习和掌握。可惜，语文教师在进行内在的语文智力技能教学时往往忽略了示范教学，较多的采用尝试错误学习方法，从而影响到语文能力、过程与方法这些教学目标的有效达成。

二、示范技能的理论视野

示范教学的合理性和有效性，既有课堂教学实践的例证，也有理论研究的充分阐述。这可以从观察学习理论、智力形成的活动阶段理论、元认知理论等方面得到证实。

（一）观察学习理论

1963 年，美国心理学班杜拉（Albert. Bandura，1925—　）等人出版《社会学习和个性形成》，提出了观察学习理论，并在后来的研究中不断完善这一理论[①]。班杜拉认为，人类的学习，多数是在社会交往中，通过对榜样的示范行为的观察、模仿而进行的。在这过程中，人们首先观察到榜样的活动，观察的结果在人的头脑中形成一种意象，这种意象指导着人们在处于与榜样的活动相似的情景中时，作出与榜样相似的活动。通过观察过程，人们形成各种各样的行为，从而形成自己的个性。

班图拉把观察学习可以分为三种基本类型：一是直接的观察学习，也称行为的观察学习，指的是对示范行为的简单模仿。日常生活中大部分观察学习属于这种类型。二是抽象性观察学习，是指观察者从他人的行为中获得一定的行为规则或原理，以后在一定条件下观察者会表现出能体现这些规则或原理的行为，却不需要模仿所观察到的那些特殊的反应方式。三是创造性观察学习，指的是观察者通过观察可将各个不同榜样行为特点组合成不同于个别榜样特点的新的混合体，即从不同的示范行为中抽取不同的行为特点，从而形成一种新的行为方式。创造性表现在观察者通过观察，受他人行为的启发，把自己原有的行为成分进行新的排列组合，从而形成一种新的反应方式。

班杜拉把观察学习过程划分为四个阶段：①注意过程：对榜样的知觉。为了能够依靠观察进行学习，人们需要注意榜样行为的重要特征，加以正确的知觉。人虽然经常置身于大量的示范的影响之下，但是从中深入观察什么，能够吸取什么，是被注意过程决定的。观察经验的类型和数量，是由制约注意过程的许多因素进行调整的。影响注意过程的因素有：一是榜样呈现的性质，如行为的复杂性、基本行为的鲜明性、榜样的权威性。二是观察者的特征，如个性特征、能力特征等。三是诱因条件，与需要满足或强化相关。②保持过程：示范信息的储存。通过这一过程，是为了把榜样的示范行为，以印象和言语形态保存在记忆中，成为记忆编码，会在以后实行这种行为时起着向导作用。③运动再现过程：记忆向行为的转变。这是把以印象和言语形态保存在记忆中的行为表象转换为行为的过程，也就是行为的实行过程。班杜拉把这种行为的实行，分解为反应的认知组合、反应的最初表现、对反应的监控、依据信息反馈进行的精心练习等环节。④动机过程：从观察到行为。人们并不把学到的行为全部表现出来，因此，这一理论把行为的习得和行为的表现区分开来。示范行为如果导致有价值的结果，就会增强观察者产生同样行为的倾向；如果导致惩罚或无报偿的结果，就会抑制或削弱观察者发生这种行为的倾向。直接强化、替代强化和自我强化，对由观察而学会的行为的表现，都具有动机作用的功能。

---

① 班杜拉.社会学习理论.沈阳：辽宁人民出版社，1989：133.

观察学习的价值或作用可归结为如下几点：①依据直接经验的所有学习，都可以通过对他人的行为及其结果的观察来实现。人的思想、情感和行为，不仅受直接经验的影响，而且也受观察的影响。因此，在教育中，榜样的示范作用是不可忽视的。②人们由于有通过观察而学习的能力，就能迅速地掌握大量的整合的行为模式，而不必依据无聊的尝试错误这种一点一滴地去获取复杂行为的方法。③观察学习不仅可以使习得过程缩短，而且还可以避免由于直接尝试的失败带来的重大的损失或危害。

观察学习为示范教学方法提供很好的理论说明。示范就是通过观察别人来模仿怎样学习的行为。观察学习则是学生通过对学习对象的行为、动作以及它们所引起的结果观察，获取信息，而后经过学习主体的大脑进行加工、辨析、内化，再将习得的行为在自己的动作、行为、观念中反映出来的一种学习方法。示范教学是把内隐的智力技能通过语言外化为可以感受、观察得到的活动过程，以便学生模仿学习。确实，人类的大部分行为是通过观察学习而获得的，小孩模仿父母亲的声音和行为，少年模仿明星的发型和服饰，学生模仿教师的学习行为等。正因为人类具有观察学习的能力，所以人们才能不依靠尝试错误一点一点地掌握复杂的行为，而很快地学到大量的复杂的行为模式。

（二）加里培林的“智力形成的活动阶段”学说

加里培林认为，智育目标是学校最主要的教育目标，学校里的许多教学活动是属于智力活动。所谓智力活动，是指在人脑内部、借助于内部言语、以简缩的形式对事物的映象进行加工、处理的过程。智力不表现在知识、技能、熟练的程度上，而是表现在获得这些知识等的活动动态上，即在掌握知识、技能、熟练的过程中表现出来的快慢、深浅程度、巩固程度等。他们的研究表明，智力活动具有以下特点：①活动对象的观念性。技能操作活动的对象是物质，具有客观性；智力活动的对象是客体在人脑中的映象，是对客体映象（观念）的加工、处理的活动。②活动过程的内隐性。智力活动是在头脑中借助内部言语默默地完成的。③活动结构的简缩性。其活动过程可以合并、省略、简化某些动作。加里培林还研究了儿童智力形成的过程：①原型定向阶段（外化），是指学生了解该智力活动的方式、结构、操作程序。学生的学习任务：一是确定智力技能的操作程序；二是使这种程序在头脑中得到清晰的反映。这些在教学中靠教师的示范和讲解来实现。②原型操作阶段，是指学生进行实际的智力操作活动。操作时要以展开的方式、按顺序执行每个动作，保证操作的正确性。③原型内化阶段，智力操作脱离外在客体而转向头脑内在活动，即操作监控从外部言语转向内部言语，过程由展开到缩简。[①]

根据我国心理学家冯忠良的研究，儿童智力技能的培训也必须分三个阶段进行：①原型定向。所谓原型定向，就是指了解智力活动的物质化的操作程序，如智力活动的基本操作、智力操作的顺序和智力操作的要求等，并形成关于智力活动的物质化的操作程序的清晰的表象。为了使学生更好地进行原型定向，教师要注意以下几点：首先，教师示范要正确，要让学生清楚地了解每一步操作的具体的操作方式；其次，教师对智力技能的操作程序的讲解要确切，使学生不仅了解操作的程序，还要了解操作程序的必要性，以提高学生学习的自觉性；再次，教师发出的动作指令必须十分明确，要使学生听到指令，就知道该怎么做。同时，教师发出的动作指令，还要尽可能简练，以便于学生记忆。②原型的操作。所谓原型操作，就是根据原型定向阶段所形成的智力操作的程序，以物质的或物质化的操作，加以实施，以形成智力活动的动作的经验。在原型操作阶段，智力技能训练的要求是：首先，所有的智力操作必须以展开的形式进行，不能有任何遗漏。这样做的目的是保证学生形成完备的动作表象，同时也是为了及时了解学生智力活动的结果，以便及时调整智力技能训练进程；其次，要适时地变更活动的对象，使智力活动在直觉的水平上得以概括，使智力技能的适用范围具有更大的广泛性；最后，由于智力技能是靠内部言语来调节的，而内部言语是以外部言语为基础的，因此，在进行原型操作时，要注意操作活动要与言语相结合。一边操作，一边用言语来标志和组织操作的进行，这有利于智力操作的内化。在原型操作达到一定的熟练程度以后，要适时地向下一阶段过渡。③原型内化。所谓原型内化，就是指智力技能由外在的物质活动或物质化活动向内部的心理活动转化。在进行原型内化时，必须注意以下几点：首先，智力操作的进行，必须由出声的外部言语到无声的外部言语，再到内部言语。这个程序不能省略或颠倒；其次，要适时地将原型中的操作进行压缩和简化；再次，要变换智力活动的具体对象，使智力活动的操作得到进一步的概括，以便于广泛地适用于同类课题。

示范教学正是按照学生智力技能形成和培训的规律来设计的。它是教师展现（示范）学习技能（智力技能）运用的步骤、思维活动的过程，让学生可以感觉得到、观察得到，进而模仿学习。这是属于认知的示范，也就是教师把人们从事智力活动的思维通过出声语言外化为学生可以感觉得到的意象行为，就如外在行为学习一样，通过直接演示行为以便模仿，认知示范也是演示智力活动过程以便模仿。

---

① 冯忠良.结构化与定向化教学心理学原理.北京：北京师范大学出版社，1998：284－312.

(三)元认知理论

元认知的研究源于70年代早期对元记忆(metamgmory)的研究。弗拉维尔(J. H. Flavell)等人研究儿童有关记忆是怎样进行的知识。由此引发了元认知的研究,并迅速和学科的教学研究结合起来,为课程、教学的改革和提高教学质量提供了一个新的思考角度。80年代后期,元认知研究已由实验进入课堂教学的运用阶段。教学的各个领域都开展了元认知作用的研究。从思维教学到技能训练,从常规教学到特殊教育,从自然学科到社会学科,都注意到元认知对培养学生能力、发展学生智力的作用。

所谓元认知,主要是指学习者对自己的认知过程,如注意、记忆、思维等过程的自我意识和自我监控。它由元认知知识和元认知技能两部分组成。

元认知的知识就是有关认知的知识,即指学生了解认知活动过程及其特点,知道影响认知活动的因素。这包括:一是关于自我的知识,指认识到自身知识、能力特点;二是关于认知任务的知识,指理解学习任务的要求及难易程度;三是关于策略的知识,指知道进行有效的认知活动所需要的认知策略,以及各种认知策略在不同环境中的效果。学生是认知的主体,学生在认知经历中不断了解到自己对不同的认知活动的能力,形成自我概念;同时感受到各种认知任务的特点和难度,知道各种认知策略在不同的学习环境中的效果,从而当面临新的学习任务时,能根据自身特点、任务特点来选择有效的认知策略,实现认知目标。元认知知识的形成对于学生成为积极的有效的学习者又起到关键的作用。如果学生意识到有效地学习需要做什么,那么,他们就有可能采取更恰当的步骤去适应学习任务的要求。如果学生没有意识到自己学习中的局限性和所进行的学习活动的复杂性,那么,他们就很难预先采取有效的措施去从事面临的学习任务。

元认知技能是指学生在认知过程中运用元认知知识对自己的认知活动进行相应的监控和调节。它包括:在学习前,对认知活动进行计划,选择恰当而有效的认知策略来促进认知活动的进行;在学习过程中,检查认知活动是否有效,是否指向认知目标,当认知活动出现困难时及时采取纠正策略,修改认知活动;在学习结束后,评价认知结果是否符合认知目标。元认知技能是不易意识的。成熟的学习者监控其认知活动,经过多次重复后,这种监控的过程就变为自动化。换言之,虽然成熟的学生对其认知活动进行监控,也往往是在无意识状态下进行的。只有认知活动出现困难时,如学习的新知识与学生原有知识产生矛盾,或学习的新知识过于困难等,学生才在有意识的状态下运用元认知技能,放慢认知活动速度,用更多的时间计划处理学习困难的地方,对认知活动进行更严密的监控。也正因为如此,学生有时能够顺利完成学习任务,但却很难清楚地解释说明他们的学习过程是怎样进行的。而差生则更少意识到对认知活动进行监控，他们难以从认知活动中学会怎样学习。

元认知知识和元认知技能这两者是紧密联系、相辅相成的。学生具有元认知知识，也就能主动地选择有效的认知策略，对认知活动进行更有效的监控和调节，而在对认知活动的自我监控过程中又进一步丰富元认知知识。可以说，元认知知识来源于对认知活动进行监控的过程，元认知技能又是通过自觉运用元认知知识来实现的；这两者的有机结合而构成了一个统一的整体——元认知。[①]

示范教学吸收元认知研究的成果，在培养学生的智力技能时注意引导学生发展元认知，即引导学生反思和总结其智力技能的操作过程，使学生认识到智力活动的开展，进而监控其活动的顺利进行。这主要表现在：一是定向目标，即在智力活动开始前明确活动目标，以便按照目的引导来开展合适的活动。二是策划活动，即认识到智力活动开展的过程、步骤，选择有效地活动策略。三是监控与调节，即检查正在进行的智力活动效果如何，在智力活动出现困难时，知道应该采取什么补救措施确保其顺利进行。四是评价效果，在智力活动结束后能自我评价活动效果是否符合目标要求，以获取反馈信息。

三、示范技能案例分析

示范教学在外显行为和内隐智力技能教学中起着重要的作用。通过示范教学，使第一次学习某种技能的学生看到和听到该技能的操作过程，从而深刻理解其特征，便于顺利地学习和模仿所学的技能。那么，示范教学怎样展开才能帮助学生认识和理解技能的操作过程呢？我们来看看一位优秀语文教师的示范教学实例。

那位语文教师教初一学生学习《孙权劝学》，这篇文言文故事性强，简短易懂，教师没有把教学的主要目标放在文言知识学习上，而是确定感悟的阅读技能作为主要教学目标。教师首先引导学生朗读并初步理解课文，然后指导学生学习感悟的阅读技能。在指导学生学习感悟阅读技能时，教师采用了示范教学的方法。

【例 3-2】 师：同学们对这篇文章已经基本理解了。这篇文章，事实上是一个经典文章，我们来看，它选自《资治通鉴》这本书。其实这本书最初的名字不叫《资治通鉴》，叫《通志》。但是后来皇帝发话了，宋神宗说："鉴于往事，有资于治道。"意思就是说，把历史当做镜子，来让我们学习统治之道。现在我把这句

---

① 杜晓新、冯震. 元认知与学习策略. 北京：人民教育出版社，1999：10－14.

话改了一下:“鉴于课文,有资于明道”,什么意思呢?就是把课文作为借鉴,有利于我们明白道理、明白事理。所以说,我们今天就请同学看看,能不能从这篇文章中获得一些感悟,并且是从多方面来获得感悟,好,这就是我们今天要做的事。

老师在同学们做这个事之前,也给大家做一点示范,我先提供一个表达这种感悟的句式:“……告诉我们……”。就是:“这个内容告诉我们什么东西。”注意,大家针对原文进行感悟时,先要确立角度,什么意思呢?那就是说,我的感悟必须要用一定的角度来感悟,那这个角度可以是人物,如孙权、吕蒙、鲁肃,也可以是事情,如它的起因、经过、结果,也可以从具体的细节上。就是说这一角度让我有所启示,或从这一方面得到一些感悟。这就是说,我们在感悟前,你一定要确立好一个角度。

老师写了两条感悟,不妨先介绍给同学。第一句,“士别三日,即更刮目相待”我是选择了吕蒙这个角度,他说的一句话,然后得到的感悟是:“告诉我们要以发展的眼光看待别人。”也就是说,从这个点上,我得到了我的感悟。第二个,我是从鲁肃这个角度,从他的事情上、从他的行为上来写的:“鲁肃发现吕蒙通过学习增长才干后,即表尊敬并与之结为朋友,这件事告诉我们应该敬重有才能的人。”我是从他这个事情中,得到了后面这个感悟。那么,从这两条大家可以看出,老师在写感悟的时候,首先是要紧扣原文。你看,我这两条感悟,一个是“士别三日”,一个是前面那个事情,全部是原文中得出来的。并且确立好角度,我到底是从人的角度,还是从事的角度;我到底从哪个人的角度?从他这个人,还是语言、行为这个角度。而且,我们还要注意,你要抓住文章中哪个点给你带来的感悟,你要捕捉住这个“感点”。

大家明白了吧?阅读一篇文章,尤其是经典的文章,我们可以得到很多的感悟。好,下面就请同学来做这件事,好不好?写在书上,要求两条以上,要求同学们多方面的感悟。

(学生在教师指导下开展感悟阅读练习。在学生基本学会后,教师引导学生进行总结和反思。)

师:同学们刚才已经从中得到了不同的启示,那就这么一则小故事,我们可以得到很多的启示,关键在于我们同学有时候在思考的时候是一种凭空的或者是一种大致感觉的,没有找到路径。好,我们这么多同学讲过了以后,你想想看,以后我拿到一篇新文章,我怎么去从文章中得到感悟,你应该注意什么,有什么要求,可以让我们得到感悟,来,你来说。

生20:应该要注意文章中的人物,作者描写这个人物的语言、动作、神态、心理。

师：就是我刚刚说的要确立你的感悟的角度，对吧？很好！还有什么要求？

生21：我觉得首先要理解文章（师：对，理解，刚才我们一开始是理解文章）理解透了以后要知道作者写了这篇文章到底要表达什么？

师：对，你要找到这个感点，感悟的出发点，很好。好，老师归纳一下。我们应该注意什么？第1条，紧扣原文，这是针对同学们平常谈感悟的时候一个最容易出现的错误，你看，刚才这些，我们看的全部都符合原文吧？这是非常重要的一条。第2个，你要确立角度，你如果不知道路径，不知道从哪个角度去讲，你可能只能泛泛而谈，泛泛而谈常常说不准。第3个，捕捉感点。第4个，也是重要的，你要准确表述，怎么准确表述，最好就是你写好了以后回到原文看看符合不符合原文。明白吗？

那么我们今天就通过这篇文章学习了这个方法，希望同学们以后在阅读题或者学了看了一些课外阅读的书以后，我们要从中得到一些东西，其中启示就是我们应该得到的。

例3-2的教学活动可以说是一个示范教学的范例。

首先，教师为教学定向：①明确告诉学生学什么，即“从这篇文章中获得一些感悟”。②让学生知道为什么学，即“古人把历史当做镜子，学习治理之道；我们把课文作为借鉴，有利于明白道理，明白事理”。③给学生指明学习适用于什么情境，即“阅读经典文章”。我们知道，每堂课的语文学习内容都比较丰富复杂，既有理解文章的内容，又有学习阅读的智力技能，还需要学习相应的语文知识，感受其中的思想情感等等。示范教学主要适宜于学习智力技能的学习目标。如果在教学中不预先让学生明确将要学习什么智力技能，学生可能会被丰富复杂的学习活动的其他因素吸引注意力，没能把注意的焦点聚集在要学的智力技能上，从而影响学习的效果。因此，在开展示范教学之前，应该让学生非常明确接下来学习的是什么具体的智力技能，以便学生在示范教学中把注意力聚焦在相应的智力技能上。在学习前让学生明确学习目标，认识到掌握所学技能的用途，有利于激发学生积极主动的学习心态。

接着，教师用出声思维的方式示范感悟的阅读技能：①告诉学生感悟的方式，即“……告诉我们……”；②引导学生确立感悟的角度，或是人物，或是事情，或是细节；③解释和说明怎样生发感悟；④解释说明怎样表达感悟。教师把自己阅读感悟的全过程一边用语言描述，一边做演示，把内在的智力活动外化为学生可以感觉得到认知活动过程。这是示范教学的关键步骤。教师按顺序一步一步解释该阅读技能的操作过程，说明每一步做什么，为什么做这一步。引导学生一步一步地学习该智力技能，在操作过程中明确每一步骤，并了解做每一步骤的理由。这就是把内在的智慧技能操作过程外化为语言，便于学生感知到内在的认知活动过程，进而观察、体验和模仿，为以后的练习运用和调控学习智力技能操作步骤奠定基础。

最后是反思与总结。由于教师的示范和学生的练习活动是断断续续的，期间还掺杂其他非相关因素，为了让学生最后获得完整的感悟阅读方法的操作过程，教师在示范教学后，引导学生进行智力技能活动的总结和反思。"你想想看，以后我拿到一篇新文章，我怎么去从文章中得到感悟，你应该注意什么？有什么要求，可以让我们得到感悟？"这是引导学生认识自己的认知活动；"老师归纳一下，我们应该注意什么？第一条，紧扣原文。第二条，要确立角度。第三条，捕捉感点。第四条，也是重要的，你要准确表述。"这是让学生归纳、总结出有关要学习的阅读技能的特征，说出学习阅读技能操作时头脑里的思维活动过程，明确技能操作过程的关键步骤，使之成为整体。同时，总结性的交谈和写作使内在的思维通过语言化，增强学生对思维过程的意识，为以后控制自己的思维奠定基础。整个学习过程经历了从感性认识到理性认识，再到实践操作，最后抽象规律的过程。

从上面的课例我们可以看到，示范教学是帮助第一次学习该语文智力技能的学生能看到和听到它的内在操作过程，从而深刻理解其特征，便于顺利地学习和模仿其内隐活动程序。示范的核心是有效运用出声思维，即把内在的认知操作活动通俗易懂地说出来。示范的教学过程一般包括三个小阶段：一是目标定向，即向学生说明要学习的具体的语文智力技能，它的名称是什么，含义是什么，由哪些因素构成，有时还可以说明学习它的用途等。二是解释与演示，即教师按该语文智力技能的操作顺序一步一步解释其操作过程。教师一边演示，一边及时进行归纳、总结其特征、规则，把操作过程外化为语言，便于学生观察、体验和模仿，为以后的练习运用和调控学习方法操作步骤奠定基础。三是反思与总结，即让学生反思、归纳、总结出所教的语文智力技能的特征，说出学习其操作时头脑里的认知活动过程，明确其操作过程的关键步骤，使之成为整体。

我们再来看另一位教师的课堂教学活动。

【例 3-3】　师：斑羚的"飞渡"写得实在是太精彩、太感人了！——对了，我告诉你一个提高口才的方法——凡是精彩感人的文章，你都尽量复述下来，讲给别人听，既感染了别人，又提高了自己口才。下面请你复述斑羚飞渡的情景，也就是 9、10 自然段。我先做点指导：第一，复述，飞渡的动作是重点，动词要具体。你认为哪几个动词必须用上？

生：……飞奔……快速起跑……纵身一跃……头一钩……蹿跃……猛蹬……钻……

师：对，不是"跑"，是"飞奔"……羊发狠的时候，往往是把头一"钩"，很形象啊……第二，文中有几个比喻句，最好用上。哪几个？

生：就像两艘宇宙飞船在空中完成了对接一样……在老斑羚宽阔结实的背上猛蹬了一下，就像踏在一块跳板上……而老斑羚就像燃料已烧完了的火箭残壳，自动脱离宇宙飞船……在半大斑羚的猛力踢蹬下，它像只突然断翅的鸟笔直坠落下去。

师：这些比喻句最好用上，只有一种情况例外，什么情况？

生：创造得比它更好。

师：对，能创造更好的，就不用他的。第三，复述，包括简略复述、详细复述、创造性复述。你对哪种最感兴趣？

生：创造性复述。

师：好，下面请你创造。怎么创造？

生：我把自己当成一只老斑羚或者小斑羚，以斑羚的口吻复述……

师：你真有创造性！这就更新颖、更有趣了。

生：我一边说，一边用动作比划，还模仿斑羚的叫声。

师：好，这就加上了体态语和"效果"，更生动形象、有声有色了。

生：我觉得作者写彩虹写得不好——彩虹不可能只有六米，也不可能一头连着伤心崖一头连着对岸。我让斑羚先看到山上的云彩，受这个启发，把云彩当跳板……

师：好！你真有创造性。

生：我复述时用景物描写渲染悲剧气氛，开头写："阴霾笼罩着伤心崖……"

师：真好！我说你是才女么！真是才女！

生：我给每只斑羚起个名字。落崖的那只就叫它"落崖"吧……（笑）

师：那落崖的有好几只，得叫"落崖一号"、"落崖二号"。（笑）

生：被救的那只叫他"希望"……

师：啊，有创造力，起名字也要学问的。

生：我觉得"在半大斑羚的猛力踢蹬下，它像只突然断翅的鸟笔直坠落下去"并不好，不如说像块石头一样落下去，形容摔得重。

师：有道理。

生："就像踏在一块跳板上，它在空中再度起跳"这一句，应该加上一句："跳板反弹了一下"，因为平时跳远时跳板是要反弹的……

师：哎哟，你真注意观察生活！我估计你将来也能写小说，当作家。……可能还有别的创造性方案，就先说到这里吧。

在例 3-3 的教学中，教师运用复述这一智力活动促进对课文的理解，在教学方法上，教师虽然注意让学生明确学习活动目标："复述斑羚飞渡的情景"，也向学生说明该智力活动的适用情境和好处:“提高口才的方法——凡是精彩感人的文章,你都尽量复述下来,讲给别人听,这就既感染了别人,又提高了自己口才”。在智力活动方法的指导上进行了一定的示范:“第一,复述,飞渡的动作是重点,动词要具体。你认为哪几个动词必须用上?”“第二,文中有几个比喻句,最好用上。”“第三,复述,包括简略复述、详细复述、创造性复述。你对哪种最感兴趣?”当学生回答要“创造性复述”,教师再引导学生讨论怎样创造复述。教学的问题出在复述方法指导上。三种复述方法在操作上存在较大差异,简略复述和详细复述都要求领会全文中心,把握文章结构,紧扣文章主要内容,两者差异在于复述详略的不同;创造性复述可以脱离文章主旨和主要内容,就其一点生发出去。因此,复述方法的指导,应该是先确定采用哪种方法复述,然后才有针对性地指导怎样复述。从本课例看,教师所做的第一、第二点复述指导,适合于紧扣课文的简略复述或详细复述,而第三点指导,则适合于创造性复述。由于教师在学生讨论后没有要求他们进行具体的复述活动,所以看不到实际的教学效果。但这样的教学设计是不够严密,学生难以真正学会有效地智力活动操作方式,教学活动看似活跃,但学生学到的是凌乱的知识,而不是具有良好组织的智力活动过程。

由此可见,教师进行内在的智力技的教学时,应该目标明确,紧扣该智力活动的核心技能操作开展教学,对于比较复杂的学生学习时容易出差错的智力活动,教师要尽可能运用出声思维进行示范教学,把内在的智力活动外化为学生可以感知、并能够模仿的意象行为。当然,示范什么、怎样示范等都要根据教学任务、教学步骤以及学生可能接受的具体情况而定。一般来说,如果教授新的比较复杂的智力技能,为了使学生建立完整的动作概念,一般可先做一次完整的示范,让学生先观察,了解整个动作的形象、结构和和操作过程,然后结合教学要求,把动作分解,用慢速或常速做重点示范。这样,完整的示范就为重点操作动作的示范做了必要的铺垫,并使重点示范的动作更加鲜明、突出,以帮助学生较快地理解教师讲授的内容,达到预定的教学目的。

四、示范技能灵活运用

示范教学一般都是由教师对智力技能活动进行解释和示范,然后结合学生的练习和反馈来教知识和技能。这往往容易形成教师中心的教学活动。换言之,整个教学意味着教师为学生确定学习目标,解释概念,示范技能。为了促进学生在教学活动中的积极参与,对于某些比较容易学会的智力技能,或面对年级更高的学生,我们可以改为引导优秀学生示范和讲解,或在教师指导下学生自己探究其中的智力活动开展过程,然后再进行总结。这样,学生积极参与学习活动，由最初简单提示，到探究活动的开展，到练习，再到掌握。下面一位教师的课堂教学就较好地进行了这样的尝试。

下面是一位教师教《读〈伊索寓言〉》的课堂实录（节录）。

【例 3-4】 师：现在，我们来讨论预习时请大家思考的两个问题：这篇文章是讲什么的？作者写这篇文章目的是什么？

（学生发言，教师点拨……）

师：把刚才的发言加以梳理、概括：一种是认为本文批评某些社会现象的，另一种是认为谈用寓言教育孩子的问题的，还有一种意见是认为课文是纠正寓言的幼稚和简单的。但在一篇短文里不可能有这么多不同的核心话题。也就是说，这些意见不可能都符合作者的本意，肯定有一些理解是不准确的。这就需要我们自己去检测——理解的过程也是自我检测的过程——为自己的理解寻找根据。怎样检测呢？第一步，是看文章的思路。怎样看思路？要学会竖着读。我们习惯于横着读，就是一个字一个词一个句子读过去。横读是阅读的基础。但很多时候，仅仅有横读是不够的，还需要竖着读，就是按照前后顺序，把文章的话题一个一个串起来，连成有机的整体，这就是全文的思路。现在，我们试着竖读：这篇文章有哪些话题？它们是怎样串成一个整体的？

（学生进行竖读尝试）

师：现在，我请一位同学谈谈这篇文章有哪些话题，怎样串起来的。

生 E：课文先讲现在有些女的对待比自己年轻得多的比较宽容，而对年龄相近就很刻薄，接着讲古代相当于小孩子时期。然后……然后，讲我们有必要纠正《伊索寓言》，接着就举了纠正的例子——

师：共举了几个例子？

生 E：9 个。最后，作者说《伊索寓言》不适合做现代儿童的读物。

师：刚才这位同学除了在一个地方卡住了外，别的都谈得很利索。有补充或者不同意见的吗？

生 F：我认为第 3 段说的是《伊索寓言》至少给了我们三方面的安慰，然后得出结论，说我们要对它加以纠正。

师：你说得很好。只是，第 3 段和上文有什么联系吗？

（学生看书，思考）

生 F：有的。作者说前面两段话，就是为了引出第 3 段。

师：你这样说，有什么根据吗？

生 F：有。作者在第 3 段的开头就说："这些感想是偶尔翻看《伊索寓言》引起的。"然后推出了三重安慰。

师：你说得太好了！你终于看到这两个话题之间的联系了。这可是个重要的发现啊！

生G:E同学对第2段的理解有些含糊。作者明明说我们思慕古代只是因为我们比古代进步得多，像大人喜欢小孩子那样宽容。前面两段差不多是一个话题。既然古代是小孩子，《伊索寓言》也就是这样的小孩子，我们需要宽容地纠正它的“浅薄见解”。

师：你说得太好了！最可贵的，是能够把这些段落很自然地融在一起，脉络贯通。现在，我请一位同学在刚才发言的基础上，把全文的思路顺畅地加以陈述。

（学生发言）

师：这样看来，全文的重心就落在第3段带出的对《伊索寓言》的批评上，说它太简单了，把孩子们的脑子都教简单了。全文思路，证明我们很多同学的理解是有根据的。

（很多学生现出欣慰的笑容）

师：但是，仅有这样的检测是不够的，我们还需要深入原文，深入重心内容，看看作者到底说了些什么、怎么说的。我们看看，作者“纠正”9个寓言的浅薄，有什么共同点吗？

（学生看书）

生H:有共同点，每段都先说寓言，然后再纠正它的浅薄。

师：你这么快就能发现特点，真不错。现在，我们先来看作者对第一个寓言的“纠正”。你们看过这则寓言吗？（学生摇头）这则寓言原文的题目叫《蝙蝠与黄鼠狼的故事》。一只蝙蝠被黄鼠狼逮住了，这只黄鼠狼最恨兽类了，要吃它。蝙蝠说：“我不是兽类，我是鸟。”黄鼠狼于是就放过了蝙蝠。后来，这只蝙蝠又被另一只黄鼠狼逮住了，那只黄鼠狼最恨鸟类，要吃它。蝙蝠说：“我不是鸟类，我是兽类。”那只黄鼠狼也放过了它。最后，寓言告诉人们：随机应变，能使我们转危为安。

生J:我发现《伊索寓言》原文意思和课文说的有些不一样，而且下面作者所说的也和原寓言根本不是一回事。

师：你的反应真快！的确不是一回事。但作者所说的现象就是在现在我们也能够看到，有些人为了某种目的，专门到外行人那里去充内行，招摇撞骗，形象十分丑恶。

（教师引导学生讨论后面的几则寓言……）

师：从这三则寓言看，我们大致可以获得这样的印象：寓言故事和作者所说的社会现象根本是两回事。作者“纠正”这些寓言，目的何在？

生P:重点不是讲寓言，而是为了引出下面对社会现象的议论。

师：那么下面的六则寓言呢？现在，我们以很快的速度默读下面的六段文字。

（学生读课文。教师请最先读完、很有信心地等待发言的学生谈看法）

生Q：我看下面的六则寓言和前面的三则完全一样，重点都在寓言后边的议论。

师：你的阅读不仅很快，而且很有效，能很快形成结论。我还想告诉大家一件很奇怪的事情：课文中的第6则，原题目叫《青蛙与牯牛》，现存的《伊索寓言全集》357则寓言中没有这个故事，而在《拉封丹寓言诗全集》和《克雷洛夫寓言》中倒可以见到。这可以说明什么问题？

生R：作者在写这篇文章时没有仔细核对原文。

生S：我看作者根本不关心所写的是不是《伊索寓言》里的故事。

师：这就触及本文的写作动机了，就是说，作者写这篇文章，到底想干什么？

生T：我看醉翁之意不在酒，在评论社会。

生W：我看作者是在借题发挥，抨击社会上那些丑恶现象。

师：你们都说得很肯定，我无法反驳你们的意见。但是我觉得，这样获得的认识结论虽然说是有根据的，但总觉得还不够牢靠。要牢靠，需要拉开阅读距离，把这篇文章放到写作背景里来看。要了解写作背景，比较方便的办法是看这篇文章收在作者的哪本集子里，那是一本什么样的集子。这篇文章是从哪里选出来的？

生（齐）：《写在人生边上》

师：《写在人生边上》收了作者10篇文章。作者在序言里是这么说的：人生是一本书。一种人没读几页就发了一大堆评论了，还有一种人，他用消遣的方法读，偶尔有些感触，就随手在书边上写几个字。作者说自己的这些文章也就是写在书边上的那几行字。你们猜猜看，《写在人生的边上》这本书是讲什么的？

学生Y：大概是讲对人生的感触的。

师：如果你们心里还没底，那我告诉大家这个文集都讲了些什么东西。第一篇《魔鬼夜访钱钟书》魔鬼来访问他，与他谈论人性。还有一篇是《论快乐》。什么是快乐？快乐是由人的精神决定的。再有一篇是《吃饭》，有些人根本不吃饭，他是冲着菜吃的。接着就是这篇《读〈伊索寓言〉》。此外还有《论俗气》、《论文盲》、《论文人》……总共10篇。《写在人生的边上》这本集子的大环境应该能够帮助我们准确判断《读〈伊索寓言〉》是讲什么的。如果大家有兴趣，到图书馆里去借来看看。我看过，很有意思的。

（学生交头接耳，议论纷纷）

师：现在，同学们对这篇课文的基本内容和写作目的都有自己的看法了，原先对文章的理解都得到某种程度的修正了。只是，恐怕还有个遗憾：老师没有把这篇文章的主题写在黑板上，没有明确告诉大家这篇文章应该怎么理解。应该怎么理解，这不是我最关心的。能够形成自己的理解，并且能够检测和修正自己的理解才是最重要的。现在，我请同学们总结一下这节课所学的检测方法。第一点，看什么？

生（齐）：文章的思路。

师：对。怎么看？

生 Z：竖着读，看话题是怎样发展的，把它们连成一个整体。

师：嗯。然后呢，该怎么做？

生 S1：靠近文章，仔细阅读原文，品尝原文的语言，分析作者的写作意图，像我们刚才分析作者"纠正"《伊索寓言》那样。

师：如果感到还没有把握呢，该怎么做？

生 S1：再拉开距离，看作者的写作背景，看文集里其他文章的相关内容，看文章的环境。

师：谈得很好。对阅读来说，学会读书远比记住理解结论重要，会检测自己的理解，一时理解错了也不要紧，只要懂得方法，自己会纠正过来的，钉子碰多了，慢慢就成熟起来了，理解的水平也就逐步提高了。下去之后，请同学们认真地品读《读〈伊索寓言〉》，好好欣赏作者的幽默。然后，再找几篇难一点的文章来读一读（我建议大家去读钱钟书的《写在人生边上》），形成自己的理解，然后自己检测理解的可靠性，不断完善自己的理解。

在例 3-4 课堂教学中，教师面对理解能力比较强的高中学生采取较为灵活的"竖读"认知活动的教学。

首先，让学生意识到真实的需要解决的问题情景：同学们对课文的理解彼此不同，但作者写一篇文章不可能有这些彼此矛盾的意思，"这些意见不可能都符合作者的本意，肯定有一些理解是不准确的。这就需要我们自己去检测——理解的过程也是自我检测的过程——为自己的理解寻找根据"。

接着，向学生描述解决问题的策略，即"看文章的思路"、"要学会竖着读"。"我们习惯于横着读，就是一个字一个词一个句子读过去。横读是阅读的基础。但很多时候，仅仅有横读是不够的，还需要竖着读，就是按照前后顺序，把文章的话题一个一个串起来，连成有机的整体，这就是全文的思路。"这里，老师向学生简明扼要地描述了"竖着看"（即梳理文章思路）的操作规程，这是非常可贵的教学策略。我们知道，智慧技能、学习方法和学习策略等这些程序性知识是一种内隐的认知活动，要让学生学会这些活动，必须把这些内隐的认知活动外化为学生可以感知、观摩和模仿活动，而教师描述、示范解决问题的策略运用过程就是很好的外化手段，使第一次学习“竖着看”阅读策略的学生看到和听到该策略的特征和思维操作过程，便于后面顺利地学习和模仿所学的“竖着看”策略。

然后，指导学生运用策略解决问题，既实现对课文的理解，同时也促使学生掌握相应的程序性知识。“我们试着竖读：这篇文章有哪些话题？它们是怎样串成一个整体的？”在董老师的引导下，学生尝试着梳理思路，调整各种阅读距离，参看本文所收的《写在人生的边上》集子里的其他文章，然后修正自己的理解。在这过程中，教师对学生的学习提供及时的反馈，用表扬的方式强化学生的行为。从始至终，教师都没有说自己是怎样理解这篇文章的，但学生通过自己的探究自然形成了自己的理解——尽管彼此有差异，但大致不离文本。同时学生也基本掌握了相应的学习策略。

最后，引导学生反思和总结程序性知识。“现在，我请同学们总结一下这节课所学的检测方法。”在董老师的引导下，学生总结了刚才学习时所进行的认知活动：“看文章的思路”、“看话题是怎样发展的，把它们连成一个整体”、“靠近文章，仔细阅读原文，品尝原文的语言，分析作者的写作意图”、“再拉开距离，看作者的写作背景，看文集里其他文章的相关内容，看文章的环境”。学生能够完整地总结了这堂课所学的程序性知识，说明了他们对自己的认知活动过程具有自我意识和自我监控能力，也就是所谓的元认知能力。这样的反思和总结是非常必要的，因为这些程序性知识是学生在一节课的学习过程中一点一滴探索感悟到的，如果不注意引导学生进行反思和总结，他们就有可能只获得碎片式的知识，使程序性知识以陈述性知识的特性储存在大脑里。而反思和总结则是让学生归纳、总结出所学习的程序性知识的特征，说出其操作时头脑里的思维活动过程，明确其操作过程的关键步骤，把碎片式的知识整理为系统性的知识，使之成为整体。这样，既增强学生对其思维过程的意识，也为学生今后自主运用这些程序性知识、并监控和调节运用的效果奠定基础。

五、示范教学设计

(一)语文课堂教学示范的设计要求

1. 要突出智力技能的学习目标

每堂课的语文学习内容都比较丰富复杂，就以阅读教学为例，既有理解文章的内容，又有学习阅读的技能，还需要学习相应的语文知识等等。示范教学主要适宜于学习智力技能的学习目标。如果在教学中不预先让学生明确将要学习什么智力技能，学生可能会被丰富复杂的学习活动的其他因素吸引注意力，没能把注意的焦点聚集在要学的智力技能上，从而影响学习的效果。因此，在开展示范教学之前,应该让学生非常明确接下来学习的是什么具体的智力技能,以便学生在示范教学中把注意力聚焦在相应的智力技能上。

2.要演示并解释清楚该智力技能的操作过程

智力技能是一种认知操作,它有具体的操作步骤,能用例子来说明它,可以通过练习来发展。示范教学的关键是对智力技能的操作过程的演示和解释清楚。操作过程的演示要简明,要突出重要环节,尽量减少关系没那么密切的一些环节。比较复杂的活动或操作程序应该把它分解成几个部分,先分别示范每个部分,学生理解后再完整地示范一次。示范的速度要适当,保证学生的观察和理解能够跟上。当学生理解出现困难时,可以反复示范,也可以增加例子示范。

3.要结合具体的语文学习内容展开示范教学

智力技能只有在解决真实的学习问题时才具有生命力,脱离具体学习任务的智力技能,就如没了血肉的骨架,只有标本意义,没有现实意义。因此,示范智力技能要结合具体的语文教学内容来展开,是运用智力技能解决某一真实的语文学习问题,切忌把它变成抽象、孤立的一系列操作步骤介绍给学生,把智力技能的学习变为操作规则的记忆。

4.要提供练习的机会

智力技能教学的一大目标是达到自动化,即通过一定的练习使智力技能的运用达到不需要有意注意监视就能操作。这样可以减少容量有限的工作记忆的负担,以便把工作记忆的有限空间用于需要更多思考的其他智慧活动。因此,智力技能的学习和掌握离不开一定的练习。可以通过教师指导下的练习,或同伴互助的练习,或个人独立练习等方式,让学生在示范后亲自动手做一做,检查学生的理解和掌握程度。可以说,示范是让学生能理解操作过程,练习是让学生通过解决同类问题来获得过渡学习机会,以便促使智力技能达到自动化程度。

5.要阐明学习该智力技能的用途,引导学生灵活运用它

智力技能教学的另一个目标的迁移,即在一种学习情景中获得的智力技能灵活运用于不同的学习情景,解决新的问题。学生只有认识到智力技能的有效用途,才会积极学习和掌握它,并主动运用它。智力技能对学生的学生或生活来说越有用,学生越会经常运用它。运用得越多,迁移就越大。但是,在教学中,迁移不会自动发生,这需要三个方面的条件:一是学生真正理解并掌握了智力技能,二是学生深刻认识到智力技能的用途,三是教师给学生提供运用智力技能运用的机会。

(二)示范教学的设计

1.要明确教什么语文智力技能

《全日制义务教育语文课程标准(实验稿)》把语文教学目标划分为知识与

能力、过程与方法、情感态度与价值观三个维度，在教学中希望三个维度能很好地结合在一起，不是彼此分割、互不关联。但是，分类教学理论研究表明[①]，教学目标或任务、教学策略或方法、教学评估三者之间达到良好的适配，才会取得高效的教学结果。也就是说，不同类型的教学目标需要不同的教学方式，即需要不同的学习活动方式和不同的师生互动方式；相同类型的教学目标要求相同或相似的教学方式。为了高效实现教学目标，在某一特定的教学时间内，可以针对某一具体的知识教学目标或能力与方法教学目标或情感教学目标采取与之相适应的教学策略。正如前面所述，示范的教学方式用于教授智力技能更为有效。因此，教师采用示范教学，首先必须明确要教什么具体的语文智力技能。这需要教师认真研究语文课程标准，研究教材，了解有关语文智力技能研究的发展状况，从中选择适合所教学生需要的某一具体的语文智力技能作为某一课的教学目标。

2.要深入理解所教的语文智力技能

对所教的语文智力技能没有深刻的理解，就不能对其进行有效的教学。正所谓的“以其昏昏”不可能“使人昭昭”。可以从以下几个方面去理解所教的某一具体的语文智力技能的特征：一是知道它是什么，即该语文智力技能的规范术语是什么，如何科学解释其含义，分析它由哪些因素构成等。二是知道它是怎么操作的。智力技能是一种内隐的操作过程，对于熟练操作者来说它是自动化进行的，许多人往往没有认识到它是如何操作的，这正是教师教学和学生学习的最难之处，需要教师在教学前仔细研究，深刻理解其活动过程、步骤，发展规律，这样才能对它作清楚地演示和解释。三是知道为什么学习它，即该语文智力技能可以适于用什么情境，效果如何。

3.设计示范教学开展

示范教学是帮助第一次学习该语文智力技能的学生能看到和听到它的内在操作过程，从而深刻理解其的特征，便于顺利地学习和模仿该内隐活动程序。示范的核心是有效运用出声思维，即把内在的认知操作活动通俗易懂地说出来。示范的教学过程一般包括三个小阶段：一是目标定向，即向学生说明要学习的具体的语文智力技能，它的名称是什么，含义是什么，由哪些因素构成，有时还可以说明学习它的用途等。二是解释与演示，即教师按该语文智力技能的操作顺序一步一步解释其操作过程，说明每一步做什么，为什么做这一步。教师一边演示，一边及时进行归纳、总结其特征、规则，把操作过程外化为语言，便于学生观察、体验和模仿，为以后的练习运用和调控学习方法操作步骤奠定基

① 盛群力.21世纪教育目标新分类.杭州：浙江教育出版社，2008：4.

础。初次学习应注意分析，讲清其主要的操作步骤。要注意，对操作步骤划分以适宜学生理解和掌握为准，不宜分得太粗，也不宜分得太细，步骤太粗学生不容易掌握，步骤太细又会因过于繁杂而易于引起学生学习的厌烦心理。三是反思与总结，即让学生反思、归纳、总结出所教的语文智力技能的特征，说出学习其操作时头脑里的认知活动过程，明确其操作过程的关键步骤，使之成为整体。同时，总结性的交谈和写作使内在的思维语言化，增强学生对思维过程的意识，为以后控制自己的思维奠定基础。

4.设计合适的练习例子和迁移运用的例子

设计练习例子，就是选择与示范教学相同类型的学习材料、问题情境，让学生在教师指导下尝试运用该语文智力技能去解决类似的问题，经过多次的练习，熟练掌握了规律，达到自动化操作的程度。设计迁移运用例子，就是把在此情景中学会的语文智力技能运用于另一个相似的新情景中去，甚至运用于另一个差别很大的新情景中去，让学生在解决新问题时面临新困惑，为了解决困惑在尝试运用中不断修正其操作规则，通过不断的尝试和调整，最终解决问题，总结出适应面更广泛的灵活性更大的规律性知识。这就是"实践—调整、修正—再实践—形成规律"的智力技能学习规律。

六、示范技能评价

运用表3-1评价示范的教学效果。

表3-1　示范技能评价表

课题：　　　　　　　　　　讲课教师：　　　　　　　　评价者：

项　目	优	中	差
目标明确，学生知道将要学习哪一具体的智力技能，如名称、含义、构成因素等	5	3	1
简明而清楚演示和讲解智力技能操作过程，重要步骤突出，有分解，有整合，速度适当	5	3	1
给学生提供练习机会，或在教师指导下的练习，或同伴互助的练习，或个人独立练习	5	3	1
学生练习时，教师注意到学生的困难，并及时提供帮助	5	3	1
让学生明确该智力技能的用途	5	3	1
给学生提供灵活运用的机会	5	3	1
紧扣语文教学内容进行示范、练习、运用	5	3	1
能面向全体学生进行教学	5	3	1
合计			

注：请听课后根据以下各项评价指标评出等级(在相应的等级上打钩)，总分在1～10为差，11～20为一般，21～30为中等，31～40为优良。

【微格训练】

一、示范案例分析:仔细阅读下面的讲授课例,分析其优缺点。

例 1:诗歌教学节录。

(教师有感情朗读诗歌。)

师:今天我想告诉大家一些如何读懂诗歌的方法。刚才我朗读的诗歌看起来好像只是一首简单的小诗,但作者却对每字每句倾注了许多感情和含义。今天我们来学习如何阅读诗歌,如何理解作者表达的潜在含义。首先让我们选出这首诗歌的关键词。

(引导学生选择关键词的学习活动。)

师:很好。我们找出了认为对理解这首诗非常重要的一些词——这是学习的第一步。第二步我们在词典上查一查这些词中我们不认识或不确定的词的含义。

(指定学生查词典理解难解的词的学习活动。)

师:我们接下来思考一下,用自己的话说出作者表达在诗中的潜在意思。

(引导学生对话,互相补充对诗歌的理解。)

师:现在我们进入学习的第四步,让我们试着将刚才的理解和自己的经历联系起来。

(引导学生联系自己生活谈感受。然后讨论刚才翻查词典的难词,结合诗意确定义项。)

师:现在,我们把刚才讨论的所有意见放在一起,谈谈这首诗到底要讲的是什么?

(引导学生作总结性发言。)

师:很好。现在我们分成小组继续学习这单元的其他诗歌。我将发给每个小组长一张纸,上面印着不同的一首诗,然后由小组长朗诵给他的组员。然后每个小组按照刚才学习那首诗的四步方法进行讨论,最后理解诗歌的内容。我将把四步法写在黑板上。20 分钟后,我将请每组分别朗诵他们的诗歌并解释诗歌的含义。为此,每个小组选出一个代表发言。

例 2:《胡同文化》课堂教学实录片段

师:胡同如此,胡同内的生活怎样?下面我们深入阅读课文,随作者“走进”胡同看看。请大家注意课文 6~7 段。找一位同学朗读,读后一起来讨论几个问题。(点生朗读,读后问)

阅读课文应该从语言入手,要抓中心句关键词。大家想想,这两段文字的中心句应该是哪句？可以讨论。

生：北京文化是一种封闭文化。

师：这句话中有一个词对于我们理解胡同文化的内涵最为重要，这个词应该是？

生：（齐）封闭！

师：这“封闭”怎么讲（教室里一阵轻微躁动）。我不希望大家简单地从字面上解释，而是要你们阅读课文。读后想想北京市民的哪些生活内容可以反映他们过着一种封闭生活。

生：（欣喜地）舍不得挪窝、住家是独门独院。

师：北京人的“窝”是“金窝”，还是“银窝”？他们不忍割舍。

生：（笑）不是！房屋很旧，也不太好，而且还有经常坍塌的。

师：那胡同里的居民为什么不愿意搬家？

生：那是因为他们祖祖辈辈住在那里，住惯了，恋旧，图安逸。

师：喔，也就是说他们愿意过那种封闭守旧的生活。北京人理想的住家是独门独院，也就是说北京人深居简出，彼此从不交往。

生：也不是！北京人很讲究“处街坊”，随一点“份子”。

师：那么，这能说北京人封闭吗？

生：能！北京人平常的日子，过往不多，只是街坊里道，谁家婚丧嫁娶的时候，才随一点“份子”，而且是为了“合礼数”。

师：我明白了，北京人的交往不是主动的而是被迫的（众生笑）。我们一起总结总结刚才的学习方法：（师生一齐）读课文；找中心句，抓关键词；透过语言文字“看出”相关联的生活现象。

下面大家就用这种方法自读课文第8段。

例3：《荷塘月色》课堂教学实录片段

师：课文的语言值得我们好好揣摩品味。而揣摩品味的第一步就是朗读，那种“把自己放进去”的朗读。现在请同学们自己朗读一遍课文。注意，在朗读时你就朱自清！

（学生自由读；抽一学生读，读得结结巴巴，掉字换字不少，且读得很快。）

师：同学们，他读得怎么样？

生：他读得太快了。而且还读错了一些地方。

师：对。读得太快了。给人的感觉，朱自清不是在散步，而是在跑步。（生笑）哪位给同学们示范一下？（一生读，吐字清晰，很有感情）。

师：这篇文章的话语方式是自言自语。因此，同学们在读的时候，要把这种语气读出来。怎么才能读出这种语气呢？关键是把自己当做朱自清，进入他的内心，把文章的语言变成自己的心声自然而然地流淌出来。下面我给大家示范一下。（师读第一段。一边读一边停下来讲解）“忽然想起日日走过的荷塘，在这满月的光里，总该另有一番样子吧。”像这一句，是朱自清的想象，就应该读得缓慢些，读出一种向往的味道。又如，“妻在屋里拍着润儿，迷迷糊糊地哼着眠歌”。这是多么静谧的情景；“迷迷糊糊”一定要读得低沉、缓慢，读得“迷迷糊糊”。下面，同学们再自己读一遍。按刚才李老师说的，把自己当做朱自清，读出韵味。

（生各自朗读了。学生自读完了，又抽学生起来读。）

例 4:《华南虎》课堂教学实录片段

师：那么学习诗歌我们首先要怎么样？首先要学会朗读。那么朗读诗歌到底有哪些需要注意的呢？我们学过诗歌，《在山的那一边》是不是啊？

生 1：我觉得朗读诗歌要注意自己的语气快慢的速度和停顿。

师：语气、语速，停顿也是语气语速里面的。

生 2：诗要读出感情。

师：嗯，还有吗？你来。

生 3：读准字。

师：哦，读准字。

生 4：要有重点。

师：要读出重点。那么刚才几位同学都说出了朗读诗歌要注意的事项，下面呢，请同学们朗读课文。

二、讲授微格模拟训练：从下面各题中选择一题，进行示范设计，然后在微格教室中进行示范练习，分析其中的效果。

1. 选择一篇合适教“概括”技能的课文，设计概括的示范教学片断。

2. 选择一篇合适教“筛选信息”技能的课文，设计筛选信息的示范教学片断。

3. 选择一篇合适教“想象”技能的课文，设计想象的示范教学片断。

4. 选择一篇合适教“揣摩语言”技能的课文，设计揣摩语言的示范教学片断。

第四章　提问技能

一、提问技能简介

“提问”，就是提出问题求答。课堂教学提问，是指在课堂教学中，教师根据一定的教学目的要求，针对有关教学内容，设置问题，要求学生思考回答，以促进学生积极思维的教学方式。

课堂提问作为课堂里沟通教与学的桥梁，是教师在课堂教学中应用最为广泛的教学行为和手段，是教师教学能力和教学技能的集中反映，直接影响着课堂的教学质量。

我们先来看两位教师在教学《土地的誓言》时的提问设计：

【例 4-1】　师：今天我们一起来学习第九课《土地的誓言》，请大家打开书翻到 59 页，我们先将课文朗读一遍，老师读第一段，同学们接下去读第二段。听老师读或自己读时都要投入感情，好好体会作者笔下的是怎样的一片土地。

（师以充满激情的范读带动学生的感情朗读。）

师：读了文章你感受到什么？在作者的眼里这是一片怎样的土地？请大家结合文中的语句用“这是一片________的土地，从________可看出”的句式来表达。

生：这是一片美丽的土地，从那碧绿的白桦树，笔直漂亮的白桦林可看出。

生：这是一片富饶的土地，从红布似的高粱、金黄的豆粒、黑色的土地可看出。

生：这是一片可爱的土地，从那一个个修饰语可看出。

生：这是一片宁静的土地，从狐仙姑深夜的谰语，原野上怪诞的狂风可看出。

生：这是一片丰饶的土地，从第二段“粮车拉粮回来，麻雀吃厌了，这里那里到处飞”可看出。

生:这是一片神奇的土地,有白桦林、高粱、煤块……还有狐仙姑的谰语。

生:这是一片生机勃勃的土地,有马群在奔跑,蒙古狗在嗥鸣,鹿群在奔驰,人们在劳动。

生:这是一片被敌人所占领的土地,从"土地,原野,我的家乡,你必须被解放"中可看出。

生:这是一片遭受耻辱的土地。从"我将用我的泪水洗去她一切的污秽和耻辱"中可看出。

生:这是一片时刻呼唤着我回去的土地……

生:这是一片养育我成长的土地……

生:这是一片我要为她付出一切的土地……

【例 4-2】 师:今天我们一起来学习第九课《土地的誓言》,现在我们先来看一组有关东北大地的图画(幻灯展示画面)。

学生看图画,为美丽的画面所吸引。

师:《土地的誓言》课文就描写了美丽的东北景色。这是一片怎样的土地呢?请大家用"这是一片________的土地"的句式来表达。

生:这是一片美丽的土地。

生:这是一片富饶的土地。

生:这是一片可爱、神奇的土地。

……

第一个例子是浙江省特级教师吴丹青的课堂教学实录。在师生朗读课文后,教师提出了"读了文章你感受到什么?在作者的眼里这是一片怎样的土地?"这两个问题,学生研读课文时不仅圈画出作者具体描写土地的词句,而且也感受到作者所表达的思想情感,所以当他们进而用"这是一片________的土地,从________可看出"的句式来回答时,都能先用一个概括的词语来表达自己的感受;然后再用文中的词句来解释,教学效果很好。而第二个例子是一个青年语文教师的教学设计,虽然也用了"这是一片怎样的土地"这样的提问,而且学生也得出了"这是一片美丽、富饶的土地"这样的答案,但这并不是认真阅读课文所得,而是来自于美丽的画面的观赏,语言学习活动变成了看图说话。教学内容和教学手段都偏离阅读教学的目标。

这两个案例的比较告诉我们,语文课堂教师的提问的质量一是取决于教师对教学目标和教学内容的准确定位,二是取决于教师对学生认知心理的深度把握。吴丹青老师的提问指向性明确,主要目的是引导学生从课文的具体描写中获得阅读感受,关注的是课文的语言和作者的思想情感,同时也是一种学法的指导:"在作者的眼里这是一片怎样的土地?"——"作者眼里",意味着必须要尊重作者、尊重文本，问题的答案必须从文本细读中来；“你感受到什么”——意味着对阅读主体的尊重，学生阅读时要融入自己的主观情感，要读出自己的感受，而问题答案是开放的；“这是一片________的土地，从________可看出”——给学生一个阅读过程和表达阅读感受的思维方向，这也是符合语文阅读思维规律的；回答问题前的课文朗读也很重要，它使学生的答题有了实实在在的阅读的基础。可见，课堂提问是很有讲究的，提问的目的、提问的内容、问题的指向、提问的时机、提问的方式等等都直接影响着提问的质量，影响着课堂教学效果。

二、提问技能的理论视野

(一)布鲁姆的教育目标分类与提问的认知水平

在阅读教学中，提问是促进学生思维、深入理解课文的一种有效手段，恰当运用提问技能，对于提高教学质量有着重大的意义。正因为如此，国内外对教学中提问的理论研究经久不衰，不断深入。其中，有关教师所提问题的认知水平与学生学习成果的相关研究，推动了教师把提问的重点从学习和记忆知识转移到促进学生思维上来。

所谓问题水平，是指学生在回答问题时所进行的认知活动的特征。有的问题只要求学生重复或辨认教学时呈现的某些信息，这类问题被称之为知识、事实或字面问题，它涉及的认知过程是简单的识记，属于低水平问题。有的问题则要求学生在头脑里重组获得的信息来创造答案，或用逻辑推理出证据来支持答案，这类问题被称之为高水平问题，它涉及了解释、综合、推理等复杂的认知过程。对问题的认知水平的划分有十多种，其中影响较大的有以下几种：一是根据布鲁姆的教育目标分类把教师的提问分为六级水平：①知识性问题，要求学生辨认或回忆文章所呈现的信息，如“谁做什么事?”②了解性问题，要求学生用自己的语言来说明文章表达的意思，如“作者运用这词语表达什么意思?”③运用性问题，要求学生把文章中的概念、观点、价值等运用于新的情景中，如“约翰已经病了几个星期了，我们应做什么来帮助他，表现我们对他的关心呢?”④分析性问题，要求学生分析事实、结论、价值及其联系，如“你认为作者在文章中表达的政治观点是什么?”⑤综合性问题，要求学生把各部分的内容进行抽象和概括，如“文章的主旨是什么?”⑥评价性问题，要求学生对文章的思想内容作出评价，如“你对文章中写的越南战争有什么看法?”二是阿斯纳把教师提问分为记忆性问题、推理性问题、创造性问题和评价性问题四种。三是格斯雅克(Guszak)把教师提问划分为辨认问题、回忆问题、解释问题、推理问题、推测问题、评价问题和转化问题。教育理论工作者普遍认为，教师在教学中提的问题水平越高，则能诱发学生进行越复杂的认知活动，从而促使学生对文章进行更深入更完全的信息加工，提高对文章的理解，取得更好的学习成绩。亨尼斯(Hunins)对以上的假设进行了验证研究，以确定各种问题类型与学生的学习成绩是否有联系。他把学生分成两个实验组，进行一个月的教学。对一组学生侧重提知识性问题，对另一组学生侧重提分析和评价性问题，然后按布鲁姆分类的六个方面问题进行测试。结果发现，在包含知识、了解、分析、综合等问题的分测试中两组没有差异，而在包含运用和评价问题的分测试中分析与评价组的学生得分高于对比组，差异显著。[①]

上面的理论研究成果为我们课堂教学的提问提供了非常有参考价值的思路，那就是，提问不仅是推进教学、促使学生获取知识的手段，更是促使学生积极参与学习、培养学生高级思维的重要方式。我们要从是否促进学生的高级思维的视野来审视教师课堂提问的有效性。

(二)启发式教学与提问

启发式教学在我国有着悠久的历史，其源头可以追溯到我国古代著名教育家孔子，孔子启发式思想要义体现在他的名言中："不愤不启，不悱不发，举一隅不以三隅反，则不复也。"(《论语·述而》)意思是说，学生在学习过程中，不到苦思不解的时候，不去开导；不到想说又不能恰当说出来的时候，不去提示。如果老师讲出一方面的道理，他不能类推出其他方面的道理来，就不再教了。朱熹解释说："愤者，心求通而未得之意。悱者，口欲言而未能之貌。启，谓开其意；发，谓达其辞。"就是说，如果学生在学习过程，未能达到"愤"、"悱"的心理状态，教师则不宜越俎代庖；只有在学生"心愤口悱"的情况下，教师才能启而发之，以收举一反三的效果。孔子在教学实践中也是身体力行实施启发式教学的主张。他提出了具体的启发方法："吾有知乎哉，无知也。有鄙夫问于我，空空如也，我叩其两端而竭焉。"(《论语·子罕》)这种"叩其两端"(即从某个问题的首尾两头去反诸)的方法，与苏格拉底在教学中采用的"产婆术"有异曲同工之妙。他还指出："言未及之而言，谓之躁；言及之而不言，谓之隐；未见颜色而言，谓之瞽。"(《论语·季氏》)这是从反面告诫人们，不要急于说，不要在该说的时候却不说，更不要盲目地说。颜回说："夫子循循然善诱人，博我以文，约我以礼，欲罢不能。"(《论语·子罕》这是孔子根据每个学生个性特点进行引导促进他的发展。

孔子之后，孟子也说："君子引而不发，跃如也。"(《孟子·尽心上》)《学记》的作者也提出："君子之教，喻也。道而弗牵，强而弗抑，开而弗达。道而弗牵则和，强而弗抑则易，开而弗达则思。和易以思，可谓善喻矣。"这就是说教者善于启发引导学者主动学习，不牵着他们走，可以使师生关系、教学关系亲密和谐；

---

① 张孔义.西方阅读教学中有关阅读提问的心理学研究.心理发展与教育，1998(1)：49－50.

给学生学习过程和学习成果以必要的强化，激励而不使学生精神受到压抑、不使思维受到抑制，就会使学生心情愉快，乐于学习；开启学生的思维、指点学习门径和内容端倪，而不把现成知识和盘向学生端出，这样就会给学生留有思考的余地。如果教师能为学生创设和谐的情境，使他们在愉悦中开启思维，主动认识和解决问题，这就是最好的教学。这些都进一步阐发了启发式教学思想。

西方启发式教学源于古希腊时代的"问答法"，其创始人是著名思想家、教育家苏格拉底，他用"产婆术"来启发学生的独立思考以探求真理，也就是运用启发式提问法，激发学生自己寻找正确答案，当学生学习出错误的时候，他也不直接进行纠正，而是提出补充问题，把学生进一步引向谬误，从而促使学生认识和纠正错误。17 世纪的捷克教育家夸美纽斯、18 世纪的瑞士教育家裴斯泰洛奇、德国教育家赫尔巴特等都强调启发教学，重视调动学生学习的主动性。尤其是第斯多惠提出的"一个坏的教师奉送真理，一个好的教师则是教人发现真理"，成了启发式教学的名言。

可以说，提问正是教师在课堂教学中启发学生学习的最重要的手段之一。

三、提问技能案例分析

课堂提问不仅是课堂的一种智力调动行为，也是启动非智力因素的一个重要手段，其教学价值是多纬度、多方面的。下面我们根据语文教学的特点从其诱发学生学习动机、引导学生思维方向、推进课堂教学进程、培养学生质疑思辨能力、为学生提供练习机会等方面来分析其在语文课堂教学中的作用。

(一)诱发学习动机

在课堂教学中，当学生意识到每个人都有可能被教师提问，他们的注意力就有可能集中在所要学习的内容上；他们如果能够在教师的帮助下正确回答问题、体验学习成功的快乐，将会更努力地思考问题、回答问题。不但如此，教师有技巧的提问能创设与教学内容相和谐的教学情境，激发学生的好奇心、想象力，诱导学生的学习动机，促使他们积极地去解决问题。已有研究也证实学生对教师引导的问答活动参与程度最高。

【例 4-3】 吴丹青《〈咏雪〉课堂教学实录》(片段)：

师：前天看了一天的雪，大家都很高兴吧，那么，"白雪纷纷何所似?"(师板书：白雪纷纷何所似)"何所似"的意思就是像什么，请同学们说一说，纷纷扬扬的白雪像什么？

生：像鹅毛。

生：像蒲公英。

生：像棉花。

生：像棉花糖。

师：同学们的比喻都不错，但都是静态的描写，请注意我的问题是："白雪纷纷何所似？"（强调"纷纷"二字，提醒学生从动态方面展开想象。）

生：像翩翩飞舞的白蝴蝶。

生：像慢慢投入大地母亲怀抱的蒲公英。

生：像随风飞扬的棉花。

生：像天上落下的散冰。

师：大家说得很形象。想不想知道东晋时代的两个小孩子是怎样回答的吗？他们的答案和我们的答案谁的更好呢？

"白雪纷纷何所似"是《世说新语》一文中谢安给他的侄儿、侄女回答的问题。吴丹青老师基于学生的生活积累以此为这篇课文教学的第一个问题，巧妙地创设了与课文学习内容相和谐的教学情境。在学生联系他们自己的生活见闻畅所欲言地回答之后，老师再抛出"想不想知道东晋时代的两个小孩子是怎样回答的"引入课文的学习。这样的提问就很好地诱发了学生学习课文的兴趣和学习动机，激起了他们强烈的求知欲。

（二）导引思维方向

教学内容对于教师来说是已知的，但对于学生而言是未知的，在课堂里学生的思维往往是肤浅并处于分散状态，课堂提问能给学生提供某种线索，使他们注意教材中的某些特点信息。这种有意学习行为能促使学生的思维从分散走向集中，从肤浅走向深刻，并逐步学会学习。

【例 4-4】 吴丹青《〈祖国啊，我亲爱的祖国〉课堂教学实录》（片段）：

师：不同的语调可以表现不同的情感，诗歌是情感的艺术，接下来我请同学们读一读诗歌的第一节，注意有感情地朗读，把握作者的情感基调。（学生齐读第一小节，师板书：情感）

师：老师听出来了，你们读第一段诗歌时声音低沉，读到最后一句"祖国啊"，用的是降调，为什么这样读？

生：因为这里写了中国屈辱的历史。

生：因为这里描写了祖国贫穷的困境，读到这一段的时候感觉伤心。

师：那你是从哪些词语看出来的？

生零散回答：破旧、老水车、蜗行摸索、疲惫……

师：你们看到过老水车吗？

生集体：没有。

师：那我们来看一看。（PPT 出示"老水车"的图片）这就是老水车，这是老师在旅游景点拍下来的老水车。同学们如果在旅游景点去游玩，看到景区里这样的老水车的时候，你的心里会觉得沉重悲哀吗？

生集体：不会。

师：怎么被舒婷写进诗歌，你读的时候就悲哀起来了呢？看来舒婷诗中的老水车已经不是客观存在的老水车了，这水车上边有着诗人的情感，她已经赋予这水车一定的思想内涵。这种倾注了诗人或者作者具体的情感的具体的物象，我们称之为——意象（板书：意象）。比如说，当你思念家乡的时候，你常常会想到什么？

生：家乡标志性的事物。

师：说到我们祖国的雄伟伟大，你就会想到什么？

生：万里长城、天安门。

师：这些都成为祖国的象征。"举头望明月，低头思故乡"，这轮明月也就成了我们思乡的一个具体物象，这就是意象。诗人写诗，常常会通过意象来表达情感。那我们读诗该怎么读呢？要理解这些意象的内涵，领悟作者的情感。今天我们就这样去学习这首诗歌，我们来阅读第一节，看看诗人写了哪些意象，这些意象哪几个让你最有感触，你看到这些词语，会联想到什么，你的眼前会出现怎样的画面。在头脑里想一想再说。

……

诗歌是情感的艺术，意象是诗歌的核心，语言是理解意象、领悟情感的入口。教师对诗歌创作和诗歌解读的通道了然于心是诗歌教学的前提，然而怎样让学生也能领悟诗歌学习之道呢？教师的课堂提问引导着学生的思维方向："你为什么这样读？""从哪些词语看出来？"把学生的注意力从朗读引向课文的语言；"诗人写了哪些意象？这些意象哪几个让你最有感触？你看到这些词语，会联想到什么？你的眼前会出现怎样的画面？"这些问题引导学生品读意象和品读意象的思维方式——联想，描绘画面，体验感情。这样的思维方向体现了诗歌学习的特点。对学生诗歌的学法是一个很好的指导。

（三）推进教学进程

课堂教学中教师的提问往往能作为承前启后的课堂教学环节的联结点用于推进课堂教学的进程。巧妙设计课堂提问可以把课堂教学内容串成有意义的链条，形成意义流，而层递性的问题更是可以将学生的思维和情感逐渐引向深入。

【例 4-5】 孔晓玲《〈小石潭记〉课堂实录》（片断）：

师：齐读前三段，要求：第一，读准字音；第二，思考：写了哪些景物？分别是怎样具体描写的，找出文中的语句。

……

师：刚才我们熟悉了文章的前三段内容，这种翻译破坏原文的意境，古文的韵味消失了。其实，翻译可以融合我们独特的情感，可以表现我们的文学积累和素养，请同学们用优美的语言来再现小石潭的美景。(幻灯出示例句)老师这样写：小石潭的水是活的，叮叮咚咚演奏着自然的心跳，又如君子身佩玉环的清鸣，在澄澈的心灵和水墨的山水之间久久回荡。同学们可以参照这种方法：第一句话总括景物的特点，然后找到表现景物特征的原文词句，第二句用想象性的语句对景物进行具体的描述，最后一句可以表现自己的情感。试着写写潭中的其他景物。

(学生练笔)

生1：小石潭的鱼是灵动的，在阳光洒满的小石潭里，时而佁然不动，时而又俶尔远逝，它们轻快敏捷的样子惹人喜爱，仿佛游到人的心里，十分快活。

生2：小石潭的鱼是幸福的，虽然生活在小石潭里，却像天空中的鸟儿一般，拥有广阔的天地，自由自在地生活在水里，灵动的身影忽远忽近，在阳光下怡然自得。

生3：小石潭中的鱼游起来灵活敏捷，由于潭中的水清澈见底，所以鱼儿游动就像无所束缚自由自在，像在天空里一般。有些鱼儿看似呆呆的，但在水里敏捷得很，忽然游向远处了，就像精灵一般。

生4：树是害羞的，树枝藤蔓两兄弟互相遮掩，还摇晃着脑袋，不肯露出自己的脚，但微风吹过，谁都隐藏不了，都随着微风动起来。

生5：小石潭的石是奇的，它们用不同的方式唱响自然的篇章，像小岛、高山、岩石，擦出美的火花。

师：美的景色当然要用美的声音来朗读，请一生美读，老师给配音乐。

(生读)

师：徜徉于这么优美的景色中，听着如鸣佩环的水声，看鱼儿在水中嬉戏穿梭，这时候柳宗元脸上会有怎样的表情?

生1：开始郁闷，看到景色慢慢笑了，过一会开怀大笑。

生2：惊讶。

生3：豁然开朗，心旷神怡。

生4：一开始愁眉紧锁，然后眉头打开。

生5：带着微微的笑，心情平静。

师：微笑，嘴角微微上扬，沉醉在景色中，非常宁静。他微笑着坐在潭边。(出示课文第四段)一起读“坐潭上……”(生齐读)

师：“凄神寒骨，悄怆幽邃”什么意思?

生：心神凄凉，寒气刺骨，弥漫着忧伤的气氛。

师：此刻他的表情是怎样的？

生：收起原本的微笑，沉浸在往事中。

师：回到自我的世界里去了。

生1：皱着眉，眼睛是闭着，在叹息。

生2：眼睛没有神韵，悲伤。

生3：触景生情，愤懑之情无处发泄，忧伤，心都凉了。

师：面对同样的美景，为什么一下子心境会发生这样的变化？他的心境的转变从哪个环节开始的？我们回顾他游小石潭的经过。先是闻水声——见小潭——观游鱼——望水源——坐潭边。他到底在哪一个环节上，什么时候开始心情发生了改变？

生：望水源的时候。

师：为什么偏偏是望水源的时候？"望"能否改成"见"和"观"，为什么？

生：不能，"望"有向远方眺望的意思，文中说"不可知其源"，柳宗元一直在望水的源头在哪里，但是一直望不到。

师："望"有远近关系。

生："见"，无意识地看见，"望"，希望看到水源，但是看不见，失望。

师：看来，"望"比起其他字，有别样的情怀。我想起了《登幽州台歌》，"前不见古人，后不见来者，念天地之悠悠，独怆然而涕下"。在诗歌里出现了"见"，但是我想，诗人登上幽州台后的视觉动作肯定是"望"，望到了什么？什么都没有，只会勾起穿越千古的苍凉和孤独。柳宗元望到什么了？

生：毫无尽头的水源，他个人的历史。想到自己的过去和未来，但看不到。

师：迷茫。

生：这一段话，曲曲折折，使他想起自己的过去，不知道自己为了什么而生活。

师：潭水像北斗星一样曲折，像蛇一样蜿蜒前行，忽隐忽现，就像他的人生。岸势就像狗牙一样参差不齐，不可知其源。他一直沉静在小石潭里，突然抬头居然看到这样的场景，禁不住悲从中来。

当时的柳宗元处在怎样的现实中？（幻灯出示柳宗元介绍）

请一生读。

师：柳宗元被贬谪柳州，柳州地处湖南广西边界，非常荒凉，自古以来就是官员贬谪之地，柳宗元被一纸诏书贬到了离长安城两千多里的永州，那一年他33岁，他以为马上就能回长安，没想到这当中皇帝连下三道诏书：任何一次大赦都不能赦免当时的八司马。他在永州一待就是十年。

在困境中苦苦挣扎的柳宗元本来可以沉浸在小石潭边，如鱼儿一般自由嬉戏，但是，他以其境过清，不可久居，乃记之而去，他为什么要离开？

生1：虽然景色美，但有点阴森。

生2：本来以为美景可以让他忘怀过去，无意中发现景色凄凉，触痛内心。

师：这个时候很想跟柳宗元说说：你为什么不学学欧阳修，“醉翁之意不在酒，在乎山水之间也”；或者学李白，“相看两不厌，唯有敬亭山”，至少还有敬亭山和他做伴。中国文人自古以来和山水有着割不断的情怀，你看，欧阳修和李白与山水之间距离怎样？

生：近。

师：很近，甚至融合在里面，柳宗元呢？

生：很远，他是以观者的身份去看小石潭，而没有融进其中。

生：他为了摆脱郁闷的心情，而不是像那两人是真爱山水。

师：连山水也走不进柳宗元的内心啊！

……

我们试着梳理一下孔晓玲老师的问题教学思路：“写了哪些景物？分别怎样具体描写水、石、鱼、树？”这是引导学生在问答过程中熟悉课文前部分的内容并为进而用优美的语言来再现小石潭的美景做好铺垫。而“徜徉于这么优美的景色中，听着如鸣佩环的水声，看鱼儿在水中嬉戏穿梭，这时候柳宗元脸上会有怎样的表情？”这一问题的出现非常巧妙地推进了课堂教学的进程。“这时候柳宗元脸上会有怎样的表情？”“坐潭上……凄神寒骨，悄怆幽邃”时，“他的表情又是怎样的？”“面对同样的美景，为什么一下子心境会发生这样的变化？他的心境的转变从哪个环节开始的？”这一串问题引导学生想象柳宗元的表情的变化，仔细揣摩心境发生转变的关键点，不仅对作者的游踪“闻水声—见小潭—观游鱼—望水源—坐潭边”作了梳理，更重要的是将学生的思维与情感从文学的表层境界的领悟引向对深层意蕴的探究——由一个“望水源”的“望”引导着学生走近柳宗元，作者情感的转折、课堂分析的转折就从这一“望”开始，学生从这个环节开始细细品析人物内心。课堂教学上升到一个新台阶：透过文本抓住人物的灵魂，以文解人同时又以人解文，教师以其对文本独特而深刻的挖掘让文章有了厚度，让课堂有了厚度，让学生的品读也得到了一定的深度和高度。孔晓玲老师就是这样通过问题来架设学生与文本之间的思维桥梁，使学生在优美的意境以及丝丝入扣的文本细读中领悟到作者孤寂的内心。

(四)培养质疑思辨能力

“学须先疑”，思维从问题开始。疑问是思维的第一步。课堂提问的教学价值不仅仅在于传授了知识，更重要的是培养学生思维的习惯、质疑的胆识。培养学生质疑思辨能力首先要注重学生问题意识的培养。学生的问题意识来自于教师的问题意识，教师的提问教学给予学生学习质疑思辨的示范；来自于教师对学生的提问习惯、学生质疑态度的培养。许多优秀的教师善于把提问的机会给学生，让他们在质疑释疑的过程中提高思辨能力。

【例 4-6】 吴丹青《〈祖国啊，我亲爱的祖国〉课堂实录》(片断)：

师：前面两节诗读后，老师心里有一个困惑，舒婷诗歌里的祖国，和我们同学看到“祖国”这个词想到的祖国好像很不一样，沈梦婷、赵勇、何震三位同学在预习的时候也提出了这样的问题。(PPT 出示学生问题)：诗人对祖国充满了深情，应该写祖国的繁荣昌盛，可为什么用那么多的词句描写祖国的苦难？

生：因为诗歌写于 1979 年，新中国建立是 1949 年，发展的时间很短，而且那时可能是中国最贫困的岁月。

师：诗歌前两节写的是 1949 年到 1979 年这个阶段吗？你们到诗中找一找表示时间的词语。

生集体：数百年。

生集体：千百年。

师：还有一个词表示时间更早。

生集体：祖祖辈辈。

师：那就是说已经把炎黄时代也包括进去了。中国历史有几千年，舒婷就说了几千年。在你们的思想中，中国五千年的历史都是贫穷、落后，让人悲哀吗？

生：不是。

生：新中国成立后，祖国越来越繁荣富强。

生：我觉得在汉朝，西汉时期都是非常富强的，而不是只有新中国成立之后才富强起来。

生：古代有四大发明。

师：那么应该说“我就是古代的四大发明，我就是你大汉盛世”，可是舒婷为什么只是选择反映我们祖国贫穷、落后、衰败的老水车这样的意象来写祖国的历史呢？你觉得解决这个问题要从哪几个方面入手？

生：先要弄懂这一段的意思，然后从词语入手，理解诗歌的意思。

生：还要联系上下文。

师：确实，不仅要从这一段的词句入手，还要联系全文来解决这个问题。我们班有些同学在其他段落里也抓住一些关键的句子，提出了这样的一些问题。(PPT 出示问题)：为什么说“我是飞天袖间千百年未落到地面的花朵”？——梅皓艾、丁子杰

“神话的蛛网”指的是什么？是否指“文革十年”的错误？——张军军、陈

艳、丁子杰、陈伟、李华杰

“你以伤痕累累的乳房喂养了我”，这时都1979年了，作者为什么还要写“伤痕累累”呢？——赵勇、杨振

“我”为什么是“迷惘的、深思的、沸腾的”？三个词是以怎样的顺序排列的？——夏雪、季鑫、鲁晓桢、冯静

师：对“飞天袖间千百年未落到地面的花朵”“神话的蛛网”“伤痕累累的乳房”“我”这四个意象的解读能帮助我们解答刚才的问题。先看第二个，“神话的蛛网”指的是什么？

生：封建时候的旧思想。

师：怎样的一种旧思想呢？

生集体：迷信。

师：迷信什么呢？

生：我是根据上下文来理解“神话的蛛网”，“簇新的理想从神话的蛛网里挣脱”，那么这也许是指从秦朝的焚书坑儒开始，一直到后来的文化抑制运动，长期地抑制了我们的新思想、新文化。“文化大革命”是最后一个抑制的时代，那么在这之后我们的思想得到了真正的解放。

师：你真是一个思想深刻的女孩子。如果就像你所说的那样，从古至今我们都被某种思想观念所抑制，联系到舒婷诗中所写的这些意象，那我们想想，应该是哪些思想观念呢？。

生集体：自夸地大物博，封闭，不开放，固步自封，闭关自守。

师：那么从神话的蛛网里挣脱的一个时代性的标志是什么？

生集体：1978年，党的三中全会，改革开放，经济建设。舒婷这首诗就是写于1979年。

师：了解创作的时代背景对于解读这首诗歌应该是有帮助的。

生：我觉得也许和舒婷自身的经历有关。因为她的父亲就是著名作家老舍，就是在“文化大革命”中受屈辱跳湖而死的。

师：老师纠正你的一个说法，老舍不是舒婷的父亲。但老舍确实有令人非常悲哀的经历。“文化大革命”中有很多知识分子遭到迫害，那是一个是非颠倒、黑白不分的年代。不过老师很赞赏你的一种解读方法——联系诗人个人的经历去理解诗歌。也就是说读诗除了从文中的意象去理解诗人的情感外，还可以知人论世（板书：知人论世），联系写作的创作背景，联系作者的个人的经历。

……

上面这一教学片段表现出这样的理念：教师并不仅以知识的传授为目的，而是以激发学生的问题意识、质疑意识、加深思维的深度、探求解决问题的办

法，特别是以形成自己对解决问题的独立见解为目的。而伴随解决问题学习的对谈式讲解，是通过学生从具体到抽象、从一种问题情境向另一个问题情境转移的思维流程实现的。教师以问题情境的设置引领学生联想、推论，以问题解决向度的提示启发学生评价、判断。这个思维流程有一个问题逻辑的层层展现过程。学生在这一过程中始终处于积极的思维状态中。

"诗人对祖国充满了深情，应该写祖国的繁荣昌盛，可为什么用那么多的词句描写祖国的苦难？""为什么说'我是飞天袖间千百年未落到地面的花朵'"？"神话的蛛网"指的是什么？是否指"文革十年"的错误？"你以伤痕累累的乳房喂养了我"，这时都1979年了，作者为什么还要写"伤痕累累"呢？"我"为什么是"迷惘的、深思的、沸腾的"？"三个词是以怎样的顺序排列的？"这些来自学生的问题，成为课堂讨论的内容，不仅尊重了学生的阅读期待，而且能够强化学生的问题意识，激发质疑动机和精神，促进后续学习。促使学生逐步形成善于质疑、乐于探究、勤于动脑、努力求知的积极态度，使语文文本信息得以进入学生建构的层面，并在质疑思辨、探究体验的过程中发现真知灼见、发展思辨能力。

(五)提供练习的机会

教学提问的一个很重要的目的在于为学生创造听思读说写练习的机会，以提高他们的思维能力和口头语言表达能力。课堂提问将学生置身于与教师、同学对话交流的特殊的位置上，他要面对教师和全体同学，准确理解问题的指向并用自己的语言有条有理、有根有据地阐述自己的思想。这样不仅促使学生有意识地学习熟练的组织语言，准确表达自己的观点的习惯，而且很好地锻炼提高了他们语言表达的逻辑性和灵活性。请仔细阅读下面的课堂实录尤其关注由问题引出的学生活动。

【例 4-7】　吴丹青《〈小院〉课堂实录》：

一、充分地说——给学生一双自信的翅膀

师：今天我们学习《小院》。这是一个怎样的小院呢？请大家以"小院"为中心语，在它的前面加上一些修饰语，"什么什么的小院"，并对所加的内容稍作解释。

生1：生机勃勃的小院。文中写道："窗台上、台阶上摆满鲜花，它们排行整齐，错落有致，使小院显得生机勃勃。"

师：用课文中的词语概括，聪明。文章读得仔细。

生2：回归自然的小院，"檐间悄悄响着鸽子的咕咕声，梁上燕语呢喃，伴我入梦"。这一描写充满了乡土气息，很温馨。

师：哦，很温馨。小院让你体会到乡土气息，"回归自然"这个词语用得有创意。

生3:富有雅趣的小院。小院中那些花盆都是旅客们丢弃的物品,经过稍加整治后,成为艺术品,说明小院很有趣味。

生4:花香盎然的小院。“四下看去,发现自己正在花的包围之中。”“窗台上,台阶上摆满鲜花。”

生5:设备齐全的小院。“可不,大锅里有温水,只管舀来洗就是了;暖瓶里有热茶,美美地喝就是了。愿睡软床还是硬板儿,抑或暖炕?悉听尊便。”

师:“设备齐全”,确实。这段描写还可以用什么词概括?

生齐:“温馨。”

师:不错。那么“悉听尊便”是什么意思?(师生共同回答:“悉”,都。“尊”,对人的尊称。“悉听尊便”,听您的方便)说明这里住宿条件——

生齐:方便,舒适。

生6:很小的小院。“四合院严丝合缝,四面全是屋,正房厢房各两幢,门被挤到临巷的西南角。登堂入室后居然望不见它。”

师:“门被挤到临巷的西南角”,“挤”字写出了“小”的特点。文中还有一个比喻句也写出了这个特点。

生齐:“台怀镇上的小店星罗棋布,而这家旅店只是其中的一颗小星星。”

生7:苍翠浸润的小院。“草木掩映,浸润得整个小院绿莹莹、蓝汪汪。”

师:这个修饰语反映出小院四周景色和小院的关系。

师:这个问题我们就讨论到这里。大家加的修饰语都不错,解释得也不错,同学们的发言合起来就较全面地概括了小院的特点。

二、尽情地读——给学生一双聪慧的眼睛

师:不过,我们要真正了解这个小院,一定要认识小院的主人,是谁呀?

生齐:小大嫂。

师:小大嫂又是怎样的一个人呢?请同学们认真阅读课文,找到文中描写小大嫂的语句。把直接描写小大嫂的语言、动作、神态等的语句和间接表现小大嫂的品性情怀的描写都画出来,并在旁边加注,写上使用了什么描写方法,从这些描写中可以看出小大嫂是一个怎么样的人。(生认真阅读课文,师巡回指导。)

师:好。就看到这里,我们逐段来讲好不好?

生8:“我抬眼望去,看见一个怀抱孩子的‘小大嫂’,站在人丛边上,冲着游客们招手,却没有一声言语,仅是亮亮的眼神,甜甜的笑靥。”这里的神态和动作描写表现了小大嫂的善良淳朴。

师:除了善良淳朴,这样的小大嫂还给人什么感觉?

生9：真诚，值得信赖。文中作者的话也告诉了我们这一点。

师：我们一起把作者的这一抒情性的议论句读一遍。（生齐读："凭直觉，这是值得信赖的眼神，这是发自内心的笑靥。"）

师：这"亮亮的眼神，甜甜的笑靥"给人一种真诚、纯朴、善良的感觉；难怪作者要抒发出这发自内心的感受，也难怪作者和几个同行跟着小大嫂就走了。

师板书（多媒体荧屏）

第一印象

亮亮的眼神

甜甜的笑靥（神态）

下面，我们来看小大嫂给作者的第二印象。

生10："大锅里有温水，只管舀来洗就是了；暖瓶里有热茶，美美地喝就是了，愿睡暖床还是硬板儿，抑或暖炕？悉听尊便。"这是间接描写，表现小大嫂非常勤劳。

师：仅仅是表现小大嫂的"勤劳"吗？从中还可以看出小大嫂——

生齐：招呼客人非常周到。

师：这一段写得非常好，请大家齐读。

生齐读："可不……伴着我入梦。"

师：这是对小旅店的住宿条件的描写，同时间接表现出小大嫂对旅客的招待热情周到，难怪旅客的感受是——

生齐：宾至如归。

师：作者也是这样认为的，文中的话是——

生齐："这儿就是你的家。"

荧屏 第二印象

这儿就是你的家：

温水、热茶、暖炕

鸽子咕咕，燕子呢喃

师：下面我们来看第三印象。

生11："四下看去，发现自己正在花的'包围'之中——窗台上、台阶上摆满鲜花，它们排行整齐，错落有致，使小院显得生机勃勃。"这是间接描写，可见小大嫂很爱养花，很爱生活。

师：爱花的人往往是热爱生活的人，我们从这满院的鲜花，可看出院主人对生活、对美的追求与创造。这里除了对花的描写之外，还有——

生（个别）：花盆。

生12："细瞧花盆，那千奇百怪的模样令人忍俊不禁：废暖瓶壳，破旅行杯，掉提手的小塑料桶,用过的可口可乐罐……这些由游客抛弃的废物,稍加整治,居然变成艺术品,而且那么自然,那么富有雅趣。”可见小大嫂心灵手巧,富有雅趣。

师:是啊,废物居然变成了艺术品,真可见小大嫂的心灵手巧,富有雅趣。

荧屏:第三印象

空气格外纯净

鲜花香味馥郁

花盆富有雅趣　(间接描写)

师:好,下面我们来看对小大嫂的第四印象的描写。

生12:“她淡淡地说:‘没什么,昨晚这伙年轻人不小心碰破了一面镜子’。说完,又甜甜一笑。”可见小大嫂对旅客的理解和宽容。

师:最好把这件事的前因后果说一下。

生12(继续):旅客把她家的镜子打破了,她并不计较。她的答话极为简洁,然而蕴涵了多少理解与宽容啊!

师:如果文中没有作者这一抒情性的议论句子,我们能看出她的宽容与理解吗?从哪里看出?

生齐:“甜甜一笑”。

师:从这“甜甜一笑”中可见小大嫂对镜子被打破一事是真的不在意,这是对小大嫂哪方面的描写?

生齐:前文是语言描写,这是神态描写。

师:这一段还有对小大嫂其他方面的描写吗?

生13:“小大嫂款款而来”,这是对她的神态描写。

师:是神态描写吗?

生13(继续):是动作描写,描写小大嫂的美。

师(笑):哪个词可看出“美”?

生齐:“款款而来”。

师:“款款”是什么意思?

生14:从容地,不慌不忙地。

师:好的。谁再来补充?

生15:“她夜里忙着烧茶送水,今晨又早早起床,脸上留下几缕明显的倦意。”说明小大嫂勤劳热情、服务周到。

师:这里描写的是小大嫂——

生15(继续):动作,神态。

荧屏:第四印象

款款而来

淡淡地说

甜甜地笑

(动作、语言、神态)

师(小结):作者就是这样通过对小大嫂的动作、语言、神态的描写,对小大嫂的间接描写,表现了小大嫂的品性情怀。那么小大嫂是一个怎样的人呢?请综合前面我们的阅读感受,用一段话来谈谈对小大嫂的总体印象。准备2分钟。

(生认真看书,或边写边念念有词)

师:好,开始。

生16:洗完脸,喝完热茶,我来到小院中。在小院里,我被那一盆盆生机勃勃的鲜花吸引住了,我闻着花香,脑子里闪现出昨晚所见的小大嫂那亮亮的眼神,甜甜的笑靥。那笑靥是绽自内心的,那眼神是多么真诚。我感到她是一位非常纯朴真诚的人。那些经过小大嫂精心加工而成的花盆,是多么富有雅趣。这时小大嫂款款而来,她手中提着一个畚箕,里面装着碎玻璃,我问是怎么回事,她淡淡地说:“没什么,昨晚这伙年轻人不小心碰破了一面镜子。”说完,甜甜一笑,再次让我感到她是一个真诚纯朴的人。

师:李鹏飞同学是从“次日早晨”“在小院中”“被鲜花吸引住”然后想到小大嫂说起的,这种思路很新颖,说得也很好。

生17:小大嫂是一间旅店的主人,她那亮亮的眼神,甜甜的笑靥,总让人感到纯朴、善良、真诚。她照顾旅客样样周到,温水、热茶、暖炕都准备得妥妥帖帖,让旅客感觉到在家一样。她还是十分热爱生活的人,旅客丢弃的废物,经过她的巧手变成一个个花盆,花盆上绽满了美丽的鲜花,散发着馥郁的花香。她还是个宽容理解旅客的人,旅客们闹腾到很晚,不小心打破了镜子,她却淡淡地说“没什么”。她那亮亮的眼神,甜甜的笑靥,总让人感觉到非常美好。

师:杨文同学说的特点是:先说小大嫂是怎样一个人,然后用课文中的具体描写,小大嫂的神态、动作、语言等来说明,说得也非常好。

三、自由地思——给学生一些精彩的想法

师:从同学们的发言中可以看出大家对小大嫂的了解是较深刻的。大家发言中引用文中的语句都是前7段的,对第8段几乎没有涉及,为什么?(生迟疑了一下)。

师:第8段写什么?

生齐:写景。

师:写什么景?

生齐：小院四周的景色。

师：写作内容好像已经离开小院，是吧？

生齐：不是。

师：那么，四周景色跟小院有什么联系？请一位同学把第8段读一读。同学们认真思考四周景色与小院的联系。可以对照这幅图。（幻灯展示：书上的插图。）（一生读课文第8段）

师：读得很流利，也较有感情。好，我们来看这一幅图画。这是一幅风景画，如果让美术老师来说，他会告诉你小院与周围景色的关系。这是（师指图中的小院）——

生齐：主体。

师：（指图中四周景色）这是——

生齐：背景。

师：我们设想一下，如果只有这一小院，没有背景，会怎样？

生（陆续）：单调、乏味，非常孤立，没有现实感……

师：是啊，可见背景往往有突出主体的作用，而且这幅图画中的四周景色与小院还有特殊关系，课文中有一个词语就很好地表现了这个特殊关系。

生齐："浸润"。

师："浸润"是什么意思？

生齐：液体渐渐渗入。

师：文中是指液体的浸透渗入吗？

生：不是，是指山色。

师：山色浸润到小院。请一位同学上来描述一下这四周的景色，说说四周景色与小院的关系，可以用课文中的词语，也可以加以创造，谈谈自己的感受。给同学们两分钟时间准备。（生默默思考）

生18（上黑板前，教鞭指着图）：小院的前方突兀一峰，这是有名的菩萨顶，郁郁的松林荡漾着一片青苍，间或有黄色一闪，那是寺庙的檐角。山在碧蓝的天空下，显得异常青翠，寺庙的后方另有一番景致，是黛螺顶，顶上郁郁苍苍，草木掩映，浸润得小院绿莹莹、蓝汪汪的。

师：总体上不错。孙志成同学有没有说得不够准确的地方？

生19：小院的后方是菩萨顶，这才是黛螺顶。（指图）

师：纠正得好，再请一位同学。

生20（上黑板前，指着图说）：小院前突兀一峰，是黛螺顶，间或金黄一闪是寺庙的檐角，在碧蓝的天空下格外青翠耀眼。小院后面有名气更大的菩萨顶，寺庙众多，松林青翠，浸润得整个小院绿莹莹、蓝汪汪的。

师：刚才两个同学在描述四周景色时和作者一样，都说了一个共同特点："山色青苍一片，草木掩映"，浸润得小院绿莹莹、蓝汪汪的。不过，老师这幅画有一处画得不好。

生21：寺庙画得太多、太大了。

生22：特别是小院前方的黛螺顶的寺庙，文中是"闪出一角"，而这儿不止一角了。没有画出"间或一闪"这个词的表现力。

师：那么"闪"字在这儿起到什么作用呢？

生23："闪"字可以表现出山色浓密。

师：对，这一个"闪"字显出松林密密，青苍一片，而且与前文"荡漾"呼应，可以想象出——

生齐：有风。

师(点头)：这一段的描写让我们感觉到小院是在大山的怀抱中，在大自然的怀抱中。五台山台怀镇上的小院确实不同于我们龙泉城内的任何一个小院，它处在风景优美的环境中，贴近自然，充满乡土气息。所以"我"面对四周山色，不禁油然而生醉意。不曾游山，心儿先自"醉"了。(板书"醉")同学们，想一想，作者仅仅是因为四周山色而醉？

生24：不是，还有"花映香熏的人家"，"苍翠浸润的小院"。

师：是啊。我们假设一下，当作者站在院子里，除了面对四周美丽的山色，眼前还应该有哪些画面？(生思考，师板书"花映香熏的人家""苍翠浸润的小院"。)

生25：小院浓郁的乡土味。

生26：小大嫂忙碌的身影。

生27：小院中人与人之间和谐温馨的关系。

生28：小大嫂的品性情怀。

生29：小大嫂时不时的微笑。

生30：小大嫂热情待客的情景。

生31：小大嫂款款而来的形象。

师(充满感情)：假设此刻你正处在这小院花的包围中，而眼前又时不时出现小大嫂款款而行、忙里忙外的身影，还有她亮亮的眼神，甜甜的笑靥，再听听她淡淡的然而又蕴含着多少宽容与理解的话语，再听听她指着四周的景色，向你介绍她家乡的美景，此时此刻，(轻缓优美的音乐响起)你的心也不禁会陶醉，你一定会情不自禁地感叹："啊，这花映香熏的人家，苍翠浸润的小院。"让我们带着些醉意，以优美的感情，优美的嗓音，朗读课文最后两段。

(生伴音乐而读，沉浸其中)

师：听着同学们的朗读，老师的心也不禁醉了。因为我从同学们的朗读声中感受到同学们已领略了“这苍翠浸润的小院”的景色美，这“花映香熏的人家”的人情美。（板书：景色美，人情美）小院是一篇叙述性散文，作者综合运用了记叙、描写、抒情、议论的表达方式，融叙事、记人、写景为一体，达到了内容美和语言美的统一。这篇美文的作者是——

生齐：“阳关”。（师板书“阳关”）

四、快乐地辩——给学生一次情感的升华

师：文章发表在什么时候？

生齐：1987 年 5 月 22 日。

师：1987 年，离现在已有 12 年了。12 年过去了，我们想想，五台山台怀镇上的小院还在不在？如果在，又有什么变化呢？为何变化？请同学们展开想象来回答。

生 32：我觉得这样的小院还是在的，或许这些年经济发展很快，小院已变成很大的旅馆了，或许小大嫂的钱已挣多了，但那小院和谐、温暖的人际关系还是存在的。

生 33：我认为现在不存在了，现在将进入 21 世纪了，现在是市场经济时代，俗话说“有理走遍天下”，现在都成了“有钱走遍天下”。如今，五台山上的台怀镇也有了很大变化，人与人之间应该有了一层金钱隔膜了，我觉得这样充满人情味的旅店应该是不存在了。

生 34：小院或许已变成大宾馆，但人与人和谐温馨的关系不会变，小院主人的精神是不会变的。而且我们中国是社会主义国家，注重精神文明建设，小院精神应该得到发扬，我觉得应存在的。

师：两种观点，你们支持哪一方？

生 35：小院会存在的，或许变成大旅馆了，但小大嫂的服务一样周到，待人还是一样真诚，虽然开旅馆是为了挣钱，但对顾客们服务周到，对挣钱来说也是很重要的。

生 36：我认为小院在，人也在，小大嫂的品质也照旧。不知大家去过五台山没有，五台山是中国佛教四大名山之一，是中国的旅游胜地，旅游胜地中有很多名胜古迹，这样的小院也是台怀镇的特色之一吧，我觉得当地政府应该把小院给留下来。小大嫂她那种善良勤劳、待人真诚的宽容的品质也会留下来的，因为“江山易改，本性难移”嘛，小大嫂的美好品性是不会变的。

师：瞿宜的发言很有意思，一是他站在旅游事业的角度去分析，这一点老师也没有想到；二是他能抓文中人物性格特点去推断人物的变与不变，小院的变与不变。我们要注意，小大嫂不是其他地方的小大嫂，而是阳关笔下的小大嫂，在这篇课文中，她是非常善良、真诚、纯朴和宽容的。时代在不断前进，但小大嫂这种美好的品性，是不会轻易丢弃的。其他同学呢？（生意见不一，议论纷纷）

师：同学们课后还可以继续讨论。大家也不妨将自己的想法写在日记本上和老师交流。我想，我们每个人心中都有对真、善、美的渴望与追求，今天我们为台怀镇上这一小院的人情美而陶醉，也祝愿真诚、纯朴、善良、宽容这美丽的花朵开遍世间的每一个角落。

我们首先来看这堂课的第一个问题："这是一个怎样的小院？"这本来就是一个比较容易回答的问题，而教师提出这一问题后又对学生的回答提出要求：以"小院"为中心语，在它的前面加上一些修饰语，"什么什么的小院"，并对所加的内容稍作解释。这一要求其实也是对学生怎样说的具体指导，而在学生根据要求回答这一问题时，教师又加以激励性的点评，所以，在这个教学环节中，我们发现，学生们说得很轻松、很愉快。通过这一问题的课堂对话他们不仅整体感知了课文，更重要的是在轻松的话题面前，他们感觉到自己能说，并且能说得精彩，这种成功的体验使他们的学习热情更高涨，对自己学习成功的期望值更高。对整堂课来说，这是一个很好的开始。

第二个环节的问题是：小大嫂是怎样的一个人？教师用这个问题引导学生认真阅读课文并要求他们找到文中描写小大嫂的语句，把直接描写小大嫂的语言、动作、神态等的语句和间接表现小大嫂的品性情怀的描写都画出来，并在旁边加注，写上使用了什么描写方法，从这些描写中可以看出小大嫂是怎么样的一个人。这是对学生"读"法的指导和训练。在教师的引导下，从品析一句话、一段话来回答小大嫂是一个怎样的人，到最后综合地说小大嫂的总体印象，孩子们走近小大嫂，了解小大嫂，读得越来越明白，说得越来越精彩。他们不仅学会了如何品析人物形象，而且审美的意识被激发，他们用一双聪慧的眼睛去发现文章的美、人物的美，并且用优美、流畅的语言来表达自己的感受。

第三个环节的主问题是：四周景色与小院有什么联系？学贵质疑，课堂应该是学生发现问题、解决问题的课堂。老师让学生根据画面说小院景色，又引导学生讨论画面的欠缺之处，让课堂里有了不一样的声音。学生有了自己的独特体验，有了自己的精彩想法。

小院还在吗？这是这堂课最后一个问题。老师说"文章写于 1987 年，离现在已有 12 年了。12 年过去了，我们想想，五台山台怀镇上的小院还在不在？如果在，又有什么变化呢？为何变化？请同学们展开想象来回答。"这个问题的讨论不仅促使学生加深对文章的理解，而且引发了他们辩论的欲望。而在辩论中，他们智慧的火花被激发，思维的能力得到很好的锻炼。

在这堂课中，我们发现学生的话特别多，也说得特别好。其中首先归功于教师的问题设计，其次也得力于教师的认真倾听和给予学生富有启发性、多样性、生成性、情感性的点评语，为师生的交流互动创设了良好的氛围，在这样的课堂里，学生的自信增强，点燃了智慧，激发了创造。

此外，课堂里通过教学提问活动，教师和学生可分别从中获得对各自有益的反馈信息，以作为进一步调整教与学活动的重要参考。在课堂教学中，教师针对不同程度的学生，提出不同层次的问题，让学生回答，根据学生的回答情况，可以判断出他们对所学知识的掌握程度，了解他们智力活动的方式和反应速度，进而了解自己教学的优劣得失，及时调整后继的教学活动。同时，学生可以通过答问，从老师那里获得评价自己学习状况的反馈信息，在学习中不断审视自己，改进自己的学习态度、方法、习惯等，使自己后继的学习活动更富有成效。

四、提问技能灵活运用

课堂提问的技能类型有很多，课堂提问教学呈现的内容和形式也是很丰富的。由于每节课的类型不同，教学目标、内容、要求不同，教学对象不同，提问的方式必然各异。即使同类型，同内容、学生程度也相近的教学，由不同教师执教，教学风格也有差异，提问的方式也会有区别的。所以我们特别要提倡提问技能的灵活运用，这里着重从提问的类型，发问、候答、叫答和理答的艺术，主问题的设计，利用学生的阅读期待设计课堂提问等方面说一说提问技能的灵活运用。

（一）提问的类型及运用

提问技能的类型很多，按照提问的水平分，提问的技能有回忆性提问、理解性提问、应用性提问等，不同的类型有不同的教学功能，其教学价值也有高低之分。比如，回忆性提问常用于对一些具体事实和知识进行再现或确认，虽然这种提问缺少思维深度，答案现成单一，但对于督促学生掌握基础知识和技能是必不可少的。理解性提问是在回忆提问的基础上，对学生提出更加深层次的提问，多用于了解学生对课堂上所学知识与技能的理解和掌握的情况，具有引导学生思维方向、深化教学内容、培养理解能力、训练学生分析能力等功能。如果没有理解性提问，就激不起学生的思考，书本知识、他人经验就不能真正转化为学生自己的精神财富。所以，理解性提问是课堂教学提问的重要方式，是贯彻启发式教学的重要途径。应用性提问是一种培养学生运用知识能力的提问，是培养学生分析问题、解决问题的能力的提问，是一种培养学生综合解决问题能力的提问。它包括分析性提问、综合性提问和评价性提问。这类提问旨在要求学生用语言文字对所学知识进行精确的表述，运用所学知识去解决某些设计出来的问题，借以检查学生对知识的理解情况和能力的掌握情况，让他们发表自己的观点和看法，并在问答行为中促使知识向技能、技巧、智力、能力转化。下面请阅读一个课堂实录来看看优秀教师是怎样根据教材和学生的特点进行问题编拟，进而在课堂中灵活运用不同类型的提问方式以服务于激发学生的思维、突出教学重点、培养学生能力、提高教学效果。

【例 4-8】 饶美红《〈孔乙己〉课堂实录》：

一、导入：孙伏园先生的评论引出《孔乙己》。

师：据鲁迅先生的朋友孙伏园回忆，鲁迅先生说，在他创作的短篇小说中，他最喜欢《孔乙己》，还把它译成了外国文。他为什么最喜欢孔乙己，孔乙己究竟是一个怎样的艺术形象，今天就让我们一起走进孔乙己。

二、初品孔乙己，他是一个被侮辱、被损害的“读书人”。

师：课前我们都已预习过，通过对课文的通读，孔乙己留在你脑海里最深刻的画面或者说最深刻的语言、动作是什么？

生 1：孔乙己是站着喝酒而穿长衫的唯一的人。

生 2：他总是满口之乎者也。

生 3：给孩子们吃茴香豆时的情景。

师：你能配上动作把这一段朗读一下吗？

（学生摇头晃脑并伸出五指做孔乙己状形象地朗读。）

师：从这段话中你们感受到了什么？

生 1：孔乙己是一个有文化的人。

生 2：他是一个好玩、可笑的人。

生 3：他是一人迂腐的人。

师：但老师觉得这情景是这篇课文中唯一能让人感到温馨的地方。有同学有同感吗？

生 1：他自己钱不多，买了为数不多的茴香豆还要给孩子们吃。

生 2：这里我感受到了他的善良。

师：孔乙己留给你们还有什么深刻的印象吗？

生：“窃书不能算偷……”这句话给我印象也还深。

师：你认为窃和偷意思一样吗？

生：不一样。

师：怎么不一样？

生：……

师：其实两者意思一样，偷是口头语，窃是书面语，你们说孔乙己自己知不知道两者意思是一样的？

生：知道的。

师：那他为什么要这样说？

生1：人们用口头语“偷”来嘲笑孔乙己，孔乙己为了辩解而用古词语“窃”，故意在字面上做文章。

生2：说明了孔乙己这个没落封建文人的迂腐、可悲。

师：同学们讲得都非常棒，《孔乙己》这篇经典的课文在你们的父辈和老师读书时候就有，有意思的是这两天老师问了一些年长者和一些和我同时代的人，让他们说说多年后孔乙己留在他们脑海里最深的印象是什么，他们不约而同地说到了这几幅孔乙己的经典画面：

（大屏幕呈现下述文字）

孔乙己是站着喝酒而穿长衫的唯一的人。

总是满口之乎者也。

“窃书不能算偷……窃书！……读书人的事，能算偷么？”

回字有四样写法。

不多不多！多乎哉？不多也。

师：好像跟我们的同学说得不谋而合，看来这就是经典的不朽之处，无论经过多久留给人们的深刻印象是一样的。

师：根据以上这些文字的叙述，你认为孔乙己是一个怎么样的人？

生：读书人！

师：怎样的读书人？能否在前面加个定语。

生1：可笑的读书人！

生2：迂腐的读书人！

生3：善良的读书人！

师：国际知名的文化研究学者李欧梵先生认为：孔乙己是历史转折时期、落后于时代的，固守着过去价值观的被侮辱、被损害的读书人。

师：在你们的印象中，读书人的社会地位是如何的？

生1：读书人的社会地位应是挺高的。

生2：万般皆下品，唯有读书高嘛！

三、再品孔乙己，他是一个有着悲剧性格的“边缘人”。

师：那就让我们去看看生活在那个年代的孔乙己的社会地位如何？假如我们让时光倒流，让我们回到孔乙己那个年代，你能在咸亨酒店众多的酒客中，一眼就认出哪个是孔乙己吗？请根据文中的话说说理由。

生：能，根据第四小节中的“孔乙己是站着喝酒而穿长衫的唯一的人。”

师:为什么说他是唯一的?

生:根据文中第一小节的描述,站着喝酒的是短衣帮,而穿长衫的是要踱进店面隔壁的房子里,要酒要菜,慢慢地坐喝。

师:也就是说孔乙己既不属于短衣帮,又不属于穿长衫的主顾。但是,他只要踱进店里坐着不就可以成为长衫主顾一类了吗?他能坐着喝吗?

生:不能,因为他太穷了!经济地位不允许他坐着喝!

师:那么只要他脱下长衫就可以归入短衣帮了。他愿脱下长衫吗?

生1:不能,他太穷了,只有这么一件衣服,所以脱不下来。

师:你认为他没有换洗的衣服,果真是这样吗?

生2:不对,我觉得是他始终放不下读书人的架子,他认为长衫再破也是读书人的标志。

生3:他喜欢与众不同。

(全班大笑)

师:那这个孔乙己太有个性了。

生4:在他的思想里他无论如何也不可能把自己和短衣帮归属在一起。

生5:他企图用一件长衫来提高自己的社会地位,他的思想意识不认可他脱下。

师:所以真是欲上不能,欲下不甘啊!既不能踱进店里去喝,又不能放下读书人的架子,脱下长衫。孔乙己成为与这个社会格格不入的孤独的边缘人。

四、三品孔乙己,他是一个贫贱而悲惨的"多余人"。

师:这么一个不属于任何群体的边缘人,是否跟别人没有任何关联了?

生:文中第九小节这样写道:"孔乙己是这样的使人快活。"说明他还是和别人有关联的。

师:能从文中找到"这样"的具体表现吗?

生1:第四小节,满口之乎者也……他说窃书不能算偷,大家都笑了。

生2:大家说孔乙己捞不到半个秀才时,店内充满了快活的空气。

生3:孔乙己和邻居孩子之间的'多乎哉?不多也',也都是笑声。

生4:第十一小节,孔乙己说:"跌断,跌,跌……",大家便哄笑。

师:静下来,让我们想一想,这些真的好笑吗?如果我们就是孔乙己,考不上秀才举人,可笑吗?没钱不能多给孩子茴香豆,可笑吗?没钱只能去偷书,可笑吗?被丁举人打折了腿,可笑吗……让我们觉得可笑的分别是孔乙己的什么事?

生1:窃书不能算偷,这里表明了孔乙己没落、迂腐。

生2:连半个秀才也捞不到,说明被人家取笑戳到内心隐痛时孔乙己那种失望、颓唐的悲凉心理。

生3:“不多不多,多乎哉?不多也。”这句话显示了孔乙己最诚挚的人性,但由于生活的窘迫,这人性不过是笑料的一部分罢了。

生4:“跌断,跌,跌……”孔乙己此时的神态是“低声,恳求”说明他很可怜!

生5:突然发现让人们觉得可笑的分别是孔乙己的“偷窃—落第—迂腐—断腿”。

师:确实如果我们是站在酒客的角度,觉得孔乙己是可笑的。但我们以孔乙己自身的角度去想想,这一切对于孔乙己个人来说都是他心中永远的痛,那为什么每一次店内外充满了快活的空气?

生:说明了当时社会的悲凉,人情冷漠。

师:孔乙己他自认为是一个读书人,有身份的人,可他的一举一动却成为人们无聊生活中的笑料。可见他们的快乐是建立在孔乙己的痛苦之上的,他们在玩味、欣赏别人的苦难。孔乙己这么一个悲苦的人的形象就很直观地展现在我们眼前。

师:但让我们感到更辛酸的是,文中继续写道:“可是没有他,别人也便这么过。”这句话有什么言外之意?

生1:说明了孔乙己无足轻重的社会地位。

生2:他只不过是一个玩物,一块笑料,一个废物。

生3:他是一个可有可无、毫无价值可言的人。

师:文中哪些语句可以读出?

生:第十小节中“我才也觉得他的确长久没有来了。”

师:是在什么情况下我才觉得的?

生:掌柜说:“孔乙己长久没有来了。还欠十九个钱呢!”

师:文中这十九文钱总共提到几次?说明了什么?

生1:四次。

生2:十九文钱成了他的代名词,他曾经存在过的唯一证据。

生3:十九文钱似乎标志着他存在的全部价值。

师:是的,所以当这十九文钱从粉板上抹去时,孔乙己这个卑微的名字便永远从冷漠残酷的社会消失了!

师:还有吗?

生:第十小节,“谁晓得?许是死了”。

师:什么样的情境下有这样的对话的?我们分角色来朗读一下,来体会一下当时他们的心情。

(学生分角色朗读)

师:谁晓得?许是死了。他们用的是什么口气?

生1:漫不经心,掌柜随口问,酒客信嘴答。

生2:一个漫不经心,一个毫不在意。

师:讲得真好!这种刻意为之的"轻描淡写"更加强了悲剧的效果。我们一般在谈论什么东西逝去的时候会用这种口气?

生1:动物。

生2:我们家的宠物死了,我也不会用这种口气。

师:可见孔乙己连动物也不如。从这段文字中我们还读到了什么信息?

生1:丁举人的凶残行径。

生2:但没有人站出来表示一点愤慨和不平。

师:说明了什么?

生:人与人之间冷漠、隔膜、麻木到了触目惊心、令人寒心!

师:有人说:"人没有错,错的是时间。"一个小小的孔乙己,谁会去关心他?一个小小的举人在那时可以草菅人命,而没有一个人去阻止,都只是旁观。或者说在看戏,戏中谁死谁活与我何干?漠视像习惯一般存在,再装着没事人样,然后再看戏。

师:文章最后还写到:"我到现在终于没有见——大约孔乙己的确死了。"孔乙己到底死了没有?请听课文十一至十三小节,请同学们边听边在文章中找依据。

(学生听课文录音边思考)

生1:我认为他死了,因为前文说孔乙己品行好,从不拖欠,但现在——二年过去,还欠十九文钱。

生2:我也认为他死了,因为原先他身材高大,青白脸色,而现在他被打折了腿,黑而且瘦。天气又逐渐转凉。

生3:我认为他没死,他可能到另外的地方去谋生了。

生4:我认为他死了,因为他这么好酒,如果没死,他爬也要爬来喝酒。

师:中国酒的历史比文学的历史更长,曹雪芹,他是"举家食粥酒常赊!"这位同学分析得挺有道理,孔乙己这么好酒,如果还活着,一定会来喝酒的。

生5:我认为他没死,可能这个社会上有好心的收容了他,并给他好酒喝。

(全班大笑)

师:你怀着一个非常美好的愿望。

生6:我认为他已经死了,因为原先别人嘲笑他,他会争辩,而现在是"不十分分辩",说明他心都已经死了。

生7:天气已转凉,且他这时穿着的是"破夹袄",刚才我们说孔乙己是无论如何也不肯脱下那件长衫的，可此时他已脱下，这意味着他生命的终结。

师：你观察得真仔细，让我们一起来看看文中的这一小节，请同学们默读，然后告诉老师，此时如果我们再到咸亨酒店去找那个标志性的孔乙己还能找的到吗？你们还发现了什么？

生：找不到了，孔乙己此时已被迫脱下长衫，换上了短衣帮的“破夹袄”。

师：长衫脱下那他该归属于短衣帮了！

生：这回他终于坐下来“喝酒”了，不过并不是坐在隔壁的雅座里，而是坐在一个蒲包上喝。

师：鲁迅先生让孔乙己的最后一次出场让我们震惊，他先前塑造的那一个高大的孔乙己的形象已倒塌，这是一个人精神的萎缩。鲁迅先生让他最后一次出场也没有归属，他始终是一个处于社会边缘的可怜的读书人。所以著名作家刘再复认为：“孔乙己是贫贱而悲惨的‘多余人’，失去人的尊严与资格、被社会所耻的下层知识分子。”

师：如果说“大约”印证了“可是没有他，别人也便这么过”，说明没有人去关心他，让我们读到了隐含着的社会的冷漠的话。那么我们同学们刚才找出来的种种迹象表明孔乙己的确死了。“的确”表现了孔乙己死亡的必然。让我们彻底地感受到了社会的凄凉。

五、走进鲁迅先生，他是一个遭社会凉薄的苦人。

师：孔乙己的确死了，在一个漆黑的夜晚，当老师再读这篇文章的时候，内心感到无比的痛苦，孔乙己他存在过吗？于是写下了这段文字：

（大屏幕呈现下述文字，教师配乐朗读）

> 春天已经来临了，孔乙己也的确死了，死在那个被冷落的墙角。听说，他死时还不停地唠叨着：“人固有一死。”的确，这一次他真的死了，死在人们的唾弃和冷眼中，死在这个春天已经来临的季节。
>
> 孔乙己被几个收拾垃圾的人草草地葬了。没有墓碑，因为他无名无姓；没有吊客，因为他无亲无故。
>
> 草，已长满了这座荒墓，永远不会有人知道这里面有一个人，他是谁。

师：那个叫孔乙己的人，他死了。是谁杀死了孔乙己？

生1：是科举制度，让他学了一些没用的东西，如茴字有四种写法等，让他无法谋生。

生2：是他自己的性格，他好吃懒做。

生3：是当时的社会，人与人之间的冷漠、麻木。

师：鲁迅先生在《我之节烈观》中写到：中国的看客是无主名无意识的杀人

团。我们来看一下,鲁迅是让孔乙己怎样从人们的视线中逐渐消失的?

生齐读:他从……便又在旁人的说笑声中,坐着用这手慢慢走去了。

师:著名作家余华在《内心之死》中说:"当读到这段文字,有'一种子弹穿过身体的迅疾'的感觉。鲁迅先生省略了孔乙己最初几次来到酒店的描述,当他的腿被打断后,才开始写他到来的方式,这是一个伟大作家的责任。于是我们读到了文学叙述中的绝唱:用手走路的人,一个非人!这幅图景是整篇小说的灵魂,孔乙己留给我们的是用手支撑着身体走出门的背影,背影后是自顾自谈笑着的人们。

(学生思考)

师:孔乙己不幸中的血腥味就在这些看客的冷漠的谈论中消解了,这正是鲁迅最痛心的。

一种全民族的演戏与看戏,是一种极其可怕的消解力量。那么鲁迅为什么要塑造一个处于社会边缘的遭社会凉薄的孔乙己形象呢?

生1:唤醒人们的同情心。

生2:披露这个麻木的社会。

师:社会对于苦人的凉薄,这是在相当长的时间内一直使鲁迅先生感到痛心和愤慨的问题。鲁迅在日本留学的时候,就经常和友人许寿裳一起探索"中国民族中最缺乏的是什么"的问题,他们当时得出的结论是:"我们民族最缺乏的东西是诚和爱"。在鲁迅先生看来,这种爱的缺乏,往往表现为一般群众精神的麻木,从而对不幸者采取冷漠的旁观的态度。《孔乙己》完成了他的揭露并批判一般社会对于苦人的凉薄的写作意图:

(大屏幕呈现下述文字,学生齐读):

> 凡是愚弱的国民,即使体格如何健全,如何茁壮,也只能做毫无意义的示众的材料和看客,病死多少是不必以为不幸的。所以我们的第一要著,是在改变他们的精神。——鲁迅《〈呐喊〉自序》

师:所以我们可以想象,当这件又脏又破的长衫在鲁迅先生眼前飘动时,他的心情又是怎样的。好,今天这堂课我们就上到这里,同学们再见!

(《回字歌》的歌声缓缓响起,大屏幕播放视频。)

> 每一个民族都有自己的一些大师级的思想家、文学家,他们的思想与文学具有一种原创性,后人可以不断地向其反归、回省,不断地得到新的启示,激发出新的思考与创造。鲁迅正是这样的一位具有原创性的现代思想家和文学家。——钱理群

(二)发问、候答、叫答、理答的艺术

教师提问技能在课堂中的运用的基本模块和流程一般是:发问—答问—应

对与理答—后续提问。这种“提问—答问”行为是一种互动性行为,在教师问答行为中间有学生行为介入,因而它是间断的系列行为,我们可以把它称作是“问答行为链”。问答行为除最初的发问行为外,行为链的后半部分很大程度上受学生当时回答情况的制约,所以运用问答行为策略比讲述行为策略要难。

首先,关于发问,教师必须要考虑到问题的难度和学生认知水平的关系。一般而言,对低年级的学生来说,低难度问题较有效,对高年级学生而言,高认知水平问题更有效。而问题的清晰程度也往往会影响学生能否回答问题及其回答所能达到的水平。

其次,教师发问后,需要给学生提供一定时间的思考机会和创造有利于学生思考问题的宽松的课堂气氛。

再次,教师发问后叫答方式与叫答范围也值得讲究。比如,按一定形式,如座次、学号顺序等,依次请学生回答的、学生可预见的规则叫答方式要比教师的随机叫答方式教学效果好。因为这样既可减轻学生的焦虑水平,有利于集中注意,而且可以扩大叫答范围,而随机叫答多倾向于让好学生回答,这对能力较差学生来说是不公平的。有关研究显示,叫答范围越广,教学效果也越好。

最后,教师的理答行为对提问教学行为的教学效果起关键作用,善于运用问答式的教师懂得充分利用学生的回答继续下一步教学,比如,认可学生的观点,对他进一步修改、比较或概括等。这种接受学生观点的理答行为不仅有利于提高学生成绩,而且学生对教师也会有更积极的态度。虽然教师的理答行为中无法避免对学生的错误回答进行批评和纠正,但是教师在纠正学生的观点时必须要注意说话的技巧,不可伤害学生的学习积极性。在学生回答不正确或不确切的情况下教师常常需要运用转问和探问的提问方式。所谓转问是就同一问题向另一同学发问,所谓探问是对同一学生继续发问。如果学生回答不正确,教师应对原问题重新措辞后提出一个与原问题相关的问题,或者将原问题分解,简化为几个小问题逐一发问,或者提供回答线索,或者问一个与原问题相关的新问题。如果学生回答正确,教师也可再提一个问题,就正确答案进行追问。优秀的教师是很善于运用追问的艺术的。教师在理答的最后阶段,往往需要对学生的回答重新组织概括,给学生一个明确、清晰、完整的答案。

下面我们阅读一篇曾获得全国中学语文教师教学艺术大赛一等奖的课堂教学实录,请着重关注于海雁老师发问、候答、叫答、理答的艺术。

【例 4-9】 于海雁《〈金岳霖先生〉课堂教学实录》(片断)

师:金岳霖先生是我国著名的逻辑学家和哲学家,可有人却说这位逻辑学家“行事不合逻辑”,你认同这种评价吗?请结合课文内容,谈谈你的看法。(2分钟阅读后,随机选出一列学生,按座位顺序发表看法)

生1:我觉得他应该是符合逻辑的。作为一个逻辑学家,他的学识很丰富,可能在一些平常人看来,他的行为是不符合逻辑的,但是一个有思想的人,是有自己的一套理念的,他就没有一般逻辑学家的那种古板、那种严肃,而是用他的一种比较和蔼可亲的气度行为来宣传他的教育、他的理念。

师:这位同学说得非常棒,一个逻辑学家应该有自己的"理念",问题是,这种理念是什么呢?体现在哪里呢?

生2:在上课的时候,他很幽默,而且亲切可爱,他作为一个逻辑学家行为是符合逻辑的。

师:作为一位教师,他在教学上是很有特色的,幽默和蔼,是一个好老师。

生3:课文的第九段,他讲课的题目是小说和哲学,应该把小说和哲学串联起来,向同学们阐述出来,但是最后却得出了"小说和哲学没有关系"的结论。这是不符合逻辑。

生3:还有第十段,"他养了一只很大的斗鸡——比输了就把石榴和梨送给他的小朋友,他再去买"。我觉得他作为一个成功的哲学家,一个伟大的逻辑学家,他不应该降低他的身份去和小朋友一起玩,然后养斗鸡。我觉得这里也是不合逻辑的地方。

师:很特别,那么一个"养斗鸡,喜欢和斗鸡一起吃饭"的人,你觉得他是一个什么样的人?

生3:是那种生活上很孤独,没有依靠的那种人。

师:这位同学看到了和别人不一样的东西,你认同他的观点吗?

生4:我认同他的观点。因为作为一个教育学家,相当于一个比较有身份的人,他和一些小朋友去打赌,我觉得这对于一个比较有学问的人来说是一件很不合逻辑的事情。

生5:我不认同他们的观点。我认为金先生在教学上的行为应该是比较合逻辑的。第三段,你看他上课的时候,教室里坐得满满的,我想他的逻辑学一定教得比较生动,讲得蛮好的。另外,从他的专业看,因为逻辑学一般人都学得比较少,而金先生与别人有着不同的见解。

师:这种不同的见解,表现在哪里?

生5:第六段,逻辑是比较枯燥的,可金先生却觉得他很好玩。我想他对逻辑学应该是比较感兴趣的,而且也认识得比较深刻。

师:金先生是选了他真正喜欢的专业去学习了。古人有云:"知之者不如好之者。好之者不如乐之者。"这其实是一种更深的逻辑。

生6:我认为他的行为是符合逻辑的。他的有些行为不符合常人所谓的逻辑,比如:和小孩一起玩,和鸡一起抢饭吃,全不符合一般人眼中的逻辑,但是却符合他个人人生的逻辑。

师：为什么？

生 6：因为这是哲学家的人生兴趣。

师：说得好，这是他人生中的兴趣，是他生活中的兴趣。（板书：生活）

师：大家有没有发现生 3、生 4 和生 5、生 6 的观点已经形成了一个交锋。生 3 认为金岳霖很孤独，所以会和斗鸡一起吃饭，而生 6 又说这符合金先生自己的人生逻辑，你们赞同谁的观点呢？

生 7：我认为金先生不符合逻辑。毛主席让金先生接触社会，而他却和骑平板三轮车的约好，每天坐在车上转一转，对于一般的大哲学家和大逻辑学家来说，他们一般都不愿放下自己的身份来做这些事情。

师：所以你认为这也不符合一般世俗人的生活逻辑。刚才我看到这位女同学笑得非常开心，能谈一下你的观点吗？

生 8：我认为他是符合逻辑的。他乐意学逻辑学，他肯定理解得比一般人透彻深刻，就像刚才说的，他有一套自己的理念，而且不管是他的教学还是他的生活都表现出和常人的不同，就是说他按照自己的理念生活，所以他的喜怒跟一般人不同，在一般人看来不能理解，但是从他本身来看，从他是一个逻辑学家来说，是符合他自己的逻辑的。

师：从这位同学的回答中，我们感受到的是一种坚持，金先生坚持了自己的做人的原则，自己的治学的原则。你觉得，金先生应不应该在讲了一大堆话之后，得出一个“小说和哲学没关系”的结论？

生 8：在一般人看来，他不能这样。因为沈从文先生叫他去就是想叫他向一些同学讲一些东西，想让学生多理解点东西，但他得出的结论却是“小说和哲学没有关系”，这跟沈从文先生叫他去原意是相反的。

师：但是这恰好体现了一个大学问家什么样的特点呢？

生 8：率性而行、独特。

师：率性而行。独特、坚持自己。我想科学的尊严不在于人云亦云，应该在于每一个专家每一个学者都表达了自己最真实的看法，只有每个人都说真话，我们才更有可能走向真理、走向真实。现在请大家根据刚才的讨论，补充这个句子：

（出示 PPT）：金先生是一位________________

生 9：金先生是一位一肚子学问、为人天真、热爱生活的大哲学家。

师：很好，能马上从课文中筛选重要的信息。我们再回到生 3 的问题，他觉得金先生很孤独，我有一个故事与大家共享：一位年轻人被老虎追着跳下了悬崖，他抓住了悬崖的枯藤，但是往下爬的时候，却发现下面还有一只老虎在等他。偏偏这时一只老鼠又开始咬他手中枯藤的根部，怎么办呢？（等待）这位年轻人把他的目光投向了他身旁的草莓，摘下来放入口中，说道：真甜啊！

老师觉得，每个人都会面对人生的困境，也都可以选择一种面对生活的态度，刚才很多同学都觉得金先生不合逻辑，甚至与一般人很不同，但是恰恰像有些同学说得那样，他用他自己的率性天真，用他自己独特的生活方式去面对了他的人生，他是一个带着自由的灵魂去拥抱生活的人。就像这位同学刚才说的那样他是一位“一肚子学问、为人天真、热爱生活的大哲学家”，在他种种不合逻辑的行为当中，我们看到的却是一位大哲学家独特的“哲学人生”。

……

(三)主问题的设计

所谓“主问题”，是相对于课堂教学中那些零碎的、肤浅的、学生活动时间短暂的应答式提问而言的，是能够对教学内容“牵一发而动全身”的“提问”、“问题”或“话题”。“是阅读教学中能从整体的教学内容的角度或者学生整体参与的角度引发思考、讨论、理解、品味、探究、创编、欣赏活动的重要的提问或问题。”著名特级教师余映潮老师还认为，“如果我们从学生活动的角度看，‘主问题’在教学中表现出这样一些明显特点：第一，在课文理解方面具有吸引学生进行深入品读的牵引力；第二，在过程方面具有形成一个持续较长时间教学板块的支撑力；第三，在课堂活动方面具有让师生共同参与、广泛交流的凝聚力；第四，在教学节奏方面具有让学生安静下来思考问题、形成动静有致课堂教学氛围的调节力。”

下面这个教学实例中在主问题的设计上值得我们借鉴。

【例 4-10】　劳新华《〈范进中举〉课堂实录》(片断)：

师：范进中举后，为官了。他会是一个怎样的官吏？A. 一心为民、清正廉洁的好官。B. 浑浑噩噩、政绩平平的庸官。C. 同流合污、蝇营狗苟的赃官。

生 1：好官。因为他考入举人做官何等的艰辛，以后做官肯定想到以前的艰难，会为百姓谋福利，应该是好官。

师：你以己度人，觉得不容易得到的东西必定珍惜，所以你认为他要做好官。但我们刚才聊胡屠户，是通过他言行的细节描写、前后变化来分析的。那我们对于范进的推测是否也应该建立在有关他的细节描写、前后变化的基础上呢？现在，尝试找关于他的细节，关于他的前后变化，进而分析范进这个人。可在书上圈点勾画，加上你的评注。

生 2：第一段中，说他是“滥忠厚”，所以他不可能是贪官。而文末他收到银子就给了胡屠户，也说明他不怎么贪财。

生 3：我不同意。我觉得他可是一个赃官。不管怎样处理钱，开始的时候他已经收下了钱，这就说明他具有赃官的潜质。而且有胡屠户这样的“好岳父”

在，他一定会成为一个贪官。

生4：我不同意他刚才讲的。因为胡屠户仅仅是岳父，不能控制范进的所有。真正的原因应该在范进身上找。而能否做坏事的关键在于有没有胆子。范进开始畏畏缩缩，其他人不管怎么对他都逆来顺受，这决定了他今后胆量不够的。所以只能做庸官而已。

生5：是的。尽管屠户对他不好，但他还是把钱分给了岳父，这说明还是很讲感情的。但能力恐怕不足。所以估计也就是一个庸官而已，不会是贪官的。而且第八段讲到他疯时，满脸污垢的样子，说明他遇到大事就很难镇定处理。恐怕以后也不能很好地处理为官之事。

生6：我仍然觉得他会是一个贪官。他性格决定了开始为官必为庸官。同学刚才说了，不多说了。再从最后一段来看，他还没有当官就开始坦然地接受别人的银子了。那以后真的为官了，不是更容易收银子吗？

师：同学意见不太一致，但似乎好几次提到了第十一段的内容。我们一起来看。……“无缘”相见，真的是“无缘”吗？

生：两人不是无缘，而是张乡绅无心。只有地位提高后的范进才能进入张乡绅的视野。

师：说得好！此后的言语更是如此：“适才看见题名录，贵房师高要县汤公，就是先祖的门生，我和你是亲切的世弟兄。”一个七绕八拐的关系，就让两个人变成了“亲切”的世弟兄。对于人家如此的说法，范进怎么回答？

生：回答得非常自然：晚生侥幸，实是有愧。却幸得出老先生门下，可为欣喜。

师：是呀，回答得非常巧妙，很会作答。可是回想前文，胡屠户跟范进说话时，他怎么就只会诺诺连声呢？

生：因为范进明白如何回答官场上的问话。他读书这么多年，其他都没学会，文绉绉的酸词语倒会用了。

师：说得好。再看后文，“这华居其实住不得，将来当事拜往，俱不甚便。弟有空房一所，就在东门大街上，三进三间，虽不轩敞，也还干净，就送与世先生；搬到那里去住，早晚也好请教些。”这里的“华居”指什么？

生：范进家的破房子。

师：看看，范进能与之对话的，就是那些能把破房子叫成“华居”的人。后面还有一个“请教”，这里的“请教”是请教些什么？

生1：感觉不是学问，但说不清楚。

生2：是请教当官后的范进。其实就是有事情的时候要请你帮忙。

师：好一个“请教”！范进这时倒是非常像好官——再三推辞。可张乡绅急了。他为什么急?

生:范进不收礼物。

师:不收礼物为什么他会着急? 自己用不是更好?

生 1:因为送礼是有目的的。

生 2:对,他现在送礼是为了以后范进能帮自己。

师:是呀,俗话说,拿人的手短,吃人的嘴短。现在收了礼物,将来你范进就得帮我了不是?

生 3:嗯。小投资,大回报。将来可以有更多的收获。

师:急了,于是这样说:"你我年谊世好,就如至亲骨肉一般;若要如此,就是见外了。"何谓"至亲骨肉"? 这是他们第一次见面。两个人从见第一面到"至亲骨肉"用了大约多少时间?

生:陌生人到亲兄弟大约也就用了不到 10 分钟。

师:是的。都亲兄弟了,还能不收吗? 于是,范进就"作揖,谢了",礼物也就统统收了。这里可以看出范进是个怎样的人?

生 1:虚伪。面对第一次见的人,人家说"至亲骨肉",范进也没说什么,就算是默认了,这绝对很虚伪。

生 2:挺令人感到恶心的人。范进肯定很早就想要结识张乡绅了,只是没办法见到而已。他语言上这么快能和张乡绅投机,也只能说明他很早就梦想有这么一天了。几十年读书恐怕也就是为了能这样的对话。所以觉得令人感到恶心。

生 3:他和张乡绅是相互利用的关系。我们知道在官场打拼首先是需要混熟眼的。张乡绅是一个有经验的老头,也有钱。如果范进想继续爬上去,就必须依靠张乡绅搭桥。而且,范进也需要他以往为官的经验、为官的人脉。而张乡绅也需要范进,因为他退下来了,而范进是未来会做官的,他想要保住自己的那份家产和地位就必须有一个靠山能帮他说话。

师:一语中的。我们再看两个人的经历:张乡绅是举人出身,做过一任知县;范进现在也是举人出身,将来也要做官。

生:张乡绅的现在就是范进的未来!

师:上面的细节的确能体现范进未来将成为一个怎样的官。咱们再找找还有哪些地方能看出范进未来将是个怎样的官。

生 1:很多地方显示他做事情不够利索,将来可能是庸官。比如卖鸡、别人告诉他中举还不信,慢慢管自己卖等事情。

生 2:收钱的地方体现了他超强的"脏"。表面上开始不肯拿,后来才拿,好像很好。但事实上,开始仅仅是表面上的推辞,表面功夫。而且如果一开始就收,感觉欠的人情比较大,到后面才收,那可以说是你一定要我收的,我是没有办法才如此的。欠的似乎就没有那么多了。整体感觉有点像“伪君子”。

师：是呀。拿得如此舒畅。不过，请注意，拿钱发生在什么时候？前面他刚经历了人生的一场大变化——疯了。一个巴掌刚“亲切”完，打醒后就如此舒畅的拿钱，有天分呀……

生3：刚被巴掌打醒的范进，坦然接受邻居给他穿鞋。刚中举就有了老爷的派头。而且后面还有胡屠户在后面给他扯衣服的事情。扯了几十回！

师：这个问题就是刚才那位同学在课前提到的。

生3：是的。你想，有人给你扯衣服，一两次很正常的。但是，他坦然地接受岳父在后面几十回的扯，恐怕就只能说明他的傲气。当官的架势立马显现出来。但虽然挺看他不爽的，可又有几个官不是这样的呢？

师：中举后的那份得意，那份傲气尽在这一“扯”之间。是呀，“我，中举了！”像这样的细节在文中还有很多。有人说范进这样的言行很可笑，那这又是什么原因产生的？有人说是科举制度，有人说是范进个人的生活环境，也有人说是他生存着的整个社会氛围。回去思考一下，下次我们再聊。后来范进到底怎样呢？

生：且听下回分解。

师：没有下回了。自己去看《儒林外史》吧。

（四）利用学生的阅读期待设计课堂提问

大多数课堂里的问题都来自于教材编者和教师，是教学者在他的教学活动开展之前预设的。教学者预设问题往往是根据经验，根据自己切身体会来推断学生可能出现的情况。有些问题也确实很有针对性，能体现绝大部分学生的愿望和意志，是大家都想解决的难题。但就凭着教师的想当然来设计问题是很有可能出现许多“伪问题”的。那么“真问题”从哪里来呢？首先让学生通过预习、自学，主动发现并认真提出问题，然后教师筛选利用学生的问题确定教学内容和教学环节。这样不仅尊重了学生的学习主体地位，使课堂教学真正走进学生的心理，而且使语文课堂教学的高效率有可能得到实现。因为教师可以通过预习作业了解到学生对文本理解的深浅度，了解不同层次的学生对文本理解的差异，从而有针对性地确立教学目标，设计教学梯度。学生自学时弄明白了的，课堂里就不再浪费时间；学生不易懂而又应该弄明白的，才是教学的重点和难点。学生自学时的阅读感受成为课堂教学的重要资源。于是深入探究的是学生的真问题，课堂里也就真正具有思维的质量和思维的增量，教师确确实实地引导着学生从已知领域走向未知领域。

下面的教学实录就是一个典型的例子。

【例4-11】 李明《〈庄子与惠子游于濠梁〉课堂实录》片断

师：今天我们来讲《庄子与惠子游于濠梁》。这篇作品选在哪里？

生:《庄子·秋水》。

师:秋水,很美的一个名字,富有诗意。在秋水篇里,庄子从秋水写起,写到大海,写到自然,写到人与自然的关系,所以这本书里,庄子主要阐述了自己如何看待人与自然的关系的观点。而且短短的文字,流传千年,今天仍在吸引着华夏子孙的我们,它的魅力究竟何在?今天就让我们来到千年前的濠水之滨,去看一场智慧的争论。首先请大家大声自由地朗读课文,口译全文,并且对自己不理解的地方提出问题,可以是课文内容的,也可以是释义不通的,也可以是写作手法或写作意图的。

(学生大声朗读课文后提问,教师将学生的问题板书)

生:"我知之濠上也"的意思是什么?

生:为什么这篇文章运用对话的方式来写。

生:文章中"全"字什么意思?

生:庄子的写作意图到底是什么?

生:庄子只认为"鱼"很快乐,为什么不认为"鸟"很快乐,或别的什么动物?

生:"请寻其本"是什么意思?

生:既已知吾知之而问我,"既"是什么意思?

师:有人知道"既"的意思吗?

生:"既"是已经的意思。

生:作品中有这么多的语气词,那如果我在"安知鱼之乐"后加"乎"可以吗?

生:本文中运用了反问句、对话形式的作用。

师:同学们一下子提出了八个问题,这些问题非常有价值,大多都直接指向了作品的内涵与中心。很高兴今天能和大家就这八个问题一起来交流。

师:首先我们先来看看关于词语释义的问题。"子之不知鱼之乐全矣",这个"全"字什么意思?有人知道吗?

生:加强语气的作用。

师:加强什么语气?

生:加强了惠子认为庄子不会了解这个事的肯定语气。

师:这同学很厉害,加强了肯定的语气,肯定了你庄子是不知道的。(教师板书:肯定语气)

师:我不禁想问了,惠子凭什么就这么肯定地得出这个结论的?作品中是怎么说的?

生:惠子说"子非鱼安知鱼之乐",也就是说惠子是推断出来的。

生:惠子说"我非子,固不知子矣"也就是说我不是你,所以我不了解你,惠子以此类推,说庄子不是鱼,那自然也就不知道鱼了。

师:哦,他是通过类推得出来的。所以惠子的思想有何鲜明的特点?

生:他的思维逻辑很严密。

师:惠子是用逻辑推理来认识世界的。所以英国的著名汉学家李约瑟提到惠子时说“倘若环境条件有利于惠子学说生长的话,中国科学无需通过亚里士多德的逻辑学,即可发展。”我们通过一个“全”字这个语气词,认识到了惠子的思想,所以文言文中的语气词虽然不一定表意,但却传达出情感,我们在阅读文言文时,要注意品评这些虚词。

五、提问教学设计的要求

1. 目的明确

课堂提问必须以教学目的为指南。每一次提问都必须以落实教学目标,完成教学任务为宗旨。

2. 启迪思维

提问设计要注意创设情境,多编拟能抓住教学内容的内在矛盾及其变化发展的思考题,为学生提供思考机会,并能在提问中培养学生独立思考的能力。还要适当设计一些多思维指向、多思维途径、多思维结果的问题,培养学生的创造性思维能力。

3. 系统性

系统性是指课堂上的问题不是各个孤立的,彼此之间应显示一定的难易深浅的梯度和内在联系,具有连贯性。提问教学要紧扣教材内容,围绕教学目标,将问题集中在那些牵一发而动全身的关键点上,以利于突出重点、攻克难点。同时,组织一连串问题,构成一个指向明确、思路清晰、具有内在逻辑的“问题链”。这种提问往往是上下相连、环环相扣,前一个问题是解决后一个问题的基础,两个或几个问题在知识、情感、思维上是层进的。这种由简到繁、由易到难、由表及里、由浅入深、层层深入、环环紧扣的“问题链”不仅体现教师教学的思路,打通学生学习的思路,而且能很自然地把课堂中的各个教学环节缝合起来,使课堂教学进程形成层层深入的意义流,课堂教学就成为一个有机的整体。

4. 难易适中

提问设计的难易要适度,要依据学生的学习经验、文化素质、智力发展水平等来确定问题的难易程度。设计的问题不能过小、过浅、过易,比如极简单的是不是、对不对之类的选择问题,以及没有思考价值极肤浅的填空问题等。也要避免问题设计过大、过深、过难的倾向。一般而言,提问难度应切合学生跳一跳摘桃子的原则,控制在多数学生通过努力都能解答的范围。

5. 面向全体

学生的基础是有差异的,脑子反应也有快有慢,学生的表现也有可能是参差不齐的。课堂提问要面向全体，就要注意在问题的难易程度上做文章。利用问题的系统性，由简到繁，由易到难，设计阶梯式的问题，促进不同层次的学生积极思考。既要保证困难的学生也能积极参与并逐步拥有挑战困难的勇气和能力，又要让学习优秀者有充分展示自己思维过程的机会。还可以通过变换提问的方式，比如教师提问，学生可举手回答、教师可指答、学生可齐答、可轮流答、重复答、跳答等多种多样的训练方式，从而让全体学生的脑子转起来、动起来，人人有思考的机会，个个有答问的条件，从而让不同层次的学生都能够在提问教学中能力得到锻炼，思维得到发展。

6. 表述清楚

问题设计的语言要准确、明白、简洁，问题的表述要适合全体学生的心理发展水平和知识能力水平，使他们能较快地做出反应。

7. 激发兴趣

教师的提问要触及学生的心理，使学生产生疑虑之情、困惑之感，从而激起感情上的波澜，产生较强的学习兴趣。

六、提问技能评价

运用表 4-1 评价提问的教学效果。

表 4-1　提问技能评价表

课题：　　　　　　　　　　　讲课教师：　　　　　　　评价者：

评价项目	评价等级				权　重
	优	良	中	差	
1. 提问的目的明确，问题的内容与难度符合教学目标和学生的认知水平。					0.2
2. 能运用不同水平的问题启发学生思考，并保证富有思维含量的高认知水平问题的适当比例以促成学生探究发现。					0.2
3. 提问有层次，有逻辑性，循序渐进，有利于学生发展思维。					0.15
4. 问题表达准确、清晰，问题呈现的时机、密度恰当，停顿处理得当，有利于促进学生思考。					0.15
5. 提问面向全体学生，并通过问答得到反馈信息及时调整教学，促进师生、生生交流，使不同水平的学生能参与教学。					0.15
6. 耐心倾听学生的回答并作出适时、恰当的反应，善于应变及引导，对答案能分析评价，强化学习。					0.15
补充意见：					

【微格训练】

一、仔细阅读上文“提问技能的灵活运用”中的四个课例，特别关注其中的提问教学，分别分析其优缺点。

二、从现行语文教材中选择一篇课文，进行提问设计，然后在微格教室中进行提问练习，分析其中的效果。

1.选择语文教材中的一篇小说，为课堂教学设计3～5个主要问题，并为每个主要问题设计几个引导学生展开学习的次要问题。

2.选择语文教材中的一篇散文，为课堂教学设计3～5个主要问题，并为每个主要问题设计几个引导学生展开学习的次要问题。

3.选择语文教材中的一篇说明文，为课堂教学设计3～5个主要问题，并为每个主要问题设计几个引导学生展开学习的次要问题。

4.选择语文教材中的一篇议论文，为课堂教学设计3～5个主要问题，并为每个主要问题设计几个引导学生展开学习的次要问题。

第五章　组织活动技能

一、组织活动技能简介

组织活动，是指教师在课堂教学中精心设计具有教育性、探索性、创造性的以学生自主活动为主的学习活动方式，在这自主的学习活动中，学生主动参与、主动实践、主动思考、主动探索、主动创造，从而实现认知、情感、个性等全面和谐主动发展。当今课堂教学改革的一大趋势就是改变以教师讲授、学生倾听和记忆为主的教学方式，创设丰富多彩的学习活动，让学生在活动中与老师和同学交流，与学习环境、学习材料相互作用，在活动中实现学习和发展。

课堂教学组织活动的作用主要体现在以下几方面：

第一，促进学生学习主动性。学生由于拥有了学习的主动权和充分的自由，在学习活动中表现出浓厚的学习兴趣和强烈的学习热情，他们有意识地积极主动地参与学习活动，具有强烈的主人翁精神，不是教师的传声筒或教师意旨的执行者，真正实现了从“要我学”到“我要学”转变。

第二，锻炼了协作能力。开展活动需要小组分工协作，共同计划、实施、评估活动过程，只有小组各成员较好地互相配合、互相协作，才可能确保活动获得成功。

第三，促进竞争意识。现代社会是竞争的社会，语文教学应培养学生良性竞争意识。课堂教学中的活动，一般都是小组内需要合作，小组与小组之间则形成学习的竞争，这种竞争是小集体的竞争，有利于培养学生良好的竞争精神。

第四，培养创造能力。课堂教学中的学生学习活动虽然是在教师指导下开展的，但活动的主体是学生，从活动的策划到活动的开展，再到活动的评议，都充分发挥学生的能动性。学生在活动过程中能动脑思考，动手操作，亲身体验和探索。这样，学习活动真正成为培育学生实践能力和创造能力的良好环境。

二、组织活动技能的理论视野

(一)活动理论

活动理论最早源于前苏联心理学的文化历史学派。1922年鲁宾斯坦在《创造性自主活动的原则》一文中,首次将属于哲学范畴的"活动"概念引入心理学,指出"活动"不仅仅是外显的行为,实际上它与意识有着必然的联系。之后,维果斯基、列昂节夫等人对此展开了研究,并在心理学相关学科的应用方面获得很大成功。1975年,列昂节夫的《活动·意识·个性》一书的出版,标志着活动理论完整框架的形成。

所谓活动,是指主体与客观世界的交互作用的过程,活动具有自己独特的结构、自己的内部转变和转化,并且还有自己的发展系统。首先,活动包括两个基本的过程:一是主体对环境的作用,二是环境对主体的反作用。主体在与环境的相互作用中,既认识和改造着环境,又认识和改造着自身。主体要与客体发生作用,必须通过一定的中介。这个中介就是活动。其次,活动是一个由多种要素构成的、具有多重转换关系的层级性系统。在这些构成因素中,主体、客体和目的是活动的三个基本要素。活动由行为构成,行为由具体操作实现。需要、动机与活动相关,目的与行为相关,而条件与实际操作相关。活动系统中包含着多重关系:一是主体与客体关系,二是主体与其他主体关系,三是主体与自身的关系。活动系统中包含多种单向作用以及双向转换的过程。单向作用过程包括外部活动与内部活动。双向转换过程包括外部活动的内化与内部活动的外化,活动与行为的相互转化,行为与操作的相互转化,需要、动机、目的、条件之间的相互转化以及感性认识与理性认识的相互转化等过程。活动的多种要素、多重关系和多种过程,决定了活动的多种功能。①

活动理论对学习有着独到的解释,认为学习是一种有目的、积极建构的、认知性的、社会性的实践活动,意义的形成是参与一项活动的人们之间进行社会协商的过程,个体的知识建构过程是和社会共享的理解过程不可分离的。可见,活动在学习中具有重要的意义,活动是认识发生发展的内在机制,是意识、个性形成的真正基础,人是通过活动与周围环境发生联系,不断接受社会环境影响,积累经验,内化人类文化成果的结果,实现着由"自然人"到"社会人"的转变。

活动理论给教育的启迪是,学校教育要创设丰富多彩、形式多样的活动,为学生提供适合个性发展的条件,帮助学生挖掘潜力,引导学生在学习交往活动

---

① 李松林、李文林.教学活动理论的系统考察与方法论反思.外国中小学教育,2008(1):10-15.

中分享理解和知识，合作建构意义，即一方面是把自己的知识给同学们分享，另一方面在同学和老师的接受、赏识、补充、评议中获得进步，从而促使学生的智能和个性得到和谐全面的发展。

(二)发现学习理论

发现学习是指让学习者自己去发现教材的结构、结论和规律的学习。这种学习方法要求学生像科学家那样去思考、探索未知，最终达到对所学知识的理解和掌握。发现学习的思想发展经历了很长的历史，最早可以追溯到古希腊的苏格拉底(Socrates)所提倡的“产婆术”，这是一种归谬式的发现学习。18世纪法国大革命的思想先驱、启蒙运动的卓越代表让·雅各·卢梭(Jean-Jacques Rousseau)提出顺应儿童的本性和通过自由探索身边环境来促进学习，这是一种经验式发现学习。19世纪的美国著名教育家约翰·杜威(John Dewey)倡导并亲自试验“做中学”，认为学校教育应该从活动出发，经由问题探究，达到综合的学科知识，这是一种活动式发现学习。20世纪中期，美国著名的心理学家杰罗姆·布鲁纳(Jerome Bruner)则对发现学习从理论上进行详细研究和周密论证，使之在实际教学中得到广泛运用，从而成为当时最有影响力的教育思想之一。

布鲁纳通过大量研究发现，发现学习法可以使学生扎实、牢固地掌握所学的知识，可以减少学生对教师和教材的依赖性，激发学生的学习兴趣，提高学生学习的主动性，培养学生的好奇心，从而发展学生的推理能力、观察能力和独创能力。发现学习具有如下特征：①强调学习的过程，在教学中学生是一个积极的探索者，而不是一个消极的被动的接受者。②强调直觉思维，直觉思维在科学发现中极为重要。③强调内在动机，把外部动机转化为内部动机，激发学生的好奇心，这是促进学习的真正动力。④强调信息的提取，记忆的首要问题不是储存，而是提取。布鲁纳还提出了运用发现学习法进行教学的一般程序：①提出问题，由教师根据教学需要和学生想看、想知道、想做的心理状态提出学生感兴趣的问题，或把学生置于一定情境中使他们产生问题。②分析问题，教师帮助学生把问题分解成若干需要回答的疑点，激起学生的探究要求，明确发现的目标。③设立假说，根据所要发现的目标，通过教师的指导和学生之间的讨论，将所得的知识从各种不同的角度加以改组、组合，提出解决问题的各种可能假说或答案。④上升到概念，假设成立后，教师要协助学生收集、整理有助于得出结论的资料，并根据学习活动中的发现得出结论，使假说上升到概念或原理。⑤验证结论，对假设和答案从理论上和实践上加以检验、补充甚至修改，最后解决问题。①

发现学习从学生感兴趣的问题出发，引导学生自主探索问题，通过探索发现学习规律，并体验到发现的快乐。它能有效地激发学生内在的学习动机，增强学习的兴趣和自信心，充分发挥学生的积极主动的探索精神，有利于培养学生的创造能力和良好的人格。这符合学校教育的一般规律和本质特征，对我国目前的教育教学改革具有深远的启迪意义。我们可以借鉴发现学习的理论，改变传统课堂教学过分倚重演绎式讲授的方式，适当组织学生开展发现式学习活动，引导学生像数学家那样思考数学，像历史学家那样思考史学，亲自去发现结论和规律，从而发展学生的推理能力、观察能力和独创能力。

三、组织活动的类型与实施策略

在语文课堂教学中可以组织学生开展的活动种类多样，形式丰富，最典型的主要有课堂讨论、课堂辩论、角色模拟、合作探究等。下面我们具体介绍各种类型的活动特点及其组织实施的策略等。

(一)组织课堂讨论

1.课堂讨论的含义

课堂讨论是指教师根据教学的内容和学生的学习实际，适时地把学生认识不清、理解不深，但又是他们经过相互交流、互教互学能够解决的学习问题，组织全班或分小组进行讨论，然后获得共识的一种学习方式。它是一种建立在教学对话的基础上，并扩大了教学对话范围的教学方法，是教师与学生、学生与学生之间共同讨论、探究与解决问题，学生由此获得技能、发展能力与人格的教学方法。

2.课堂讨论的作用

讨论已逐渐成了课堂教学过程中一个必不可少的环节。人们发现通过讨论能激发学生的学习动机、自主意识，也能加强学生之间的竞争与合作，是进行素质教育的一个很好的途径。因此，现代教育模式都把讨论置于重要的地位，如上海育才中学的“八字教学法”中的“议议”，钱梦龙“导读基本式”中的“教读”，黎世法“六课型”中的“启发”，魏书生“六步法”中的“讨论”，都包含了课堂讨论这一共同的成分。课堂讨论的作用主要表现在以下几个方面。

(1)课堂讨论可以互通信息，分享思想

《学记》中早就指出：“独学而无友，则孤陋而寡闻。盖须切磋，相起明也。”独学的收获是有限的，而每个人思考的角度不同，理解的水平不一致，通过讨论

---

① 冯忠良、伍新春.教育心理学.北京：人民教育出版社，2000：135.

切磋，可以互相交流、补益，让每一个人获得更多的知识，促进对知识的更加全面、更加深入的理解。著名诗人萧伯纳曾用一个形象的比喻来说明讨论学习的好处："倘若你有一个苹果，我也有一个苹果，而我们彼此交换这些苹果，那么，你和我仍然是各有一个苹果。但是，倘若你有一种思想，我也有一种思想，而我们彼此交换这些思想，那么，我们每一个人将各有两种思想，甚至多于两种思想。"许多科学家的事例也引证了讨论切磋可以丰富人的思想，激发人的创造性思维。爱因斯坦曾经和几个好友经常在小咖啡馆里讨论自然科学和哲学问题，并从中获得启发，创立了狭义相对论。学生在学习中难免会遇到自己解决不了的问题，能够有人与自己交流、讨论，从而受人启发，调整自己的思路，使自己的问题得以解决，或是学到了他人的好的学习经验、学习方法，使自己的学习进步起来。因此，在教学上应当充分重视这种讨论学习的方式。

(2)课堂讨论还可以取长补短，互相促进

讨论是学生理解概念、规则、原理并内化到自己知识结构中的有效手段。学生在讨论中获得的知识比从老师讲解获得的知识更生动、更有效。每个人各有所长，也有所短，讨论交流时能者为师，扬长避短，长善救失，共同提高。几个同学在一起讨论学习，形成一个互助互学的集体，彼此提问，共同解答问题。一方面可以互相启发，互学互教，扩大见识，加深理解；另一方面，可以培养学生理解他人，共同合作的精神。

(3)课堂讨论可以提高学生的言语交际能力

在课堂教学中尽可能多地安排学生有更多的机会同教师和同学进行自由的讨论，在讨论过程中，学生要想使自己的观点得到别人的认可，就必须进行缜密的思考。并要考虑把思考的结果用恰当的文字、别人可以接受的语气表达出来。这有利于培养学生的口头表达及恰当处理人际关系的能力，而个人交际能力的提高会导致人们更多地投入和参与各种社会活动。

(4)课堂讨论还有利于启迪思维，培养创造能力

讨论是培养学生思维能力的有效手段。青少年学生正处于形成良好思想方式和习惯的阶段，讨论交流、互助互学有助于打破自己不良的思维定势。在讨论中，学生个体首先要独立思考问题的成因及解决问题的可能方法，然后在与其他个体和群体交流的过程中不断地汲取别人智慧的养分来补充、修正自己对问题的认识及解决问题的策略，这就自觉不自觉地培养了学生的思维能力。讨论还是培养学生创造力和实际解决问题能力的有效手段。学生喜欢探讨隐藏在事物现象后面的本质的特征，喜欢对别人的意见提出质疑和争论，喜欢独立思考，独立地发表见解。针对学生的这种心理特征，适当采用课堂讨论的方法，让学生在讨论中寻求答案，有利于培养学生敢于思考、敢于探索和敢于批判

的精神，使学生掌握了解决实际问题的策略，进而获得了解决实际问题的能力，同时也培养了学生创造性思维的能力。

(5)课堂讨论容易形成生动活泼的主动的学习氛围

讨论使每一个学生都有机会参与到教学活动中来，是发挥学生学习主体作用的有效手段之一。在整个讨论的过程中，无论是准备阶段还是讨论进程中都需要学生积极地主动地参与方能保证讨论的顺利进行。在讨论的准备阶段，每一个学生首先都要独立地思考，然后才能与别人交流；在讨论的过程中，每一个学生都享有表达自己观点的机会，即使个别学生没有勇气发言，教师也要考虑每个人发言的频率，给那些发言较少的同学提供发言机会；在讨论的总结阶段，同样需要学生对讨论的过程进行反思，然后作出总结和评价。由于讨论的形式生动活泼，讨论的问题宽广多样，讨论的小组大小不拘，学生发言的机会更多，从而容易形成学生深入钻研、乐于探讨和互相切磋的学习气氛。

3.课堂讨论的设计与实施

有效的课堂讨论必须精心地设计，仔细考虑讨论的目的，选择合适的讨论问题，创设良好的讨论氛围，组织好讨论的程序。课堂讨论设计和实施的关键是有效组织活动，以防学生讨论时游离中心话题，出现非学习活动。其设计和实施策略大致如下。

(1)要精心选题

课堂讨论的选题直接关系到课堂讨论的质量，所以教师要精心选择具有一定探讨价值的问题来开展讨论。选题首先受讨论所要达到的目的制约。教学是有目的的活动，明确课堂讨论的目的，并根据目的选择讨论的问题，是讨论教学能否成功的关键。这需要教师认真钻研教材、了解学生，平时又注意积累教与学中存在的问题，以便提出针对性很强的问题供学生讨论。讨论的目的主要有：①分析观点，理解观点间的联系或关系；②整合信息，促进对学习内容更深入的理解；③培养思维能力；④发展学生的社会交际技能，如养成倾听习惯，学会处理不同意见的方法等。

选题还受教学内容制约。一般说来，讨论不适合于学习全新的内容，如新的课文、新的知识、新的技能学习，学生对此不甚了解，也就难以展开讨论。所讨论的问题应该是学生有一定了解，但认识又有点模糊的；既对学生有吸引力，能激起他们的兴趣，又有讨论、钻研价值的。因此，教师选题可以考虑：①所讨论的问题应是教学中的重点、难点和关键问题，同时也是学生学习中存在不同看法的问题。组织讨论必须把握教材的重点难点，越是教材的核心问题，越要让学生去主动学习，只有学生积极参与，进入角色，才学有成效。②就学生存在的共性问题确定讨论问题。教师选题讨论问题要注意是同学们共同存在的问题，或学生关注的热点问题，这样能引起每一个同学的思索，使每个学生在思索中得到发展，从而共同提高。研究表明，有争议的话题能激发学生的知识，促进更深的理解。面对争议确定立场能够促进动机。③选择难度适当的问题。教师选择内容的难易程度应该以学生的认知水平为主要依据，提出的讨论内容应略高于全班中等平均水平。如果太高，不切实际，学生就很难展开讨论；太容易了，也就失去了讨论的价值。过散了，学生无法把握；过大了，学生难以弄明白。所以，教师要使问题处于学生认知的"最近发展区"内，这样既有一定的讨论价值，又让学生能够接受，从而达到"跳一跳才能摘到桃子"的效果。

选题的方法主要有两种类型：①即时选题。教师可以抓住课堂教学中学生偶然所问、所现的问题与现象，灵活引导开展讨论。这种讨论较适合于学生对讨论内容比较熟悉，但又确实有不当认识的情况。即时讨论包括两种情况：一是教师有准备，学生无准备；二是教师和学生都无准备。第二种情况是教师临时根据课堂实际情景的需要而提出问题组织学生讨论的，是教师教学机智、应变能力的体现。即时讨论所探讨的问题往往是比较单一、难度较小、所需时间较短、学生比较熟悉的问题。教师可以把这类讨论组织成小组讨论，也可组织成班级讨论，但应区别于教师的简单的提问。②预设选题。教师可根据学习的重点和难点、思维的迷惑点、思考的关键点设计专题讨论。这种讨论，教师和学生都有充分准备、问题难度较大、所需时间较长，一般以小组讨论的形式出现。

(2)要充分准备

课堂讨论要取得比较好的效果，必须做好讨论前的准备。无准备或准备不充分的课堂讨论是不会成功的。如果是专题讨论，在课堂讨论前的一周就要把讨论题告诉学生，介绍相关的参考书目，指导学习方法，要求他们在查阅有关资料，自学有关著作或文章的基础上，写出发言稿或发言提纲，并且先交给教师，教师收看批阅，作为一次考查记入成绩，再发给学生，学生再根据教师的意见做重点准备，并选出重点发言人。这样做的程序尽管增加了教师的工作量，但它有利于培养学生自学、阅读、思维、写作、组织等综合能力，也使教师做到心中有数，讨论会上更有针对性，从而大大提高了课堂讨论的质量。如果是即时讨论，就需要考虑学生是否具有相应的背景知识和经验。没有知识准备，学生就不可能提供有见解的思想，也无法整合和评价观点。因此，即时讨论一般是对相关内容经过一定学习之后开展，这样学生对讨论的内容具有一定的了解，具有相关的背景知识，以便进行深入的讨论。组织学生进行讨论，提供交流机会，主要是为了拓宽师生之间、学生之间的信息交流渠道，交流学习结果。

(3)要把握时机

教师无论是课前有目的地安排课堂讨论，还是根据上课的实际情况组织讨论，都要注意启动讨论的时机。常言道："机不可失，时不再来。"所以教师要准确把握机遇。主要有以下几种情况：①当学生产生"疑惑"的心理状态时，教师可以组织学生讨论，相互切磋，解决困惑。在数学课堂教学中，有时学生的回答并不如你所愿，这时教师就要灵活机动地设计思维陷阱，让学生产生一种"疑惑"的心理境界。在这种情况下，及时组织讨论，学生的兴趣高涨，讨论激烈，效果最佳。②当学生的思维不顺畅时，教师要灵活机动，设计思维"陷阱"，让学生产生疑问，及时组织讨论，这时学生的兴趣高涨，讨论激烈，效果最佳。③当学生思维比较活跃、主动提出有探讨价值的问题时，教师要因势利导组织学生讨论。现在的学生思维比较活跃，受传统习惯势力束缚较少，敢于标新立异，在课堂教学中随时会提出一些问题，教师就要抓住这时机，对于学生提出的一些具有讨论价值的问题，教师一定要保护学生的积极性，认真启发引导，组织学生进行讨论。

(4)要选好方式

课堂教学中，教与学的活动和信息交流随机多变，我们要根据教学目标和教学内容的需要、学生课堂心理特点和问题特点，精心设计讨论方式。讨论的方式主要有：

①两人讨论式。两人(同桌)通常进行的讨论，更多的成分是议论。一些比较简单的、动动脑筋相互启发一下能得出结论的问题，宜用两人讨论的方式。这样的讨论有助于学生找到解决问题的思路，加大参与度，调动积极性。

②小组讨论式。小组(4～8 人)讨论，适宜于要求学生分析现象、弄明事理、沟通联系、总结方法的内容，要舍得花费一定的时间让学生围绕某一主题展开充分而有实效的讨论，而非三言两语就能完成的。新课中的重点、难点部分以及启发思维的关键点等，都可以采用小组讨论的形式。小组讨论最常用，它比较灵活，让所有学生都能参与讨论，但教师不易于监控和引导。

开展小组讨论，首先，要分好小组。小组讨论可以有不同的分组形式。可以是前后桌的 4 人分组法，这种分组方法简单易于操作，但常用这种方法，学生获得交流的面比较狭窄。还可以由教师指定分组人数后学生自愿组合小组，这样分组由于小组内成员志同道合，便于提高参与活动的积极性。还可以由教师采用随机分组方式组成小组，如每位学生抽取一张彩色纸条，色彩相同的学生组合为一个小组，这种分组方法可以迅速组成异质小组。研究表明，小组讨论以 5～8 人最为理想。小于这个数目，达不到集思广益的效果；超过这个数目，平均每人的发言机会和内容就会相对减少，进而降低组员的参与感和满足感。以 6 人小组为例，如果每人发言 1～2 分钟，6 人共计 6～12 分钟的讨论时间，讨论就较为广泛和深入。

其次，要分工合作。每组可以选出一位主持人和记录员，同时明确个人的职责。

再次，要教给学生讨论的方法。在初次进行小组讨论时，教师应教给学生开展讨论的具体方法。如头脑风暴法，即无限制的自由联想和讨论，其目的在于产生新观念或激发创新设想；教师指导学生要放松思想，让思维自由驰骋，不受任何条条框框限制，从不同角度、不同层次、不同方位，大胆地提出自己的看法，然后再筛选整理获得较多赞同的看法。

③全班讨论。全班讨论就是在全班范围内就某一个问题自由讨论或争论。它是在教师为解决重点、难点问题，或遇到容易争议的问题，由教师提出来，大家即席发表意见进行讨论的方式。学生学习中容易出现错误、模糊不清、持不同意见的地方，或者课堂上随机出现的某一问题，教师可引导学生进行全班性的辩论，让他们发表不同的意见。这样的讨论既可以激活学生思维，辨明事物本质，又可以活跃课堂气氛。全班讨论方式便于教师监控和引导讨论的发展，能参与的学生不多。教师开展全班讨论时要注意灵活把握讨论的进程，不但要引导全体学生始终围绕主题进行讨论，而且要调解学生因意见分歧较大而发生的争执，还要尽可能使更多同学都有发言的机会，以便使要讨论的问题获得解决。这种讨论能使学生动脑、动口、动手，发展其思维力及语言表达能力。

组织全班讨论，教师应从三个方面去发挥自己的主导作用：一是注意树立对立面，形成争辩的活跃气氛，同时又要紧扣论题，指错纠偏。二是要抓住必须弄清的论点，展开深入讨论。三是教师要以平等的地位参加讨论，力争做到言简意赅，画龙点睛，起好示范作用，从而形成学生对教师的信任感和对知识的渴求感，同时对不爱发言的学生要点名答问，促使他们积极思考问题，使全班同学的思维能力和表达能力都得到提高的机会。

④组合式讨论。即由同伴讨论，到小组讨论，再到全班讨论。把同伴讨论的结果带到小组讨论，在小组讨论基础上再进行班级讨论。这时的班级讨论一般可由各小组选派出的代言人发言，同时可由小组其他成员补充，然后在小组之间展开讨论，各个组成员均可为本小组辩护和向其他组发难。这种方式在小组内部意见比较一致，而与其他组意见分歧较大的情况下开展得较为有效；小组内部意见分歧较大时讨论难以开展得很激烈。教师此时应注意要求和鼓励未发言的学生仔细倾听发言，随时准备评判。

课堂讨论的形式和规模应以有利于相互启发、思想交锋、自我教育为原则。教师要根据自己的教学实际，灵活选择讨论的方式。同桌讨论的方式适合只要动动脑筋、相互启发就能得出结论的问题；小组讨论比较灵活，每个学生都有发言的机会，对于难度较小的问题，或课堂上突然碰到“冷场”，可采取这种方式；

但分组讨论学生发言面大、自由轻松，教师不好掌握，有些小组长不善于组织，易使讨论走过场，流于形式，部分学生觉得收获不大，产生厌烦情绪。全班讨论方式，一般是在解决重点与难点问题，或遇到争议的问题时，由教师提出来，然后大家即兴发表意见进行讨论。这种方式能使学生动脑动口，发展思维及语言表达能力，同时也使课堂教学充满民主气氛。全班讨论虽然发言往往集中在少数思想活跃的同学身上，但多数人也会根据交锋的重点和热点，情不自禁地提异议、谈见解，投身于争鸣的热潮之中。

(5)要精心组织

课堂讨论的过程，就是学生能正确地提出问题、分析问题、解决问题的过程，也是学生正确认识知识的过程。学生是讨论活动的主人，而教师则起着指导的作用。为了充分发挥每个学生的积极性，启发学生多元思维，在讨论过程中的组织、引导工作起到关键的作用。在讨论的不同阶段，教师需要适时适当地进行引导和组织工作：①在确定讨论问题阶段，教师需要介绍讨论题，激活学生思维，引导学生进入讨论。教师可以把讨论题板书或投影，通过头脑风暴法激发学生的背景知识等。同时，要营造民主、和谐、平等的学习氛围，使每一个学生精神愉快，情绪饱满，敢于发言，虚心求教，乐于交流形成合作进取的良好学风。这是讨论有效开展的前提。②在讨论展开阶段，学生是主角，他们围绕讨论题积极对话，阐释自己的想法，形成自己的立场。这时，教师充当两种基本角色：一是保持讨论的焦点和发展，二是促进学生互动，帮助学生发展技能。因为讨论以学生为中心，要不断防止游离主题，教师需要仔细监控讨论的发展，通过提问提醒学生回到主题，确保讨论围绕目标。同时，教师可以通过肯定好的互动行为来发展学生的社会技能。如“你不同意他的观点？你的观点是什么？”“听得很认真，能确定两个观点的重要区别。”教师的过分参与或完全不参与，都会影响有效讨论的效果。③在达成结论阶段，教师帮助学生确定主要观点，概括总结，对争议达成共识等。讨论产生分歧，不一定要达到一致的观点，但学生要形成自己的观点。讨论的结果必须有具体的产品，如概括、结论要点等，可以在班级分享，让学生感觉到他们的努力有成果。

(6)要及时总结

对课堂讨论进行总结十分重要，它不仅使讨论中暴露出的问题得到及时修正，使学生获得正确的观点和系统的认识，而且进一步加深了对基本理论的理解。在讨论中，学生虽然对问题积极地思考、分析和争论，但他们最关注的是还教师对自己的见解作出的反应。因此，当学生们汇报讨论结果后，教师要及时进行评定和总结。总结时既要对学生的见解给予分析，充分肯定正确的意见，以保护学生的积极性，又要做出科学的结论，从而使学生澄清模糊认识，树立正确概念，更有利于掌握好所学知识。当然，教师对学生的交流给予及时的积极的评价同时，也允许有的学生存疑，不轻易否定学生的学习成果。

4.活动案例分析

下面提供两个组织讨论的两个案例，一个是教师主持的讨论，一个是学生发起的讨论。

(1)教师主持的讨论

教师主持讨论是由教师发起的讨论。在教学过程中，教师从课文的导入、审题，到初步感知课文，到深入分析理解课文等，选择各种话题，创造机会，引导学生进行讨论学习，畅谈阅读收获、体会。它有利于师生之间、同学之间相互启迪，收到“奇文共欣赏”、“得失寸心知”的良好教学效果；还有利于提高阅读效率，培养学生良好的思维习惯和说写能力。其组织活动过程如下：

首先，是创设问题。创设问题情境是教师就教学的重点难点进行启发性的谈话，提出疑问，以唤起学生的阅读兴趣，点燃学生思维的火花，激励学生勇于发言，谈“一得之见”，使之愿说、会说。例如，在下面的教学实例中，教师首先提出了“举例子”的问题，从而过渡到本课的学习重点，再围绕这学习重点，故意提出一个不准确的看法，从而激发了学生思考和发表的欲望。

师：《中国石拱桥》这篇课文举了两个例子：一个是赵州桥(板书：赵州桥)，一个是卢沟桥(板书：卢沟桥)。那么讲中国石拱桥为什么举这两个例子呢？我这样理解：中国石拱桥有一部分像赵州桥，另一部分像卢沟桥，所以举这两个例子。你们说，我这样理解对不对呀？

其次，是组织讨论。在组织讨论过程中，教师巧妙地引导学生发表自己的见解，进而理解关于中国石拱桥的共性和个性的特点，成为下面继续讨论问题的“纲”。

生(26)：我认为这种说法不对。因为课本上说“我国的石拱桥几乎到处都有。这些桥大小不一，形式多样，有许多是惊人的杰作”，这就说明中国石拱桥有一部分像赵州桥，另一部分像卢沟桥的说法不正确。

师：很好！引用课文证明自己的观点，很有说服力。

生(27)：我也觉得您的说法不对，课文之所以举这两个例子来说明中国石拱桥，是因为赵州桥和卢沟桥都很著名，并不是别的桥和它们一样。

师：有没有和他们不同的意见？(众生不语)

师：你们说得对。中国石拱桥是多种多样的，怎么可能都和赵州桥、卢沟桥一样，就这两种形式呢？既然中国的石拱桥不都是这两个样子，为什么课文要举这两个例子呢？

生(28)：因为赵州桥和卢沟桥具有形式优美、结构坚固、历史悠久的特点，所以举这两个例子。

生(29):因为一提这两座桥大家都知道,所以举它们作例子。

生(30):因为赵州桥和卢沟桥是中国石拱桥中最杰出的。

生(31):因为这两座桥都很有特点。赵州桥拱上加拱,与众不同;卢沟桥上的石狮子什么姿态的都有,特别生动。

师:大家的发言都很好!这篇课文之所以举这两个例子,是因为这两座桥汇集着中国石拱桥的共同特点,而且又各有各的特色。换句话说,它们具有代表性,所以举它们为例。

再次,是总结规律。讨论学习的目的是为了获得规律性的认识,因此,在深入讨论后,教师要注意引导学生寻找规律,总结升华,提高认识。下面的教学例子说明,学生经过讨论,最终明确了文章按类型举例的道理。

师:上面我们讨论了这篇说明文为什么举赵州桥和卢沟桥这两个例子的问题。大家认识到,因为赵州桥和卢沟桥既具有中国石拱桥的共同特点,又具有它们自身的特点,也就是具有代表性,所以举它们为例。那么,既然这两个例子都体现着中国石拱桥的共同特点,又都有各自的特点,为什么偏要举两个例子,举一个例子不更简练吗?

(众生翻书思考)

生(32):我认为中国石拱桥有两个共同的特点:一个是外观美丽,一个是结构坚固。举赵州桥突出中国石拱桥的结构巧妙、坚固,举卢沟桥突出中国石拱桥的美观。

师:你的意思是说赵州桥的结构好,卢沟桥的外形好。反过来就是说,赵州桥的外观不太好,卢沟桥又不大结实。(众生笑)

生(32):我不是这个意思。这两座桥的结构、外观都好。

师:好!再仔细想想。从课本上找到根据说明问题才有说服力。

生(33):我觉得只举一个例子,就显得单调些,因为课文里说"我国的石拱桥几乎到处都有。这些桥大小不一,形式多样"。假如只举一个例子,体现不出"大小不一,形式多样"来。课文举了赵州桥和卢沟桥两个例子,就使文章内容显得充实,也就更能说明我国石拱桥多种多样了。

师:你的意思是说,举两个例子比举一个例子充实。照这样想下去,那么,举三个例子不是比举两个例子更充实吗?

生(34):举三个例子没有必要。

师:这是你的观点。那么你的理由呢?

(生(34)不语)

师:大家是不是再仔细翻翻书。书中就有答案,不过并不是直截了当说的。

（众生翻书思考）

生(35)：因为中国石拱桥有两种：一种是独拱桥，只有一个拱；另一种是联拱桥由几个拱相连而成。赵州桥和卢沟桥正好代表了中国石拱桥的这两种类型，所以举了这两个例子。

师：完全正确。因为赵州桥代表的是独拱石桥，(板书：独拱)卢沟桥代表的是联拱石桥，(板书：联拱)独拱和联拱是中国石拱桥的两种类型，所以举了两个例子。如果举一个例子，就缺少了一种类型；如果举三个例子，就多余了。这样一研究课文，你们明白了吧？运用举例子这种说明方法时，举几个例子好呢？如果说明对象存在几个类别，那么一般说来，也就相应地举几个例子。

最后，是运用迁移。教学的主要目的不仅是为了帮助学生掌握知识，而是促使学生运用知识，把学到的新知识、新规律运用于不同的情境，从而达到迁移的境界。语文教学中的运用迁移有着广阔的天地，可以让学生由读到说、由说到写、听说读写相结合，使学生学习知识、运用知识一体化。

(2)学生发起的讨论

学生发起的讨论是学生在学习中自己发现疑难问题，然后通过学生之间的讨论学习来分析问题和解决问题。由于学生之间在知识上、能力上存在着差异，对于所学的某些内容，有些学生可能没有理解，而另一些学生可能已经掌握；对于另外一些内容，情况可能刚好相反。因此，在教学中教师应尽量发挥学生的互教互学的功能，通过问答讨论。让已经学会的学生教尚有疑问的学生，这样，有疑问的学生在同学的帮助下学到了知识，同时已经学会的学生通过解答问题进一步加深对所学内容的理解和记忆，而教师则在学生的问答中了解了不同类型的学生的学习情况，以便及时进行有的放矢的指导。

让学生自由讨论，首先要求学生自己阅读文章，初步理解所学内容，找出自己不理解的地方，以便在课堂讨论中提出问题，让同学讨论解决。接着教师组织学生在课堂上质疑讨论，分析讲解，在这一环节上，教师要放开手脚，让学生自由讨论，在讨论学习中互相启发，互教互学，教师只做穿针引线的组织工作，把讨论引向深入。

下面是学生发起讨论的一个教学例子：

师：对。这首诗的大意我们知道了。下面我们再读一遍课文，看哪句话、哪个词语不懂，提出来。(生自读课文)

生(6)：“死者长已矣”是什么意思？

师：可以看注解，怎么理解怎么说。

生(7)：死者与世长辞了。

师：(出示卡片：死者长已矣)下面你一个词一个词的解释一遍，然后再合起来解释一遍。

生(8):死者,死的人。长,长久。已,完结,这里理解为“死”。矣,了。合起来的意思是“死的人永远长眠了”。

师:对。还有哪些不明白?

生(9):“老翁逾墙走”,是说老翁翻墙而逃,他为什么要这样做呢?

生(10):因为他不愿去当兵,怕被抓。

师:对。一般抓兵都抓年轻人,老翁都吓得跑了,说明了什么?

生(11):说明年轻人都给抓光了,只剩下老头了,所以抓老头。

师:对。“走”是什么意思?

生(12):跑。古代“走”为“跑”,“行”为“走”。

师:说得很对。

生(13):“吏呼一何怒,妇啼一何苦”,怎么解释才通顺呢?

生(14):官吏说话发怒,老妇边说边哭。

师:谁能更准确地翻译?

生(15):官吏呼叫多么恼怒,妇人啼哭多么悲苦。

师:(出示卡片:吏呼一何怒,妇啼一何苦)这两句的意思就是刚才这位同学说的那样。找一名同学再重复一遍。

生(16):官吏呼叫多么愤怒,妇人啼哭多么悲苦。(师点头,表示满意。)

生(17):“三男邺城戍”的“邺”应怎样理解?

生(18):“邺”是一个地名。(师点头,表示肯定。)

生(19):“戍”怎么解释?

生(20):防守。(师点头肯定。)

生(21):322 页的“急应河阳役”的意思不大好懂。

生(22):赶快到河阳去服役。

生(23):老头出走了,妇女赶快去服役,这是为什么?

师:这个问题提得很好。

生(24):因为怕抓人抓不到不好交差,所以把老妇人抓走了。

师:就是这样。这里面有一个“急”字,是写谁的?

生(25):写老太太的。

师:是老太太对服役有积极性吗?

生(26):不是。是没办法。

生(27):老太太替老头着急。

生(28):她为了救老头,怕官吏发现老头。

师:关键的问题是谁急?

生(29):当然是当差的急了。

师:你怎么看出来的?

生(29):从“吏呼一何怒”可以看出来。

师:说得对。这里是老太太顺着当差的话说下来的。老太太的话反映了当差的急。

生(30):为什么老太太连“出入无完裙”的儿媳妇还要说说,就像应付查户口的一样?

生(31):说明村里的男人都抓完了。

生(32):说明家里没有可以当兵的男人。

生(33):老太太表明家里只有妇女和小孩。

师:正是这样。老太太说明家里只有妇女和小孩,没有能够当兵的男人了。词句上还有不懂的地方吗?

生(34):“一男附书至,二男新战死”是什么意思?

师:古语中“书”即“信”。此句怎么讲?

生(35):一个儿子捎来信说,其他两个儿子最近在战斗中死了。

师:对。是托人带信来。

生(36):题目叫“石壕吏”,为什么内容写老太太的多,而写当差的少呢?

师:这个问题很有价值,一会儿我们再解决。

(二)组织课堂辩论

1.课堂辩论的含义

课堂辩论,是指教师在课堂教学中就某个有严重分歧的问题,组成正反两方开展质疑反驳对方观点、阐述己方观点的学习活动方式。课堂辩论是一种高级的说话训练形式。学生在参加论辩过程中,要迅速调集个人的知识储备,具备边听、边归纳要点的能力,判断正误的能力,确立自己立论的能力,以及快速组织语言作有针对性的讲析能力,等等。辩论的主旨在于让学生明辨是非,认识到“真理越辩越明”道理,培养敢于直言的勇气,捍卫真理的斗争精神。

2.课堂辩论的作用

课堂辩论的作用主要体现在如下几方面。

第一,能全面锻炼听话和说话的能力。辩论者一方面必须听明白对方话语的意思,迅速归纳出要点,辨别它的是非所在;另一方面,要明确自己意见与对方意见的分歧点,迅速组织自己的辩词,并用清晰流利的语言,有理有据地阐明观点、驳诉对方,征服听众。因此,它是全面培养学生听话能力和说话能力的有效手段。

辩论使思维与语言处于紧张状态,它可以促使内部语言与外部语言快速同步，从而有利于认识能力、应变能力与口头表达能力的提高；它可以训练思维的敏捷性、灵活性、周密性，有利于创造性思维的发展。

第二，能锻炼思维的敏捷性和灵活性。辩论者必须迅速归纳对方说话的要点，迅速判断对方意见的正误、是非，迅速明确自己的论点和论据，迅速组织论辩语言，在激烈的论辩过程中，能敏锐地作出反应，还要根据辩论过程中出现的种种情况，灵活应对。

第三，能培养明辨是非的能力。真理越辩越明，辩论的目的在于明辨是非，探求真理。

第四，能锻炼推理的能力。辩论旨在用自己的意见驳倒对方意见，一方面要抓住对方的破绽推断对方意见的荒谬，另一方面还要用严密的推理证明自己意见的正确。

第五，能促进阅读能力的提高。辩论需要有理有据，这个理和据来源于书本知识和亲身实践。参加辩论首先确定观点，然后根据已确立的观点，阅读大量的材料，搜集有力的论据。可以说，辩论的内容如何，反映一个人阅读量的多少，辩论能力的高低，某种程度上反映一个人阅读能力的高低。

3.课堂辩论的设计与实施

辩论的活动过程大致如下。

(1)选择论题

辩论，首先要确定论题，对论题的概念、范围、意义、重点、缘由以及看法作仔细的研究。要有双方公认的辩题，即双方必须明确要辩的是什么。一般说来，辩题必须包括两个不相容的论断，双方各持一端，这才能争辩起来。如果辩题内容的两个论断是模糊的、互相交叉的，那么辩来辩去就会纠缠不休，失去了论辩的价值。课堂教学辩论的论题应该是来自于对课文理解产生的分歧上，可以是教师预先设定的，也可以是在学生理解课文过程中动态生成的。

其次，要有各自独立的见解。即双方都要有明确的立论。辩论中最忌的是立论不明，让人莫名其妙，意见没有交锋，那就不叫辩论了。即双方都要熟悉"辩因"，知道为什么辩，分歧的焦点在哪儿，找出辩论的症结所在。因此，辩论者要准备两手：一是进攻的一手，即准备驳倒对方(找出对方的矛盾点和疏漏处)；一是防御的一手，即准备回答对方的质询，并预先想好怎样一一驳回。

(2)准备材料

确定选题后，学生需要有一定的时间根据题目准备材料。难度比较大的辩论，可以让学生通过阅览室、图书馆、互联网络等方式来收集相关资料。在占有丰富资料的基础上构思讲话的内容，思考讲话的条理性，有时需要列出讲话的提纲，写出讲话的初稿。同时还需要考虑对方可能提出的观点和事例，以及怎样去反驳对方的论点和论据。难度较小的即时辩论，也要让正反双方有一定时间整理想到的资料，思考自己的观点和阐述的思路。

（3）方法指导

辩论是一种高层次的说话活动形式。在辩论过程中，首先，需要学生迅速地把自己的内部语言转化为外部语言，围绕主旨有条理地表述，还要注意根据听众的反应及时调整说话内容。其次，还需要学生边听边归纳要点，迅速判断别人见解的正误，确立自己的论点，调集个人的知识储备，作出针对性的讲述。因此，在辩论前教师应进行一定的方法和技能的指导，例如，引导学生学习一些论辩文，从中揣摩论辩的技巧，学习论辩的手法。又如利用矛盾反驳法、利用弱点反驳法、转移目标反驳法、引申反驳法、诱敌深入反驳法、归谬反驳法、比喻反驳法，以及先期反驳、插入反驳、复辩反驳、归纳反驳法等。还要注意神情的表现、手势的运用、姿势的摆放、随机应变的控场技术等的指导。

（4）组织活动

开展活动首先要明确要求。如在辩论前向学生宣布具体要求：①尽可能围绕某　中心进行辩论；②所讲内容要积极健康；③用普通话，声音响亮，让每位同学都能听清；④注意掌握时间；⑤同学上台时，大家鼓掌欢迎，讲完后，无论讲得怎样都应报以掌声等等。

其次要明确活动的形式。辩论有多种形式，可以先将学生分成两大组，根据辩题分成正反两方，分别推出主辩、助辩若干人，一名主持人，聘请教师或学生担当评委，分组围绕论题展开辩论；辩论的进行由对立的双方各自论述自己的观点，然后针对对方的观点进行辩驳，最后由中立者对双方的观点进行裁决，观点论证充分的一方获胜。也可以不确定正反双方，而是由不同小组或成员叙述自己的观点，然后相互之间展开辩论，最终能说服各方的小组或成员获胜。还可以在两个或几个人之间进行。教师提出辩论题，争论到一定深度再换一个；必要时教师可提问发难，将问题不断引向深入。

再次，教师要适时引导。在辩论中，要引导学生积极发言，勇于交锋；但不强词夺理，应体现实事求是的学风，要讲求礼节，相互尊重，不讽刺挖苦，从而使辩论产生积极的效应。

（5）总结和评议

辩论结束后，要及时对活动进行总结和评议。总结和评议可以由学生进行，如由学生现场发表“一句话评论”，以培养学生的赏析能力与概括能力，再由“一讲一评”再逐步过渡到“一讲数评”，以利采集众家之长。总结和评议要以鼓励为主。由于学生的自身素质、性格特点、心理承受能力、口语表达能力都存在差异，有时活动效果可能不尽如人意。对此，教师要对那些胆量小、口头表达能力较差的同学，不仅要及时鼓励，更要有足够的耐心帮助他们树立自信，在评定分数时，要尽可能挖掘他们的闪光点，有意识地培养他们的信心和自尊。

4.课堂辩论活动案例分析

特级教师程继伍老师执教《雷雨》一课时采用了组织课堂辩论的学习方式。程老师课前要求学生阅读《雷雨》全剧，了解故事情节。教学过程安排如下：①简介作家作品；②复述课文部分的故事梗概，理清情节结构；③分析周朴园和鲁侍萍的性格特点；④分析周朴园和鲁大海的对话，把握和理解本文最本质的矛盾冲突。在第三环节上，程老师采用两种学习活动方式，一是分角色有表情地朗读周朴园和鲁侍萍的对话；二是采用小组之间自由辩论。一、二组为一单位(简称甲方)，三、四组为一单位(简称乙方)。甲乙方座位临时调整成对垒式，辩论题事先由双方代表抽签决定。抽签的结果甲方为正方，辩论题是：周朴园对鲁侍萍没有真爱；乙方为反方，辩论题是：周朴园对鲁侍萍有真爱。以下是辩论时的教学实录：

正方：请问对方辩友，你们说周朴园对鲁侍萍有真爱，理由是什么？

反方：(颇有把握地反问)我想请教对方辩友，爱情可以超越阶级吗？

正方：(脱口而出)当然可以。

反方：谢谢对方辩友，为我们说了实话。周朴园虽说是个残忍的资本家，但他对侍萍的爱却是真心的。

正方：何以见得？

反方：课文告诉我们，周朴园房间里的家具还是从前侍萍喜欢的旧物。

反方：而且陈设仍按三十年前侍萍动用时的样子。

反方：甚至保留了侍萍在生周萍时患了病，总要关窗户的习惯。

(反方展开车轮战，正方一时语塞)

反方：还记住了四月十八——侍萍的生日，一切都照着侍萍是正式嫁过周家的人看。

反方：对啦，他还珍藏着一件旧衬衫，上面有一朵梅花，旁边还绣着一个“萍”字，只有他和侍萍知道，是他们爱情生活的小插曲。

正方：那是猪鼻子里插大葱——装象(相)，是做给别人看的。

反方：如果对侍萍没有怀念，珍藏一件旧衬衫有何意义呢？如果没有怀念，怎能记住侍萍的生日？三十年哪，不是三天，对方辩友。

正方：就算有怀念吧。不过，我想问对方辩友，既然周朴园对鲁侍萍那么深情，那么为什么当鲁侍萍站在周朴园面前时，他会惊恐万状呢？

正方：并且严厉地问：“你来干什么？”

正方:他应该和侍萍深情地相认才是啊?

反方:因为事情来得太突然。他怕家里人知道,毕竟都是有家室的人啦。

正方:这正好说明了周朴园没有真爱,爱应该是无畏的。

反方:“无畏的爱”只是一种理想罢了,现实的爱是要受环境影响的。

正方:请看看现实吧,当鲁侍萍的出现有可能威胁到周朴园的家庭,还可能影响他的地位、名誉时,周朴园害怕了,他甚至害怕鲁贵趁机敲诈。这就是周朴园的爱情。呵,多么“伟大”的爱情。

反方:如果说周朴园对鲁侍萍没有一点爱,那么三十年前,他们为什么结婚,而且鲁侍萍还为周朴园生了两个孩子。对方辩友,这如何解释?

正方:这还用解释,当年的侍萍是周家的使女,而周朴园是少爷,少爷欺侮丫环,这很常见啊。后来侍萍不是被赶了出来?

反方:那是周家长辈的事,和周朴园无关,并不能以此说明周朴园对侍萍无情。

正方:怎能说有情呢?一个真爱自己妻子的人会眼巴巴地看着她被赶出家门,然后心安理得地再娶一个女人吗?这样的爱难道不应加个问号?

反方:那么,后来周家搬了家,周围没人知道周朴园以前的事,周朴园假装怀念,有这个必要吗?

正方:我们并不否认周朴园对鲁侍萍有点怀念,人都是喜欢怀旧的,更何况年轻时的侍萍聪明贤惠,而周朴园后来的婚姻并不如意。但周朴园的怀念是非常自私的。他以为鲁侍萍已死。

正方:他以为往事已对他构不成威胁。所以,他的怀念是有前提的,是自私的。

正方:他压根儿就不希望能再见到侍萍。

正方:是啊,当侍萍真的站在他面前时,他是那么惊慌而冷漠。

正方:他冷冷地说:“三十年的工夫你还是找到这儿来了。”

正方:这正好说明了他对侍萍没有真爱。

反方:如果周朴园对鲁侍萍没有真爱,那么,当他们三十年后重逢时,鲁侍萍为什么望着周朴园,泪要涌出?并且说:老爷,没有事了?

反方:这分明是侍萍想认周朴园。

正方:那是因为鲁侍萍善良单纯,没有看穿周朴园的本质。

正方:是被周朴园的假象蒙住了。

正方:后来,当周朴园暴露出他的丑恶灵魂,想用五千块钱支票来掩盖三十年前的罪恶时,侍萍把支票撕破了,这是对周朴园这个伪君子的最好的回答。

反方:但这并不能否认周朴园对鲁侍萍曾经有过的真爱呀!

……

教师总结:课文的对话告诉我们,每年四月十八,周朴园都不忘为侍萍做生日,一切都按照她是正式嫁过周家的人看待,我们也的确看到他房间里的家具还是从前侍萍喜欢的旧物。这是周朴园对那个当年漂亮、端庄的梅姑娘的真情流露。但是周朴园对鲁侍萍的怀念是有一条底线的,也就是在他以为鲁侍萍已死,往事对他现在的地位、声誉、利益已构不成威胁时,他尽可以去追念,一旦他怀念的那个人站在了面前,一旦往事对他的名誉地位将要构成直接的现实的威胁时,他的所谓的爱也就不攻自破了。可以这么说,周朴园对鲁侍萍有过感情上的真爱,但又始终摆脱不了封建式资本家的唯"我"是图的本性,《雷雨》塑造的周朴园这个形象具有复杂的双重性格。

而鲁侍萍作为一个淳朴善良的旧中国劳动妇女的形象,备受欺辱和压迫,仍始终保持了自己的刚毅顽强。在课文中,她的性格是在不断发展的。刚和周朴园重逢时,她对周朴园充满了幻想,一时蒙蔽于周朴园的花言巧语,后来,终于看清了他的本性,她以撕破五千元支票的举动,用"我这些年的苦不是你拿钱算得清的"控诉,表现了她的骨气和尊严。

戏剧文学有别于其他样式的文学作品,它是错综复杂的生活和综合艺术的高度结合,有时所塑造的人物形象的性格具有多元性的特征;而人们解读文学作品又带上鲜明的个人烙印,形成"一千个读者就有一千个哈姆雷特"的解读现象,这些奠定了开展课堂辩论的基础。

"周朴园对鲁侍萍有没有真爱?"这是《雷雨》的一个热点,也是一个难题。这不是可以简单下结论的。周朴园在他特定的阶级意识、身份地位、环境经历之中,有过真爱的一面,也有虚伪的一面,作品本身都有活生生的表现,而这看似矛盾的两个方面在作品中又得到了和谐的统一,如何正确认识和理解周朴园这个形象也就成了学习这篇课文的重点和难点。教师没有按部就班式地讲解,而是给学生提出辩题,让学生展开充分的辩论。辩论的过程就是学生认识不断深化的过程。教师给学生提出"周朴园对鲁侍萍有没有真爱"这个辩题时,并不存在着先把答案交给哪方,让另一方做陪衬的意图,而是告诉学生应该学会辩证分析问题,立体化鉴赏戏剧作品人物形象。

课堂教学的模拟辩论,有时辩手的感情和观点发生冲突,但这不影响到辩论,只要引导学生认识到辩论注重的是技巧,强调的是过程而不是结论,明确了这次辩论的目的是为了进一步认识周朴园其人以及作者的人生态度时,双方在准备过程中都付出了极大的热情。

辩论有很多方式,正规的辩论方式一般是"双方观点陈词——自由辩论——双方总结陈词”。程老师采用的是自由辩论形式，让双方一出场就针锋相对，带着质疑探微思辨色彩，进入论辩的白热化阶段，把同学们的注意力牢牢吸引住，让他们在全神贯注的关注和参与中，完成对周朴园、鲁侍萍性格的初步认识，尤其是对周朴园双重性格的认识。

程老师认为辩论强调的“是过程而不是结论”，这一观点是正确的。教师在辩论后的总结，帮助学生认识周朴园其人的本质，具有画龙点睛的作用。

（三）组织角色扮演

1. 角色扮演的含义

角色扮演，是指教师指导学生阅读理解文学作品时，要求某些学生扮演某情景中的不同人物角色，并把在那一情景下可能发生的事情用语言和动作表达出来。扮演活动结束后，作为观众的同学一起对扮演者完成任务的情况进行评价。这种活动可以帮助学生处在他人的地位考虑问题，可以体验各类人物的心理感受，训练学生自我控制能力和应变能力，达到对所阅读的文学作品加深理解并能灵活运用的目的。我们知道，电影电视演员，要扮演好某一角色，必须全身心地进入角色所生活的环境中，去感受，去体验，去领悟，这样，在角色扮演中，才能形神兼备。在阅读文学作品中开展角色扮演活动，引导学生充当角色，进入角色情境，明确角色任务，承担角色责任，表演角色的言行，甚至是心理活动，这样，学生通过身临其境来获得对课文内容的真实感受，在活动过程中体验了成功的喜悦，激发了内驱力，培养思维品质，丰富思想情感，提高学习效率。

2. 角色扮演的作用

角色扮演的作用可以表现在以下几个方面：

第一，可以激发学生学习兴趣，提高学习参与度。角色扮演适合中小学学生的身心特点。他们富于好奇心，生性好动，喜欢模仿，愿意表演。开展角色扮演活动，对素材的处理、分析，故事情节的设计和角色的分配等完全是学生自主完成的。学生的地位由原来的被动接受者转变为主动参与者，学生成为知识的探究者和意义构建的主体。尤其是通过表演，刺激学生大脑的兴奋点，有效地集中学生的注意力，以饱满的热情投入课堂活动之中。学生真正处于学习主体地位。这不仅调动起学习的积极性和主动性，引发学生思维，而且激发学生的兴趣和求知欲望。

第二，有利于发展学生的综合能力。角色扮演的设计，首先需要学生对所阅读材料进行切身体验式的理解，这有助于学生感知生活中各种情景、各种人物角色的语言、行为、心理特征；其次需要学生对阅读材料进行精细加工，改编为适宜于表演的脚本，从而锻炼学生的想象力和创新意识。角色扮演展开，需要学生完全投入到角色言行之中，这既能够激发学生的分析、想象、判断和创造等高级思维活动，又能够唤起学生内心深处的真情实感；表演时需要角色扮演者之间的相互配合，锻炼了学生的社会技能。表演后的角色自我分析，可以反省内隐的心理过程，检查自己的态度、行为和信念，促进价值认识的调整；班集体评价，能够促进整个班级的群体互动和彼此指导，有利于共同建构价值观念体系，形成正确的价值内化。

第三，可以丰富学生的情感，促进人格自我完善。从某种意义上看，角色扮演的过程，就是一个"感情投入"的过程，它可以丰富学生的内心世界，提高对"感情投资"重要性的认识。通过角色扮演，学生"走进"别人的生活世界，体验所演角色的思想、行为、需要和期望，而且还可以对自己的意识和行为进行审视。这一过程也是学生本人和不同角色之间心灵碰撞的过程，是个体社会化的过程。在角色表演中，学生必然要对照角色的行为选择，联系本人的实际，做出价值判断。

3. 角色扮演的设计与实施

角色扮演是一种实践性很强的学习活动，具有较强的程序性，它的实施过程需要遵循如下教学步骤。理解和掌握这些环节，对于提高课堂效果，达到预定的教学目标，是非常必要的。其设计与组织程序如下。

(1)创设情境

角色扮演是模拟在特定情境下特定人物的活动。这需要教师认真备课，巧妙营造表演情境，通过多种方法和渠道向学生展示问题情境，如讲述故事、阅读小说、播放电影或电视等。情境介绍清楚，并激发学生对此产生浓厚的兴趣，是角色扮演式教学的起点，也是整个表演过程能够取得成功的重要保证。

(2)角色分配

虽然角色扮演是希望更多学生参与学习活动，但一次扮演活动总是由少数学生参与的。最初的活动由谁来承担人物角色，需要慎重决定，因为表演的成败会直接影响到"观众"的情绪，也会影响到接下来的分析和讨论。所以，教师要物色好第一组"演员"的人选，如选择具有一定表达与表演能力的有担任某一角色愿望的学生。当然，如果在学生自由选择角色的基础上再由教师分派角色会更好些，否则，教师强行安排可能会使学生感到不自然，表演起来会勉强。

(3)表演设计

角色分派好后，教师要指导"演员"小组进行磋商筹划表演内容。首先要了解角色的特点，把握角色的思想。教师提醒学生在扮演角色时把自己融进去，忘掉自我。此时"我"就是剧情中的人物，要用剧中人物的思想去考虑问题，去付诸行动。其次是表演小组共同讨论、分析与研究，列出表演的要点。教师要指导学生依据课文内容，加以合理想象，编成剧本或哑剧、小品等，精心构思表演情节，合理设计人物形象，揣摩人物心理，理解人物性格，写出人物的典型语言和典型行为，设计表演的语言和行动，甚至准备表演需要的场景、道具或其他辅助用品等。当然，不提倡详细写出每一句台词，定得太死会抑制学生的临场表现，阻碍创造性的发挥。

与此同时，教师还需要训练学生"观众"。在角色扮演的教学组织中，让暂时不参加表演的学生也进入"状态"，也是一项不容忽视的任务。教师可以布置"观众学生"一定的观察任务，如：角色表演是否真实？情节发展是否合理？假如我是这个角色应该怎么做？这样，便于营造扮演活动的活跃的氛围，演者投入，观者专注，情绪上形成积极的互动。

(4)课堂表演

把改编的剧本在课堂上进行导演和表演，有条件的学校还可以把表演进行录像。课堂表演人物形象重在神似，如表演契诃夫小说《变色龙》的警官奥楚蔑洛夫这个人物，要注意从人物形象（个头不高，腆着"将军肚"）、脸部表情（挤眉弄眼）、语言（巧言多变）、动作（穿大衣，脱大衣）等方面表演，把这个沙皇走狗趋炎附势、欺下媚上、见风使舵的形象表现得淋漓尽致。借助表演这种形象化的形式，学生们能更具体更鲜明地认清此警官的丑恶嘴脸。如果是哑剧表演，还可以让学生边看表演边用原文解说表演，使活动变得丰富多彩。

教师和其他学生在观看的时候，切忌苛求完美，在表演技巧上挑剔。从一定意义上讲，学生表演的不成熟或不确定是十分正常的。他们在身临其境的时候很容易产生新的思想火花，做出即兴的行为反应，而这正是角色扮演能够展现学生真实情况的优势所在。对于学生积极的表演，教师要以多种方式给予鼓励，肯定他们的良好表现。这样，学生在表演中就会增强信心，不断提高表演情绪，逐步进入角色情感世界的深处。这里需要注意的一点是，角色表演的时间不宜太长，过分冗长的表演，会给扮演者增添负担，也可能会使观看者失去兴趣。只要学生把问题情境准确地演出来了，将自己的观点表达清楚了，表演就可以停下来。学生在课堂上的表演，一般以10～15分钟为宜。

(5)反思与评价

表演结束后的热烈讨论与积极评价，能够把学生的情绪推向新的高潮。如果时间比较充分，教师可以引导演员学生反思自己的表演，启发当观众的学生去评价演员。如果时间比较短促，可以由教师直接进行评价。教师和学生的反思与评价要指向分析表演的真实性与合理性上，不要指向表演的"舞台效果"和角色的表达方式上。在分析人物角色时，应多注意挖掘人物的内在动机，行为产生的原因，行为产生的可能结果。当然，由于学生对问题情境的理解不尽相同，持有的价值观念也不可能完全一样，所以对角色的行为取向会出现观点上的差异，也允许学生保留自己与众不同的看法。如果时间允许，教师还可以要求每个学生对讨论的问题进行书面总结，系统地阐述自己对这一问题的看法，老师收起来进行检查。这样做有利于学生深入探讨和理解所讨论的问题。这种深入的讨论，不仅可以提高学生对角色社会行为的分析能力，而且还能增强选择正确行为的判断能力。

可以说，角色扮演的教学效果，与教师在设计和组织教学时的努力程度成正比。在整个角色扮演的过程中，教师履行着导演的职责，驾驭着整个剧情的发展，是每个角色的裁判，最后要得出与课程设计思想、目标相符合的结论，达到预期的教学目的。

尤其重要的是，角色扮演特别要求教师熟练掌握四种教学技能：①激励技能。在问题情境被呈现之后，需要调动学生参与表演的积极性。教师能否使班级活跃起来，激发起学生高水平的探究动机，关系到整个教学过程的成败。②协调技能。在角色扮演式教学中，教师是一个协调者，不是一个控制者。学生自己决定表演的内容、程序和细节，教师只作为参谋和督导。教师要在不干扰学生独立表演的情况下，组织好整个教学活动。③启发技能。教师需要在整个教学过程中不断启发学生，使学生准确理解问题，明确人物之间的分歧，领会表演的要领，并且能够对别人和自己的表演作出正确的评价。离开教师及时的启发和引导，学生的思维很容易离开主题，不利于中心问题的解决。④反馈技能。对于学生的表演，教师应当给予密切的观察和及时、中肯的反馈。教师的评语既不能打消学生的热情(学生都希望听到教师的赞扬)，又必须对学生的观点提出意见和建议。这对教师教学语言的艺术性和科学性都提出了很高的要求。

4.角色扮演活动案例分析

特级教师沈永廷老师执教《祝福》一课，采用了角色扮演的学习方式。这篇课文的教学过程如下：①理清小说情节，概括段落大意，明确倒叙作用。②比较鲁四老爷、冲茶短工及“我”对祥林嫂之死的不同态度。③分析祥林嫂两次到鲁镇外貌肖像的变化及造成变化的原因。④分析祥林嫂捐门槛前后的神态变化。⑤模拟法庭审案，分析迫害摧残祥林嫂的真正根源。

第五环节的道德法庭模拟活动一共用一课时。前半节课分“四人小组”讨论准备，后半节课全班汇报交流，中间穿插播放录音或录像中关于阿毛惨死故事的段落。

人物由“四人小组”的方式饰演，以利于运用集体的智慧，深入了解人物的内心世界，设计角色的语言，发挥集团作战的能力。一次活动由一部分“四人小组”上场，另一部分充当各个角色的后援团。法庭上的角色用“招标”的方法选定，后援团与角色之间双方自愿结对。法庭人员的角色设计，采用虚实结合的方式：原告与被告均由律师代理，以缩小时空差距；法官、证人等都是实际人物，以增强真实效果，表明这是被压迫者的顽强抗争，是对封建卫道士的永久性的审判。下面是道德法庭扮演活动的过程：

控方律师正在陈词：我的当事人祥林嫂是个善良、本分、勤劳的年轻妇女。在丈夫不幸去世后，她因不堪婆母虐待，经人介绍来到鲁镇鲁四家中帮佣。鲁四夫妇见她忠厚老实、勤快能干，令其日夜劳作，无休无止，以至一个女人干两个男人的活。不久祥林嫂被其婆母强卖给贺老六为妻，产下一子。但不久夫死子亡。鲁四夫妇乘人之危，廉价雇佣，残酷剥削其劳动力；又嫌她二次丧夫，横加歧视，致使祥林嫂在精神上遭受巨大打击，逐渐丧失了劳动能力。这时鲁四夫妇非但不表同情，反而无情地将其解雇，她被迫流落街头，沦为乞丐。综上所述，鲁四夫妇已对我的当事人犯下了残酷的经济剥削与严重的精神伤害两大罪行。

控方律师的话音刚落，辩方律师立即起来反驳：

鲁四先生身为本地名流，从小饱读诗书。家中雇请女工帮佣，原在情理之中，难道能让鲁四太太去烧火做饭，干下等粗活？从法律角度看，我们应称呼其为“贺老六妻”，今姑从俗。必须指出的是，鲁四家并未拖欠半文工钱，怎么能说他是经济剥削呢？现在不是也时兴打工挣钱嘛。再说祥林嫂第二次来到鲁镇，有谁肯予收留呢？要不是鲁家念其可怜，她早已流落街头，不知所终。众所周知，鲁镇的年祭是传统的大典，祭祖时令其回避纯是出于好意，根本谈不上所谓身心摧残。而祥林嫂却对好意心怀不满，消极怠工。鲁四与她终止雇佣关系完全合法合理。祥林嫂在离开鲁家后所发生的一切事情与鲁四没有任何干系。

控方为了从精神迫害取得突破，巧妙地将证人柳妈传到法庭。请看下面的一段对话：

法官：你是柳氏？

柳妈：小民正是。

法官：柳氏听好，此地是法庭，句句话都要负法律责任，不能说谎。

柳妈：小民多年吃素，一心礼佛，不会说谎。

控方律师：柳氏，你在祥林嫂离开鲁家的前一年冬天，在一个下雪天的下午，是不是对祥林嫂说过这样的话——

辩方律师：反对，这是诱供！

法官：反对无效，继续问话。

控方律师：你说她嫁了两个男人，都死了，这两个死鬼男人到了阴间还要争,阎罗大王就锯成两半,判给这两个男人。你对祥林嫂说过这样的话吗?

柳妈:是的,我说过,不过我是出于好意才告诉她的。

控方律师:你还讽刺她额头上的伤疤,说是倒不如那时一头撞死干净,留下伤疤成了大家嘲笑的对象,这样的话难道也是出于好意吗?

柳妈一时语塞,控方律师抓紧追问:柳氏,是谁教你这样说的?

辩方律师:反对!

法官:柳氏可以回答。

柳妈:凡是本地上了年纪的人都知道的,鲁四太太对我也是这样说的。

控方律师:法官大人,这就很清楚了,柳氏显然是受了鲁家的暗示,竭力在祥林嫂面前宣扬因果报应的恐怖,故意伤害她本已十分脆弱的心灵。

在双方激烈辩论中祥林嫂将要败诉时,法庭上却出现了意外的转机。

控方律师:法官大人,我还要传第三个证人到庭。我想请大家注意的是他就是鲁四夫妇的儿子鲁阿牛。他从小生活在鲁家,对祥林嫂在鲁家的遭遇知道得最为详细,对鲁四夫妇的伪善和狡诈也知道得最为彻底。现在他已经站在了我们面前。

鲁阿牛:法官大人,我想揭露的是这样一个事实。鲁家是鲁镇土地庙的主要捐助者,庙祝对鲁家唯命是从。自从第二次雇佣祥林嫂之后,鲁四夫妇对于她的神情麻木呆滞,反复叨念阿毛的惨死,已十分不满。他们在大失所望之余,多次暗示柳妈要让祥林嫂知道自己的罪孽深重,怂恿她去土地庙捐门槛,又指使庙祝加倍要价,将其所得之半数返回鲁家。可见捐门槛原是一个圈套罢了。

控方律师:祥林嫂本以为拿出血汗钱捐门槛,就可以赎清自己的罪孽,但祭祖时却仍不让她去碰碗筷,这对她是个致命的打击,她终于明白自己的罪孽是无法赎清的,她彻底地失望了。但是祥林嫂永远不会明白这原是鲁四等人设下的一个圈套。她在人财两空之后,在一个祝福之夜,带着无限的惶惑和恐惧倒毙在鲁镇的街头。鲁四夫妇在祥林嫂身上犯下的罪行是永远不可饶恕的。

《祝福》是鲁迅小说中最具代表性的一篇,堪称中国现代短篇小说的精品,祥林嫂是一个列入文学典型画廊的形象。但《祝福》所反映的时代与当今已相隔大半个世纪,中国已发生了翻天覆地的巨大变化,中学生很难想象20世纪初中国的世态人情,时空差距构成了阅读障碍与阅读的兴趣。沈老师在教学中引导学生通过人物外貌肖像和动作语言的具体感受,时代环境和矛盾冲突的分析,体验祥林嫂极度悲惨的人生遭遇,了解人物的生活、情感、思想和性格特点,并进一步探究造成这个悲剧的深层次原因,使学生从对祥林嫂悲惨命运的一般同情,提升到对迫害摧残祥林嫂的病态社会的憎恨,对封建礼教和封建迷信的罪恶有具体而深刻的认识。

整个教学以讨论为主线，理解社会、环境和各色人物，最终以道德法庭辩论的形式结束课文。这一教法设计独辟蹊径，发前人之所未发，在当时的语文教学界引起积极反响。反对者认为："编造情节，甚至节外生枝，添油加醋，那就不是在教《祝福》了。"更何况"鲁阿牛"是个"向壁虚构"的人物。赞成者认为："道德法庭的辩论既要忠于原著，也可以在原著的框架内作细节的虚构。"电影《祝福》、越剧《祥林嫂》对原著均有以扩充或虚构；鲁阿牛作为地主阶级的叛逆者，现实生活中屡见不鲜，"虚构"显示学生的创造才能。这场辩论还在教学实践中继续着。

这实质上是关系到语文教学理念的辩论。忠实于课文与作者，释词解句，了解写作背景和作者的创作意图，体会语言修辞与写作方法，完成课堂练习。面向生活和现实，想方设法拉近课文与学生的距离，让学生独立地去理解课文，以期激活潜能，有所创造。这是以发现、探究为目标的教学理念，生动、丰富、有趣。为祥林嫂组织"道德法庭"辩论，对人物与环境之间联系的分析，对人物内心世界的发掘，都是创造性的活动。在道德法庭的辩论中鲁阿牛揭发鲁四罪行这一情节，是在对人物之间关系进行深入分析的基础上作出的创造性的设计。这是一种角色扮演的体验式阅读，是值得赞赏的跨越式的大胆的教学尝试。

(四)组织合作探究

1. 合作探究的含义

《全日制义务教育语文课程标准》提出了合作、探究的学习方式，从而在中小学语文教学中激发起开展合作探究的教学改革热潮。因为教育的主要目的是培养学生的文化素质，而合作精神和创新能力是未来社会所需要的核心素质。开展合作探究性学习活动则是培养学生合作精神和创新能力的最佳途径。

所谓合作探究，是指学生在教师的指导下分小组研究学习材料，从中发现值得研究的专题性问题，然后围绕问题设计研究方案，开展合作研究活动(如收集、筛选、分析、归纳和整理相关资料)，进而总结规律，形成创见，在班上交流学习所得的一种学习活动。合作探究为教师达到三个交织在一起的教学目标——研究、内容学习、合作学习——的教学策略，也帮助学生学习怎样系统地、逻辑地研究专题式问题，促进深入理解学习内容，发展研究能力和思维能力，更重要的是，教会学生怎样合作去解决问题。如果以往的教学主要是指导学生学习教学内容所包含的事实、概念、技能等，那么，合作探究则主要指导学学生学习怎样解决问题，培养高级批判性思维能力。

2. 合作探究的作用

合作探究的作用主要有以下几个方面：

第一，深刻改变了传统的课堂教学模式。合作探究反对强求划一，崇尚个人差别和独创见解，鼓励学生自由奔放和新颖地想象，并为学生提供了各种各样的实践活动以及表现自我和发展自我的机会。合作探究突出学生学习的主体性和探究性。学习活动是由学生自己发起的（发现问题、形成研究课题），学习方法是由学生自己确定的（提出研究的思路、解决问题的设想），学习过程是由学生自己控制的（收集相关资料，分析问题，解决问题），学习结果也以学生自我评价为主（交流评价）。学生不再作为知识的接受者，被动地听从教师的指令，而要带着各自的兴趣、需要和观点直接与学习材料进行对话、与客观世界进行对话，在教师的指导下去探索、认识和发现“新大陆”。师生共同建立起平等民主、教学相长的教学环境，学生在研究和探索中始终处于主体地位，学生能够体会到自我发现的成就感。这是课堂教学产生了质的改变，首先是教学方式的改变，由传统的以教师讲授知识为主的教学改变为以学生自主探究为主的教学；其次是学生学习活动方式的改变，由全班共同学习的活动方式改变为异质小组合作学习的活动方式；再次是师生关系的改变，由师道尊严改变为师生平等交流与互动。合作探究真正做到既促进课堂教学的改革，也促进学生养成积极的探究意欲和态度，发展健全的人格。

第二，有助于开发学生的创造潜能，培养学生独立思考、自主学习的能力。在合作探究中首要关注的是学生研究的过程、研究方法、研究思维方式，要求学生通过阅读自己发现问题、自己解决问题、自由创造，学生在整个学习过程时刻需要审视、反思研究活动，并通过经验的融合和重组来解决遇到的难题，从中学会了查阅资料、分析处理资料、研究问题等科学方法，使教与学的重心不再仅仅放在获取知识上，而是转到学会学习、掌握学习的方法上，使被动的接受式学习转向主动的探究性学习，有效提高学生分析、解决实际问题的能力以及探求未知事物的能力，促进科学思维的形成和创造能力的发展。

第三，能够培养学生的合作意识。让学生学会合作也是当今教育的一项重要任务，因为合作意识是现代人必须具备的基本素质，合作将是未来社会的主流，而合作探究是培养学生合作意识的重要方式。合作探究要求小组共同完成一项任务，小组的异质性决定了学生在共同活动中必须做到互相帮助、互相监督，其中的每个成员都要对其他成员的学习负责，体现出人人为我、我为人人的意识要求。合作探究还可以使学生在交往中产生心理相容，建立起和谐的人际关系，从而对集体的形成和巩固产生积极的影响。在完成任务过程中，小组成员之间需要互相讨论、争辩，向专家请教，取长补短，集中小组成员的智慧。通过集体完成作业，培养了学生的集体意识，加强了相互之间“荣辱与共”的关系。

3.合作探究的设计与实施

合作探究学习活动不是放羊式的课堂教学，它对教师提出了更高的设计和组织实施要求,教师必须在整个合作探究学习活动过程中都需要仔细设计,精心引导。教师指导学生开展合作探究活动的过程大致如下。

第一步,激发合作研究兴趣,了解研究过程。

首先,教师给学生介绍进行合作探究的目的和意义,让学生切身感受到开展合作探究可以培养创新精神和创造能力,还可以培养团结协作精神和社会交往能力。其次,教师给学生介绍国内外中学生进行合作探究的成功例子,让学生认识到课题研究并不是高不可攀的事,只要不懈地努力,中学生同样可以做到。再次,通过开设科普讲座、举办作家或学者的事迹报告会等形式,一方面让学生开阔知识视野,感受学者们严谨的治学态度和献身科学的精神,另一方面引导学生学习体会研究者的研究过程,为以学生为主体的课题研究作了铺垫。例如,有的学校一学期中先后聘请著名专家学者举办了系列讲座:《诺贝尔和科学发现》、《电脑科技新动态》、《化学与人类》、《改变世界的物理学》、《我和书》、《知识信仰与哲学》、《中美关系——21 世纪的国际政治》等等。

第二步,选择探究课题,组建探究小组。

合作探究的关键是培养学生自己在现实生活和学习中发现问题并解决问题的能力。其中,首先要培养学生发现问题的能力。爱因斯坦曾经说过,提出一个问题往往比解决一个问题更重要。这就要求学生必须自主地发现问题并确定研究课题。然而对于广大学生来说,他们中的绝大多数从来就没有类似研究型课程的学习经历,没有基础,不可能一蹴而就,必须循序渐进地培养学生发现问题、确定研究课题的能力。

在初次开展课题研究的时候,可以由教师提供课题,学生在众多研究课题中自主地选择自己的研究课题。对于大多数学生而言,由于学识、经验、生活的限制,在进行研究性学习中,一开始就自己去发现问题,难度较大,实施困难,他们无法自己确定一个研究课题,那下面的研究就更无从着手了。可以组织全校教师根据自身的专长、特长和兴趣爱好,提出众多的课题研究方向,可以涉及学校的各个学科以及学科之间的综合,教师在这些研究方向中并不涉及具体的研究课题,只是给出了各个研究方向的内容综述,介绍一些有关研究方向的基本知识、当前研究状况和未来发展方向等,同时给出一些参考书目和相关的因特网址。将有关这些课题研究方向的综述、参考书目和相关网址制作成动态网页放在"研究型课程学习支持网"中,提供给学生自主确定研究课题时参考、研究。由学生自主地围绕自己感兴趣的研究方向开展资料的收集、分析、研究工作,在这个过程当中,学生必然会产生有关这些研究方向的疑问需要解答。

当学生经历一两次课题研究活动后,可以由学生初步提出课题,教师筛选课题,学生选择课题研究。如果教师事先准备好若干个研究课题让学生进行选择，表面上看起来学生的确开展了一些课题研究工作，但这种方法没有让学生自主地确定课题而仅仅是选择课题。合作探究一定要让学生体验发现问题、分析问题，进而确定课题的经历。学生也可以根据自己的学习、生活、工作经历，自己提出一些研究方向，并将自己所了解的有关这些研究方向的资料，包括内容简介、参考书目和相关网址上传到“研究型课程学习支持网”的“学生研究”中，供其他同学在开展研究性学习、确定研究课题时参考，其他同学也可以在学生自己提出的研究方向中确定课题。

最终必须做到学生在自己感兴趣的领域中发现、提出问题，并形成课题。这要求学生开动脑筋，在自己感兴趣的领域中发现、提出问题，分析自己提出的问题并形成课题。学生可以就生活中碰到的值得研究和值得改进的问题提出自己的想法，或者提出自己感兴趣的一直想做而未做的事。内容不必局限于课内或是课外、单科还是综合，不管是文科还是理科、是理论探索还是实验研究或，都可以提出来作为研究课题。选题时并不要求一定是全新的、别人没有研究过的课题，就是别人早已研究过的、已有现成产品的东西，也可以重新研究，通过实践对其加以改进。选题阶段可暂不考虑可行性，提出的课题越多越好。因为课题研究重在研究过程，而不在于出研究成果；是通过课题研究的实践过程培养学生的研究意识，掌握研究方法，形成科学的态度和科学的素质。

在学生提出自己的研究题目后，教师围绕学生们的选题，将具有相关课题、相同兴趣的同学组成一个小组，每个小组自行推荐产生小组长，负责协调组内工作及加强和老师的联系。组成小组后，组长再将大家的课题浓缩成一个具有一定可行性的组内共同课题。合作探究的分组要考虑三个因素，一是兴趣，如根据学生对不同专题所表现的兴趣分组；二是异质，小组之间的能力高低尽量平衡；三是小组之间的性别和文化背景平衡。合作探究的观念之一是，帮助不同文化背景的学生共同学习，需要更高的信任和合作。达到这一目的的第一步是小组成员的多样性。

第三步，制订探究计划，实施合作探究活动。

在确定了研究题目和掌握了一定的研究资料的基础上，教师指导学生们设计自己的研究计划。研究计划的内容包括课题名称、课题研究的目的、本课题研究现状及可行性分析、课题研究内容、实施步骤及分工安排、研究的预期成果、参考资料(文献)等。学生自己拿出设计方案是培养学生研究能力的关键。在这一阶段让学生充分发挥想象力，根据课题要求、所查资料，提出自己的设想；同学间互相交流自己的设想，充分的讨论，相互启发、补充、修改和完善。

研究方案设计较为合理后，学生开始从事研究活动。首先，各个小组要聘请各自的指导老师，以获得理论及实践上的指导。学校要给予一定的时间保证，创造必要的物质条件，便于各小组着手进行课题研究。小组成员分工合作，有的同学在图书馆查资料，有的同学则走出校门，在社会上进行调查访问等。学生开展研究时要做好比较详细的工作记录，最终汇总成为研究成果。

其中，最主要的工作是资料的收集和处理。缺乏资料，问题解决和探究就难以有效进行。教师要给学生提供相应的背景知识，指导学生们查阅研究资料的方式、途径，要求学生分工合作，自行查阅、收集与本课题相关的现状资料，如相关研究的成果、存在的问题等。资料可以来自于教科书、报纸、杂志，文献、网络等。收集、处理资料是研究能力的一个重要组成部分。

第四步，处理结果，撰写报告。

对于获得的探究成果，教师指导学生进行分类、整理，综合、总结，提取有用的资料作为研究报告写作的材料。最后要求学生写出自己的研究报告。研究报告要求包括"问题提出"、"研究过程"、"研究结论"、"自评总结"及"参考书目索引"等几部分。

第五步，展示交流探究成果。

这一阶段的目的是指导学生学会用清晰而有趣的方法交流探究报告。交流探究报告不仅考虑报告内容本身，还要考虑听众，尽可能创造能吸引人的兴趣和动机的报告呈现方式。提供的报告可以是口头的，也可以是书面的或实物的等。活动形式多种多样，有全班呈现，有演示，有网上发布，有录像呈现等。如果是班级交流，每个小组可以推选一至两名代表上讲台演讲，介绍本小组课题的开展情况、得出的结论或制成的作品，同时说明自己从发现问题到形成研究结果对问题认识的变化。下面的同学和老师做评委，对上面的课题提出自己的见解，共同探讨该课题的成功之处、存在的问题、有待改进的地方、课题的意义等。每个小组介绍完以后，教师及时给予评价，肯定优点，指出不足，分析该课题进一步研究的价值和意义，建议学生在今后的学习、生活中积极尝试做课题研究。评价不仅关注探究结果，也要关注探究的过程，这需要教师引导学生反思研究过程，评价他们在每一个阶段的表现。

如果学生的探究确实有较大创新，可以创造机会让学生在更大的范围内进行成果交流，或在适当条件下将学生的论文送出去评比、发表，以资鼓励。

4. 合作探究的案例分析

案例一：课文研究性阅读

研究性阅读是在教师的指导下，学生自己研读文章、发现问题、分析问题、解决问题、总结规律，然后在班上交流学习所得的一种学习活动。这种阅读活动是以阅读目的为前提，以信息论为理论指导，以围绕阅读目的准确、快速、有效把握文章的相关信息为基本原则，不断提高筛选、认知、处理语言信息的能力，进而培养学生的创造性。它培养的是一种终身受用的基本生存能力，对成长、成才、成就关系重大。

研究性阅读的课堂组织形式应该是合作探索型课堂模式。其基本教学过程如下。

(1)确立阅读目标

研究性阅读是一种目的性非常明确的阅读活动，要求学生围绕阅读目的准确、快速、有效把握文章的相关信息，并广泛地联系相关信息，从中筛选、处理信息，以便实现阅读目的。因此，明确阅读目的，为阅读活动定向，是研究性阅读的首要任务。

(2)初读感知

这是研究性阅读活动的准备阶段，要求学生初步了解课文，熟悉内容，为发现值得研究的问题作准备，为深入探究教材打下基础。

(3)提出问题

在阅读目的的引导下，通过初步感知课文，提出下一步需要研究的问题。我们这里所说的单篇课文的研究性阅读，是和课堂教学结合在一起的，所以我们提倡所提出的问题首先要同教学目标结合在一起。当然，在学生完成教学目标的基础上，也可以根据课文内容提出有意义的、值得探讨的问题。问题开始时可以由教师提出，例如，有位教师在指导学生研读《南州六月荔枝丹》这一篇图文并茂、文质俱佳的科学小品时，把学生分成四个小组，每个小组研究一个问题，研究的专题分别为：本文说明顺序安排、引用说明方法的运用、科学小品的特色、修饰限制词的运用等。要求学生尽量掌握文中所有材料，通过分析综合，总结出观点结论。以后逐渐过渡到在教师启发下学生发现研究问题，例如，有的教师在指导学生学习《繁笔与简笔》一文，启发学生提出了以下研究问题：①文中要阐明的观点是什么？②文章从几个方面论述了这个观点？③从作者的基本观点出发可以引申出什么新的观点？④是否同意作者的观点？结合自己的写作实践谈谈体会。最后要求学生在初步阅读文章后能自己提出问题。例如，学习鲁迅《为了忘却的记念》一文，学生提出了以下问题的研究：①从本文中收集五人的生平事迹、性格特点等材料，撰写《我国现代文学史上的五位青年作家烈士》专题报告；②从本文中收集有关五位作家与鲁迅交往的材料，准备做《鲁迅与青年作家》讲演；③从本文中收集五位作家受迫害的材料，写作论文《试论国民党反动派对左翼文化的围剿》。

(4)收集处理信息

研究性阅读把阅读材料看成一个信息集。通过识码、解码、编码达到对它的有效理解与把握。因此，要求学生围绕阅读目的独立自主地对相关信息进行筛选、收集、分析、综合、提炼和重组，也就是：过滤次要信息，筛选主要信息，压缩有用信息；使无序信息条理化，使隐性信息显性化；把信息原码重新组合加工，衍生出新的信息。这要求教师一方面要善于激发学生学习的兴趣，调动学生探究的积极性；另一方面要教给收集处理信息的方法，指导探究的途径，提供解决问题的思路，使学生能够针对自己的研究对象进行研读。在这里，阅读是读者获取信息的一种手段。要关注的是语言表达了什么信息、哪些信息，什么是重点信息，如何阐述、扩充关键信息等等。

(5)切磋问难

研究性阅读的最佳组织形式是小组合作研究学习，小组成员分工合作，共同研究问题。小组在研究问题过程中，互相切磋问难，讨论启发，促进发现，从而提高阅读效能。学生正是在切磋问难中发现“真”——一定的规则、定义；发现“疑”——发现一个问题比解决问题更重要；发现“美”——得到审美体验。

有一位老师在上《离骚》一课时，涉及对屈原情感思想的评价时，采用了小组讨论和大组交流的方法。在各小组做了充分准备的情况下，大组交流、问难、争鸣的情况如下：

生甲：我认为，屈原之死是有价值的。我们知道，一个人活着必须有所追求，否则，他的人生就是浑浑噩噩的一场梦！振兴楚国是屈原一生的最高理想。当这个理想破灭，他的人生还有何意义！与其苟且偷生，何如一死以明志！“幸福是非死得不到的！”

生乙：我不同意！屈原满腹经纶、才华横溢，根本不应该把自己的理想寄托在楚怀王那个昏君身上。他完全有理由弃暗投明，辅佐秦王，或著书立说都比投江能更好地实现其人生价值。

生甲：不能这么说！人活着要有气节！

生丙：何谓气节？他的气节只是对一个昏王的愚忠！

生丁：我们不能按今人的民主观念来勉强屈原！在他那个时代“爱国”只能通过“忠君”来实现，可以说，“爱国”必须忠君！

生戊：等一下，屈原是有气节，但有气节并不一定要以死殉国。他最主要的才能表现于文学创作上，他完全可以放弃他的政治理想，而做一个纯粹的文人。如东晋的陶渊明，寄情于山水，对他自己、对后人都更为有价值。

教师把自己的心得、别人的研究成果教给学生，这是讲授；学生自己阅读、自己体会、自己寻找答案和解决疑难问题，这是发现。研读发现可以是师生交流中促成的点滴积累的发现，也可以是一段时间的独立学习后的系统总结。

(6)交流评价

学生把独立研读的系统发现，先在小组内讨论交流，汇集整理研究所得的观点和结论，再选代表向全班同学汇报研究成果。其他同学补充、反驳、完善，最后师生共同评价。

例如，在对《南州六月荔枝丹》的研读中，研究说明有顺序的小组梳理出了从篇到段的大小顺序，即设疑—解疑—建议；实—虚，主—次；表—里，此—彼；先—后，过去—现在—将来；一般—特殊，整体—部分，上—下等等。分类归纳为逻辑顺序、空间顺序、时间顺序、观察顺序。所得结论如：最便于把事物说准确、说清楚的顺序是最好的安排；要清楚地说明一种事物往往要几种顺序配合交织；顺序应符合事物本身的条理；顺序应符合人们的认知习惯；顺序应符合人们的认识规律；说明一种事物的顺序不是唯一的；科学小品的顺序可借助散文构思；以此带彼的顺序能节约文字等等。

研究引用说明方法的同学对全文 20 处引用按不同标准作了如下分类：按引用的内容分为诗句、文句、故事传闻、资料、民俗谚语等；按所引内容性质分为科学性的、文学性的、介于二者之间的等；按引文的位置分为做标题，在段落的要点句之后，引文同作者阐述结合，引用同举例、列数字相配合等；按引用方式分为全引、摘引、意引等；按作用分为比喻描写性的、对比说明性的、举例考证性的等；按来源分为来自史籍的、来自科研成果的、来自现实的、来自调查材料的等；引用注意事项有：引文应恰当说明对象，不牵强、不炫耀，引用应精要，不堆砌、不累赘，一般应注明出处，不含糊、不虚妄。

研究本文修饰限制词语运用的同学，查出文中几十个有代表性的词语，分别划分为：限时间、限方位、限处所、限范围、限角度、限程度，描形、绘色、推测、展望、表感情倾向等。

研究科学小品特点的小组，从小品的读者对象、作者目的、写作要求等方面作了分析概括。从不同角度就科学与文学的关系得出了如下结论：小品是艺术地宣传科学；科学是生命，艺术是手段；科学是主线，文学是点缀；科学求“真”，艺术求“美”；科学为主，文学为宾；二者不是油水分离，而是水乳交融；小品是用散文笔法写说明文；科学小品也讲“形散神聚”。

通过研读和交流，学生不但理解熟悉文章的内容和写作特色，对某一问题进行了深入的研讨，并有所发现，而且学会了搜集、分析、综合的研读方法，为今后进一步学习和研究奠定了基础。这种研读、发现、交流的过程也就是思维创造的过程、自我超越的过程。每一次学习，都伴随着兴趣的提高、信心的增强，使学生真正处于主体地位，有利于培养学生的创造力。

案例二:资料性研究学习

资料性研究学习,是指教师指导学生分小组收集、加工和处理资料从而学会科学研究的基本方法。所有科学研究都是在别人研究的基础上进一步发展,成功的研究者都善于吸收别人的研究成果。同样,任何研究性学习也离不开查阅资料。首先,学生必须在掌握一定的资料的基础上才能提出有价值的问题;其次,学生在研究的过程中更是需要查阅大量的资料。因此,查阅、研究资料是研究性学习的起点,也是研究性学习的重要基础。

资料性研究学习也是语文教学的一项重要内容。《全日制义务教育语文课程标准》在阶段目标中制定了如下的课程目标:"为解决与学习和生活相关的问题,利用图书馆、网络等信息渠道获取资料,尝试写简单的研究报告。""初步了解查找资料、运用资料的基本方法。""能利用图书馆、网络搜集自己需要的信息和资料。""能提出学习和生活中感兴趣的问题,共同讨论,选出研究主题,制定简单的研究计划,从报刊、书籍或其他媒体中获取有关资料,讨论分析问题,独立或合作写出简单的研究报告。""掌握查找资料、引用资料的基本方法,分清原始资料与间接资料的主要差别;学会注明所援引资料的出处。"这一方面反映了信息社会对人们提出的新的要求,另一方面也告诉我们语文教育必须应对这种挑战——我们必须高度重视培养学生收集和处理信息的能力。面对陌生领域,学生必须知道到哪里去寻找他所需要的资料;面对纷繁复杂的材料,学生还必须学会如何快速有效地选择对自己有用的资料。总而言之,语文教学要切实指导学生开展资料性研究学习,培养学生掌握基本的科学研究方法——文献研究法。

教师指导学生开展资料性研究学习的过程大致包含以下几个步骤:

第一步,教给学生检索资料的方法。例如,检索各种工具书的方法,检索图书馆各种资料的方法,检索电子资料的方法,尤其是在互联网络上检索资料、下载文件的方法。学生掌握了各种查阅资料的手段,才能在浩如烟海的资料库中高效地寻找到所需要的资料。这里,特别强调指导学生通过网络去检索、收集和处理信息的活动。

第二步,检索资料。这是要求学生明确研究任务,确定收集资料的范围,在图书馆或互联网络上检索资料。首先要明确目的任务,这是有效地收集资料的前提。在海量的信息资源面前,如果学生没有具体的学习任务,就不知道如何去选择信息,就如海中没有导向的小舟,随时会迷航,甚至会被"淹死"。因此,学生要学会分析资料性研究学习的问题的性质、目的,并据此确定收集资料的范围,然后去查阅有关资料。其次要尽可能多地收集到与研究问题有关的资料。

第三步,加工、处理资料。这是要求学生对资料进行的鉴别和评价、筛选和摘录(或下载和保存)、分类和分析的处理。在网络上收集到的资料,需要把它们下载和保存到计算机上,这包括下载和保存网页、图片、文字等,这是对资料的初步加工处理,属于技术性工作,学生比较容易学会。而鉴别、分类等工作则是对资料的深层加工处理,需要高级思维的参与,学生掌握起来优一定难度。

第四步,综合资料,创造出新的信息。这是要求学生根据对所得资料进行分析研究,并把思考的结果写成文章。可以是对资料进行综述和介绍,也可以是对资料进行评论。尤其提倡学生对资料从不同的角度或层面做进一步研究,从中发现新的问题,然后通过深入思考、联想和想象,乃至于重组和运用资料,提出新的看法,写出独到的论文。例如有的学生通过查阅工具书中有关国家珍稀保护动物词条的解释,进行综合分析后发现这些解释不符合环保要求:熊,熊掌是珍品,肝胆、肉可制药;虎,骨、血和内脏都是贵重药物,虎毛皮铺毯极珍贵;鲸,肉可吃,脂肪是工业原料。对此他们提出了自己的看法:这些解释有违生态意识,应该改正过来。他们据此写成了论文《对学生工具书缺少生态环保意识的词语所进行的分析》,并被评为全国"少年世纪论坛"优秀论文。又如高中生赵迎、李晓亚的论文《藏在深闺无人识——浅谈江南民间文化的抢救、保存、加工、利用》是一篇很不错的资料性研究论文。论文针对当今社会对民间文化缺乏大众支持,发展较滞缓,为了提高民间文化在人民大众心中的地位,传承一个民族的精髓,使其艺术魅力及社会功效得以发挥,作者就地处江、浙、沪的江南民间文化作一初步探讨,通过各种方式收集民间传统文化图样等基本素材,如民间传统文化在现代人心目中的地位、剪纸的艺术样式、无锡与南京民间宫灯样式及制作上的异同等,展示出江南地区民间工艺的地理分布,并对民间传统文化的保存等提出了自己的看法。这样的选题研究能够结合社会实际,既具有一定的现实意义,又初步学会了简单课题的研究方法及写作,获得较好的归纳材料、分析问题的能力。

第五步,分享和评议资料。在这一阶段的学习活动中,学生可以选取自己搜集到的最有价值的资料供大家分享,也可以介绍对资料的综述或评价,还可以宣读自己的读书报告或小论文。有条件的可以做成幻灯片或网页,使交流更形象具体,范围更广。在分享的基础上开展讨论,可以弥补个人学习的不足,进一步深化学习。分享和讨论的方式,可以通过收发电子邮件、BBS论坛、留言等形式进行,也可以在班级教室中开展。活动的方法,可以是在教师指导下的活动,也可以是学生自由的活动。学生通过分享和讨论,能够学习到他人的研究成果,充实自己的研究成果;同时能够感受到自己学习所获得的成就感、喜悦感,和感受到与他人讨论、探究的乐趣。

案例三:调查研究

调查研究学习,是指指导学生对社会某一问题或现象进行系统周密的了解和考察,并对所获得的材料进行分析研究,寻找本质,总结规律,是为了了解情况而进行的考察。调查研究,包含调查和研究两个阶段。调查是运用科学的手段和方法搜集有关研究对象的客观事实材料;研究是对搜集来的事实材料进行整理和分析。调查研究是在学习和工作中使用得最广泛的一种研究方法。指导学生开展调查研究学习,可以帮助学生掌握科学的调查手段,培养学生对社会问题作深入的理性的思考的习惯。

由于进行调查研究包含一系列步骤,每一步都需要仔细地计划。因此,指导学生开展调查研究的重点和难点主要在以下几个方面。

(1)指导学生选择值得调查研究的课题

进行调查研究,首先要考虑为什么进行调查,调查什么问题。可以说,选择调查课题,明确调查目的、任务,制约着整个调查过程。指导学生选择调查研究课题,应紧扣学生的学习、生活实际,也可以结合社会的热点问题选择调查课题。因此,要引导学生议一议社会生活问题,例如,新年寄贺卡,一棵树可以制造成多少张贺卡?每年寄贺卡要砍掉多少棵树?饭店里都在用一次性筷子,一家饭店一天用多少双筷子?要毁掉多少棵树?同学们到小店去买方便面收集人物卡,一天用去多少钱?同学们的零花钱都花在哪儿?到本地风景区去玩耍,哪里的旅游商品的开发和销售情况怎样?对于这些问题,同学们是否有兴趣做一次调查研究?只有选择了调查课题,明确调查目的,才可能有的放矢地进行调查。

(2)指导学生设计严密的调查方案

当学生选择了调查课题后,教师则需要指导学生进行调查方案的设计。这主要包括以下内容:

①选择调查对象。调查的范围,既可以涉及对所有对象,也可以抽取部分对象。对所有的对象都进行调查,比较费时费力;抽取部分对象进行调查,可以节省时间和精力。因此,如果调查的对象比较少,可以采用整体调查方法;如果对象较多,则需要对对象进行选择,例如采取随机抽样方法选择对象。

②确定调查内容。这是根据课题目标,规定调查的内容是什么。调查内容一般包括调查两方面:一是调查对象的基本情况,如调查对象所在单位、年龄(或年级)、性别、职务等;二是需要从调查对象中了解的与调查目标相关的情况。例如,调查同学的课外阅读情况,打算了解以下内容:读书的数量,读书的种类,书籍的来源,读书的方法,读书的困难,课外阅读在课余所占的时间,课外

阅读的书目以及最喜欢的书目，课外阅读的感受、效果等。

③设计问卷或访谈提纲。调查的手段是多种多样的，主要有：一是调查表和调查问卷，即把要调查的问题编制成表格或填充、选择、问答等形式的问卷。二是座谈和访问，即通过面对面的谈话来收集材料。三是观察，即在自然状态下直接观察调查对象的言语、动作、表情等外部表现。四是查阅资料，即查阅调查对象的现实与历史的有关文字记录资料。

④准备调查工具。这主要是根据选择的调查手段来准备调查资料。如果采用调查表，则编制和印刷相应的表格；如果采用问卷法，则编写和印刷调查问卷；如果采用座谈、访问方法，则拟订谈话提纲；如果采用观察法，则准备观察所需要的材料。总之，准备得越充分，调查研究就会越严密，成功的可能性就越大。

(3)指导学生处理调查结果的数据

当调查方案设计好后，教师则可以组织学生进行实地调查。也就是按照调查计划和要求开展实地调查，收集调查的原始资料。如发放和回收调查表或调查问卷，召开座谈会，访问调查对象，进行实地观察等。然后把调查获得的结果进行整理、分析。

处理调查结果的工作主要包括：①核查，即辨别调查结果的真实性、可靠性和完整性。②分类，即对调查结果进行分类。③评定，即对调查结果进行评定、评分工作。④登记与统计，即对评定结果进行登记和统计，如计算百分比等。⑤编制统计图表，即根据统计结果编制图表。为了使学生掌握科学的手段，可以指导学生运用计算机来处理调查结果的数据，例如运用 Excel 或 SPSS 的软件来处理数据。

(4)指导学生学写规范的调查报告

调查报告是针对研究课题的要求，对研究对象进行调查，然后对调查材料经过整理、分析、比较和综合后的记录，是一种反映调查结果的文字表达的报告。它是在整理、分析的基础上综合全部材料，从而形成对被调查现象的科学认识。把这种科学认识写成调查报告，成为调查的最终结果。

调查报告虽然没有固定的格式，但却有规范的要求，指导学生开展研究性学习，应该引导学生掌握严密的研究方法，体验科学的研究过程，学会规范的论文写作。

四、组织活动技能评价

运用表 5-1 评价组织活动的教学效果。

表 5-1 组织活动技能评价表

课题： 讲课教师： 评价者：

项 目	优	中	差
教师布置活动任务是否明确、具体	5	3	1
学生活动前是否有时间准备	5	3	1
学生在整个活动过程是否处于主体地位	5	3	1
是否绝大多数学生参与活动	5	3	1
学生之间的活动是否互相促进(如有分工合作、互问互教)	5	3	1
活动开展是否促进学生对学习内容的深刻理解(活动的深度)	5	3	1
活动过程开展的是否有序、顺利	5	3	1
教师在活动中是否充当适当的组织引导角色(过分参与、很少参与都属于不适当角色)	5	3	1
合计			

注：请听课后根据以下各项评价指标评出等级(在相应的等级上打钩)，总分在1～10为差，11～20为一般，21～30为中等，31～40为优良。

【微格训练】

一、组织活动教学案例分析：仔细阅读下面的组织活动课例，分析其优缺点。

1. 鲁迅小说《药》教学案例

一位教师执教鲁迅小说《药》，采取合作探究的学习方式。教学过程大致如下：一是通读课文，以四人小组为单位，交流对课文的初步感受，讨论并提出具体的研究课题；二是课题论证，各组交流初定的课题，对课题的价值进行论证，去伪存真，舍劣取优。应充分阐述本组课题的意义、根据，还可对他组的课题发表意见。各组确认自己的研究课题。三是拟订研究方案。包括收集信息的范围和方式(课本内外)，如何进行个人研究、小组合作等。四是实施合作探究学习，包括个人研究(收集分析信息，进行探索，形成观点)、小组合作探究(交流个人研究所得，进行碰撞，形成共同的或不同的见解。拟订发言提纲，确定发言人，制作投影片，准备答辩交流)。五是班级交流。各组代表依次上讲台展示本组研究成果，小组其他成员补充发言；跨课题评价，对他组成员的质疑、追问进行解答；或对他组课题进行评价；师生讨论强化。下面是有关小说主题探究的小组交流实录。

生3：夏瑜为救国救民而牺牲，可是他的血竟成了愚昧的华老栓为儿子治病的良药；他在狱中坚持向狱卒宣传革命道理，却被狱卒扇了两个巴掌；夏瑜就义，人们幸灾乐祸，认为这就是“叛党”的下场，甚至于他母亲夏四奶奶上坟时仍“现出羞愧的神色”。以上种种矛盾冲突，充分揭露了封建统治阶级镇压革命和愚弄人民的反动本质，作者通过夏瑜充满悲剧性的斗争，深刻揭示了辛亥革命失败的原因——脱离群众，致使形单影只，不能彻底解放人民群众的封建思想。

生1：夏瑜是悲哀的，这表现在他的革命行动不被人所理解。小说描写了华夏两家的悲剧，揭示出在当时社会大背景下由于深受封建迷信的影响和封建统治阶级的镇压，个体的苦难无法自救，只能奢望他人“疗救”。因此在小说中便有了乡里人。

应该说乡里人也是受难者，充当着奴隶的角色。然而他们却表现为在无力解救之时先拒绝解放，且置受难者的痛苦于不顾，甚至幸灾乐祸地做起了受难者的看客。他们对夏瑜讲革命道理“显出气愤模样”；他们将夏瑜说阿义“可怜”认为是“疯了”，像是“恍然大悟”；他们对夏瑜被封建统治者杀害“潮一般”地去看热闹。于是受难者如同舞台上的小丑被观赏。这里已经不是“将快乐建立在别人的痛苦之上”那般卑鄙，而是一种人性意义上的残酷。看—鉴赏—咀嚼—消化，由此形成了一个大循环：自己被人“吃”，又反过来“吃”别人。每个人都担当双重角色，生存环境变成了人性的荒漠，所以弱者只能坐以待毙或者去“吃”比自己更弱的人。

由于人性的荒漠化是思想愚昧所致，小说中的夏瑜便以“赎救者”的形象出现，试图从精神上解救大众。他主张“大清天下是我们大家的”，并竭力“劝牢头造反”。但他的壮举只是给母亲带来悲哀和羞愧，给华老栓提供了一味假药，给茶客们增添了无聊的谈资，给刽子手提供了一份诈骗钱财的资本。

生2：置疑，那么小说的主题难道是通过写群众的愚昧来表现革命者的悲哀？夏瑜的革命到底有什么意义？

（一阵沉思）

师：这个问题提得很好，促使同学们深思。关于主题，我这里提供一组材料供大家辨析。（投影）

关于《药》的主题，长期以来说法不一。较有影响的，有以下几种：

其一：正题旨是亲子之爱，副题旨是革命者的寂寞的悲哀。

其二：只有彻底地进行反封建的革命，推翻吃人的封建社会，中国人民的深重痛苦才有解除的希望。

其三：怀念革命先烈，赞颂革命先驱，告诫人们不要让革命烈士的鲜血白流。

其四：它描写和歌颂了辛亥革命时代的一位革命者，揭露了那个时代的深厚的封建势力，指出了人民的落后状态。

其五：通过夏瑜被反动统治阶级杀害及华老栓们对他牺牲的反应，揭示了旧民主主义革命脱离群众的致命弱点，显示出唤醒民众，使其摆脱封建阶级的精神毒害的重要，启示人们去探求疗救中国病态社会的良药。

生3：第五种说法才是正确的。课文自读提示第二段可以作为这种说法的印证。（请看自读提示）

生4：夏瑜的革命不被人所理解，从这一点上说是悲哀的，但他的革命不会是毫无意义的。夏瑜是中国黑暗社会里的一道亮光，中国革命的胜利正是靠一批又一批的志士不懈努力乃至用鲜血换来的，小说最后的"花环"也表明夏瑜的意义。

生5：另外，从鲁迅先生的创作动因也可看出夏瑜的意义所在。鲁迅先生在《〈呐喊〉自序》以及〈自选集〉自序中提到"还未能忘怀于当日自己的寂寞的悲哀，所以有时候不免呐喊几声，借以慰藉那在寂寞里奔驰的猛士"。又说"大半倒是为了对于热情者们的同感"。有"在寂寞里奔驰的猛士"，有为他们"呐喊"助威者，有"热情者们"，中国革命才有了希望，最终才取得了胜利。

2.《毛遂自荐》教学案例

一位教师指导学生学习《毛遂自荐》这篇故事，开展谈论学习活动，一个小组讨论了"毛遂的自荐成功说明什么道理"的问题，具体讨论如下：

生1：毛遂之所以成功，我看是因为主观的努力和客观条件两个方面。第一，主观方面，毛遂敢于自荐，说明他有才能、有勇气；第二，客观方面，平原君很开明，能虚心接受建议。

生2：我认为这件事说明了机遇和准备的重要性。第一，平原君赴楚求救缺一个人，并且这个人一定要从门客中找，这是最关键的，如果人齐了，毛遂的自荐就失去了可能性。所以，对毛遂来说，这是一个难得的机遇。第二，平原君很开明，为毛遂抓住机遇创造了条件。第三，毛遂自己有本钱，准备充分，既有才能和学识上的准备，又有自信心和勇气上的准备。

生3：我补充两点。第一，平原君很开明，这也是毛遂的一种机遇。第二，总结一下机遇和准备的关系应该是：要取得成功，仅仅有机遇是不够的，还必须有充分的自我准备；有了准备，但没有机遇，也不可能成功，要不，三年时间，毛遂为什么会一直默默无闻呢？

生4：我们还应该注意机遇和准备之间的关系。毛遂有了准备，在机遇来临时才能抓住它，机遇靠等待，准备靠努力，所以应该是准备更重要一些。

3.《白毛女》(选场)教学案例

一位教师执教歌剧《白毛女》(选场),其教学过程大致如下:第一节课学生自读课文,初步理解戏剧的基本知识和《白毛女》剧情、人物等,布置第二节课学生分组准备分角色表演第一场。第二节课教师就戏剧相关知识和《白毛女》提了几个问题,让学生回忆和熟悉相关知识内容,然后分小组表演。在同学们的阵阵掌声中,有一组同学登场了。扮演杨白劳和喜儿的同学分别穿上了事先准备好的服装——看得出,他们确实费了一番工夫,不知从哪里找出了他们认为最破的棉袄。接下去,他们用不同的流行歌曲的曲调演唱着他们各自的台词……随着他们的表演,课堂上不时发出一阵又一阵笑声,课堂充满着逗乐的欢笑……

4.《"诺曼底"号遇难记》教学案例

一位教师执教小说《"诺曼底"号遇难记》,用一节课分析理解小说人物形象,最后得出结论:他是以身殉职的英雄。临下课,教师问:"大家还有疑难问题吗?"有位同学把手高高举起,说:"老师,我认为哈尔威船长最后不应该去死。"一石激起千层浪:"老师,我也这样认为!""老师,我不同意!"此时,教师灵机一动:"下节课,我们开个辩论会吧。同学们回去好好准备。"教室里一片欢呼声。

第二天上课,学生两排桌子分开,学生相对而坐,俨然"两军对阵"。黑板上写着三个彩色大字"辩论会"。学生自己当"主持人",开始了辩论:

主持人:同学们,今天,我们就"哈尔威船长应该不应该随船一同沉没"这个问题展开辩论。我分别介绍正方、反方的主辩和助辩……下面先请正方主辩阐明观点。

正方主辩:我方认为,哈尔威船长应该和船一起沉没。他和这艘船朝夕相伴已经 7 年了,对这艘船产生了深厚的感情,如同父亲爱着自己的儿子。他爱这艘船。在他的心目中,船在人在,船亡人亡。他已经把船看得比自己的生命还要宝贵,如今心爱的船沉没了,他毫不犹豫地选择了死。

反方主辩:刚才正方主辩说,哈尔威船长对这艘船有深厚的感情,船沉没了,所以他选择了死。请问对方辩友,如果你喜爱的那条小狮子狗有一天突然死了,难道你也不想活下去了吗?(笑声)

正方二辩:对不起,请问对方辩友,一条小狗和一艘巨轮能相提并论吗?小狗,充其量是我们的朋友,而这艘轮船是哈尔威的命根子。我小时候,经常和邻居的一个小孩打架。有一次,妈妈狠狠地打了我。我说,我不想活了。妈妈哭着说,你是我们的命根子,你要是不活了,我和你爸也不活了。所以我非常理解哈尔威船长的选择。

反方二辩:你妈妈只是说说而已,即使你真遭到不测(众笑),你的父母尽管会悲痛欲绝，但是他们还得活下去。我方认为，人的生命只有一次，所以我们应该尊重生命、热爱生命、珍惜生命。哈尔威船长在船沉没之前，为什么不能死里逃生呢？发明大王爱迪生年轻时，辛辛苦苦建立的实验室被一场大火烧毁。如果当年爱迪生也像哈尔威船长这样选择了死，那么人类的损失将无法弥补。还有，美国三大汽车公司之一——克茵莱斯勒公司在1991年因亏损7.95亿美元而大伤元气，公司将毁于一旦。如果该公司的领导人就此放弃了，又怎么能有后来的东山再起？

正方三辩：刚才对方辩友说，我们应该尊重生命、热爱生命、珍惜生命，我方非常赞同这个观点。但是我方认为，对生命的价值和意义，不同人有不同的理解。"各国变法无不从流血开始，今日中国未闻有因变法而流血者，此国之所以不兴。有之，请自嗣同始！"在生和死之间，谭嗣同舍生取义，其"我自横刀向天笑，去留肝胆两昆仑"的光辉形象，将永远活在人们心里。还有民族英雄邓世昌，死也要撞沉敌人的战舰。他放弃了逃生，以身殉职，无悔无疚，因为他的生命已被赋予了更深刻的意义。难道能说是他们不尊重自己的生命吗？

反方三辩：如果说，谭嗣同、邓世昌为"义"而死。那么，哈尔威船长的死是为了什么？

正方四辩：为了尽到当船长的责任。船沉没了，他认为自己应该为船而死，因为他一生要求自己忠于职守。

反方四辩：尊敬的对方辩友，课文一开始就提到"船长在自己的船上，小心翼翼地驾驶着他的'诺曼底'号"，是玩忽职守的"玛丽"号船长犯了错误。这场灾难，责任不在哈尔威船长，他为什么要死？如果说，你骑自行车在大街上走，一个人闯红灯，把你撞倒了，那么，你就站起来打自己两个耳光吗？哈尔威船长去死，这不是在用"玛丽"号船长的错误惩罚自己吗？请问对方辩友，船上的60个人在哈尔威船长的帮助下都脱离了危险，这时哈尔威船长再逃生，他有错吗？

正方四辩：这个时候逃生从道理上讲，完全可以讲过去，但从感情上讲不过去。船长的职责不仅仅是保护船上的人和财产，他还有另一个职责——保护船。尽管错不在于他，他自己还是自责万分。大家还记得"泰坦尼克号"吗？船撞到冰山后，船长不也和船一同沉到海底了吗？

反方主辩：请问对方辩友，你认为对整个社会而言，船长死了对社会的损失大呢，还是活下去，对社会损失大？事情已经发生了，我们就应该理智地考虑。

正方二辩：你说理智地考虑，我倒希望对方辩友设身处地为哈尔威船长考虑考虑。如果从青岛到大连，有一艘轮船沉没了，而那个船长逃出来了，之后你去大连旅游，听说这个船长驾驶的船曾经失事过，你的父母会放心地让你乘坐他的船吗？尽管主要责任不在哈尔威船长身上，但是哈尔威船长在社会上的可信度就会大打折扣。这对一个热爱事业的船长来说,生不如死呀。

反方二辩:我们感觉到生不如死的时候,更应该有坚强的毅力,好好活下去。司马迁受到宫刑,曾经产生了轻生念头。如果当时真的死了,哪能有流芳百世的《史记》?更何况,人无完人,如果有了错误,就得死,你不觉得人类显得太脆弱了吗?在这个时候选择死,到底是懦夫,还是英雄?

正方三辩:哈尔威船长死了,当然是英雄。如果伟大的作家雨果把结尾改成哈尔威船长也逃生了,在你心目中,你还认为他是一位英雄吗?

反方四辩:他认真负责,危险面前镇定自若,既能救人,又不舍己,在我的心目,才算得一个真正的英雄。你们想过吗?人的生命属于自己,又不仅仅属于自己。他死了,一了百了,但他年迈的父母不思念儿子吗?他的妻子不想念丈夫吗?他的儿子不希望爸爸快快归来吗?还有那些和他朝夕相处的船员们,想到他,不也很伤心吗?他的死,对他是一种自我解脱,对社会和家庭而言,是一种损失。所以,我方不赞同哈尔威船长去死。

正方主辩:从作家的描写中,我们知道哈尔威是个充满爱心的人,他何尝不惦记父母、妻子和儿子?临死的时候,"他屹立在舰桥上,一个手势也没有做,一句话也没有说,犹如铁铸,纹丝不动,随着轮船一起沉入了深渊"。只有真正的男人、真正的英雄才能达到这一境界。这岂是"燕雀"之辈所能明白的?

反方主辩:尊敬的对方辩友,我们认为哈尔威船长不应该死,因为他活下来,还可以继续为社会作贡献。我们对哈尔威船长的死,可以理解,但不欣赏。如果有一天,你不幸遇到不测,在座的各位同学都会想念你的,对不对?("对!"同学们异口同声)所以,我希望你能好好活下去。

主持人:同学们,下课铃已经响了,今天的辩论到此为止。我发现,在辩论中,有的辩手非常善于发现对方观点的片面性,从而进行"针锋相对的斗争",充分表现了自己的聪明机智。最后我想给大家讲一个真实的故事:有一个男人,他辛辛苦苦创建了一个织布厂,生意很红火。因为工人的一个烟头,他又变成了穷光蛋。一夜之间他的头发全白了。他万念俱灰。后来,在朋友们的帮助下,他第二次白手起家。这个男人就是我的爸爸。因此,我非常想对同学们说,哈尔威船长舍己救人、忠于职守的精神值得我们学习,但他临终的选择并不是最佳的选择。同学们,生命,属于每个人只有一次,正如反方所言,我们要尊重生命、热爱生命、珍惜生命!(掌声经久不息)

(单咏梅:英雄该不该自蹈死地,语文建设,2003(4)有删改。)

二、组织活动微格模拟训练:从下面各题中选择一题,进行组织活动设计,然后在微格教室中进行组织活动模拟练习,分析其中的效果。

1. 这是《论语十则》教学片断，教师要求学生分小组学习，提出不懂的问题，请组员帮助解决；如果小组解决不了的，请小组长记下来，再在全班讨论。下面是学生提出不懂的问题：

生："士不可以不弘毅，任重而道远，仁以为己任，不亦重乎？死而后已，不亦远乎？"老师"仁"是什么意思？

请根据以上教学情境设计一份合作探究学习活动方案，然后在微格教室中进行指导合作探究学习活动模拟练习，分析其中的效果。

2. 这是鲁迅《故乡》的课堂教学片段：在分析闰土穷困潦倒、食不果腹的原因时，一个学生说：主要根源在闰土自身，西瓜那么贵，闰土为什么不多种些西瓜拿去卖？他要是头脑灵活、多种经营，是可以劳动致富的。

请根据以上教学情境，设计一份课堂讨论活动方案，然后在微格教室中进行指导小组讨论模拟练习，分析其中的效果。

3. 在语文课本中选择适宜于开展角色扮演活动的课文，设计一份含有角色扮演活动的方案，然后在微格教室中进行指导角色扮演活动模拟练习，分析其中的效果。

4. 师：今天早上，我发现一些四年级的小朋友把一块吃剩下的面包扔进了垃圾箱。（出示一块只咬了两口的面包）你们说，这事应该如何处理？如果被你碰到了，你打算怎么办？——说自己的心里话。

生：我准备把面包拾起来，交给校长。

生：我准备写篇稿子，提出批评。

生：我会告诉这些同学，农民种粮食很辛苦，不应该浪费。

师：你打算当面劝告，是吗？——请大家接着说。

生：我将把这件事告诉校长，并请校长在全校大会上告诉大家要爱惜粮食。

师：同学们，刚才大家说了不少处理意见。你们认为哪种办法比较妥当？

生：（齐答）劝告。

师：这件事，当面劝告一下比较好。下面我们学习劝告。

请根据一面的教学情境具体设计后面的教学活动方案，然后在微格教室中进行指导劝说活动模拟练习，分析其中的效果。

第六章　反馈与引导技能

一、反馈与引导技能简介

课堂教学的过程是由师生互动形成的一个个学习活动链组成。典型学习活动链的展开一般是，教师提出一个学习要求，学生开展初步的学习活动，教师根据学生的初步学习表现，给予反馈，再进行引导，促使学生学习活动向更深、更广方面发展，直至学习活动达到要求，学生完满完成学习任务，一个学习活动链结束，转入下一个学习活动链。如果一个学习活动链很简单，教师提出学习要求，学生开展学习活动，非常顺利地完成学习任务，这样的教学水平则显然低于或等同于学生的现有水平。如果一个教学活动链很艰难，教师提出要求，师生花费大量的精力还是完不成学习任务，这样的教学水平则明显远离学生的现有水平。如果一个教学活动链适中，教师提出学习任务，学生开展学习活动，能完成一些学习任务，又有一定困难，需要教师给予相应的反馈和引导，同学之间的互相启发和补充，经过一定努力，才能完成学习任务，这样的教学水平则属于处于学生最近发展区。这三种教学活动链中，第三种是最有教学意义的。而在整个教学活动链中，教师的反馈和引导对学生学习的深入和扩展起着至关重要的作用，最能体现教师的教学智慧。

所谓反馈，是从控制论中借用的词，在教学中的含义是指让学习者接受到有关其学习行为结果的信息，以便帮助学习者及时调控自己的学习行为，如果反馈信息是满意的，即会进一步强化行为，如果反馈信息是不满意的，即会调整行为。反馈技能就是教师在教学中针对学生的学习表现而采取的一定的促进和增强学生反应、保持学习发展方向的一种教学行为。

所谓引导，则是运用启发式教育原则，针对学生学习过程中存在的知识障碍、思维障碍与心理障碍，提供相应的排除故障的相关信息或思路，让学生进入一种突然的、说不出的、直觉的体验状态，促使学生开动脑筋，进一步思考与研究，最终寻找导解决问题的途径与方法，达到掌握知识、发展能力的教学目的。引导的关键是促进学生思考。从教师角度讲，引导就是教师列举一些能和学生已有认知结构联系起来的事物，帮助学生找出此事物与教学对象的关联性，从而达到认识本质，发现规律，举一反三；从学生角度讲，是学生通过联想、想象、推理和判断等心理过程，在与认识对象的相互作用中把新知识与已有的知识关联协调起来，实现新知识与旧知识的组合或旧知识间的重新组合，完善自己的认知结构，形成发现问题、分析问题、解决问题的能力。

因为学习过程是积累知识、解决问题、培养能力、提升情感的过程，其核心是超越知识和障碍，达到新的认识高度。超越的过程既要学生自身努力，更需要教师的反馈和引导。因此，反馈与引导在课堂教学中具有重要的作用，这主要体现在：

第一，调节学生学习活动。没有信息反馈就没有控制。反馈对保证教学系统的正常运转，最大限度地实现教学目标有着十分重要的意义。教学过程中的每一步骤都需经过信息反馈来判断是否有效，并以此来改变和调节课堂教学。因此，教师在整个教学过程中不但要胸中有教学目标、教学内容，更需要有学生——随时了解学生的学习情况，根据学生学习的效果和存在的问题做出恰当的反馈和引导，以此来调控学生的学习活动，这样才能有效地达到既定的教学目标。例如，教师提问后，学生回答得怎样，教师应该给学生做出明确的评价，赞扬学生的正确回答，使学生固定获得正确答案的学习方式，否定学生不正确的回答，使学生修改不佳的学习策略。如果教师对学生的回答不置可否，或只说声“坐下”，一门心思只管完成教学的进程，学生对自己学习结果的对与错、优与劣弄不清，则无法调节自己的学习方式，在接下去的教学过程中会茫然不知所措，这样会大大降低教学效果。可见，教师恰到好处的表扬或赞许，能使学生的思维活动得到积极强化；相反地，教师恰如其分的批评或否定，会矫正学生学习中的偏差，以利于今后的学习。

第二，激活学生学习的主动性。在教学过程中，学生是主体，教师是主导，这已经成为广大教师的共识。但是，学生是主体不可误解为“放羊式”的教学，而是在教师引导下学生积极主动的探索学习，这就需要教师必须能够及时、敏锐、准确地捕获学生学习信息，做出恰当的反馈与引导，引导学生的注意，激发学生学习动机，促进学生主动学习、积极思维，从而提高学习效率。换言之，恰当的反馈与引导是使教学活动由教师讲解为主转变为以学生主动探求为主的重要前提之一。教师通过反馈与引导，促使学生独立思考，促进学生之间相互探讨、争论，从而真正调动起学生学习的自觉性和互教互学的积极性。

第三，完善学生的学习成果。课堂教学涉及知识学习，知识具有一定的系统性，前后学习的知识需要联系起来才能掌握和运用，教师通过反馈与引导帮助学生应用已学过的知识去发现和获得新的知识，形成新旧知识之间的联系。学生学习会遇到问题，教师通过反馈与引导，启迪学生思维，帮助学生寻找解题的思路及方法，让学生最终运用知识自行解决问题，从而达到把知识转化为能力的教学目的。学生的思维能力的培养更是需要通过教师的反馈与引导逐渐实现的。在学习的开始阶段，学生在大脑中形成简单的、肤浅的、片面的思维，教师通过反馈与引导，促使学生的思维逐渐发展为深刻的、全面的、丰富的思维。在课堂教学中，如果教师都是采用讲授方式，明明白白地告诉学生那是什么，学生可能也会了解其中的知识和能力，但未必真正掌握和能够运用。学生只有在教师引导下自己开动脑筋、思考问题，主动与同学切磋问难，形成一种自求自得的学习意识，才最终做到学懂会用。

第五，诱发学生的创造潜能。在课堂教学中，教师的反馈与引导不但对学生进行了动脑、动嘴、动手的训练，而且会诱发学生的好奇心和想象力，激活它们的创造潜能。可以说，教师最有效的引导是帮助学生完成从“知识—能力—创造”的学习转化过程。

总之，教师在课堂教学中的反馈与引导，其关键是有意识、有目的、有计划地启发学生积极思维、主动探索，促使学生丰富知识，形成能力，提升情感，发展思维，从而达到身心都能健康发展的目的。

二、反馈与引导技能的理论视野

(一)强化理论①

强化是俄国生理学家巴甫洛夫在其经典条件反射实验过程中提出的概念，他认为一切来自体外的有效刺激(包括复合刺激、刺激物之间的关系等)只要跟无条件刺激在时间上结合(即强化)，都可以成为条件刺激，形成条件反射。后来其他行为主义心理学家对强化进行了不断深入的研究，形成了强化理论。其中，美国心理学家斯金纳对强化理论研究最为全面而深入。斯金纳将行为划分为经典条件反射和操作条件反射行为，并认为人类多数行为是操作条件反射，而且是通过强化建立起来的。他认为，强化现象是人类行为中的一种普遍现象，所谓强化指的是对一种行为的肯定或否定的后果，会在一定程度上决定该行为是否重复。凡能影响行为后果的刺激物均称为“强化物”，如奖酬、表彰、处罚等。人们可利用强化物来控制人的行为，以求得行为的改造。如果刺激物对某人有利，他的行为就可能重复出现；如果刺激物对他不利，则他的行为就可能

① 戚大伟，王富刚.论强化理论及其在教育教学中的作用.高等教育与学术研究，2008(1)：62－64.

减弱甚至消失。强化又分为正强化、负强化和自然消退三种类型。正强化,又称积极强化,指当人们采取某种行为时,能从他人那里得到某种令其感到愉快的结果,这种结果反过来又成为推进人们趋向或重复此种行为的力量。负强化,又称消极强化,它是指通过某种不符合要求的行为所引起的不愉快的后果,对该行为予以否定,其中惩罚就是负强化的一种典型方式。自然消退,又称衰减,它是指对某种行为在一定时间内不予强化,此行为将自然下降并逐渐消退。从本质上讲,自然消退或衰减也是负强化的一种。

强化理论对教学有着重大影响,它是塑造学生行为的一种重要方法。教学中强化指教育者借助一定的强化物向学生传递对其特定行为的肯定或否定信息,以达到增强或减弱其行为发生概率的目的。其作用主要表现在:①强化为学生行为提供的信息,让学生知道行为是否适当,能否被群体接纳,从而认识自己,适应环境,不断积累个体经验。②强化影响学生的学习动机。强化提供的信息,让学生看到自己的进步,学习方式得到肯定,激起更高的学习愿望,增强良好学习行为发生概率;同样,适当的缺点和不足的评价反馈,让学生明白差距,受到鞭策,减弱不良学习行为发生的概率。③强化影响学生的情绪情感。不同的强化总是会引起学生不同的情绪情感体验。奖励、表扬等肯定性评价能引起学生愉快的情绪体验;而惩罚、批评等否定性评价则会引起学生不愉快的体验。通过强化促成师生之间情感的交流,加深了学生的情绪情感体验。④强化有助于形成学生的自我强化。教师在对学生的行为进行强化时,也将该行为的评价标准传递给学生,学生逐渐掌握对行为的评价体系,并内化形成自己的评价体系。因此,在课堂教学中,正强化是通过精神或物质奖励,鼓励那些符合课堂教学目的的学生行为;负强化和自然消退的目的是为了减少和消除课堂问题行为,矫正学生的不良举动,维持课堂教学秩序。这三种类型的强化相互联系、相互补充,构成了行为强化的体系,并成为一种制约或影响学生课堂行为的特殊环境因素,可以起到对学生课堂行为予以导向、规范、修正、限制和改造的目的。

强化理论说明,对学生的学习活动进行及时的积极反馈能促进学生的学习。

(二)非指导性教学

"非指导性教学"源于罗杰斯的"非指导性"的心理咨询理论。所谓"非指导性"(nondirective),并不是不要指导,而是一种"不明示"的指导,即其指导更多地具有"不明示、间接性、非命令性"等特征。根据罗杰斯的心理治疗理论和实践经验而提出的"非指导性教学"主要包含以下活动方式[①]:①明确帮助情境。教师激发学生自由表达自己的思想、情绪,学生在交谈中反映出对某个问题的困惑,从而确定学生想要求助的问题。②探索问题。教师鼓励学生自由表达与问题有关的想法、情感,学生在交谈中不断澄清模糊或相互矛盾的观点,形成对问题的积极探索。③发展洞察力。教师通过珍视、接纳、引申学生对问题的看法,适时而灵活地给学生提供必要的帮助,启发学生从多角度观察、分析问题,使学生观察、分析问题的能力有所发展,学生逐步形成自己的见解。④规划和决策。学生自己选择学习方向、制订初步学习计划,并积极地准备付诸实施,教师为学生提供学习资料、帮助学生了解解决问题的多种选择性。⑤整合。学生汇报并评价已实施的计划,教师引导并支持学生进一步完善计划、采取更为积极的行动,以保持学习过程连续不断。"非指导性教学"的目标在于促进学习,促进学生的发展和变化,促进人的"自我实现"。在整个学习过程中,对学习负有主要责任的是学生,教师只是做些非指导性应答以引导或维持讨论,是对学生的理解加以反映、澄清、接受和证明,目的在于形成一种气氛,让学生愿意展开他们正在表达的观念。在这里,学生自己制定学习目标,自己选择学习内容,自己确定学习方法,自己进行学习探索,并进行自我评价。

"非指导性教学"理论说明,教师以隐性的方式提供反馈,理解和接受学生的思想表达,并引导学生反思、澄清、深化自己的思想表达,能促使学生愿意扩展他们所表达的思想观点,这种"非指导性"其实是教学指导形式的深化和艺术化。

(三)启发式教学理论

启发式教学也是反馈与引导的理论基础,其具体论述详见第四章"提问技能"的理论视野部分。

三、反馈与引导技能案例分析

(一)反馈案例分析

没有反馈的教学是低效的教学,甚至是无效的教学。反馈是双向的,课堂教学反馈包括三个方面:一是教师对学生学的反馈,学生根据这种反馈信息调整自己的学习活动。二是学生对老师教的反馈,教师根据这种反馈及时调整自己的教学内容和教学方式。三是学生之间互相反馈,这种反馈有利于合作交流,培养情感。这里着重于教师对学生反馈。教师对学生的反馈在形式上也是多样的,有口头反馈、表情反馈、书面反馈。这里只侧重于教师的口头反馈。教

① 周忠生、田宗友.罗杰斯的"非指导性教学"模式评述.外国中小学教育,2002(6):44-46.

师对学生的口头反馈从内容上去分析，主要有重复、评价、补充、概括、提示、修正、转移等。

1. 重复

重复，是指教师把学生对问题的回答全部或部分重新表述一遍。如：

【例 6-1】 师：对，朗读诗歌，最后的时间一定要把它读出来。1973 年 6 月。那么刚才同学们的朗读，我听到了一些重音，说明同学们也知道该怎么样去读华南虎，接下来，请同学们思考这样一个问题：和我们看到的这组图片相比，文中的华南虎是一只怎么样的华南虎呢？你读出了这是一只什么样的华南虎？来，请说。

生 1：没有自由。

生 2：向往自由。

师：向往自由。

生 3：很可怜。

生 4：悲愤。

师：悲愤。（《华南虎》教学实录）

例 6-1 教师提问，学生思考并对问题作出了回答，教师热情洋溢地复述学生的回答，一方面是对学生的回答表示肯定，另一方面也是提高语调重复学生的回答以保证其他同学都能够听清楚同学的回答。因为在课堂教学的环境中，有的学生回答比较小声，距离回答问题的学生较远的同学可能听不到回答的内容，也可能有的学生在此时分心，这样，教师重复学生的回答是很有必要的。当然，并非任何时候都需要完全重复学生的全部回答，有时候学生的回答比较长，这时教师就可能是抽出学生答语中特别精彩的或核心的内容加以强调。

需要注意的是，有时教师重复学生的回答，不是为了肯定其答案，也不是为了让其他同学听清楚其答案，而是以疑问的语气重复学生的回答，这时是对学生的答案表示否定，或者学生回答表述不清楚，或者是学生回答出现错误，用疑问语气提醒回答的学生再进一步思考答案不完善的地方，以便修正。

2. 评价

评价，是教师对学生的回答表述作出评判。肯定性的评价起到鼓励的作用，能激发学生的学习信心和兴趣。否定性的评价能提醒学生注意学习出现的问题。如：

【例 6-2】 师：这首诗作者通过邮票、船票、坟墓、海峡寄托了浓浓的思乡之情，其实除了这些事物外，还有许多东西能触动我们的心灵，引起我们的思乡情绪。同学们能结合自己的理解，用具体的事物为“乡愁”打个比方吗？（学生争着举手回答）

生 1：乡愁是一枚青橄榄，苦苦的、涩涩的，别有一番滋味在心头。

师：非常好，巧借了李煜的词“别有一番滋味在心头”。

生 2：乡愁是一根电话线，我在这头，母亲在那头。

生 3：乡愁是一碗老醋，每尝一口，都让人心酸。（师微笑，生给予热烈的掌声）

师：很形象，很具体。（《乡愁》课堂教学实录片段）

例 6-2 教师提出问题，学生思考回答，教师作出了肯定性评价：“非常好”，而且指出了好的原因：“巧借了李煜的词‘别有一番滋味在心头’”，从而激发其他学生进一步的发言。教师进行评价性反馈，需要具有敏锐的观察和判断能力，要在极短时间内面对不同层次的学生的回答作出判断，并给予相应的反馈。如果学生回答正确，应该给予肯定性的评价，可以是抽象的概括的肯定性评价，如“很好”、“对极了”、“不错，有进步”等等，也可以是具体的肯定性评价，如“说得非常好，想象力非常丰富”等，明确说明学生回答得好在哪里，这不仅是向学生传达一个“你回答正确”的信息，还要让学生知道“你为什么对了”、“怎样做你能更好”。如果学生回答基本正确但不够完善，可以先给学生肯定性评价，然后作出引导性评价，启发思考，如“答得好，还有别的想法吗”等。如果学生回答不符合要求，可以给予否定性评价，如“你用的是一种评论性，而不是描述性的语言”，指出问题在哪。

需要注意的是，教师的肯定性评价要符合实际，切忌空洞、拔高的赞语。被赞同肯定的行为越具体，越能够让学生感受到教师评价的真诚，效果越好。否定性评价要讲究艺术性，切忌伤害学生的心灵。

3. 补充

补充，是学生对问题的回答不全面、不深入，或没有完成而继续讲话又有困难，教师适当加以补充，使之完善。这既避免了学生因表达困难或遗忘可能出现的尴尬，对学生是一种鼓励，更保证了课堂教学的流畅进行。如：

【例 6-3】 师：好。在这几句中，哪几个动词用得好？

生：染、击、翔。

师：“染”为什么好？

生：用了拟人手法。

师：对。其实古人早就用过“染”这个词，王实甫的《西厢记》中就有“晓来谁染霜林醉，总是离人泪”的名句，这漫山遍野像火一样的枫林，很容易使人联想起什么？

生：让人联想起星火燎原的革命火炬。

师：是的。革命形势蓬勃发展，“万山红遍”，大有燎原之势。“击”改“飞”可以吗？

生：不好。“击”能显示出雄鹰展翅奋飞、搏击大气的强劲有力，“飞”太一般了。

师：说得好，这位同学的语言感悟力较强。“翔”改为“游”好像更准确一些，鱼儿怎能像鸟儿一样飞翔呢？

生：“翔”写出了鱼儿在清澈见底、水天相映的水中游动得自由轻快，像在天空中飞翔一样。

师：说得好。“浅底”并非真的水浅，而是清澈见底，显得水浅。你想，蓝天倒映在碧水中，看上去鱼儿像在天空中游动，在天空中游动不是很像飞翔吗？古人就有“秋水共长天一色”的名句。（《沁园春·长沙》课堂教学实录）

例 6-3 中，教师对学生的回答都做了很好的补充。这里呈现了欣赏文学作品的几种补充的方式：一是联系相关名句丰富学生的回答，如由“染”分析联系到王实甫的名句，由“水清”联系到王勃的名句。二是进一步丰富学生联想，如学生由“染”字联想到“星火燎原”，教师又由此拓展联想到“万山红遍”。三是充实学生的想象，如教师根据学生的对“鱼翔浅底”的想象所作的补充想象。可见，当学生的回答比较简单、不够全面时，教师应对学生的回答作必要的补充，使学生的回答更完整、更充分、更深刻。

4. 概括

概括，是教师对学生的比较复杂的表述加以归纳，使之变得有条理、更加清晰和明确，从而帮助学生获得总的印象。如：

【例 6-4】 师：请男同学朗读讲义上的第一段文字，女同学读第二段。

男：（读）哦，停电了，第二次停电了！别的班的同学都冲回家了，可我们班却把中秋节留下来的蜡烛点了起来。大家有的继续看书、做作业，有的两三个人围起来讨论问题。在烛光下，一切都显得那么有情趣。

女：（读）漫漫长夜，人影彷徨。幽幽烛光，装饰安详。看那无声的世界，此刻不再辉煌。而仅有一处充满热情的地方，闪亮，闪亮……

师：这两段文字都是同学们自己写的，题目都叫《停电的夜》。请大家看一下，哪一段是诗，哪一段不是？

生：第二段是诗。

师：为什么？

生：我觉得第二段文字读起来朗朗上口，第一段相对比较平，所以我觉得第二段文字是诗。

师：这是从诗歌的语言方面来讲的。这段文字朗朗上口，富有音乐性，而且它的语言优美，字数相对较少。好的，语言优美、凝练，富有表现力，这是一个角度。有没有谁能从其他角度来谈谈?

生:第二段文字表达的感情更强烈。

师:请朗读相关诗句。(生有感情地朗读)

师:读得不错,请坐。有没有其他感想了?

生:第二段更富有想象力。

师:何以见得?

生:从一些诗句中可以看出。比如“闪亮,闪亮……”这句,给人无限遐想。

师:很好,请坐。把大家刚才的发言归纳一下,我们就得到了诗歌的特征:最集中、最概括地反映社会生活;具有强烈的感情和丰富的想象;语言精练、准确,富有表现力。(投影演示)什么是诗,什么不是?我们可以用这三条来衡量。(《亲近诗歌》课堂教学实录)

例6-4中,教师引导学生理解诗歌的三个主要特征,学生在对比朗读诗歌和散文片段后,直观感觉到诗歌“读起来朗朗上口”,教师把学生的感觉进行抽象,指出这是从“从语言方面来讲的”,属于“音乐性”,并概括为“语言优美、凝练,富有表现力”。教师的概括变成了学生学习的范例,接下来学生根据教师的范例很容易概括出诗歌另外的特点“感情强烈”、“富有想象力”。由于这三个特点都是经过多位学生断断续续总结出来的,学生回答问题有些杂乱,这时教师又对学生的这些回答进行概括:“诗歌的特征:最集中、最概括地反映社会生活;具有强烈的感情和丰富的想象;语言精练、准确,富有表现力。”需要注意的是,教师的概括不是简单地把多位学生的回答加以综合复述,而是把学生原来简单的表述变为准确而完整表述,并根据三个特征的重要性重新进行排序。

教师的概括可以分为以下几种情况:一是学生回答属于感觉性的、具体的内容,教师需要进行抽象,指出形象具体的内容背后所包含的规律性知识。二是学生的应答内容较多、话语较长时,教师用简短的归纳加以浓缩,引导其他学生学会抓住长话的核心内容。这种归纳所表达的信息与学生所表达的内容之间,往往是一种总括与解说的关系。三是经过多位学生断断续续地回答,共同努力才完成的答案,教师要对几位学生的表述加以概括,让学生得到完整的答案;四是学生的应答涉及不止一个方面的问题,或多个学生从不同角度表达了自己的认识,教师则对这些学生的回答进行概括小结,这种概括常可以采用比较整齐的句式或借助序数来“列出”学生应答(讨论)的几个方面,使学生的讨论清晰、明确,并形成一个总的印象,便于学生理解和记忆。有时候还可以边概括边板书或投影,或先引导学生进行概括,然后教师再作补充。

5.修正

修正,是学生学习行为出现偏差或错误时,教师明确指出,并加以纠正。如：

【例6-5】 师：大家读得很流利，我们看一下这是一个怎样的背影呢？好像初看就像同学说的，他用词非常的朴素，也看不出多大名堂来，但是我们仔细去感受一下，你觉得这是一个怎样的背影，然后你是从这段话的哪一个词语看出来的？想一想。

生：（前排同学轻声喊）老师。

师：好，你来讲。

生：这是一个爱的背影。我从他"显出努力的样子"看出来，他为了给他的儿子买一个橘子很努力地爬上去。

师：哦，从"很努力"看出一个爱的背影，很好，很抽象，但是蛮温暖的。还有吗？

生：我从那个"蹒跚"看出来，蹒跚的意思是因为腿脚不灵便走路缓慢摇摆的样子，而且上文他写父亲是一个胖子，但是为了给"我"买几个橘子，他腿脚不灵便还爬上很高的月台，说明"我"的父亲对"我"是有很深的爱。

师：父亲一个什么样的背影？

生：我觉得是一个伟大的背影。

师：哦，伟大的背影。好，虽然我跟你没有接触过，但我觉得你有这么一个特点我可以感受到，那是你学习非常严谨，大家注意到没，当他要理解一段话的时候，他好像做了一件事情，什么事情？对，看注解。这是非常好的一个习惯，非常有助于帮助你去理解课文，但是有一点老师要提醒你，同学，看着我。当你在回答问题的时候你是在跟我说话，你跟我说话你要偶尔抬起头看我一眼，否则我会觉得很孤单的哦，好不好？

生：好。

师：看着老师说，好不好？

生：好。

师：这个习惯要养成哦。好，这是一个伟大的背影，还有其他同学有不同的意见吗？我们能不能也从细的方面来讲讲也可以。你来吧。（《背影》课堂教学实录）

例6-5中，学生显得有些胆小，要求发言时很小声，坐在后面听课的教师都没有听到，敏感的教师发现了，热情地鼓励那位学生发言，对学生的简短发言作出肯定、赞扬的反馈，并鼓励学生继续说，学生小声地又作了补充。这时教师发现学生在发言时的学习特点，热情地加以赞扬："虽然我跟你没有接触过，但我觉得你有这么一个特点我可以感受到，那是你学习非常严谨，大家注意到没，当他要理解一段话的时候，他好像做了一件事情，什么事情？对，看注解。这是非常好的一个习惯,非常有助于你去理解课文。”在表扬的基础上再指出需要修正的行为:“但是有一点老师要提醒你,同学,看着我。当你在回答问题的时候你是在跟我说话,你跟我说话你要偶尔抬起头看我一眼,否则我会觉得很孤单的哦,好不好?”而且教师提出修正的语气似非常委婉,似乎着眼在教师身上,而不是学生身上。

在课堂教学中,学生出现偏差在所难免,有的是因为学生误解了教师的指令、意图,有的是因为学生理解错误,有的是因为学生学习行为不符合要求等等,这需要教师在出现偏差时及时指出,进行具体的分析说明,提出修正策略,使学生学习从偏差走向正确。

需要指出的是,修正学生学习中出现的偏差要注意艺术性。一是在学生出现差错时不要急于打断学生回答的话语,可以让学生说完后再加以指出,帮助学生修正差错。二是尽量不用批评、否定反馈的语言,而用委婉的或幽默的语言来表达,使批评富于艺术性。三是对于修正某些偏差行为需要有耐心,不是一次提醒修正就能解决,可能需要多次提醒修正才能使学生完全改变不良的学习习惯。

6. 转移

转移,是学生学习出现明显错误,引起同学的哄笑,教师灵活应变,转移话题,把学生注意力引开,避免出差错的学生面临尴尬的局面。如:

【例 6-6】 一位男生在朗读中将“马作的卢”中的“的”读作“de”,将“可怜白发生”的“发”读作第一声。课堂哄然大笑,男生的脸顿时涨得通红,站在位子上不知所措。李老师见此情景,微微一笑,亲切无丝毫责备:“这位同学朗读时演绎了另一种味道。这种味道,让我们开心一笑,并让我们明白了要注意多音字在不同语境的读音,在这点上,他的朗读是很有价值的。接下去,我想给这位同学一个机会,让他再读一遍,为我们重新演绎正确读音的汉语魅力。”

男生高兴地重新将课文朗读了一遍,整个过程非常认真而投入,明显从一个刚产生错误被别人嘲笑的对象转变为积极而主动的学习者。

听完男生的朗读,李老师热情洋溢地赞美道:“大家有没有注意,他朗读这首词题目的语气语调把握得非常好,你能不能告诉我们大家,你为什么要这样处理?”

听到李老师的表扬,男生非常兴奋,流利而自信地将自己的想法说了出来。其他同学在产生共鸣的同时,已经完全从一个嘲笑者转变为认同者,而男生则从一个积极学习者变成学习引领者。

接下去的课堂,这位男生是所有同学发言最积极,也是发言次数最多的。(李百艳《破阵子》课堂教学实录)

在例 6-6 中，学生朗读时出现低级差错，引起同学的哄笑，面临尴尬局面，如果教师处理不好，对个体学生来说，会因为学习失败而挫伤学习积极性，对全班学生来说，会形成嘲笑失败的不好风气。教师以宽容的解说巧妙地转移学生的注意力，既制止了嘲笑失败的风气，又为出差错的学生摆脱困境，并提供再次表现成功的机会。

（二）引导案例分析

引导的种类和方法多样，往往因人而异，因情景而异，角度十分丰富。从丰富的教学实践例子来看，经常用到的引导类型主要有以下诸种。

1. 诊断引导

诊断引导就是教师在课堂教学中通过引导学生反思其学习活动从而明确学生学习出现困难的真实根源，并据此来确定下一步的教学方向和策略。学生学习难免会遇到种种困难，这是教学中的常见现象，面对学生遇到的学习困难，首先需要教师马上诊断学生产生学习困难的真正原因，这样教师才有可能在接下来的教学活动中进行有的放矢的教学。如：

【例 6-7】 师：A 同学，你来说说课文的基本内容好吗？

生 A：我读不大懂，搞不清楚这篇课文到底讲的是什么。

师：不要紧，读不懂文章是正常现象，我有时候也读不懂一些文章。你能说说自己到底哪些地方不懂，或者说哪些地方让你感到困惑吗？

生 A：这篇课文前前后后讲了那么多“斑纹”，我就搞不清作者写这些斑纹到底想告诉人们什么。

师：可以看出，你是认真读过课文，也认真想过了，就是难以把整篇课文的内容串起来理解，看不出作者的写作意图，是这样吗？

生 A：是的。

师：你能说说这篇课文都写了哪些“斑纹”吗？

生 A：课文先写蛇身上的斑纹，然后写了鲑鱼等动物的斑纹，接着写了大型动物身上的斑纹，后来又写了大地的斑纹，最后说整个世界都充满斑纹。我就搞不清作者把这些“斑纹”放在一起到底想说明什么。（《斑纹》课堂教学实录片段）

在例 6-7 中，教师原本打算要求学生整体感知课文，概括课文的主要内容。但学生对课文的理解出现困难，“不清楚这篇文章到底讲什么”。面对学生学习遇到困难，教师首先是消除学生的顾虑，鼓励学生说：“不要紧，读不懂文章是正常现象，我有时候也读不懂一些文章。”然后引导学生反思理解困难在哪里，其背后的真正原因是什么。学生学习出现困难，开始时对困难的认识是模糊的、肤浅的，这需要教师敏锐感知学生学习存在的困难，然后通过诊断引导，促使学生反思困难的具体表现，分析产生困难的原因。通过教师的引导，学生最终认识到理解困难的症结是："搞不清作者把这些'斑纹'放在一起到底想说明什么。"用教师的正规表达是："难以把整篇课文的内容串起来理解，看不出作者的写作意图。"然后，教师根据学生阅读理解存在的困难焦点，课堂生成具体的教学目标，选择相应的教学策略，提示有效的学习途径，引导学生深入学习，克服理解障碍，实现对课文的理解。可见，诊断引导是在学生面临学习困难时教师可以采取的一个有效教学行为，为接下去开展有针对性的教学奠定扎实基础，促使学生从不知转变为知的一个重要中介。

2. 演绎引导

演绎是一种思维的形式，它是从普遍性的理论知识出发，去认识个别的、特殊的现象。演绎引导就是启发学生根据过去所获得的关于某种事物的一般性认识，去认识这类事物中某个或某些新的个别事物而得出正确的结论。这是学生获得新知识，认识新事物的重要方法，它可以使学生在遇到新问题时容易找到思考和解决问题的途径，对发展学生的抽象思维能力是有重要意义的。在有关概念、规律的教学中教师经常运用演绎引导方法来指导学生的学习。如：

【例 6-8】 师：诗有诗眼，文有文眼，戏也有戏眼。"春风又绿江南岸"的诗眼是？

生：绿。

师："红杏枝头春意闹"呢？

生：闹。

师：："云破月来花弄影"——

生：弄。

师：《荷塘月色》一文的文眼是——

生：这几天心里颇不宁静。

师：很好。戏曲《窦娥冤》的戏眼是——

生：冤。

师：好，那么，我们这一课《哀江南》，戏眼是——？

生：哀！

师：（在课题的"哀"字下标重点号）这里的"哀"是什么意思？

生：悲哀、哀叹。

师：悲哀和哀叹，哪个准确些？

生：哀叹。

师：（板书：哀叹）"哀叹"什么？

生：江南。

师：这里的“江南”指的是哪里？

生：长江以南。

师：准确些。

生：这里只是南京。

师：为什么要哀叹南京？

生：因为南京是当时的首都。

师：准确地说，南京是南明的开国之都，朱元璋在南京建都，后来朱棣迁都北京。而写《哀江南》的时候，清兵入关，南明灭亡，南京只能说是“故都”。这里的江南，既指南京，又有着“国家”的意义。我还想问，哀叹江南的什么？

生：灭亡。

师：是的，这是一种“亡国之痛”（板书）。（《哀江南》课堂教学实录片段）

在例6-8中，教师先告诉学生一个普遍的文学理论观点：“诗有诗眼，文有文眼，戏也有戏眼。”这是为学生提供一个分析文学作品核心内容或主旨的基本框架或思路，然后引导学生用这一理论观点去分析学习过的诗文，当学生熟练运用这一理论观点去分析所学的诗文后，教师再引导学生运用这一理论观点去分析新学的课文。需要注意的是，教师对旧课文和对新课文的演绎引导是有区别的，对旧课文的演绎引导是点到为止，而对新课文的演绎引导则是步步深入，由字面理解深入到字里行间的理解。可见，演绎引导的过程就是教师把阅读的理论或结论告诉给学生，然后学生在文本中寻找相应的信息来解释这一理论或结论，这样可以让学生较为准确和轻松地掌握所学知识，完成教学任务，又可以使得部分学生（尤其是中等及中等以下的学生）增强自信心，学习的欲望也得到一定的提升，关键是还可以节省部分时间。当然，演绎引导有时思维容量相对较小，思维的梯度、宽度、深度都受到了限制，因此，对于部分优等生而言，其主体能动性未能得到充分的展现。

3.归纳引导

归纳也是一种思维形式，它是根据某类事物的部分对象都具有某种属性，由此分析出制约着这种属性的原因，从而推出这类事物都具有这种属性。这是在感官观察和经验概括基础上形成一般性结论，从个别性知识引出一般性知识的思维方式。它是探索客观世界、认识客观世界的一个重要途径。归纳引导就是启发学生对某些特殊的事物进行分析和比较，抽象出一些特性，并抽取出本质的特性而舍弃非本质的特性，从而归纳出这类事物的一般特性，或者形成概念，或者形成法则和公式。归纳引导在学校教育中是获取新知识的一种基本方法，它有利于培养学生的抽象能力和概括能力。如：

【例6-9】　师：请同学们欣赏下面的场面，看能否从中悟出关于写好场面的方法或技巧。

第一个场面：

贾母这边说“请”，刘姥姥便站起身来，高声说道：“老刘，老刘，食量大如牛：吃个老母猪，不抬头！”说完，却鼓着腮帮子，两眼直视，一声不语。众人先还发怔，后来一想，上上下下都一齐哈哈大笑起来。湘云掌不住，一口茶都喷出来。黛玉笑岔了气，伏着桌子只叫“嗳哟！”宝玉滚到贾母怀里，贾母笑的搂着叫“心肝”。王夫人笑的用手指着凤姐儿，却说不出话来。薛姨妈也掌不住，口里的茶喷了探春一裙子。探春的茶碗都合在迎春身上。惜春离了座位，拉着他奶母，叫“揉揉肠子”。地下无一个不弯腰屈背，也有躲出去蹲着笑去的，也有忍着笑上来替他姐妹换衣裳的。独有凤姐鸳鸯二人掌着，还只管让姥姥。（选自《红楼梦》曹雪芹）

第二个场面：

清早，高二⑩教室。“大老肥”笑嘻嘻地对“猴精”说，“昨晚中央台的公益广告你看了吗？”“看了，不就讽刺那些孝子不孝的社会现象吗！”“猴精”头也没抬，就随口答上来了。“不，我妈说，棒极了！这个礼拜天，我们一家也到姥姥家吃‘大户’。”“大老肥”一语刚出，教室里顿时炸开了，好似烧红的爆米机揭了盖，如同热油锅里撒了盐。以“大老肥”为中心，一下围了好多人。“小钢炮”直轰过来，“你妈真缺德！”“缺什么德，这叫时髦，现在有哪个老人不孝敬子女，关心子孙？”“真有你的，‘孝子’成了动宾结构了；这叫‘孝子’新解。”“猴精”用手指着“大老肥”鼻子，一边说一边忍不住笑着。“大老肥”转怒为喜，奋力睁开的小眼又变成了一条缝。“这是个知识产权问题，梁实秋先生早就解释过了。”“小博士”在一旁提醒着“猴精”。“马克思主义告诉我们，存在的就是合理的。”一直保持沉默的“眼镜”突然冒出了一句。“还是‘眼镜’看得准，现在的老人最怕寂寞。你看，广告上，儿女不来时，老人连菜都没有精神烧了。”“大老肥”似乎找到了知己。“小的下岗了，没钱了，不吃老的，吃什么呢？”不知是谁在后排小声地嘀咕了一句。“猴精”循声扫视不着，叹口气说：“真是一千个读者，就是一千个哈姆雷特！”“博士”又补上了一句：“真难为了广告人！”（习作者：江苏省射阳中学刘铁）

师：×××，你说说看，有一点说一点。

生4：场面描写必须写出气氛特点。贾母宴席上的场面突出了一个“笑”字。围绕公益广告展开的场面突出了一个“争”字。

师：说得好。生活中某个场面必然会伴随着某种气氛，要下力气渲染，营造特定的氛围。这第一个场面，充满了喜剧气氛，读之令人忍俊不禁。还悟出了什么？

生 4：场面描写运用比喻和动词。

师：你的意思是，语言必须生动形象，对吗？（生点头示意）那么，你分别说说看，两个场面描写中生动形象的语言有哪些？

生 4：第一场面中有“掌”、“喷”、“伏”、“滚”、“搂”等动词，活现了各种笑态；有“鼓着腮帮子，两眼直视，一声不语”的描绘，让中心人物得到充分表现。第二个场面中有“大老肥一语刚出，教室里顿时炸开了，好似烧红的爆米机揭了盖，如同热油锅里撒了盐”的全景场面描写的渲染；有“大老肥转怒为喜，奋力睁开的小眼又变成了一条缝”的人物情态特写。

师：说得挺不错。场面描写必须借助语言艺术，通过精选动词、形容词，灵活使用修辞手法，使得场面更加逼真感人。同时，我们还要注意到，由于场面描写，重在描写“一朝风月”中的人物活动，因此，凡可以用来写人的各种描写方法，也都可以用来描写场面。从人物描写方法有所侧重的角度看，第一个场面重在神态描写，第二个场面重在语言描写。你还悟出了什么？（生 4 摇头示意）请坐！谁来补充？好，你来说。

生 5：还要注意人物的特征。

师：请说明确一点。

生 5：场面描写要注意符合人物的性格特征。如，第一个场面写的是“笑”，而每一个人的笑，并不一样，但都能符合每一个人的身份、性格和气质。第二个场面，人物的语言和人物的绰号也都符合各自的性格。

师：很好！就说第一个场面吧，你看在“笑”中各自“笑”出了什么样的性格？

生 5：（沉默一会，没能准确说出）

师：你暂且坐下，想起来再补充。的确如刚才这位同学所说，好的人物活动为中心的场面，必须注意突出人物的性格特征。第一个“喷”笑的湘云，直率豪爽；第二个“伏”笑的黛玉，柔弱多情；那笑“滚”起来的宝玉，恃宠撒娇；那笑得直叫“揉揉肠子”的惜春，可谓天真幼稚。各色人等，无不神情毕现，栩栩如生。从这两个精彩的场面描写片断中，你们还悟出了什么？大胆地说，声音大些说，让后排听课的老师也能听到。谁来补充？

师：××，你再说说看。

生 6：要能有主题，有讽刺意义。

师：你能说得具体一点吗？（生面有难色）其他同学能补充吗？（有少数同学心中似乎有数，但没有发言的想法）能发现这一点很不容易。老师在课前也没有注意到这一点，经这位同学一提醒，我想到了曹雪芹《红楼梦》开篇的四句诗：“满纸荒唐言，一把辛酸泪；都云作者痴，谁解其中味？”这个选自第 40 回《史太君两宴大观园，金鸳鸯三宣牙牌令》中的宴席场面，其聚焦人物刘姥姥，不正是喜剧中的悲剧人物吗？一方面她凭借着扭曲和丑化自身的方法来讨得主子们的欢欣，实在令人生厌；另一方面她能与贾府中的金枝玉叶同餐共饮，敢与贾母说笑打趣，并不是她刘姥姥有什么能耐，正是恰好填补了主子们的精神空虚，是主子们的取笑工具，读过《红楼梦》的人都知道，这是刘姥姥二进大观园。第一次来时，被王熙凤简单打发了，而这第二次来，正赶上贾母要找个上年纪的老人说说话，要不然，同样会被打发开去的。从这一点来看，又让人同情。因此，这“笑”是含泪的笑，表现了作者鲜明的爱憎；这“笑”中反映的正是阶级对立，是等级制度。即使同为贾府中人，主人们是放荡不羁的笑，而仆人们只能是有节制的笑，因此这“笑”又是讽刺的笑，反映了深刻的思想主题。同样，第二个场面描写，表面看是围绕着一则“孩子们应该为父母做些什么？”公益广告所产生的一场争论，实质上，反映的正是一代中学生的人生观、价值观，特别是审美观；表面上提及到的是广告创作的主客观统一问题，其笔端却扫到了社会热点问题，可谓瞬间场面，深化主题。

师：好，老师说得太多了，仅供同学们参考。下面请同学们自己归纳一下，一个好的场面描写必须做到哪几点？你们说，老师在黑板上板书。

（生众依次说出如下几条，老师依次进行板书，内容如下）一要营造氛围；二要点面结合；三要语言形象；四要渗透感情；五要表达主题；六要凸现性格。

师：很好！这六条是场面描写的较高要求。下面要求同学们进行场面描写，在写场面时，能达到其中三条即可，不必六条全具备。

从例 6-9 中我们可以看出归纳引导的教学过程大致如下：

第一步是出示例子。“请同学们欣赏下面的场面，看能否从中悟出关于写好场面的方法或技巧。”这是教师围绕学习目的列举出一系列相关的例子，让学生学习和体会其中的特点。当然，也可以让学生自己搜集和列举某类事物的一些例子。

第二步是引导学生分析特点。在学生初步阅读例子并有了一定的感性认识后，教师引导学生进一步分析各个例子的特点。分析例子特点，可以一个例子一个例子分别分析，这样比较容易清晰明了；也可以几个例子一起分析，这样比较容易找出特点，便于归纳共性。需要注意的是，对每一个例子应充分展开讨论，尽可能全面总结出它的特点，只有深刻认识了每一个例子的特征，才有可能总结出所有例子都具有的共同规律。

第三步是归纳共性。在学生对各个例子有了深刻认识的基础上，教师再引导学生总结所有例子的共同点，以便从中获得规律性的认识。这里需要注意的是，教师要让学生对共同特点进行描述和概括。

第四步要迁移运用。学习规律的目的是为了运用，学生也只有在运用中才能真正掌握规律。因此，归纳引导不能满足于获得规律性知识，要鼓励学生运用知识，做到学以致用。

这就是从若干个别现象中归纳出一般性的结论的学习过程。教师在教学中列举一系列的例子，引导学生分析这些例子，从中归纳出某些具有规律性的知识。通过学习，让学生经历了从特殊到一般、从感性到理性、从实践到认识再到实践的思维历程。这样既培养了学生的思维能力，又帮助学生学会了探索知识的方法。

4. 比较引导

比较，是辨析两种或两种以上事物之间的相同点和不同点，从而认识到不同事物的属性、特征、运动规律等的一种思维形式。比较引导，是指在语文教学中，教师指导学生把结构或内容相似的文章、同一类型的知识等进行对照比较学习，异中求同，同中求异，从而产生新知，得出有创造性的结论。通过比较引导，学生可以从多角度、多侧面、多层次等不同渠道来探索学习内容之间的统一关系，从而揭示出比较点所蕴含的本质属性。如：

【例 6-10】 师：现在大家合上课本。作者说梅雨潭的绿“仿佛蔚蓝的天融了一块在里面似的”。大家想这“融”是“交融”的“融”还是“溶解”的“溶”？

生：应是“交融”的“融”。

师：为什么？

生：“交融”写出蓝天绿水一个整体，给人水天一色的美感，“溶解”的“溶”太实，不美。

师：很对。“挹你以为眼”的“挹”怎么写？

生：提手加个“城邑”的“邑”。

师：怎么解释？

生：舀，“舀水”的“舀”。

师：能否把“挹”换成“舀”。

生：(笑)

师：笑什么？

生：“舀”太粗太俗，不美。

师：“挹”呢？

生：比较雅，有小心爱惜的意思。

师：对，很多同义词，意义基本相同，但情味有异，这种“情味”即词语的附加意义，请同学们平时读书要仔细品味。

师：形态色彩单一的“绿”，在作者的笔下情一样深，梦一样美，让人爱，使人醉。“状难写之景历历如在目前”，这有赖于作者抓住“奇异”“醉人”精心设置铺垫，多方设喻精雕细刻，展开联想对比突出，大胆想象升华意境；热爱生活，细致观察，准确生动地选词造句，多角度多层次展开描绘，丰富的联想想象等。这正是写好写景文章的要诀，这就是本文给我们的启示。(《绿》课堂教学实录片段)

【例 6-11】 师："愚公移山"这个故事，经常和另外两个故事一起出现。一个是"夸父逐日"，这个我们非常熟悉，夸父在那里追赶太阳，最后因渴而死；还有一个就是"精卫填海"，精卫她本来的名字叫女娃，炎帝的女儿，后来在游泳的时候被淹死了，魂魄化成一只精卫鸟，经常衔一些微小的土、石、木头，要把大海给填平。这三个故事中有什么共同点？

生：都经过不懈的努力，完成自己的梦想。

师：请坐。前面最好加一个词语——"试图"——试图完成自己的梦想，对不对？那么，有没有不同的地方？(停顿)愚公移山的故事，和夸父、精卫的故事，至少有三处不同。想一想。(停顿二十秒)我给一点提示好吗？(出示：人数、外援、结局)

师：(示意)请你来谈一谈。

生：夸父逐日和精卫填海，都只有一个人。

师：都只有一个人，而愚公移山呢？

生：五个人。

师：请坐。一家子人。(示意往后)还没完，请你继续就刚才那位同学的话题讲下去。这一家子人真的只有五个人吗？

生：不是。因为后面还是"子子孙孙"无穷无尽的。

师：噢，其实有无穷多的人，N 个人。好，(话筒)往后。(示意看屏幕)"外援"呢？

生：愚公移山的话，最后是有夸娥氏二子帮他们把两座山背走。

师：夸娥氏二子看愚公很辛苦，主动地来说，愚公啊，我们来帮你搬掉吧，是这样吗？

生：没有，是天帝命令他们去把这两座山搬掉的。

师：(点头)是天帝给派来的。继续讲。

生：但是夸父逐日和精卫填海，他们两个都是靠自己的力量，没有其他人来帮忙。

师：非常好，请坐。没有外援。"愚公移山"里面，有外援。(示意话筒往后传)区别三，结局呢？

生：愚公移山是最后成功了，夸父逐日和精卫填海应该是没成功的吧。

师：很好。夸父和精卫，都是失败的故事；而愚公移山，这是一个成功的结局。(《愚公移山》课堂教学实录片段)

在例6-10中，教师采用抽换比较方法，引导学生理解词语的微妙含义。“仿佛蔚蓝的天融了一块在里面似的”，是“交融”还是“溶解”？学生通过比较，认识到“‘交融’写出蓝天绿水一个整体，给人水天一色的美感，‘溶解’的‘溶’太实，不美”。“挹你以为眼”的“挹”能否换成“舀”？通过比较学生认识到换成“舀”字太粗太俗，不美，而“挹”则比较雅，有小心爱惜的意思。抽换比较就是将课文中原有的重点、精彩点抽出去，换成另外意思相似的表达方法，让学生比较思考，从中悟出它们在表意上的微妙差异，这有助于深刻理解课文的言外之意。

在例6-11中，教师要求学生比较三个神话传说故事的同异，这是较为复杂的比较，需要教师对学生进行更为符合思维规律的引导。首先，教师为学生确定比较的对象和目的：“这三个故事中有什么共同点？”“有没有不同的地方？”接着，明确比较的维度：“愚公移山的故事，和夸父、精卫的故事，至少有三处不同。想一想。(停顿二十秒)我给一点提示好吗？(出示：人数、外援、结局)”。然后，引导学生进行比较分析，例如，就外援来说，愚公移山是靠天帝派来夸娥氏二子帮他们把两座山背走，而夸父逐日和精卫填海则是靠自己的力量，没有其他人来帮忙。最后，推导出结论，或抽象出规律。由此可见，比较思维，就是教师可启发学生同中求异，或异中求同，把握新旧知识或不同知识之间的相似点或区别点，从而建立起知识之间的联系，达到对知识的深刻理解。

5.类比引导

类比，是根据两个或两类对象有部分属性相同，从而推出它们的其他属性也相同的一种思维方式。其思维进程是“由此及彼”，“此”是前提，“彼”是结论，“由此及彼”就是由特殊到特殊的推理，即从已知的某个或某些对象具有某情况，经过归纳得出某类所有对象都具有这种情况，然后再经过一个演绎得出另一个对象也具有这个情况。由此可见，类比就是“先比后推”。“比”是类比的基础，“比”对象之间的共同点是类比是否能够施行的前提条件，没有共同点的对象之间是无法进行类比推理的。

类比引导，就是教师启发学生把所要研究的新问题和与之有关的原有知识和方法进行比较，认识到它们的共同特点和规律，进而用熟悉的知识和方法解决新问题。这是从学生原有的特殊性知识的前提推导出新的特殊性知识的结论。类比引导有利于发展求同思维，培养学生举一反三、触类旁通的能力，促进知识和能力的迁移。如：

【例6-12】　师：(创设情境，音乐)同学们，在人生的旅途中，你有没有过挫折、失意、处于孤独无助、处于弱势的时候？如果有，那么，请你回忆一下，当你在这个时候，你有什么样的感受？(有学生举手，师：不用急于回答，好好想一想)

生(充分回忆思考后):在我十岁时,我爸爸生病去世时,我们全家感到天塌下来了,我妈妈都不想活了,我也不想活了。当时,我多么希望有人帮帮我们家……

(多个学生谈了感受)

师:同学们刚才谈了自己在特定时候的体验。老师今天给大家推荐一篇文章,写的是一个盲孩子的故事。请仔细读读课文,对照自己的生活经验谈谈感受。

(生读课文)

生:我觉得盲孩子太可怜了,我们应该帮助他……

【例 6-13】 (教师要求学生用故事接力方式整体感知课文。在这基础上要求学生说说读了这个故事后的感受。)

生:我觉得这是一个悲惨的故事。

师:为什么说它是个悲惨的故事?

生:因为斑羚们被逼到悬崖上,老斑羚不得不牺牲自己去救小斑羚。

生:我的感觉是"悲壮",因为老斑羚的牺牲很感人,很壮烈。

师:好啊。刚才一个同学用了"悲惨"已经很不错了,这个同学改一个字"悲壮",更贴切了。语文就是咬文嚼字,不错。

生:给我最深的感受是斑羚们的自我牺牲精神。

……

生:我觉得这个故事不真实。这些动物也太厉害了,我觉得虚假。

生:我觉得是在真实的基础上,有一些想象与夸张,这是艺术加工。主要不在于它的真实性,而是在于给人的启示,给人以震撼。(听众掌声)

师:哦。是虚构的,这是一篇动物小说,故事是虚构的。我这里给"艺术上的合理虚构"作个描述吧:这就是它是一个本应该发生也可能发生的虚构故事。但是"斑羚飞渡"这个故事应该发生,可能发生吗?

生:不可能。

师:对啊。斑羚本身并没有牺牲老斑羚拯救小斑羚的生活习性,它也不可能具备武侠小说中描写的那样空中接力的本事。那么,既然故事中的斑羚不是现实生活中的斑羚,文章讲的又是谁的故事呢?

生:通过斑羚来写人,是人的故事。

师:对呀,既然不是斑羚,那可能真是反映"人"的故事了。什么故事呢?

师:这个问题我们也可以视之为一个面临灾难时放弃谁的难题。面临灾难,人类中的哪一部分首先应该被遗弃?为什么这样做?谁规定必须这样做?(学生小声地议论纷纷,各有不同的选择,大多数的声音倾向于选择保护弱者、幼者和他人。)

师:这是一个亘古的难题,我这里提供一些材料,我们来看看人们是怎样选择的。

(教师出示雨果写的《“诺曼底号”遇难记》中的片段,有学生小声地说,这与课文的结尾是一样的。通过多则相类似材料的类比阅读,学生认识到:人类在文明发展过程中,开始确立“护弱”的文明原则。推导出文明与野蛮的规则:兽的规则——弃弱=“野蛮”、人的规则——护弱=“文明”、早期的规则——弃老=“野蛮”、后期的规则——敬老=“文明”。)(《斑羚飞渡》课堂教学实录)

在例6-12中,教师创设情境,激发学生生活经验,以相应的生活体验去探求、体味课文的内在意蕴,引起联想,由此及彼,对所读内容进行能动的阐发,从而突破难点,得出结论。学生结合自己的生活体验谈了感受,把对盲孩子的理解纳入自己的生活经验结构中,使得“盲孩子的生活”活化了,赋予其独特的意义,就能主动、深刻地理解盲孩子的“故事”。在这里,教师充分利用学生实际生活中的“同质性资源”,把学生带进真实的情境中进行感受、体验、思考,这就是以学生的生活体验和文学作品的生活进行类比,符合文学作品欣赏规律。我们知道,文学作品是对社会生活的凝缩反映,现实生活是联系学生与文学的重要纽带,也是学生学习文学作品的主要动力与依据。从读物与生活的关系来看,文学作品都是社会生活中人与事、物与景、情与理等在作者头脑中或直接、或间接反映的产物。作者写什么、怎样写、这样写有何得失、结果优劣如何等等,都需要与其反映的生活联系起来进行比较、分析和评价。从读者的角度来看,读者只有充分调动自己的生活经验、人生感受,去领悟文学作品的思想感情,对作品中那些符合自己的心境、与自己的经历和文化水平的相通相似之处进行细心感悟,并进一步发挥,才能对作品作出独创性的阐释,从而使自己的精神产生美的升华。这里需要注意的是,启发学生运用生活事例来和文学作品进行类比,需要教师准确了解并分析学生的原有知识经验,找出需要探索的问题与学生原有知识经验之间的关联因子,恰当引导学生列举相似生活经验来激发学生联想,进而发现解决问题的途径。

在例6-13中,教师首先引导学生通过复述故事方式整体感知课文,然后交流阅读作品的初步感受,在这基础上,教师出示类似阅读材料《“诺曼底号”遇难记》的片段,用学生容易理解的材料来加深对课文内涵的理解。这是用同类作品来进行类比引导。

从以上的课例中,可以总结出类比引导的基本教学过程。那就是,首先,引导学生初步感知作品,展开想象。文学作品的描述,要通过想象才能转化为形象,才能感受体验得到。而感受体验又必须借助想象才能得到进一步的升华。

可以说,初步感知和想象是类比的起点。

其次,回忆类似生活经验,或呈现类似材料。类比,是以一种类似的经验去体会作品内涵。如果作品所描写的生活与学生比较接近,可以引导学生在想象作品的艺术形象的基础上唤起相应的感觉经验、情绪记忆和形象记忆,刺激读者以自己的感觉、想象、体验、理解等认识活动去把握、领会读物所包含的思想感情,以感情的酝酿为基本起点,通过设身处地的体验来参与,再依靠想象来促成飞跃。如果作品所描写的生活与学生有较大距离,学生难以体验得到其中的内涵,为了帮助学生克服时代差异、认识差距,可以给学生提供类似的生活经验——学生容易理解的类似作品,便于学生设身处地理解体验作品的内涵。

再次,阐释生活经验或相似材料内涵。不管是学生自身的生活经验,还是学生对类似材料的阅读感受,都是一种内在的思维活动,它往往带有一定的模糊性和不稳定性,为了深化认识,以便和所读作品进行类比,需要学生对自己的生活经验或所阅读的类似生活经验进行阐释,从而丰富认识,并通过语言固定下来。

最后,由此及彼,抽取共同规律。这是要求学生运用自己的生活经验(或运用更易于理解的材料)去阐释作品的内涵,从而获得对作品更深刻的理解。

6.辨误引导

辨误,是辨明是非,匡正谬误,辨明语言之间的细微差别。辨误引导,是指教师对某些容易产生模糊理解,甚至是错误理解的问题,给出有正有误或全误的说法,启发学生研讨、分析,辨别哪个正确、哪个错误,并说出正确的根据、错误的原因,从而达到澄清模糊认识、明确有关知识规律的目的。这种教学方式能促使学生广泛而全面地思考问题,从事物错综的联系中发现问题的本质,客观分析评价事物,有利于培养学生思维的严密性、深刻性和批判性。

【例 6-14】 师:《中国石拱桥》这篇课文举了两个例子:一个是赵州桥(板书:赵州桥),一个是卢沟桥(板书:卢沟桥)。那么讲中国石拱桥为什么举这两个例子呢?我这样理解:中国石拱桥有一部分像赵州桥,另一部分像卢沟桥,所以举这两个例子。你们说,我这样理解对不对呀?

生:我认为这种说法不对。因为课本上说“我国的石拱桥几乎到处都有。这些桥大小不一,形式多样,有许多是惊人的杰作”。这就说明中国石拱桥有一部分像赵州桥,另一部分像卢沟桥的说法不正确。

师:很好!引用课文证明自己的观点,很有说服力。

生:我也觉得您的说法不对,课文之所以举这两个例子来说明中国石拱桥,是因为赵州桥和卢沟桥都很著名,并不是别的桥和它们一样。

师:有没有和他们不同的意见?(众生不语)

师：你们说得对。中国石拱桥是多种多样的，怎么可能都和赵州桥、卢沟桥一样，就这两种形式呢？既然中国的石拱桥不都是这两个样子，为什么课文要举这两个例子呢？

生：因为赵州桥和卢沟桥具有形式优美、结构坚固、历史悠久的特点，所以举这两个例子。

生：因为一提这两座桥大家都知道，所以举它们作例子。

生：因为赵州桥和卢沟桥是中国石拱桥中最杰出的。

生：因为这两座桥都很有特点。赵州桥拱上加拱，与众不同；卢沟桥上的石狮子什么姿态的都有，特别生动。

师：大家的发言都很好！这篇课文之所以举这两个例子，是因为这两座桥汇集着中国石拱桥的共同特点，而且又各有各的特色。换句话说，它们具有代表性，所以举它们为例。那么，既然这两个例子都体现着中国石拱桥的共同特点，又都有各自的特点，为什么偏要举两个例子，举一个例子不更简练吗？

（众生翻书思考）

生：我认为中国石拱桥有两个共同的特点：一个是外观美丽，一个是结构坚固。举赵州桥突出中国石拱桥的结构巧妙、坚固，举卢沟桥突出中国石拱桥的美观。

师：你的意思是说赵州桥的结构好，卢沟桥的外形好。反过来就是说，赵州桥的外观不太好，卢沟桥又不大结实。（众生笑）

生：我不是这个意思。这两座桥的结构、外观都好。

师：好！再仔细想想。从课本上找到根据说明问题才有说服力。

生：我觉得只举一个例子，就显得单调些，因为课文里说“我国的石拱桥几乎到处都有。这些桥大小不一，形式多样”。假如只举一个例子，体现不出“大小不一，形式多样”来。课文举了赵州桥和卢沟桥两个例子，就使文章内容显得充实，也就更能说明我国石拱桥多种多样了。

师：你的意思是说，举两个例子比举一个例子充实。照这样想下去，那么，举三个例子不是比举两个例子更充实吗？

生：举三个例子没有必要。

师：这是你的观点。那么你的理由呢？［生不语］

师：大家是不是再仔细翻翻书。书中就有答案，不过并不是直截了当说的。（众生翻书思考）

生：因为中国石拱桥有两种：一种是独拱桥，只有一个拱；另一种是连拱桥由多个拱相连而成。赵州桥和卢沟桥正好代表了中国石拱桥的这两种类型，所以举了这两个例子。

师：完全正确。因为赵州桥代表的是独拱石桥，（板书：独拱）卢沟桥代表的是连拱石桥，（板书：连拱）独拱和连拱是中国石拱桥的两种类型，所以举了两个例子。如果举一个例子，就缺少了一种类型；如果举三个例子，就多余了。这样一研究课文，你们明白了吧？运用举例子这种说明方法时，举几个例子好呢？如果说明对象存在几个类别，那么一般说来，也就相应地举几个例子。（《中国石拱桥》教学实录片段）

在例6-14中，教师引导学生思考的问题是："讲中国石拱桥为什么举这两个例子呢？"学生直接探究这一问题难度较大，教师就采用辨误引导方式，教师故意提出一个不准确的看法："我这样理解：中国石拱桥有一部分像赵州桥，另一部分像卢沟桥，所以举这两个例子。你们说，我这样理解对不对呀？"这一似是而非的答案学生能够辨认出其中的错误，降低了问题的难度，激发学生思考和表达的欲望。果然学生从辨误入手，指出其错误的地方。接着教师再引导学生尝试探求正确的理解，学生纷纷说出他们的理解，教师从中抽取了"举例要具有代表性"的初步结论。然后再引导学生进一步理解各自代表是什么。教师继续运用辨误方式从学生的一些片面理解中推导出其中的谬误。有学生认为："中国石拱桥有两个共同的特点：一个是外观美丽，一个是结构坚固。举赵州桥突出中国石拱桥的结构巧妙、坚固，举卢沟桥突出中国石拱桥的美观。"教师顺着这一思路反推出："你的意思是说赵州桥的结构好，卢沟桥的外形好。反过来就是说，赵州桥的外观不太好，卢沟桥又不大结实。"学生马上认识到这一观点不全面。又有学生认为："我觉得只举一个例子，就显得单调些……课文举了赵州桥和卢沟桥两个例子，就使文章内容显得充实，也就更能说明我国石拱桥多种多样了。"教师又顺着这一思路推出："照这样想下去，那么，举三个例子不是比举两个例子更充实吗？"经过几次反复的辨误，学生思考问题越来越全面和周密，最后得出正确结论："因为中国石拱桥有两种：一种是独拱桥，只有一个拱；另一种是连拱桥由多个拱相连而成。赵州桥和卢沟桥正好代表了中国石拱桥的这两种类型，所以举了这两个例子。"教师顺势提升到对写作规律的认识："运用举例子这种说明方法时，举几个例子好呢？如果说明对象存在几个类别，那么一般说来，也就相应地举几个例子。"

由此可见，辨误引导方式，首先是确定学习活动的目标，然后对学习内容提出片面的或含有错误因素的看法，让学生进行分辨，也可以对学生的片面看法进行分辨，在分辨中抽取正确的因素，逐渐获得完全正确的看法，最后，从获得正确结论中概括出所包含的学习规律。

7. 想象引导

想象，是思维的一种特殊形式，它是人在头脑里对记忆表象进行分析综合、加工改造，从而形成新的表象的心理过程。想象引导是指教师在指导学生学习时引导学生再现客观世界或文字描绘的情境，或激发学生创造性地想象去填补课文的空白等。

想象是人们进行一切创造性活动所必需的心理活动。首先，想象是创造性思维能力的核心。创造性人才的素质智力核心是创造性思维的发展，创造性思维离不开想象思维，想象是人生理机制中最宝贵的素质。其次，想象是阅读欣赏的翅膀。插上想象的翅膀，就可以在文学作品的世界里自由地翱翔，再现作品中栩栩如生的艺术形象，产生如见其人、如闻其声、如临其境的具体感受，尽情吮吸文学百花园中的芬芳蜜汁，达到对作品的深刻理解。再次，想象是写作的枢纽。写作的任何一个环节都离不开想象，在立意中运用想象，可以深化主旨，写出新意；在布局谋篇中运用想象，可以构思精巧，结构翻新。总之，想象是学生掌握知识的重要条件，也是教师提高语文教学质量的保证。

我们看看教师在语文课堂教学中进行想象引导的案例。

【例 6-15】　师：现在，请同学们打开书，仔细听配乐朗读课文(《听潮》)。在听朗读时，请想想你听到了什么？

(放音乐，学生朗读并展开想象。)

师：(读完后)你们听到了什么？

生：我听到了千军万马混战的声音。

生：我听到了乐队演奏的声音。

生：我听到了作者心潮澎湃的声音。

生：我听到了鲁彦的妻子因害怕而战栗的声音。

生：我听到了鲁彦心脏跳动的声音。

生：我听到了作者向往斗争……的声音。

生：我听到了作者向往斗争的那种摩拳擦掌、跃跃欲试的声音！

师：好！太好了！特别是后回答的几位同学，你们长大了必定也会成为诗人，或者是一位杰出的心理学家。我想如果作者鲁彦在世，他听到你们的回答也会赞不绝口的。因为你们道出了他的心里话——热爱生活、向往斗争。这也就是本篇散文的“神”。鉴于这一点，为了进一步加深理解，请再听一遍专家的朗读。(《听潮》课堂教学实录片段)

在例 6-15 中，教师引导学生开展再现想象：“在听朗读时，请想想你听到了什么？”这是引导学生根据语言的表达在头脑中形成有关事物形象的想象。许多文章就是用文字符号描述了作者所见所闻的人事景物，文学作品更是由一幅幅具体生动可感的艺术画面构成。阅读的一个重要过程就是再现过程，即读者凭借自身经验将文字符号再现为具体可感的形象。一个善于阅读文学作品的学生，并不只是一般地了解故事的内容和情节，还会积极地想象，宛如身临其境，能够随着文字的叙述，在头脑里浮现一幅幅鲜明生动的画面，仿佛亲眼看见作品中人物的音容笑貌。这就要求教师在教学中注意引导学生认真分析课文所描写的具体形象和生动画面，理解作者是如何想象的，并把课文的形象化内容再现出来。再现想象的引导过程一般是：首先，选择再现的事物，在语文教学中，再现事物可以是课文的人物形象、故事情节，也可以是课文中描写的景物，还可以是课文创造的意境。其次，正确、全面、深入地理解描写事物的语言，确保想象与课文描写相吻合，这是再现想象的基础。再次，调动自身的丰富的生活积累和表象贮存，这有助于再现想象的丰富性和生动性。最后，是把文字符号转换成一幅幅生动画面。再现想象可以让学生置身于艺术画面之中，有利于真切感受体验作者感情，这既可以使学生进一步积累丰富的表象，又为学生最终驰骋自己的想象打下基础。

【例 6-16】 师：下面我们来做一点想象训练。课文结尾写道："我早晚要收拾你！奥楚蔑洛夫向赫留金恐吓说，便裹紧大衣，穿过市场的广场径自走了。"后来的情景怎样，课文没有交代，留给读者自己去思考。现在，请同学们充分发挥自己的想象力，以《广场事件之后》为题，把后来发生的事情写出来，要求：1. 内容上与原文衔接，不另编故事；2. 人物的性格、品质符合原文；3. 续写内容主题与原文保持一致；4. 语言力求生动流畅。

（学生写作，教师巡回指导，写完后交流。）

生：广场那件事已经过去好几天，可奥楚蔑洛夫一点好消息也没有听到，他本以为将军的哥哥知道是他送回了小狗，会派人来找他，给他奖赏，甚至升官晋级。可是白白等了好几天，他感到希望越来越渺茫。然而他并不甘心，又披着那件军大衣，到广场上去打听消息了。当他刚走到广场的一座雕像下时，远远只听得"汪汪"几声狗叫，一只小狗向他跑来，当他瞪大眼睛仔细看那小狗时，不禁呆住了：这不就是将军哥哥家里的那只可爱的小猎狗吗？他来不及细想，只觉得要保护这只小狗，不让他乱跑，以免受到伤害。于是他便伸出双手去抱它，只听得"哎哟"一声惨叫，奥楚蔑洛夫急忙撇开了双手，只看见鲜血顺着他的手指一滴一滴地滴在了地上，此时，奥楚蔑洛夫的脸上闪现出了各种各样的表情，惊讶、害怕、痛苦……那只小猎狗咬完了人，蹲坐在地上，冲着奥楚蔑洛夫还在狂叫，奥楚蔑洛夫忍着疼痛，心想：我虽然被咬了，但这终究是将军哥哥的狗，我还是要把它抱去送给将军的哥哥，于是他壮起胆量，用尽力气抱起那只狗，向将军家走去，好不容易到了，他整了整军大衣，戴正了帽子，恭恭敬敬地敲了几下门，过了好半天，从里面走出了一个管家模样的人，奥楚蔑洛夫对他说明了来意。那管家听后，连眼皮也没有抬，只是淡淡地说了句："这是一条疯狗。前几天已经被将军的哥哥用棍子赶了出去，你怎么又给抱回来了，真是多事！”说毕，便猛地关上了大门，奥楚蔑洛夫听后，宛如晴空霹雳一般，直挺挺地站在那里，呆住了。

生：奥楚蔑洛夫哼着小调和他的巡警走在路上，得意地对巡警说：“我们到将军家去看看吧！”随后他们来到了将军家，将军刚刚送走了他的哥哥，正坐在椅子上休息。他见奥楚蔑洛夫进来了，便抬了一下眼皮，问道：“你们来做什么？”奥楚蔑洛夫得意地说：“将军大人，刚刚您的贵犬遗失在街上，是我让厨子送到您这里来的，您看，能不能……”“混账！”将军愤怒地打断了他的话，说道：“那条脏狗，怎么会是我的狗?！我早就把它扔出去了！你们要是没事，就给我滚！”奥楚蔑洛夫赶紧说道：“是是是……那种野狗怎么会是您家的狗呢？这种野狗真是下贱胚子。”说完便悻悻地离开了将军的家。刚出门便看见了那条狗，奥楚蔑洛夫踢了它一脚，还骂道：“真是条无耻的野狗。”说完便扬长而去。

生：他边走边想：刚才自己的表现还真不错啊……想着想着，突然，一只野狗从街道旁冲了出来，直奔奥楚蔑洛夫。他来不及躲闪，小狗一下子咬住了它。他抬起脚来，正准备一脚踹下去，可仔细一看，原来是将军家的那只狗。他赶紧抱起它，用手轻轻地抚摸着，嘴里还边说：“你可真行啊，咬人咬得这么准！真不愧为将军家的狗，就是不一样！瞧你，累坏了吧！”正说着，那个厨师气喘吁吁地跑过来，慌忙地说：“警官，对不起！我不小心让它跑了出来，咬着你了，看我不教训它！”“你说什么？这狗咬人，说明它聪明，知道保护自己，你应该感到高兴才对！还要教训它！快抱回去给它洗干净，看它脏的！呜……小可爱……乖……回去吧！”说完，奥楚蔑洛夫带着微笑离开了。厨师呆呆地望着警官离去的背影，百思不得其解。

师：同学们的发言非常精彩。不仅有生动而有趣的故事，而且还以讽刺的笔调把变色龙的形象刻画得入木三分，看来，我们这节课的收获还真不小。（《变色龙》课堂教学实录片段）

在例 6-16 中，教师引导学生进行补白想象。由于种种原因，文学作品中有的内容往往故意略而不写，这就形成所谓的艺术空白。换言之，空白就是作品已描写的部分向读者提示或暗示的东西，是作品给读者留下的联想和再创造的空间。而优秀诗文的妙处全在于“空”，作者的工夫在于留有艺术空白，正是这些“空白”，使读者在阅读时回味无穷。语文课堂教学的补白想象，就是教师在教学中引导学生根据文章的内容，展开想象来填补艺术空白。这种补充性想象，往往是在原文的基础上补充想象作者有意省略去的肖像、言行、心理，或场景、情节等。这种教学活动，既可以激发学生的学习兴趣，又可以锻炼学生的分析能力和想象能力。补白想象的教学引导过程大致如下：①仔细阅读原文。补缺是通过想象补充原文留出的艺术空白，这就离不开对原文的仔细阅读和理解。对原文阅读得越仔细，理解得越深刻，想象就会越丰满。如果不作深入的理解，就无法体会到作者留空的意图，更无法去想象补充作者所留下的艺术空白。②想象补充空白画面。对原文理解后，读者可以清晰了解到作品已经具体描述了哪些形象，没有描述哪些形象，根据自己的生活体验，以原材料为想象的出发点，对原材料进行合乎情理的想象补出其中的空白，使作品的整个艺术形象丰满完善。③体会原作感情、主旨。补白想象只是手段，不是目的。阅读的最终目的是作品的形象去体验作者的感情。因此，教师在教学时要在学生想象的基础上，再启发学生感受作者的感情。

【例 6-17】 师：我们能否假设一下，在项链已经丢了，又找不到的情况下，情节如何发展才能使主人公幸免于悲？

生 1：她当时向佛来思节夫人说清楚，即使要赔的话也只需付出五百法郎。

生 2：她丢了项链之后，她不可能知道项链是假的，而且她不可能对朋友说，也不可能对别人说，一个穷人赔也赔不起，所以我觉得三十六计走为上策。（众笑）

生 3：或许这个方法不太道德，但我想可用一串假项链去赔她。（众笑）

生(4)：玛蒂尔德拥有美丽动人的外貌，她可以去找一个有钱的男友，用男友的钱去买，去赔项链。（众大笑）

师：这几种假设在小说中的玛蒂尔德身上有存在的可能吗？

（学生对各种假设进行分析评价，随着种种设想的一一否定，一个“文学原理”终于被学生发现：小说情节是由人物思想性格所决定的。只要人物性格没有变，不仅“丢项链”是必然，“赔项链”也是必然。至此，学生对小说情节的曲折、合理、必然有了正确的认识。）（《项链》课堂教学实录片段）

在例 6-17 中，教师引导学生进行假设想象。这是针对课文的某一环节，假设出现新的条件，激发学生想象会出现什么变化。这假设条件，包括假设时间、地点、环境、人物、情节等。假设想象引导的教学过程大致如下：①假设新的情景。阅读课文后，根据课文某些内容假设新的情景，触发学生的想象。②设想可能发生的事情。③讨论其依据。阅读想象不是胡思乱想，激发学生的假设想象后，要引导学生紧扣课文，分析讨论想象的合理性，体会想象的依据。④评论和总结。假设想象，一方面要求灵活发散，尽可能设想出各种各样的可能性；另一方面还要求合情合理，从课文内容中找到依据，并适合所假设的情景。因此，在学生发挥想象之后，要及时在想象的灵活性与合理性等方面进行评议和总结。引导学生进行假设想象，可以开阔学生的思路，培养学生思维的灵活性。

8. 发散引导

发散是指大脑在思维时呈现的一种扩散状态的思维模式，又称辐射思维、放射思维、扩散思维或求异思维，它表现为思维视野广阔，思维呈现出多维发散状。不少心理学家认为，发散思维是创造性思维的最主要的特点，是测定创造力的主要标志之一。如果说，想象是人脑创新活动的源泉，联想使源泉汇合，那么，发散思维就为这个源泉的流淌提供了广阔的通道。发散引导，是指教师通过某一点的教学，启发学生打破思维定势，从不同角度去思考问题，从而在知识获得方面上辐射出去，呈现网状结构；在思想观念上求异，形成多元的标新立异的思想，达到一举多得的教学目标。课堂教学上的“一事多写”、“一题多解”、“一物多用”、“问题的多角度分析”等方式，就是培养学生发散思维能力的常见例子。

我们来看看下面的课堂教学例子。

【例 6-18】 师：同学们，当你走进浩瀚的沙漠，你最希望看到的是什么？

生：绿洲。（齐声应答）

师：不错。请再回答，当你置身于严寒的冬天，伫立于一片“枯藤、老树”前，你最希望看到的又是什么？

生：新芽。（齐声应答。学生颇有新意感。）

师：很好。我再问：当你读着那些千篇一律、千文一面的文章时，你最盼望的是什么？

生：“语言优美的文章”，“描写生动的文章”，“富有感情的文章”，“不，具有新意的文章”。（七嘴八舌，略有争议，开始活跃）

师：对了。当我在批改作文时，读着那些千文一面、千篇一律的文章，犹如行走在荒漠之中，感到十分寂寞；这时，倘若发现了一篇颇有新意的文章，我就好像夏天里吃了一只冰淇淋，会感到透身舒畅！那么，怎样才能使自己的文章有新意呢？这正是我们今天要学习和训练的课题。（挥笔板书：多角度立意）

师：什么叫多角度立意呢？让我们先看一个材料。（投影）

师：意大利著名画家达·芬奇的老师对达·芬奇谈自己画蛋的体会，他说——

生：（齐诵）“即使是同一只蛋，只要变换一下角度，形状便立即不同了”。

师：让我们再看一个材料。（投影）

师：我国宋代伟大诗人苏轼仔细地观察了庐山，然后作诗云——

生：（齐诵）横看成岭侧成峰，远近高低各不同。不识庐山真面目，只缘身在此山中。

师：这两个材料告诉我们，无论绘画还是观景，都要善于选择不同的角度。这样，才能发现事物、景物的不同特点，才能写出新意。因此，对你所写的景物、事物，在动笔之前，在审题的过程中，也要善于从不同的角度去观察、去思考，从而寻找出其特点，然后运用类比的方法，由物及人，联系实际，确立中心。在此基础上，对各种中心进行比较、分析、权衡、抉择，从而才能确立一个“最佳”的中心，这就是多角度立意的要领所在。（投影“要领”）

生：（齐诵）“观察思考—寻找特点—类比联想—联系实际—确立中心—选择最佳中心”。

师：明确了“要领”，我们应该运用这个“要领”去作多角度的立意训练。今天训练的题目是你们再熟悉不过的事物。（教师伸出一只手，亮相，转身，板书四个大字——手有五指）

生：哇！（大有出其不意之惊叹）

师：同学们，现在让我们在这只小手上来做大文章：先从不同角度观察思考手的五个指头，找出其特点，并且由物及人，从现实生活中找一个话题并阐述自己的观点。我们先确定一个角度：请想一想，这只手怎样才会变得有力量？

生：五指并拢！（一个学生）……还要握成拳头！（几个学生）

师：不错，五指并拢握拳力量大，这是一个特点。据此，你们能由物及人，确立一个中心吗？

生：团结起来力量大。（多数学生）

师：好。现在就围绕这个话题，请诸位动动笔墨，发表高见。（写作，10 分钟后，几个学生举手要求发言，选其一）

生：（读文）五指分开是分力，五指并拢成合力，合力大于分力；五个手指曲向掌心，又聚成了一种强大的向心力。我们班 47 名同学，若能紧密团结，服从班委会领导，就一定能在这次校运动会中夺魁！（全班哗然）

师：（笑着说）你的力学学得好，活学活用，比喻贴切生动，并且能联系实际，很有一股子集体英雄主义！（笑声四起）

…………

师：现在让我们变换一个角度：我们的手怎样才能变得灵巧、能干、会做？

生：需要五个手指互相配合，亲密协作。

师：OK，事情要做好，五指配合少不了。那么，请你们围绕这个中心再动笔墨，继续发表高见吧！（10 分钟后，几个学生举手，选一）

生：（读文）人类依靠双手改造了自己，征服了自然。手之所以能干会做，在于各个手指密切配合，协作工作。我在初中时，学过笛子。吹笛子，要有五指巧妙配合，不然，就会走音跑调。同样，写字、绣花、打字、微机操作、拔河等一切细活、粗活都要五指配合。

师：立论稳妥，材料与观点统一。不过，议论还只停留在手指上，似乎还有需要发挥的地方。

【例 6-19】《执竿入城》一文的教学已近尾声，进入对寓言启示的解读。

师：一个事物从不同的角度去观察、分析、评论可以得出多种不同的正确结论。（拿出一个茶杯请学生观察。第一次使茶杯的正面对着学生，第二次使茶杯的侧面对着学生，第三次使茶杯的顶部对着学生，第四次使茶杯的底部对着学生。然后，教师在黑板上依次画出了茶杯的正视、侧视、俯视和仰视的平面示意图。）同学们看看，这四个示意图哪个正确？

生：全正确。

师：对。这说明了，同一个事物，从不同的角度去看它，尽管结果是不一样的，但这些结果全是对的。这就告诉我们，对于一个事物，不能从某一角度、某一方面草草一看，就轻易地作出结论，而要从不同的方面、不同的角度进行全面的观察、分析、研究之后，再作结论。这样得出的结论才有可能是科学的、正确的。

阅读分析文章也是如此。我们要学会从不同的方面、不同的角度去分析研究一个人物、一个事件、一个场面，去分析研究一个句子、一个段落、一篇文章。这样阅读分析，这样思考问题，有利于避免片面性，有利于全面地理解文章。

现在，我们来看看《执竿入城》，这则笑话虽然很短，但是如果从不同的方面进行多角度的分析，也会得出多种正确的结论，使我们得到多方面的教益。下面，就请同学们从不同角度分析这则笑话，说说这则笑话说明了什么。

（学生专注阅读，凝神思考。）

生：我认为这则笑话讽刺了不动脑筋的思想懒汉。那个执竿入城的鲁人，竖着拿竿进不去，横着拿竿还进不去，他就没有办法了。这本来并不是什么难题，只要稍稍动脑筋想一想，便会想出办法，而他却没有这样做，可见他是一个非常典型的思想懒汉。这则笑话就是讽刺这样的思想懒汉。

生：我认为这则笑话教育人们不要盲从。当那个鲁人手拿长竿进不去城毫无办法的时候，那个老人给他出了一个主意，让他把长竹竿从中间截成两段，他毫不迟疑地照办了。其实，老人的方法并不好。这样，进城的问题倒是解决了，可是却把竹竿毁坏了。鲁人对老人出的主意，不分析，不研究，完全照办，这种不动脑筋、盲从他人的做法，是不正确的。

生：我觉得这篇课文讽刺了那些自作聪明的人。当那个鲁人竖举竿、横举竿都进不去城的时候，那个老人走过来说：'我不是圣人，只是经历的事情多，你为什么不用锯把竹竿从中间截断走进城去呢？'从这个老人的话中，可以清楚地看到，他自认为见多识广。然而，他给鲁人出的主意实在愚蠢。一个愚蠢的人，还自称见多识广，这是对自作聪明的人的极大的讽刺。

生：我觉得我们一方面要看到老人自作聪明的不良表现，另一方面我们还要看到老人乐于助人的好品质、好作风。这个老人让鲁人把竹竿锯成两段，这个办法不高明，这是他的水平所限。他的水平只有这么高，毫无办法。但是，他的态度是好的，是他看到鲁人拿着长竿进不去城的时候，主动过来帮助鲁人出主意、想办法的。他这种乐于助人的精神值得肯定。

师：上面四位同学的分析言之有理。不过他们的发言都是从鲁人或老人这两个角度说的。大家想想看，分析本文，还能从什么角度进行呢？

生：我以为分析这篇课文还可以从事件的角度进行。这件事说明，无论做什么事情都要坚持到底，不能半途而废。那个鲁人，竖举竿进不去城，横举竿也进不去城，于是他就没有办法了。如果，他再换一种方式试一试呢？比如说把长竹竿与地面平行、与城门垂直不就进去了吗？可见这则笑话告诉我们做事情要有坚持到底的精神。

生：我也从事件的角度进行分析。我认为这则笑话告诉人们，只要千方百计想办法什么事情都可以做成；但是想出的办法不一定都是好的，要善于从中选择最好的办法。那鲁人用竖举竹竿的办法和横举竹竿的办法，都不能解决进城的问题；那老人提出用锯断竹竿的办法，这就解决了进城的问题。从进城这一目的来说，老人的办法达到了目的。但是，从运送竹竿的角度来说，老人的办法却没有完成任务，因为把长竹竿损坏了。看来，老人出的主意是一种办法，但不是好办法。这则笑话告诉我们：第一，遇到问题，只要千方百计总能想出办法；第二，要善于选择运用最好的办法。

生：我想，还可以从竹竿的角度进行分析。那竹竿，竖起乎一条竖线；横过来，是一条横线；如果使它与地面平行、与城门垂直，这时面对竹竿的顶端看竹竿就变成了一个圆点。当竹竿形成的竖线高于城门时，进不去城；当竹竿形成的横线宽于城门时，也进不去城；当竹竿形成一个圆点时，那城门再小也可以进去了。这就告诉人们：对于一个事物，要从不同的角度去认识他。这样才能全面地认识事物。这也是这则笑话给人们的启示。

师：非常不错。同学们换了不同角度，对这则寓言又有了许多新的启示。可见，对一个事物，从不同方面、不同角度进行分析，这种多角度思维是创造性思维的一种。学会这种思维方式，有利于全面地认识事物，有利于发现人们尚未发现的东西，有利于创造性地解决问题。希望同学们好好学习并力求掌握这种思维方式。

例 6-18 中的教师进行“多角度立意”的作文教学，例 6-19 中的教师引导学生对寓言的启示作多元解读，从中我们可以看出教师引导学生进行发散思维有一些共同的规律。

首先，要让学生认识到在学习时发散思维的重要性。两位教师都不是一开始就进行发散思维的引导，而是以具体可感的形象作比，引发学生对“新意”的兴趣和追求，认识的发散思维在学习中的重要意义。

其次，选择好发散点。语文教学的内容具有丰富性和不确定性，尤其是阅读教学中的课文只是学习的例子，但这个例子不是一个单纯的例子，而是一个复杂的包含方方面面的知识的例子，通过这个例子可以从不同的角度去说明不同的道理，因此，在语文教学要开展发散思维活动，就必须选好发散点，抓住一点进行有一定角度的发散，否则就会变成漫无边际、毫无目的的漫游。例 6-18 中选择了“多角度立意”，例 6-19 中选择“多角度解读寓言启示”，都是很好的发散点。

再次，提供一定的发散材料。由于学生各方面积累有限，如果仅就课文学习课文，是难以形成发散的。这就需要给学生提供赖以发散的启发材料。例 6-18中教师提供的达・芬奇老师的画蛋体会和苏轼咏庐山诗，例 6-19 中的教师提供的茶杯的正视、侧视、俯视和仰视的观察图，都是为学生提供了很好的发散思维的启迪材料，为学生呈现了多层次、多角度地发散思维的范例。

最后，指引发散的路子。有了学习材料，有的学生不一定就能自动产生发散性学习，还需要教师作进一步的指引，让学生体会到发散学习的路子，然后才逐渐学会发散学习。尤其需要注意的是，学生在团体学习中，很容易受前面同学学习方式的影响，当几个学生沿着一个方向思维时，教师要注意适时引导学生变换思维的角度。例 6-19 中，当学生的发言都是从鲁人或老人这两个角度说的，到了一定程度后，教师及时启发学生变换角度：“大家想想看，分析本文，还能从什么角度进行呢?”通过教师及时引导，学生马上变换角度进行思考，促进学生对文本理解的深度和广度。

发散引导，可以启发学生运用不同的知识、方法，从不同的角度去解决遇到的问题，帮助学生学会用变化的观点看待客观事物，不断地想出新措施，以培养思维的灵活性、敏捷性和广阔性，从而达到培养创造能力的高级教学目标。

9. 反思引导

反思，又称反省，是人对自身活动的注意和知觉，这是一种不同于直接认识的间接认识，也是知识的来源之一。反思引导是教师引导学生对自己的学习活动、思维过程、心理体验进行思考，进而认识它们的内在的活动特点和规律，以便在以后相似的学习活动中能够有效运用其规律。

【例 6-20】 师：你们知道这篇文章是什么文体?

生：是说明文。

师：说明文是个大类，包括各种产品说明书、书籍的出版说明和内容提要、词典的释文、影剧内容介绍、除语文以外的各科教科书及讲义、知识小品，等等。

凡是以说明事物或事理为主要表达方式的文本都是说明文。说说看，这篇课文是说明文中的哪一种？

生：是知识小品。

师：他说得对不对？同意的请举手。（多数学生举手）你说对了。但什么是知识小品，你知道吗？

生1：不知道。

师：知识小品有什么特点，知道吗？

生1：不知道。

师：你都不知道？（生点头）那你怎么知道这篇课文是知识小品呢？

生1：我是瞎蒙的。（笑声）

师：不，你肯定不是瞎蒙的，你心里肯定有一个关于知识小品应有的"样子"，而这篇课文正好符合你心里的这个"样子"。是这样吗？

生：我心里没有样子。（笑声）

师：那你为什么不说它是产品说明书或别的说明性文体，而偏偏要说它是知识小品呢？说明你在说的时候心里有过一些选择的。好好想想，你在各种文体中选定知识小品，当时是怎样想的？

生：因为它是介绍关于死海的知识的，文章很短小……所以是知识小品。

师：说得对呀！知识小品就是介绍科学知识的；文章篇幅又很短小，所以叫"小品"。你看你说出了知识小品的一些重要的特点，你明明知道。

生：这是我看了课文后临时想出来的。

师：这更了不起，说明你的思维很敏捷，很有判断力。我早说过你不是瞎蒙的嘛！（笑声）下面请大家再来看看知识小品除了篇幅短小、具有知识性外（板书：知识性），还有些什么特点。

生2：知识小品写得比较生动有趣，能吸引读者。

师：说得很好。刚才的同学用"知识性"三个字概括的话，你能不能把你的意见也用个什么性来概括？

生2：趣味性，生动。

在例6-20中，教师提问，学生回答正确，许多老师的教学一般就会到此为止，转入相关知识的教学。但是，这位教师却进一步问："你怎么知道……"这样的问题，这就是引导学生反思其学习活动的思维过程。值得注意的是，学生回答说："我是瞎蒙的。"这时候，教师千万不要把学生看做是说调皮话，其实这反映了学生的一种非常常见的学习状态：直觉的下意识的内隐学习状态。学生凭借原有知识经验直觉地、下意识地解决了问题，这是内隐学习的一大特点。这时候需要教师进一步引导学生反思其中的思维活动，把直觉的思维变成理性思维，把下意识的学习活动变为有意识的学习活动，从而帮助学生认识自己的认知活动过程。这位教师在教学中循循善诱："好好想想……"、"当时是怎样想的……"，终于促使学生认识到自己的下意识的思维过程："因为它是介绍关于死海的知识的，文章很短小……所以是知识小品。"在教师的引导下学生终于认识到自己原先的认知活动。这种反思引导其实质就是心理学所提倡的培养学生的元认知能力。所谓元认知，就是对自己认知活动的认知，通过认识自己的认知活动，进而能够监控、调节自己的认知活动，提高认知活动的有效性。反思引导就是帮助学生学会观察、分析和评价自己认知的过程，从而提高对认知活动的自我意识，为自我监控奠定基础。提倡在阅读教学中注重发展学生的元认知，正是要把阅读教学的重心由注重理解内容转移到重视认知过程上来。换言之，在阅读教学过程中，既要注意引导学生理解课文，又要重视引导学生对阅读的内隐的认知过程的自我意识和自我监控。

那么，在教学中怎样进行反思引导呢？从一些优秀教师的课堂教学案例中，我们可以概括出一些有效的途径。首先，教师要引导学生深入理解文本，这是阅读教学的基础，所有语文教师都在竭尽全力做好这方面的教学活动。其次，教师要注意引导学生反思自己的阅读理解过程。在阅读教学中，教师不能满足于引导学生思考、理解文章内容，还要注意引导学生分析、体验自己的思考过程。我们知道，阅读认知活动是一种内在的思维过程，学生往往不注意感知、分析其活动过程，而教师引导学生把自己的认知活动过程揭示出来，使内在的活动变为外显的表象。这对于培养学生对认知过程的自我意识有着重要的作用。在实际教学中，不少语文教师也注意引导学生思考问题，但这思考侧重于对文章内容的理解，而且多是在师生一问一答过程中进行，虽然学生最终理解了文章内容，但学生的思维过程是断断续续的，而且是在无意识之中进行的。这时，如果教师不注意引导学生分析总结其思维过程，学生对思维过程的自我意识就得不到提高。因此，引导学生分析自己的思维过程，对培养学生的元认知，对发展学生的阅读能力，有着重要的作用。再次，教师要引导学生自我监控其阅读认知过程。认识自己的认知活动是手段，不是目的，元认知的核心是能对自己的认知活动进行监控和调节。监控就是检查阅读认知活动开展是否顺畅，是否有效，是否出现障碍；调控就是在阅读认知活动发生障碍、效率不高时及时加以修正和调整。学生阅读文章难免会出现理解错误的现象，而意识到理解错误，并且掌握纠正措施，正是学生从不知到一知半解，最后达到正确完整的理解的发展过程。总之，在阅读教学中，教师不但要注意引导学生正确理解文章的内容，而且要注意教给学生正确理解文章的认知策略，发展学生对阅读认知过程的自我意识和自我控制，使学生成为积极的读者。这是培养学生阅读能力、提高阅读教学质量的有效途径。

四、反馈与引导技能灵活运用

前面我们分别介绍了各种反馈与引导的教学例子。需要注意的：一是反馈与引导是相辅相成、紧密结合在一起的。如前所述，在实际课堂教学中，教师提问，或要求学生开展某一项学习活动，如果学习内容稍高于学生的原有知识水平，那么，学生回答问题或进行学习往往会有对有误，这需要教师及时给予反馈，让学生明白哪些学习活动是正确的，哪些学习活动是错误的，为什么；与此同时，教师还应该顺势加以引导，帮助学生从错误的学习中走向正确的学习，促使学生把简单的学习活动发展为丰富而深刻的学习活动。二是反馈与引导的类型是根据教学实际情况灵活运用的。任何方法的运用都没有一成不变的规则，也没有最佳的效果，只有根据教学内容和学生的学习反应灵活运用合适的反馈与引导类型，才可能取得良好的教学效果。

我们来看看下面的教学课例是怎样根据学生的学习反应来进行教学反馈与引导的。

【例 6-21】 师：现在请大家自由地读一下这三节。如果把这三节划分成三个小的景点，你最喜欢哪个景点？用你自己的话给大家描述一下。在描述的过程中可加入自己的想象，用美的语言进行艺术加工。大家自由地读，读完后开始选点，然后进行加工。可以动笔写一写，构思的词、角度等，都可以写写。（学生读和写）选第一个点的同学，请举手。

生：我认为那河畔的金柳，是夕阳下的新娘，投下金色的光、金色的影子。夕阳余晖的光芒照射下的景象一定很美，这样景象下的水波和倒影也一定会引起作者无限的遐想。

师：你用的是一种评论性，而不是描述性的语言。

生：我觉得这段写景，实景有金柳、夕阳以及新娘、波光。这样，在波光中倒映成艳影，引起作者昔日在这个地方漫步时的感情。我觉得他是触情生景。因为他再一次到了康桥，引起对昔日的回想。由于又要离开康桥，他离愁别绪的心情引起了他对昔日那种美好时光的回忆，能反映出作者他当时忧愁又无奈的心情。

师：非常好，非常有创意，触情生景。这两位同学都是评论性文字，哪位同学选第一点的，用描述性文字的，直接给大家描述下景色。（要求举手回答）

生：在初春的河边，几株春天的柳树刚刚发出嫩芽，像新娘一样既欢快又美丽，把长长的头发垂在波光粼粼的河面上，随着春风在水中荡漾。它的枝叶有各种角度，夕阳的光辉映照在树叶上，反射出各种光芒。春天的风轻轻地抚摸着杨柳。柳树的枝条与河水就像鱼鳞一样，波光闪烁，一轮夕阳在云彩的簇拥下慢慢地西沉。暖暖的阳光，暖暖的春风，和煦的杨柳，在这样一幅景色下，想让人搬一把躺椅坐在河边，在杨柳轻拂下慢慢地闭上眼睛，享受夕阳的光辉。

师：说得非常好，想象力非常丰富。送给大家一句话"展开两翼，才能飞翔"。这两翼，一只翅膀是想象，另一只翅膀是联想。刚才这位同学的想象力非常好。（《再别康桥》课堂录像）

在例6-21中，教师要求学生用具体的语言描绘诗歌的景物，一位学生思考并作了回答，教师直接作出了否定性评价，指出学生是作评论而不是描述。教师这样反馈是基于学生是高中生，且第一个发言的是一位学习好的学生，平时师生关系融洽，给予直接的否定性评价不会影响学生的学习心态，既简明又暗含启发性引导：需要进行描述。第二位学生回答，教师先就学生回答的内容作出肯定性评价："非常好，非常有创意，触情生景"，同时指出存在的问题："这两位同学都是评论性文字"，没有符合学习要求，并启发学生："哪位同学用描述性文字直接给大家描述下景色"。教师这样的反馈是发现学习难度较大，两位学生回答都存在共同的问题，过多否定会使学生产生畏难心理，所以先作出肯定性评价，再指出存在的问题，然后加以引导。第三位学生对景色作了形象生动的描述，教师对此作了肯定性评价："说得非常好，想象力非常丰富。"并抽象概括出阅读诗歌的一个重要方法：展开想象和联想。

在实际课堂教学中，由于问题的多样性、学习活动的丰富性、学生个性的复杂性，教师的反馈与引导一定要具有灵活性。以下我们概括一些需要教师特别注意的教学情境，提示新任教师根据不同的教学情境采用恰当的反馈与引导的方式。①学生给出正确、快捷、肯定的回答。这说明教师提出的问题或学习任务比较简单，需要教师简单反馈，并通过引导把学习引向深入。②学生回答正确，但是在回答过程中有不肯定，表现出犹豫。这时，教师给予积极反馈很重要，首先进行鼓励和强化（好、正确），然后解释学生回答犹豫的内在原因（解释为什么回答问题时表现出不肯定），接着重申支持正确答案的相关事实、规则等。③学生回答正确，但回答比较简单、不完整、不全面、不深入。这时，教师应该在给予反馈的基础上进行必要的引导，使学生对学习内容的理解由粗糙发展为精细，由简单变得丰满与完善。④学生回答错误，这就更需要教师敏锐感知学生学习的错误，迅速分析错误的原因，并据此采取相应的反馈与引导，帮助学生从错误中学习。例如，学生因为粗心而回答错误，教师切忌采取挖苦、讽刺、惩罚的反馈方式，这既不能帮助学生改变粗心大意的不良习惯，只会造成学生心理高度紧张而出现更多的因为考虑不周的错误答案。正确的反馈方法是提醒学生不要紧张，重复问题让学生再思考后重新回答，或转向下一个同学，引出正确答案。又如,学生因为缺乏某些知识而回答错误,在学习某些内容的开始阶段往往容易犯这种错误,这时,教师的反馈不能满足于给出正确答案,而是通过暗示、引发思考、转变提问方式、降低问题难度等引导方式,最后引出学生独立思考做出正确答案。⑤学生回答错了,却自以为是对的。这时,教师的反馈与引导是最需要艺术的,首先要通过引导让学生认识到自己理解的错误,然后帮助学生自己修正错误,这可能需要教师给学生提供额外的学习材料,扩大视野,提高认识,改变其原有认知结构。切忌以生硬的方式强迫学生改变自己原有想法,接受教师的观点。⑥学生不愿回答问题。这种情况又分为两种现象:一是学生能够回答却不愿意回答问题,这可能是学生个性较为内向,不愿意表现自我,也可能是班级学习风气不正,顾虑回答错了会被嘲笑,这需要教师平时注意营造安全的、和谐的、融洽的学习氛围,让学生在课堂学习中愿意说、敢于说。二是问题比较难,学生暂时缺乏某些知识或能力,一下子回答不了。这时特别需要教师的引导:或者引导学生复习某些赖以支持的相应的知识、规则等;或者提供相关线索或暗示;或者解释获得正确答案的步骤;或者变换问题的角度,调整问题的情景和背景等。总之,教师应该运用各种方式引导学生通过思考问题获得正确的答案,而不是教师直接说出正确的答案。⑦学生回答问题积极性非常高。有的学生性格外向,特别喜欢自我表现,在课堂教学中特别积极回答问题,这本来是好现象。但由于目前很多课堂教学都属于班级授课制,班级学生人数较多,而一节课的时间又有限,教师的课堂教学必须要面向全体学生,保证课堂上大多数学生都能参与课堂学习活动。如果个别学生回答问题过于频繁,则意味着某些学生没有机会回答问题。因此,对于过于积极回答问题的学生,教师既要注意保护他们的学习积极性,又要巧妙地引导他们更深入思考问题,避免满足于轻率简单地回答问题。

五、反馈与引导教学设计

(一)语文课堂教学反馈与引导的设计要求

课堂教学的反馈与引导是最重要的课堂教学技能之一,它贯穿于整个教学活动过程。教学的每一环节,都需要教师对学生的学习活动给予反馈与引导,学生据此不断调整学习行为,以适应学习要求,巩固成功经验,纠正错误行为,最终完成学习任务。可以说,没有反馈与引导,就没有教学的深入推进。怎样对学生的学习活动进行有效的反馈与引导呢?下面我们提出几点要求。

1.反馈与引导要真诚热情

反馈与引导,是教师根据教学目标与学生学习现状向学生传递评价、启发等信息,目的是为了增强学生的学习信心和兴趣,激发学生进一步探索问题的动机。教师满怀真诚、热情的情感给学生传递反馈与引导的信息，则易于为学生所接受，并转化为积极的情感体验，形成新的学习热情。如果教师因学生的行为表现较差或不适合自己的要求而对学生进行讽刺、挖苦等，这样的负面的反馈信息，不但不能调动学生学习的积极性，反而会伤害了学生的自尊心与自信心，进而厌恶学习，影响学生进一步学习的积极性。因此，教师要充分相信学生，营造宽松、融洽的教学氛围，对学生的学习活动随时给予热情的反馈与引导，使学生的学习过程充满着积极向上的愉悦享受。

2.反馈与引导要方向明确

教学活动是一种有目的的和有序的连续性活动，在这种活动中需要教师随时明确教学发展的方向，通过反馈与引导强化有效的、正确的行为反应，限制或及时纠正偏离教学发展方向的无效行为反应。由于教学反馈与引导都是随堂动态生成的，如果教师心中不牢记教学目标，教学活动就很容易不知不觉地偏离原本追求的方向，不知所终。尤其教学越是活跃的时候，就越容易被情绪所左右，越容易忽略应该追求的教学目标。因此，教学反馈与引导，一方面要积极启动学生发散思维，促使学生充分发挥自己的想象，尽情地去联想，锻炼其创新思维；另一方面要保持一定的导向性，及时限制和规避偏离目标的活动与行为。

3.反馈与引导要及时准确

所谓及时，是指教师在学生需要反馈和引导的最佳时机给予相应的反馈与引导，即如古人所说的在学生处于“心愤口悱”的情况下，教师启而发之，可以收到举一反三的效果。否则，反馈与启发太早会束缚学生的思维和想象，达不到理想的效果，太晚又会使有些学生误入歧途。大量的教育研究表明，学生在学习过程中能及时得到反馈，即让他们及时知道学习的结果，能明显地激发学习动机，调动学习的积极性。能及时给予适当的引导有利于促使学生向更高水平发展。所谓准确，就是指教师发出的反馈与引导信息和学生接受到的反馈与引导信息在意义的认知理解上一致。课堂教学实践表明，做到这一点并非易事。由于教师和学生的原有知识经验等存在着一定的差异，师生对反馈和引导信息的理解也就存在着差异，这需要教师传递信息时要从学生原有知识水平出发，做到表述清晰易懂，切忌模糊笼统。

4.反馈与引导要恰如其分

这是要求教师根据具体的教学情境给学生提供因势利导的反馈与引导。从教学发展的过程来看，在教学开始阶段，教师可以给学生提供有关新旧知识联系的反馈与引导；在教学的发展阶段，教师可以给学生不断提供有关学习进步方面的反馈与引导；在教学的结束阶段，教师可以给学生提供有关学习结果达到什么标准的反馈与引导。从教学的任务来看，对于有关知识与能力方面的教学任务，教师要给学生提供学习结果正确与否的反馈与引导；对于有关过程与方法方面的教学任务，教师要给学生提供学习策略运用和思维发展是否有效的反馈与引导；对于有关情感、态度、价值观的教学任务，教师要给学生提供情感反应是否合理的反馈与引导。从学生的个性特点来看，对于学习优秀、自信心强的学生，教师要给予更富于挑战性的反馈与引导；对于学习落后、缺乏自信心的学生，教师可以提供鼓励性的反馈和建议性的引导；对于习惯于勤学而方法欠缺的学生，教师可以提供有关思路和学习策略方面的反馈与引导。总之，教师应根据教学任务、学生特点、具体情境进行有的放矢的反馈和引导，使所有学生都能从中受益。

5. 反馈与引导要形式多样

如前所述，由于教学内容的丰富性、教学情境的复杂性、学生个性的差异性，反馈与引导的方式同样应该根据实际情况而灵活多样。从形式看，有言语的和非言语的(体态语)反馈与引导；从内容看，有知识经验性的反馈与引导，有方法策略性的反馈与引导，还有情感鼓励性的反馈与引导；从形成看，有预设的反馈与引导，也有动态生成的反馈与引导。所有这些，都需要根据具体的教学任务、学习情境和学生个性特点选择恰当的反馈与引导。而简单划一的反馈与引导，与复杂多样的教学是不相匹配的，不能够真正满足教学活动的实际需要。

6. 反馈与引导要多方互动

教学不是彼此孤立的教或学的活动，也不是简单的教与学的双边活动，而是一种在团体中各种因素相互作用下的团体学习活动。课堂教学的反馈与引导，不仅要发挥教师的主导作用，也要注意发挥学生之间甚至环境之间的反馈与引导作用。某一学生的发言可以对其他学生形成反馈和引导的作用，师生共同营造的学习环境、所使用的学习材料也可以对学习活动形成反馈或导向作用。学生要从教师那里获得自己有关学习行为及其效果的反馈，并根据教师的反馈与引导信息，对自己的学习活动形成反思总结，并及时修正与调整自己的学习行为及方式，使自己在教学中处在一种正常而积极的状态。学生同时也从其他同学那里获得反馈信息。而教师也从学生的学习反应中获得对自己教学的反馈信息，并据此对自己的整个教学活动状态作出分析与判断，必要时进行修正和调整。课堂教学只有形成多方互动的反馈信息流动，才能有效地顺畅地发展。

(二)课堂教学反馈与引导设计的方法

课堂教学的反馈与引导设计是教学设计的一个组成部分，其设计的主要程序如下：

1. 钻研教材，了解学生

这要求教师全面而深入地研究教材，理出教材的难点和重点；了解学生的实际,了解学生学习该内容可能出现的知识与能力的欠缺、思维与心理的障碍。

2.创设问题情境

这要求教师根据教学重点、难点和学生存在的学习困难创设问题情境,准备相应的学习活动。

3.适时反馈,相机诱导

适时反馈是要求教师就学生的每一个学习表现及时给予反馈。适时点拨是指抓紧机遇,及时点拨;相机诱导是要求教师寻找契机,进行引导。在引导中组织讨论交流,解开迷惘,排除故障,化难为易,拨疑为悟,理解消化学习内容,从而促使学生掌握知识,培养能力,发展思维,实现教学的迁移。

4.反思总结,深化提高

这是要求教师通过反馈与引导的教学过程后,学生完成学习任务,理解学习内容,最后指导学生对整个学习过程进行反思,总结其中所包含的规律性知识,以便转移到下一个学习环节。

六、反馈与引导技能评价

运用表6-1评价课堂教学反馈与引导的教学效果。

表6-1　反馈与引导技能评价表

课题:　　　　　　　　讲课教师:　　　　　　　　评价者:

项　目	优	中	差
教师对每位学生的每次学习活动都给予反馈	5	3	1
教师的反馈及时	5	3	1
教师的反馈以鼓励为主,热情真诚	5	3	1
教师对学生的学习活动能作出准确的评价	5	3	1
教师能紧扣教学目标引导学生学习,引导没有出现游离教学目标之外的现象	5	3	1
教师对学生学习不足之处能引导深入学习	5	3	1
教师引导学生学习能做到因人、因情境而灵活变化,形式多样	5	3	1
教师对学生学习错误的纠正讲究艺术性,没有粗暴批评、讽刺的现象	5	3	1
合计			

注:请听课后根据以下各项评价指标评出等级(在相应的等级上打钩),总分在1～10为差,11～20为一般,21～30为中等,31～40为优良。

【微格训练】

一、反馈与引导案例分析:仔细阅读下面的讲授课例,分析其优缺点。

例 1:《珍珠鸟》教学实录片段

师:谁能用最简洁的话概括一下,这篇文章给我们讲述了一个什么样的故事?

生:讲“我”养了一只鸟的故事。

师:谁能再补充一下?

生:“我”喂养了一对珍珠鸟,它们有了雏儿,这只珍珠鸟由害怕“我”到亲近“我”的过程。

师:是啊,作者花费了大量的笔墨,用十分细腻的笔触为我们描写了一只可爱的小鸟,现在请你们自由朗读课文,勾画出其中你最喜欢的句子,美美地读一读。并用“我喜欢是因为……”的句式来说一句话。

例 2:《斑羚飞渡》课堂教学实录片段

师:作者写这篇小说是什么目的呢? ……(一时没人回答,可能不理解其目的)他肯定是提倡,或者赞扬一种什么精神。

生:赞扬舍己为人的精神、大公无私的精神。……不对,是“舍己为羊”的精神。(笑)……我认为是赞扬在生死存亡关头勇于献身的精神……

师:其实课文中有作者提示,看谁先找到。

生:它们心甘情愿用生命为下一代开辟一条生存的道路。我更没想到,老斑羚们会那么从容地走向死亡。

师:这只是读课文原文,不是回答以上问题。

生:赞扬“心甘情愿用生命为下一代开辟一条生存的道路”的精神。赞扬在面临种群灭绝的关键时刻,为了赢得种群的生存机会“从容地走向死亡”的精神。

例 3:《阿房宫赋》课堂教学实录片段

师:其实我在读这两段的时候,发现有一个地方写得并不好。大家注意这一段,“使负栋之柱,多于南亩之农夫;架梁之椽,多于机上之工女;钉头磷磷,多于在庾之粟粒;瓦缝参差,多于周身之帛缕;直栏横槛,多于九土之城郭;管弦呕哑,多于市人之言语”,这一段是形容秦的纷华奢侈的,但不是很恰当,他用的是夸张用法,但是,说柱子比农夫多,这勉强可以说是夸张,说椽比工女多,那算什么夸张? 一间屋子里可是有许多椽呀! 最可笑的是作者居然说栏槛比城郭多! 既然觉得他写得不好,我就想改一改,我读一读,大家听我改得好不好。

生:(部分)不好。

师:我还没改啊,怎么就说我改得不好? 别忘了,长江后浪推前浪——

生:(齐声)一浪更比一浪强!(大家笑)

师:认真听了——使负栋之柱,多于行道之树木;架梁之椽,多于水中之鱼虾;钉头磷磷,多于原野之闲草;瓦缝参差,多于田间之犁隙;直栏横槛,多于山林之小径,管弦呕哑,多于暮春之鸟语。(边读边解释)我改得不错吧?(众笑)能不能代替原文?这个问题有难度,我要考考大家。

生:我觉得不能换,原文中用的是与人有关的,你这样换了以后不够人文。

师:不够人文?我听不懂你的话啊。

(生议论,过了一会儿)

生:我觉得不能换,因为作者在这儿写到了农夫啊,工女啊,有一种感叹在里面,就是说这些人都挺可怜的,形成了一种对比。

师:有些赞同你的意见,有没有补充的?

生:不能换!作者这里用农夫、工女、粟粒、帛缕、城郭作比较,实际上突出了秦朝建阿房宫对百姓造成的灾难。特别写得好的是最后一句,"管弦呕哑,多于市人之言语",与后面的"不敢言而敢怒"照应,说明百姓受欺压不敢声张,反映出秦的残暴。(生纷纷点头)

生:(补充,意思类似)

师:大家真不错,刚才这三个同学说的大致是一个意思,我改的仍然用夸张手法突出了秦的纷奢,但是原作与我改的相比暗含了一层意思,就是说秦的奢华是建立在对这些农夫工女们的剥削上的,一句话,是建立在对人民的压榨之上的。我也觉得最后一句话写得好,百姓没有言论自由,万马齐喑,只剩下一片弦歌之声,焉能不亡?

例4:《药》课堂教学实录片段

师:大家通过阅读这篇小说,觉得这是一幕悲剧,还是喜剧?(本来想问:"鲁迅的主要目的是想揭示什么?"但是,师觉得,那样问,似乎太直奔主题,学生也不容易理解和把握,所以,师就从悲剧、喜剧的角度去发问。)

生:自然是悲剧。

师(追问):是谁的悲剧呢?

生:是华老栓这样的人的。

生(补充):华老栓这样的群众太愚昧、麻木。

师:哦,是愚昧、麻木者的悲剧。

生:应当是,揭出病苦,引起疗救者的注意。

师:你大概读过与鲁迅有关的书吧?

生(点点头):初中学《孔乙己》的时候,老师这样讲过,鲁迅的大部分小说大体都能如此去理解。

师：你说的对，而且本篇就可如此解读。

生：也是揭示夏瑜这样的革命者的悲剧。

师(提示)：具体说。

生：夏瑜是为了解救华老栓这样的下层群众而死的，可是他们却把他的血给吃了。

师：这不正是“得其所哉”吗？夏瑜革命，是为了华老栓这样的群众，而群众吃了他的血治病，他的血不恰好为人民而流吗？夏瑜应当高兴才对，怎么能是夏瑜的悲剧呢？

生：不能那样理解，夏瑜流血并不是为了让华老栓去吃他的血，而是为了推翻一个旧制度，建设一个新国家，让华老栓们过上好日子。不是让他们去吃他的血。

师：你认为，华老栓知道夏瑜的血是为他们而流的吗？知道夏瑜们革命的这种意义吗？

生：当然不知道。因为华老栓不知道，所以他才让儿子吃夏瑜的血。

师：大胆想象一下，如果夏瑜地下有知，知道华老栓们把他的血吃了，高兴不高兴？

生：当然不高兴。

师：吃了革命者的血后，病治好了吗？

生：没有。

师：夏瑜建设新国家、建设民主社会的革命目的实现了吗？

生：也没有。

师：原因是什么呢？

生：大概也因为群众不了解他们，没有让群众一同参与。

师：所以，请一个同学总结一下，这小说总体上写的是哪两种人的悲剧。

生：首先是夏瑜这样的革命者、先驱者的悲剧。(师插话：“是先驱者的悲剧。”)同时又是华老栓们的悲剧。(师插话：“是麻木者的悲剧。”)是双重悲剧。(师插话：“非常好！”)夏瑜们没有启发群众参与，导致革命没有真正成功，是悲剧。华老栓等愚昧麻木的群众却吃了革命者的血，不知道革命者的血为他们而流，又是悲剧。

师：他总结得非常精彩。可以换句话说，“先驱者”是醒着的人，“麻木者”是睡着的人，所以，这是醒着和睡着的双重悲剧。此情此景，可以说是“国家疾未治，群众病未医”。这就是鲁迅笔下当时中国的现实。(板书：醒者悲剧，睡者悲剧，国疾未治，众疾未医，双重悲剧)

二、反馈与引导微格模拟训练：从下面各题中选择一题，进行反馈与引导设计，然后在微格教室中进行模拟练习，分析其中的效果。

1.【教学情境】

(《安塞腰鼓》的课堂教学)师：文章又是通过哪些具体描写突出安塞腰鼓给人心灵的撞击，根据你对陕北的认识谈谈你的理解，也可引用原文说明。

生：老师，他们住的是窑洞，经济落后，想通过敲鼓发泄不满……

(全班学生哄笑)

【问题】面对这一情境，请你为那位教师设想接下来将怎样对学生进行反馈与引导？

2.【教学情境】

鲁迅《故乡》的课堂教学：在分析闰土穷困潦倒、食不果腹的原因时，一个学生说：主要根源在闰土自身，西瓜那么贵，闰土为什么不多种些西瓜拿去卖？他要是头脑灵活，多种经营，是可以劳动致富的。

【问题】面对这一情境，请你为那位教师设想接下来将怎样对学生进行反馈与引导？

3.【教学情境】

这是《藤野先生》的教学片断。教师要求学生阅读课文，然后问学生阅读后有什么感受。

学生(愤慨地说)：妈的，小日本！敢说我们中国人是低能儿！(部分学生附和)

【问题】面对这一情境，请你为那位教师设想接下来将怎样对学生进行反馈与引导？

4.【教学情境】

这是《论语十则》教学片断，教师要求学生分小组学习，提出不懂的问题，请组员帮解决；如果小组解决不了的，请小组长记下来，再在全班讨论。下面是学生提出不懂的问题：

生："士不可以不弘毅，任重而道远，仁以为己任，不亦重乎？死而后已，不亦远乎？"老师，"仁"是什么意思？

【问题】面对这一情境，请你为那位教师设想接下来将怎样对学生进行反馈与引导？

第七章 应变技能

一、应变技能简介

语文课堂教学过程是一个多变量的不断动态生成的过程，它的复杂性和多变性要求教师时时密切关注课堂教学细节，随时对课堂教学出现的新情况、新问题进行灵活处理，这样才能保证教学的成功，达到理想的教学目标。语文教师这种对课堂教学的监控和调节艺术背后所反映的就是教师的机智应变技能。

所谓课堂教学的应变技能，是指教师在课堂教学中对于出自教师或发自学生的始料未及的事件作出迅速反应，果断决策、灵活处置的能力。这种技能大致包括三个方面的因素：一是对教学微妙变化的敏锐感知。课堂教学活动是一种极其复杂的活动，教师面对的是几十个性情各异的学生，受到许多不确定因素的影响，随时都会出现一些意想不到的事情，优秀的教师敏锐感知突发事件的萌芽状态，意识到引起突发事件的背后原因。二是对教学突发事件作出果断决策。突发事件都是瞬间出现，需要教师立即调动自己全部智慧来及时应对。首先，调动自身的认知评价系统，对突发事件作出正确的判断，分析其性质、起因；然后，思考应对的策略和可能造成的结果。三是对教学突发事件作出灵活处置。面对突发事件，教师根据不同的情境创造性地运用对策，促使突发事件朝着有利于教学发展的方向发展。由此可见，教师的课堂教学应变技能实质上就是一种巧妙处理教与学矛盾的教学技巧。在课堂教学过程中，教师即使精心备课，对教学内容了如指掌，对教学程序反复推敲，对教学方法仔细筛选，但这一系列准备工作只是圆满地完成教学任务的前提。一旦进入真实的课堂教学现场，只要启动学生学习的主动性，开放教学的时空，总会在课堂教学的动态生成过程中出现一些教师在课前没有预料到的情况。可能因为出人意料的外界因素的影响，也可能因对学生的知识水平、心理素质了解不周，就会出现与课前的教学预设不一致的情况，这时课堂教学不能按照课前预设的教案一成不变地进行下去，需要教师面对意外发生的情况，敏感地洞悉学生思维、情感活动的状态，根据实际情况，对教学内容、教学方法作必要的调整，妥善而又巧妙地处理各种外界因素的影响，使教学顺畅地进行。《孙子兵法》提出用兵要随机应变，"水因地而制流，兵因敌而制胜。故兵无常势，水无常形；能因敌变化从而取胜者，谓之神"。同理，教学也要随机应变。

课堂教学的应变技能是教师教学能力的一个重要组成部分，其作用主要表现在以下几个方面：

1. 耐心诱导，确保课堂教学活动始终指向教学目标

课堂教学中出现意外事件，意味着教学活动脱离了正常的轨道，具有较强应变技能的教师，可以通过调控和引导，促使教学活动继续朝着教学目标发展。例如，学生突然提出教师意想不到的问题，有应变能力的教师会及时调整教学活动，利用问题中所包含的学生思维的闪光点加以引导，使突发的问题动态生成为精彩的教学内容。又如当学生的学习活动误入歧途、有悖教学目标时，有经验的教师能适时诱导，使学生的思维在正确的轨道上运行，以避免教学中偶发事件的发生。

2. 机智应变，化学生的消极情感为积极情感

在教学过程中，由于知识经验不足，情绪不稳定，自控能力差，有的学生会因为某些因素影响而出现一些脱离学习活动的言行，甚至有顶撞和无理取闹等现象。面对这些不良行为以及由此引起的消极情感体验，优秀的教师会用宽容的心态理解学生，抑制自己不满情绪，根据具体情况灵活处理，设法消除学生的消极情感，唤起他们的积极体验，及时地促成消极情感向积极情感转化。

3. 尊重学生，营造和谐教学环境

善于应变的教师能够尊重学生人格，喜欢与学生处于平等地位，从不辱骂学生，但这并不意味着去姑息、纵容学生，而是用自身人格魅力来吸引学生。即使有些偶发事件使老师陷于窘境，他们也不会简单粗暴处理而伤害学生的情感，而是采用含蓄幽默方法使自己摆脱窘境，消除影响教学的不利因素，使教学工作按部就班地进行下去，保证教学环境一直处于和谐融洽的氛围。

二、应变技能的理论视野：范梅南教育机智思想[①]

马克斯·范梅南(Max Van Manen)原籍荷兰，现为加拿大阿尔伯塔大学教育学教授、课程与教学研究院主任、国际质性方法学研究院高级研究员，是北美"现象学教育学"(Pedagogy Phenomenology)的创始人之一，其代表作《教育机

① [加]马克斯·范梅南. 教学机智——教育智慧的意蕴. 李树英译. 北京：教育科学出版社，2001.

智——教育智慧的意蕴》系统阐述了他的教育机智思想,在世界范围内产生了重要影响。

所谓机智,是指个人能够根据情境的变化迅速采取适当的应对措施的能力。教育家赫尔巴特首先把机智引入教育领域,他认为机智是促使理论转化为实践的媒介。范梅南则把教育机智看做理论和实践融合的黏合剂。理论经过深思熟虑、严密论证而形成,实践则是根据情境变化即时采取措施,理论与实践通过教育机智而融合在一起,这就是教师把教育学理论内化为教育智慧,又在具体的教育情境中外化为教育机智。

那么,教育机智的本质是什么呢?范梅南认为,教育机智是以“道德”和“向善”为原则的规范性活动。首先,教育机智就是教师在教育情境中的智慧行动。教育情境充满着各种不确定性,教师面对各种偶发事件不可能停下来分析现象,思考各种可能性再选出最佳方案,而是依靠平时积累的理论和经验,体验和理解儿童在此情境中的表现实质,迅速地作出决定并行动。因此,教育机智是与特定的情境相联系的、偶然性的即兴发挥的智慧性行动。其次,教育机智是指向他者的实践。所谓他者,是教育者始终以儿童(他者)的成长为指向,全身心地关注儿童的成长。这需要教师打破以“我”为主体、儿童为客体的习惯,改变传统的权威式的、控制式的、操纵式的、支配式的教育行为方式,放下师道尊严的架子,与儿童真正平等和谐相处,注意聆听和感受儿童的内心体验,与儿童实实在在地进行思想、精神和心灵的交流与沟通,回应来自儿童心灵深处的教育的召唤,设身处地采取相应的教育措施。再次,教育机智是促进儿童成长的教育行动。每一个儿童都具有独特的个性,蕴含着无限的发展可能性,面临着各种价值观念和生活态度互相矛盾的复杂多变的环境,教师正是通过运用言语、动作、眼神甚至适当的沉默等机智的行动将孩子从这种偶发性中引导出来,使儿童身上潜在的积极的可能性转化为现实性,最终促成儿童身心的成长。

关于教育机智的形成范梅南进行了深入的研讨。他认为,教育机智是对儿童生活的即刻投入,是一种置身于教育情境中的智慧性行动,其形成必然源于对儿童生活的敏感性和聆听,以及全身心的关注。因为,如果没有对孩子生活的深刻理解和关注,教师就不可能知道孩子的感觉,以及事件发生的前因后果,从而也就无法迅速地作出决定并采取行动。因此,教师对儿童生活的敏感是教师的教育机智形成的前提和基础,只有当教师充分地了解儿童的生活时,他们才能够采取适合儿童需要的教育行动,这是其一。其二,教育机智形成的关键在于对儿童的“教育学理解”。所谓教育学理解,是指以教育取向去理解儿童的生活。教育学理解包括以下几个方面:①非判断性理解,指教师要能够以一种开放性的让人感到温暖的接受性方式来聆听孩子的倾诉而不加任何好坏是非的评判。但只有当非判断性理解的目的是为了培养儿童的自我责任意识、自我理解、自我方向感以及应该如何面对生活的时候，它才变成教育性理解。②发展性理解，指教师要明白怎样帮助儿童在具体的情境当中克服困难使其更加成熟。③分析性理解，指教师对儿童的困惑或内心深处困扰不安的问题进行的分析性理解。④教育性理解，指教师能够聆听和感知儿童的知识、情感和道德发展的状态。⑤形成性理解，指教育学理解的最主要的形式，是基于对一个具体的儿童的生活和它的特别之处全面而亲切的认识。在具体的教育情境中，这些教育学理解的形式并不是完全孤立存在的，而是相互交融和相互渗透的。其三，教育机智是在对教育生活的体验中形成的。教师的教育机智是不能按照理论事先做好计划的，它只能是对具体的教育情境的即刻投入和果敢判断。由于教育生活的情境总是处于动态变化的发展过程之中，所以教师对教育生活的体验也就随之而变化，生成的教育机智的表现形式也就根据情境的不同而不同。可以说，教师只有充分认识到时代所造成的儿童生活世界的重大变化，才能形成开放性的教育学理解，才能始终对孩子的经历保持敏感性，从而培养起与孩子相处的智慧。

范梅南有关教育机智的论述对我们培养教学应变技能具有重大的启迪意义。课堂教学的应变技能其实就是教育机智的一种表现。高效的课堂教学的应变技能，需要教师不仅具备专业理论知识，还必须具备成熟的教育智慧，也就是具有高度的使命感和责任心，尊重儿童的主体性，用心聆听和体察儿童的内心世界，在面临各种偶发事件时，采取民主的教育方法来引导儿童作出自己的适当的选择和决定，避免消极的结果，从而达到规范儿童行为的目的。

三、应变技能案例分析

课堂上出现突发事件是每个教师或多或少都会遇到的问题，这些事件，除受到各种偶发的外界因素影响外，还有受到来自课堂内人为因素的干扰，个别学生的善意挑衅或违纪行为也会打断正常的教学秩序，对教学产生不利影响。教师的教学应变技能不仅体现在其巧妙地处理各种外界偶发事件的影响上，还体现在妥善地处理课堂上发生的来自学生人为因素的干扰。由于突发事件的特点、出现情境、涉及的相关人员有很大的差异，在处理的方法和效果上也有很大的区别。下面我们分析课堂教学中常遇到的几种主要类型的突发事件。

(一)教师预设失准

这是教师课前预设的学生学习反应与学生在实际教学中的表现产生很大的差异，甚至相反。教学前，教师一般都会认真地备课，深入研究所教的知识，多方面了解学生，精心设计环环相扣的教学环节，设想学生对教学活动的可能反应。但由于班级有几十位学生，每个人的生活环境和经历各不相同，思想品质和性格特征迥异，每时每刻的心态微妙复杂，有时会出现学生的学习反应和教师的设想相去甚远的局面。

例如，一位年轻的教师执教《九色鹿》一课，在教学过程中，他提出这样一个问题："假如你看到调达在水中挣扎，你会去救他吗？"教师预先的设想是学生会回答"会"，这样教师就进一步追问"你为什么去救"？然后顺势而下，探讨在那样的危急关头，九色鹿不假思索、纵身跃入河中救人本着怎样的一个出发点，从而感受九色鹿高贵的品质。然而令这位教师没有想到的是，由于学生通过预习都已经知道了调达是一个卑鄙小人，因此当教师提出自己预设的这个问题时，全班同学竟异口同声地回答："不会！"这时，年轻的教师缺乏足够的心理准备，一时竟慌了神，乱了阵脚，教学陷入了窘境。

出现这样的教学问题，究其原因：一是教师在备课时可能只注重了对文本的钻研，忽略了对学情的分析，诸如学生的认知水平怎样、已有的经验如何，以及学生对文本的初读感觉如何、怎样在这基础上加以引导等等。二是教师在备课时忽略了师生在思维方式、认知水平上的差异。须知由于师生的年龄层次、知识水平、生活阅历、思维方式都存在较大的差距，学生与老师想不到一块去是十分正常的。三是教师在备课时思维单一，没有多手心理准备，结果导致在教学过程中学生的回应超出自己的原先预想而束手无策。当然，从学生这方面来分析，学生反应出乎教师意外的重要因素，是由于小学生受年龄特征和心理品质的影响，他们在思考问题时往往基于感性认识而非理性的思考，很多学生在回答老师的问题时带有明显的情绪化倾向。由此可见，教师只有细致深入了解学生，才能尽可能避免出现这种"意外"的状况；教师备课要多方设想，多备各种预设，才可以在出现意外时应对自如。

（二）教师教学失慎

这是教师在课堂教学中出现差错。教师每节课都在课堂教学中说很多话，开展很多教学活动，出现很多教学行为，没有那个教师能够确保每节课所说的每一句话、所做的每一个活动没有一点差错。人非圣贤，孰能无错？关键的问题在于，教师在课堂上的教学出现某些差错时是怎样及时灵活补救，使之不影响正常的教学活动的。可惜，有些教师面对自己教学出现的差错，缺乏正确的态度，不愿坦率承认错误，认为这会有损教师的形象，于是文过饰非，甚至在学生指出其错误时会恼羞成怒，这时，教师的形象在学生的心目中真的就会降低，影响力也随之减弱。

例如，一位教师上公开课，给学生讲识字规律时说："古人就是聪明，他们掌握了造字的规律，凡是和树有关的字，都有一个'木'字。"讲到这里，一位男生高高地举起了手，要求发言，但老师就是不给他机会，继续自己的讲课，而这位学生的手也一直举着，众目睽睽之下，那位教师终于招架不住，带着一些恼怒说：“××同学，你有什么话就说吧。”那个男生站起来说：“老师，你说错了，有个字和树有关就没有‘木’字。”学生在公开课上当着这么多来自其他学校的老师的面反驳自己的老师，教师感到没有面子，怒火涌起，居然口不择言地说：“你如果写出这个字来，我当着大家的面，一口把它吃掉！”那位男生跑到讲台上，在黑板上写下一个大大的“叶”字。那位教师的脸刷一下红了，接下来的课效果如何就不言而喻了。其实，叶的繁体就带“木”字，因教师缺乏心平气和的心态，情急之下屏蔽了自己的有效思维，不能灵活应变，简单粗暴地维护自己的权威，才导致那令人难堪的一幕，这真是一叶障目了。

又如，一位教师正在引导学生理解课文内容，有位学生突然问道：“老师，文章中‘不刊之论’是什么意思啊？”教师迟疑一会，随口说：“‘不刊之论’就是不能刊登的言论的意思。”这时有位学生翻词典，说：“老师，不对啊！词典说是‘不能改动的言论’呢。”教师有些尴尬了，但又拉不下面子，就说：“我当然知道了，我只是故意说错，考考你们能不能辨别正误。某某同学表现好，不懂就翻词典，不要什么都去问老师。”可是，提问的学生还是不买账，小声嘟哝：“错就错嘛，一讲错了就说是故意考我们的，唉！可不可能呀？当我们是三岁小孩。”表面看来，是那位教师缺乏雅量，但实际却反映了我们文化背景的弱点。这种文化始终贯穿着这样一种思想：课本上的准没错，为人师者也没错。这种观念固化了老师的思维，久而久之，老师也就无法承受来自学生的挑战，更不能承认自己教学出差错了。

其实，教师在日复一日的教学中，偶尔出错是难免的。教师在课堂教学中出差错主要有以下几个方面：一是板书差错。课堂教学免不了要板书，而且还要讲求板书艺术，避免板书失误。然而，现实教学中，教师有时会出现板书失误，错写、漏写板书。错写的如执笔忘字而写了错别字，漏写的则有漏字、漏词、漏句等。对板书的失误，如果教师自己及时发现了，可以不中断讲述，自己顺手擦掉，改写上正确的内容；如果教师未发现，学生发现并出现一些反应，教师就要了解原因，找出错误，然后改正。二是语言错误。课堂教学语言是教学信息的主要载体，没有教学语言，就没有课堂教学。要获得良好的教学效果，首先必须做到教学语言准确无误，进而提高教学语言艺术修养。然而，即使优秀的教师，在课堂教学中也难以避免所有语言一点错误都没有。因为单就口语而言，既有语音、用词、语法的问题，又有表达、听辨回答的问题；既有讲述性口语，又有解说性口语，还有论辩性口语。而在一堂课上，教师的语言又可能涉及很多方面，其中每一个方面，都可能因为教师的疏忽而发生失误，常见且较典型的有:语音错误和语意失当等。对口头语言表达的失误,教师首先应迅速向学生说明自己的失误,然后将正确的说法告诉学生,并对正确的说法适当加以强调。三是知识性错误。教师准备不周,知识面窄,又喜欢信口开河,就有可能导致知识性错误。例如,有位教师讲炼字,举了王安石的“春风又绿江南岸”的“绿”字为例,却将作者说成李白,课堂立即哗然。教师应该尽可能避免教学中出现知识性错误,如果万一出现,就应该坦然承认自己的失误,分析错误的原因,并把正确的知识清楚无误地重新讲给学生。四是教学内容顺序的失误。这往往是课堂教学动态生成了新的教学内容,容不得教师仔细思考其内在的严密逻辑关系,教师一边思考教学的新内容,一边选择新的教学内容展开教学,这时就有可能出现想到什么教什么,教学过后发现顺序有所紊乱。对教学内容顺序的失误,教师要在向学生说明是失误的前提下,按照内容原有的顺序讲述,并对失误内容的前后顺序加以理顺。教师在教学中出现差错没什么可怕,可怕的是教师不能正视自己的错误,甚至蛮不讲理,固执己见。发现错误,正视错误,改正错误,就是自我不断完善,同样获得学生尊重,也保证教师从容地回归到人性美这个自然法则之下去育人。

(三)学生理解失误

这是学生在课堂教学初始阶段对教材内容的理解出现差错。阅读是读者运用原有知识经验去解释作品所呈现的信息,由于学生生活的时代与某些作品所反映的生活时代有较大的距离,学生以他们的生活经验解读那些作品时就有可能出现错误解释的现象。例如,学习鲁迅的《故乡》,在分析闰土穷困潦倒、食不果腹的原因时,一个学生说:“主要根源在闰土自身,西瓜那么贵,闰土为什么不多种些西瓜拿去卖?他要是头脑灵活,多种经营,是可以劳动致富的。”这是学生不理解当时的社会生活现状,以现今的生活经验解释前人的生活现象,这时往往就会出现误读的现象。这时,教师就不可能还是一成不变地按照原先设计的教案进行教学,而是需要随机应变,及时调整教学内容和教学进程,引导学生正确解读作品。下面的教师面临学生不能理解教学内容时,灵活改变教学策略,引导学生很好地解决问题。

又如,教师教鲁迅的《故乡》,在引导学生理解杨二嫂人物形象时,学生有如下发言:

【例 7-1】 生 1:杨二嫂说:“你现在有三房姨太太……”鲁迅先生不是只有一个叫许广平的夫人吗?(笑声)

生 2:那是杨二嫂胡说八道……

生:迅哥儿是书中的人物,不是鲁迅。

生:迅哥儿是作者所塑造的艺术形象。

师：那么“我”究竟是不是鲁迅呢？

生：《故乡》中的“我”，《社戏》中的“我”，还有一些鲁迅作品中的“我”是不是就是鲁迅？如果不是，为什么都很相似？

师：这问题提得很好。这位同学把许多课文联系起来了，想得很广。那么你认为怎样，我想先听听你的意见。

生：不是。

师：什么理由？（生不能答。老师继续启发）你们知道鲁迅写的《孔乙己》吗？

生：（齐）知道！

师：那里面的“我”是个酒店的小伙计。鲁迅卖过酒吗？

生：（齐）没有！

师：所以这个“我”是作者在小说中所塑造的……

生：（接话）艺术形象！

师：小说的情节是可以虚——

生：（接话）虚构的！

师：你们真聪明！所以我们看作品中的“我”是不是作者自己，只要看看这作品的体裁是不是小说就行了。那么，《故乡》中的“我”是不是鲁迅自己呢？

生：（齐）不是。

师：为什么？

生：（齐）《故乡》是一篇小说。

师：你们怎么知道的？

生：《呐喊》是小说集，《故乡》是从《呐喊》中选出来的一篇，当然是小说。（笑）

师：你们看这位同学推理得多好！那么《从百草园到三味书屋》中的“我”呢？

生：是鲁迅自己。

师：为什么？

生：《从百草原到三味书屋》是回忆自己童年生活的散文。

师：对。以后看作品中的“我”，会看了吗？

生：（齐）会看了。

上面的教学课例中，学生提出的疑惑是教师没有预料到的。学生到学校学习，是因为对知识知之不多，出现疑问是很正常的事，教师的重要责任之一就是“解惑”，使学生由不知到知，由知之不多到知之越多。那位老师教学可贵之处在于，不是简单把正确答案直接告诉学生，而是引导学生去思考、寻找答案。当学生思路停滞时，教师提示思考的方向和材料，让学生自己推导出正确的知识，进而总结其中的知识规律。

（四）学生提问突兀

这是学生提出教师无法解决的问题。学生在学习中能够发现问题，教师应该感到高兴。南宋理学家朱熹说："读书无疑者，须教有疑；有疑者，却要无疑，到这里方是长进。"清朝黄宗羲也说："小疑则小悟，大疑则大悟，不疑则不悟。"对于学生所提的问题，大多数是与教学内容有关的问题。有些问题，教师有充分的思想、知识和方法的准备，能够很好地作出回答。而有时学生提出的虽然也是针对教学内容的问题，但这个问题是教师事先难以预料、毫无准备、不太好回答的，并且是大多数学生想不到的问题。这一类问题提出后会在学生中产生一定的反响，引起学生们的争论或造成教师的被动。教师面临这一情况，能否机智应变，反映了教师自身的学识和涵养。

一位教师上鲁迅的《百草园》，讲到作者对景物描写的逼真形象时，一学生却问："碧绿的菜畦，高大的皂荚树，紫红的桑葚都好理解，描写'石井栏'时为什么用'光滑'一词呢？"这一问使毫无思想准备的教师一时张口结舌，支吾半天，只好不耐烦地说："你要是少钻些牛角尖，你的学习成绩还会好些吧！"这位学生满脸通红、欲言不能，学习兴趣全无。其实，学生的这一提问教师可启发学生思考讨论石井栏光滑的原因：小孩经常爬来爬去，因而连石井栏也变光滑了。从这一角度刚好可以引导学生明白：百草园是小孩们爱去的地方，是孩子们的"乐园"。而这位教师用挖苦学生来摆脱自己的窘境，对学生的影响是至深的。

相反，著名特级教师于漪老师在教《木兰诗》时，有学生提出疑惑："同行十二年，不知木兰是女郎是假的，不说别的，古代的妇女不是裹脚的吗，十二年总要洗脚吧，只要一洗脚不就露馅了吗？"老师愣了一下，灵机一动，说："南北朝时期妇女是不缠脚的。"学生又追问："那么中国妇女什么时候开始包小脚的？"这下可把教师问住了。于是，她抱歉地说："这个问题我也说不准，等课后查阅资料后再告诉你吧！"课后，她翻阅资料，终于弄清妇女裹脚是南唐李后主开始的，从而给学生作了圆满的答复。

语文学科的特点之一就是丰富性。内容上，它囊括了政治、经济、文化、历史、天文、地理；范围上，它纵揽古今，横牵中外。一个教师业务素质再过硬，也不可能什么都知道，一个人的脑袋毕竟比不上几十个人的脑袋，重要的是要抱着实事求是的科学的态度。所以遇到学生提出的问题教师不会解答也是正常的，不能视之为难堪和耻辱，或者认为学生跟自己过不去，而采用搪塞的办法，甚至欺骗学生。每一位教师都应该襟怀坦白，服从真理，实事求是，知之为知之，不知为不知。对这一类问题，教师应把它看做学生积极思考的好事。教师有时可采用反诘法,反问学生:"请说说你的看法。""你是怎样想的?"等等,这样既可以澄清所问问题的实质,又可以赢得思考的时间,改变教师的被动局面。当学生提出的问题无法正面准确回答,依据含糊时,可采用侧答法,与学生一起商量、探讨,用"是不是可以这样来理解:……""……这样回答,你认为怎么样?"等句式,使学生乐于接受。有时引导学生群策群力,在不知不觉中就解决了问题。如果还是一时不能解决的,可留等课后解决,切忌模棱两可或妄下论断。

(五)学生之间失和

这是学生在课堂教学中出现了比较严重、影响到课堂教学顺利开展的矛盾。课堂不仅是一个学习的场所,也是一个社会活动的场所,在班级这个小社会里,大多数情况下,学生之间都是友好互助、和睦相处,但有时也免不了会有些矛盾,这些矛盾在成年人看来其实都是属于鸡毛蒜皮的小事,没有涉及什么重大原则性问题,但在青少年心目中却可能是至关重要的,有经验的教师会尊重学生,慎重处理,化解矛盾。

例如,有位教师到班里上课,走进教室,发现南墙边站着一名男生。教师问:"怎么不坐在位子上?"男生低头不语。另一位学生说:"他的同桌同学(一位平时很爱面子的女生)不让他进,两个人不说话了。"

这时全班同学的目光都落在了教师身上,仿佛在说:看你有什么高招儿!

怎么办?利用老师的权威下令,让那女生站起来让路?看她满脸通红、怒气冲冲的样子,未必肯服从。让那男生站着?既显得老师不负责任,也显得老师没有本事。动手去拉?情况有可能更糟。

教师抬手在空中轻轻地划了一个圆圈,那位男生马上领会了教师的意思,动身绕道北边,从另两位同学的身后——那行桌子的另一头走进了自己的座位。接着,教师在黑板上写了四个字:殊途同归。并问:"同学们知道这个成语的意思吗?""知道,不同的道路,达到相同的目的。"这样,教师平静地过渡到上课的内容,全班同学(包括刚才闹别扭的两位)都随即把注意力转移到学习上来,课堂教学没受丝毫影响,取得了满意的效果。

下课后,教师把那两位同学叫到办公室,进行了应有的调解,使他们言归于好。那位女生在后来在检讨中写到:本来是自己的不对,但老师并没有当场让她难堪,而是巧妙地解决了问题,没有影响大家的学习。同学们都很佩服。

教学是一门很有趣的、艺术性很强的工作,面对课堂的偶发事件,教师一定要冷静思考、随机应变,一切从育人的角度出发,因势利导,努力化不利为有利。而绝不能意气用事,粗暴蛮干。

(六)学生行为失当

这是个别调皮的学生出现违反课堂纪律的问题行为,有意无意地干扰课堂秩序。例如,在教师讲解过程中,借机故意发出偏差性应答或古怪的叫声,以引起其他同学的哄笑,扰乱课堂教学秩序。一般来说,学生故意捣蛋的情况是比较少的,但一旦出现,却会影响较大,而且“闹事者”常被老师批评惯了,他们不怕老师发脾气,搞不好往往把老师精心准备的一堂课搅得一塌糊涂。

【例 7-2】 有位年青女教师教鲁迅的《故乡》,在分析到杨二嫂的形象时,教师提问道:“刚才我们分析了闰土的形象,下面大家考虑一下,小说为什么写杨二嫂的形象?”一位男生举手阴阳怪气地说:“因为她是个女的。”说完他还得意地看了看同学,全班哄堂大笑,目光全都投向了女教师。女教师脸一沉,厉声说:“严肃点,这是在上课。”那位提问的男生吐了吐舌头,做了一个鬼脸。本来活泼的课堂顿时死气沉沉。

这位男生的回答多少带有点出风头式挑衅的味道,又身为女教师,碰到这一“不测风云”难免有点尴尬,但她这样的处理,显然没有照顾到全班学生学习的积极性,影响了课堂教学。其实这位老师如果采用“自制—冷静—引导”的策略,先是自制,要冷静,不要恼怒,再心平气和地进行批评引导。除了必要的恰当的批评外,有时可采用化解法,用一两句劝诫性的话把学生的注意力吸引过来就可以了;有时可采用冷却法,用表情、眼神、手势、体态等“无声语言”,含蓄和间接地将有关信息暗示给学生,使之心领神会,自觉改正。

倘若在课堂教学中遇到个别学生的恶作剧,教师也不要把这看做人格受到污辱而大发雷霆,甚至采取过激行为。教师如果怒不可遏,停止讲课,对学生严加整治,就会造成师生情感的裂痕,有时还会造成师生对立。这既不利于维持当时课堂秩序,也不利于以后的教育教学工作。因此,教师在课堂教学中遇到这类事件,一定要用自制力约束自己,保持清静的头脑,妥善加以处理。这是教师内在力量的表现,而不是软弱可欺的象征。

(七)教学环境失常

这是在课堂教学中由于教学环境突然发生失常变化而影响正常教学的现象。这类事件主要有三种:一是教学内部环境(教学条件)失常。这是与教学内容有关的偶发事件,如正在使用的小黑板突然掉在地上,正在使用的录放机突然发生故障等。二是教学外部环境失常。这是与教学内容无关的偶发事件,如学校附近一家酒店开业庆典,突然鞭炮齐鸣,教室外面突然电闪雷鸣下起大雨,突然有人闯进教室,一只小鸟突然飞进教室里等等。教室外面突然吵吵嚷嚷等。三是突发意外事故,如学生突然生病等。这些情况的发生,无疑会分散或转移学生的注意力,干扰正常的教学秩序。

一位教师走进教室准备上课时,发现班级安静得反常,抬头一看,教室的黑板被人打坏了,毛玻璃黑板的碎片撒满了讲台,同学们面面相觑,不知所措。教师先是一愣，接着蹲下一声不响地将碎玻璃拾起来装进簸箕，教室里鸦雀无声。两分钟后，教师清了清嗓子："黑板也许是哪个同学走路太快，不小心撞坏的，他原先没想到会出现这样的后果，当时他肯定吓坏了。可无论如何，他应该勇敢地站出来承认错误，我们全班同学会原谅他的……"一会儿，一位同学主动来找教师承认错误，黑板确实是不小心撞坏的，并请求教师对家长保密，愿用自己的压岁钱赔黑板。下午他果真把钱交到了总务处。以后班上不管出了什么事，同学们都能妥善处理。

遇到这一类的偶发事件，教师要巧妙设计，排除干扰。通常是暂停上课，先稳定学生情绪，然后随机应变，尽快处理。可以通过巧妙的提示和提问等，把学生的注意力引导到原来的教学内容上来，引起学生的追忆；或把偶发事件作为对学生进行文明礼貌教育、环保教育等的契机，激发学生的学习动机。

四、应变技能的养成与灵活运用

（一）应变技能的养成

课堂教学面对的是有思想、有情感、有个性的学生，教学过程又充满着灵动，教师的应变技能越高，驾驭课堂教学越得心应手。但应变技能不是天生的，也不是自然获得的，它是教师在平时教学实践中不断学习、反思，逐渐形成和提高的。其中以下几个方面对教师养成高超的应变技能起着重要作用。

1. 广博深厚的知识

语文学科具有很强的综合性，语文教材的内容涉及广泛。教师要很好地驾驭课堂教学，必须具有丰富深厚的学科知识。正如俗话所说的，"居高才能临下"，"打铁要靠自身硬"。在教学活动中，要在极短的时间内判断学生说法的正误，并作出恰当的引导或正确解释，没有广博的知识是不行的。只有学生所提的问题都在教师的知识范围之内，教师才能迅速作出判断并应对自如。如果学生提出的问题，教师自己还弄不清楚，甚至一无所知，那就根本谈不上机智应变。因此，平时注意积累广博深厚的知识，课前深入钻研教材，在课堂上才能运用自如、左右逢源、游刃有余。

2. 良好的心理素质

教师在课堂上要准备随时处理事先难以预料而又必须解决的问题，这就必须具有良好的心理素质。不可否认，当教师在讲课时受到来自学生的意外事件的侵袭（如学生扰乱课堂纪律），必然会产生不愉快的情绪，特别是有时教师的人格遭到污辱时，有的教师容易产生愤怒情绪，以粗暴的态度对待学生。但是，这种表现和做法，只能对课堂教学产生不利的影响。因此，教师学会克制和忍耐，任何时候都沉着冷静，态度亲和，处变不惊，因势利导。教师具有这样的心理素质，就能够尊重不同个性的学生，宽容他们新意有余而不够成熟的异质思维，以平静情绪来感染学生，保持环境稳定，进而抓住突发事件的独特之处，迅速判断，作出决策，将突发事件转化为创造性的教学契机。

3.教学经验的反思与提升

教育实践表明，越是教学经验丰富的教师，处理突发事件越是能得心应手，驾驭课堂的能力也就越强。但是，教学经验并非与教学时间成正比，也就是说，不是教学时间越长，教学经验就越丰富，教学经验的积累和提升，靠的是平时注意对自己和他人的教学实践进行反思，认识到教学实践背后所包含的某些可以遵循的规律，这样，在遇到突发事件时，才可能敏锐感觉到突发事件出现的背景，娴熟地找到问题的症结所在，然后紧密结合学生实际，妥善地把事件与教学内容结合起来，迅速找到问题的答案或解决问题的方法。

4.深刻理解学生的心理特征

学生正处在生理成熟和心理发展时期，他们的智力(包括观察力、注意力、记忆力、思维力和想象力)、情绪、意志、个性必然会反映到学习活动中。在课堂教学上，这些心理因素也时刻发生着作用。因此，教师应掌握学生的心理特点，提高观察学生内心世界的能力，处理好偶发事件，及时调控和有效组织课堂教学活动。

其实，在课堂教学中，偶尔出现个别学生的不和谐声调实属正常现象，如果教师任意指责、挖苦，那只会增加负效应；相反，教师巧妙地对答，善意地点化，则可收到神奇之功效。我们将此不妨概括为：渊博学识＋坦荡心胸＋随机应变＝应变技能。

(二)应变技能的灵活运用

由于在课堂教学中遇到的突发事件带有偶然性、突发性，不可能事先设计教育方案，一般没有什么灵丹妙药式的统一方法，需要根据具体情况灵活处理。因此，应变技能的运用没有具体的方法可言，教师除了必须具有处惊不变的能力之外，只有一些需要注意的原则。

1.虚怀若谷

知识是无穷的，一个教师的水平再高，也不可能什么都知道。同时，现在的学生视野更加开阔，接触面更广泛，加之互联网络提供非常便捷快速的知识获得渠道，几十位学生中有时有的人提出的问题教师不能解答，也是正常的。教师没有必要把这视为难堪或耻辱，或者认为学生有意跟自己过不去，而采取搪塞的办法，甚至欺骗学生。教师应该襟怀坦白，实事求是，抱着“知之为知之，不知为不知”的科学态度，可以引导学生群策群力，一起解决，即使一时解决不了，可留待以后解决，切忌模棱两可，或妄下论断。

2. 善解人意

教师要善解学生的各种意图。要做到这点，首先，要细致敏锐地观察。教师在集中精力推进教学活动时，要眼观六路、耳听八方，哪些学生积极参与教学活动，哪些学生东张西望，哪些学生神情迷惑，哪些学生暗中嘀咕，这些表现都预示着可能出现新的状况。其次，要透过现象看本质。对于观察到的各种信息，教师要及时分析、正确判断，从学生的外在表现看到学生的某些心理意愿，甚至推知学生将要出现的下一个心理表现的内容，以便及早地调整自己的教学活动，或对学生加以引导，使教与学协调发展。再次，要呵护学生的好奇。学生喜欢好奇，好胜心强，有时会提出一些意料之外的问题或作出意想不到的反应，这应该是非常宝贵的。尽管有时所提的一些问题难免有些幼稚或偏颇，但这也是他们思维火花的闪现，应爱护和重视，不可挫伤学生的积极性，损害他们的自尊心。最后，宽容学生的偏差。学生在课堂学习中出现一些差错是在所难免的，学习就是从不知到知，从知之不多到知之越多，从差错到正确。因此，作为教师要宽容学生在学习中出现的差错，善于引导学生从差错中学习。

3. 沉着冷静

在课堂教学过程中，面对突然发生的意外事件，教师要做的第一件事是保持冷静的头脑和稳定的情绪，只有如此，才能为解决问题创造良好的心理情境和课堂情境。然后迅速判断事情的性质，思考处理问题的方法，尽快安定课堂秩序，把学生的注意力和思维活动扭转到正常的教学上来。如果教师在突发事件面前心慌意乱，缺乏信心，甚至怒气冲天，大发脾气，严厉指责学生的表现与行为，必然导致课堂秩序更加混乱，影响正常教学进度和教学任务的完成。

4. 相机诱导

这是要求教师迅速而准确判断意外事件的性质、特点，顺势引导，妥善地解决问题。处理教学中出现的意外情况，最有效的方法就是沿着学生的思维方向进行引导，将他们的思维引上正确的轨道。例如，当学生的回答与问题距离太大时，在领悟了学生的信念后，迅速分析学生的反应是否具有代表性、深浅难易程度如何、有无探讨价值、属于什么范畴等等。代表性大的，可以引导学生广泛讨论；难度比较大的，可以引导水平较高的同学发表意见，给大家以启发，或者先让中差水平的同学发表意见，再让较高水平的同学发表意见，形成一种认识上的比较；对开发学生的智力和培养学生的能力价值较大的，就把训练加强一些，让学生举一反三，触类旁通；与该堂课联系紧密的，就把探讨的程度设计得细致一些，较多地鼓励和启发学生思考。总之，要具体情况具体分析，对症下药，重在引导。

对于没有偏离教学构思的学生的质疑，教师要尽可能通过教学过程本身的进展来解答,使课堂变得生动活泼,最大限度地调动学生参与教学的积极性和主动性。对于偏离教学构思的学生提问,要区别不同的情况分别对待:有的可以及时解答,有的可以课后解决。对于当场回答不了的问题,教师可以发动学生充分讨论加以理解,或待课后查阅有关书籍给予解决。教师要有"知之则知之,不知则不知"的诚实教学态度。

5. 巧用幽默

幽默是一种高级的情感活动和审美活动,它是情趣与理趣的统一,能调节情绪、缓解冲突,营造气氛轻松、融洽的环境氛围,利于交流;可以寓教育、批评于幽默之中,具有易为人所接受的感化作用;还具有自我解嘲的功用。教师在课堂上碰上突发事件时,适当运用幽默风趣的语言化解,便可消除紧张的气氛,造就宽松的教学氛围。即使遇到一些尴尬的处境,如果用几句幽默的语言来自我解嘲,就能在轻松愉快的笑声中缓解紧张尴尬的气氛,从而使自己走出困境。例如,一位教师开展"一分钟讲演",由于是初次搞,学生都很紧张,没人愿"打头炮",教师只好点名。那位被点名的同学犹豫了片刻,鼓足勇气"嗖"地站了起来。"呯!"他把邻座桌面的一瓶彩色墨汁碰到了地上。顿时,教室里鸦雀无声,他尴尬地愣在那儿。看到这种局面,教师灵机 动,说:"哈!我们的第一炮打响了——一鸣惊人!好!请大家用掌声欢迎他上台演讲!"气氛扭转过来了,那位学生在同学们的热烈的掌声和善意的笑声中稳定了情绪,从容地走上了讲台,活动顺利开展下去。当然,幽默应该是充满智慧、理趣、开启智力,它与调侃、搞怪、贫嘴有别。前者语言内容优质,后者则低劣。例如,有个语文教师在上课时发现一学生猫着腰上前捡掉在地上的钢笔,就马上点名轻松地问:"某某同学,地上的骨头多不多呀?"该同学不假思索地回答:"没有!"引起全班哄堂大笑,闹得该同学满脸通红。这种幽默风趣属粗劣之作,客观上是辱骂了学生,反而会降低在学生心目中的师尊地位。

常言道,教学有法,教无定法。处理意外事件不可有一成不变的方法。每一位教师都需要根据对具体情况的分析,因人而异、因时制宜,随机应变,灵活选择合适的策略来恰当处理课堂教学中的意外事件。只要处理的结果有利于课堂教学顺利进行,有利于调动学生学习的积极性和主动性,有利于提高课堂教学效率,就是良好应变技能的表现。

五、应变教学设计

(一)语文课堂教学应变技能训练的设计要求

1. 要处乱不惊

正如前面所述,在察觉出学生发出的是自己意外的信息时,教师第一要注意的是保持心理镇静，举止从容。然后仔细观察事件变化趋向，准确领悟学生发出的反应信息的真实含义。

2. 要及时判断

这是教师运用认知和评价系统分析突发事件的性质和原因。前面我们也已经做了一些分析，说明引起突发事件的因素是多方面的。有源于教师自身的，如教师在讲解中出现知识性错误，被学生意识到而私下嘀咕或发出笑声。有源于学生的，如个别调皮的学生在教师讲解过程中，借机故意发出偏差性应答或古怪的叫声，就会引起其他同学的哄笑，扰乱课堂教学秩序。还有源于教学环境出现意外等因素。教师在冷静观察的基础上，要对突变情境作出迅速判断，准确分析突变情境的性质和原因，为后续处理提供决策依据。

3. 要迅速决策

这是教师对突变情境发展趋势作出正确的估计并确定相应的对策。如果突发事件的原因在于教师，教师的正确决策应是坦率承认失误，再加以改正。如果文过饰非，学生更会议论纷纷，教师的形象在学生的心目中就会降低，影响力也随之减弱。如果突发事件的原因在于学生或环境，教师最好的对策是尽可能结合教学内容加以巧妙引导，把突发事件转化为可以利用的与教学内容有关的信息，使之为教学服务。

4. 果断处理

这是教师把应变决策付诸实践，它是教师教学应变能力的外在体现。处理的决策可以是准确解惑，即面对学生出现的疑惑，教师就要灵活运用具备的学识，机智准确地予以解答，从而继续保持学生浓厚的学习兴趣，进一步激发他们学习的欲望，产生更大的学习动力。处理的决策也可以是灵活调控，即教师在课堂教学活动中运用一定的手段对学生听讲状态和对自己教学过程进行调节控制的教学技巧。成功的课堂教学，应是师生共同有效而协调的双边活动。出现突发事件，往往也是师生的双边活动出现不协调，这就需要教师及时进行调控。或者是调控学生听课的情绪、注意力及思维活动，激发他们参与教学、获取知识的主动性；或者是调整教师讲课的速度、方式、步骤和环节，保持传递知识信息的渠道畅通无阻。

5. 降低干扰

这是教师运用应变技能妥善处理突发事件，使之对教学形成的不良影响降低到最低限度。

（二）应变设计的方法

应变技能的训练可以通过情境模拟的方式来开展。其设计过程可以分三个基本步骤：情境创设、观察与分析、应变设计、模拟练习。

1. 情境创设

创设出与教学突发事件相类似的教学情境，是应变技能训练的关键一步。可以收集课堂教学中出现的各类突发事件的情境，也可以创设类似课堂突发事件的模拟情境，让新手教师在面临这类情境来练习其观察分析能力和应变能力。应变是由刺激情境引起的，通过寻找或创设与教学突发事件相似的突发情境，有利于新手教师进行教学应变的模拟操作，从而获得相应的应激体验，增加应变经验进而提高教学应变水平。

2. 观察与分析

新手教师面临课堂教学突发事件首先要做的是对情境的观察，有多少学生卷入了突发事件，各人涉入的程度如何，事件具有什么特征，属于什么性质，事件背后的根源是什么，对正常的教学活动影响多大，等等。

3. 应变设计

根据分析结果设计处理突发事件的措施及操作顺序。例如，对于学生突发的质疑，如果是没有偏离教学设计的，教师可以把学生的质疑纳入原来的教学过程本身的进展来解答，使课堂变得生动活泼，最大限度地调动学生参与教学的积极性和主动性；如果是偏离教学设计的，可以区别不同的情况分别对待：简单的问题可以及时解答，复杂的问题可以课后解决，学生讨论能够解决的问题可以发动学生充分讨论加以理解，学生缺乏理解问题的相关知识的可以待课后查阅有关书籍给予解决。总之，教师要有“知之则知之，不知则不知”的诚实教学态度。

4. 模拟练习

新手教师的模拟练习主要通过角色模拟来进行，其练习一般经历以下阶段：进入情境—担任角色—理解角色—体验角色—表演角色。新手教师进行模拟操作过程中要有专人加以指导，有明确的检测评估系统，对其模拟操作的表现给予及时反馈。

六、应变技能评价

运用表 7-1 评价应变的教学效果。

表 7-1　应变技能评价表

课题：　　　　　　　　　　　讲课教师：　　　　　　　　评价者：

项　目	优	中	差
面临突发事件的表现：冷静克制、举止从容，还是脸上变色、惊慌失措	5	3	1
对突发事件的观察感知：准确、全面，还是一知半解	5	3	1

续表

项　目	优	中	差
对突发事件的分析判断:能够抓住本质,还是受表面现象所迷惑	5	3	1
对突发事件的处理:迅速,还是迟疑不决	5	3	1
突发事件处理与教学内容相关度:能够结合教学内容加以转化,还是脱离教学内容独自处理	5	3	1
突发事件处理后学生的反应:高兴、信服,还是不满	5	3	1
突发事件处理对教学的影响:干扰很小,还是造成很大干扰	5	3	1
在处理突发事件时是面向全体学生,还是针对个别学生	5	3	1
合计			

注:请听课后根据以下各项评价指标评出等级(在相应的等级上打钩),总分在1～10为差,11～20为一般,21～30为中等,31～40为优良。

【微格训练】

一、应变案例分析:仔细阅读下面的课例,分析下面各教学片断中出现的意外事件,说明这一课堂意外事件属于什么类型,产生这一意外事件的原因是什么,课堂上处理这类事件有多少种可能性,各种处理方式有什么利弊,哪种处理方式最有效,处理这类事件需要教师具有什么能力。

1.一位教师在教《宇宙里有些什么》时,课文中有一句话:"宇宙里有几千万万颗星星。"这时,一个学生提出了问题:"老师,万万等于多少?"大家都笑了起来,有一个学生说:"万万不等于亿吗?"在大家的笑声中,提出问题的学生只好灰溜溜地坐下了。教师觉得他的积极性受到了打击,于是问道:"既然万万等于亿,那么这里为什么不说宇宙里有几千亿颗星星,而说宇宙里有几千万万颗星星呢?"这一问,学生们都哑了。过了一会,一个学生站起来说:"不用亿用万万有两个好处。第一,用'万万'听起来响亮,'亿'却听不清楚;第二,'万万'好像比亿多。"这时学生们又笑了。其实这个回答是正确的。教师当即给予肯定,并表扬说:"你实际上发现了汉语修辞中的一个规律,字的重叠可以产生两个效果,一是听得清楚,二是强调数量多。"这时,学生们都用钦佩的眼光看着那个学生,而教师却说:"大家可以想一想,我们今天学到了这个新的知识,是谁给予我们的呢?"这时,大家才将目光集中到第一个提出问题的同学,这个学生十分高兴。

2.学习古诗《登鹳雀楼》,教师把鹳雀楼的图片放映到屏幕上,并有感情地指导朗读了全诗。在交流感悟时，一个学生提出了疑问："登鹳雀楼是说诗人已经上了楼，如果要'欲穷千里目'还要'更上一层楼'，这样楼就应该有三层，可图上为什么只有两层?"莫非是图错了？教师怔了一下，便来了个"缓兵之计"说："是图错了呢，还是诗写错了？还是图和诗都没有错?"教室里顿时安静下来，大家都在认真思考。在这个过程中教师缓过神来接着点拨："欲穷千里目，更上一层楼'是描写诗人登楼时的想法呢，还是写诗人登了一层还要再登一层的行为呢?"于是，学生展开了热烈的讨论：

"可能是诗人一边上楼一边想，也可能是上了楼，觉得这楼不够高，看不到远处的景色。"

"这是诗人在对我们讲一个道理，要登得高才能看得远。"

"这种想法与楼有几层没关系，即使站在二楼上也可以有这种想法。"

老师说："你们说得很有道理，'欲穷千里目，更上一层楼'是诗人的想法，表现了积极向上的愿望，不是……"老师欲言又止。这时说图画错了的同学接过话说："不是真的写诗人要登上第三层楼去看景色。"

3. 师：对于这篇优美的散文，特别是第七自然段写得非常精彩，下面请一位同学来读读，谁来？

学生：我来读。后来发生了分歧：母亲要走大路，大路平顺；我的儿子要走小路，小路有意思。不过，一切都取决于我。我的母亲老了，她早于习惯听从她强壮的儿子；我的儿子还小，他还习惯听从他高大的父亲；妻子呢，在外面，她总是听我的。一霎时，我感到责任的重大。我想一个两全的办法，找不出；我想拆散一家人，分成两路，各得其所，终不愿意(被突如其来的一句话所打断)……

生1：这个作者真笨！

师：哦？

生2：老师，我也是觉得，这么简单的一个办法他都想不出。

师：你有什么好办法帮助作者解决这个难题吗？说来给大伙听听。

生1：太简单了，我可以让他们一家子既不拆散又可以满足母亲和儿子的要求。

(故作停顿片刻，吊人胃口，学生们：你快说呀！)

师：请说。

生1：那就是，去的时候大家一起走大路，大路平顺，满足母亲的愿望。回来的时候也是一起走小路，小路有意思，又可以满足儿子的要求，鱼和熊掌皆可兼得。(全班鼓掌)

生3：我还有一种办法，就是去的时候大家先走小路，回来的时候大家再一起走大路。

生1:那还不是一样的吗?

生3:不,因为去的时候大家都怀着愉快的心情去欣赏小路的风景,所以先走小路;回来的时候走累了,考虑到照顾年迈的母亲,因此再走大路,这样才比较安全。

师:想得还真周到,我相信在家你也是一个懂事的、孝顺父母的儿子。

生2:我完全同意他们两个的办法,因为它们既可以使一家人在一起散步,又可以领略不同的风景,也不用走重复的路和看重复的风景,那不是很好吗?

师:你们的想法真是好,从刚才的对话中可以知道,你们都是善于思考的人。其他同学还要什么想法吗?

生4:老师,这么简单的问题我们同学都想到了,他一个大作家真的想不到吗?

师:嗯,说得有道理,你们大家认为呢?

生5:我不同意以上同学的看法,你们考虑的是大路与小路相通的情况,可事实上那两条路是不相通的。

学生:哦?

师:说得好,你何以见得两路是不相通的?

生5:我是从作者对两条路的选择上,他表现得很难做出决定。为什么呢?因为选择走大路就满足不了儿子愿望,选择小路也就委屈了老母亲,作者左右为难因此大路与小路是不相通的。(学生们个个若有所思,似乎都理解作者选择走大路的原因。)

生1:老师,这么说来我们前面所讲的不都是没有用了,不都是废话了吗?

师:不能这么说,辩论出真知嘛!

4.师:下面大家快速读课文,找出文章中重要的三个词。看谁能在最短的时间内找出,我给大家计时,现在开始,5秒、10秒,15秒……28秒,读到这里。下面大家七嘴八舌地说说。这回找咱班最不爱说的女同学说说。咱班最不爱说的同学是谁啊?这位同学说说咱班谁最不爱说。

生:(说出一女同学的名字)

生:觉解、出世、入世。(说完,落座,瞪了提她名字的男同学一眼)

师:你刚才还瞪了他一眼,一定在说“谁让你推荐我了?”现在你好像吃亏,其实怎么样?

生:占便宜。

师:占了大便宜了吧,所以以后不能再瞪了哦。

师：大家一同说一遍这三个词。

生：觉解、出世、入世。

二、应变微格模拟训练：从下面各题中选择一题，进行应变教学设计，然后在微格教室中进行教学模拟，分析其中的效果。

1. 一位教师教综合性学习《献给母亲的歌》。教师准备材料很充分，有关于写母亲的文章，如邹韬奋的《我的母亲》、老舍的《我的母亲》、郑虔的诗歌《晨起缝破衣》、汤爱平的《母爱的力量》等；有关于歌唱妈妈的歌曲，如《烛光里的妈妈》、《妈妈的吻》、《懂你》等；还有母亲节的来历、有关母爱的故事等。教师也仔细设计了合理的教学过程：一是道不尽的母爱，二是剪不断的脐带，三是多角度看母爱，四是报得三春晖。第四环节是这节课的高潮部分，这一阶段让学生畅开谈：1. 为了报答母亲的养育之恩，你已经做了些什么？以后打算怎么做？2. 你最想对母亲说的话是什么？为了促使每个学生都参加，教师采用了“开火车”的形式：第一个、第二个、第三个……轮到第五学生时，他满脸的泪水，满腔的怒火，大嚷道：“我没有妈妈，谁说母爱是最无私的，我想对她说的只有三个字‘我恨你！’”说完后，他就趴在桌上呜呜地哭着。这时，有的学生也开始悄悄地议论着自己父母的不是。

2. 一位教师教歌剧《白毛女》选场，第一节课学生自读课文，初步理解戏剧的基本知识和《白毛女》剧情、人物等，布置第二节课学生分组准备分角色表演第一场。第二节课教师就戏剧相关知识和《白毛女》提了几个问题，让学生回忆和熟悉相关知识内容，然后分小组表演。在同学们的阵阵掌声中，有一组同学登场了。扮演杨白劳和喜儿的同学分别穿上了事先准备好的服装——看得出，学生确实费了一番工夫，不知从哪里找出了他们认为最破的棉袄，接下去，他们用不同的流行歌曲的曲调演唱着他们各自的台词，随着他们的表演，课堂上不时发出一阵又一阵笑声，课堂充满着逗乐的欢笑。

3. 这是一堂作文讲评课，教师挑选了一位作文写得好、多次作文都被当做范文讲评的学生朗读她的作文，谈谈写作感想，然后再引导学生进行讲评。

女学生开始读了，甜美的声音回荡在教室里。读着读着下面有的学生在窃窃私语，还有的学生甚至脸上有些不屑的表情。等女学生读完，一位学生抑制不住了，没有经过老师允许，立刻站起来就说：“老师，她的文章是抄的。”

“我没抄。我只是参考了一下。”女学生争辩道。

“没抄，你看，几乎跟原文一模一样，就是这里改了一下时间。”另一名学生扬起手中的作文选说。

女学生顿时脸红了起来，两颗泪即将滚出来。过了几秒钟，她喊了出来：

“我是抄的，我是抄的……”“呼”地坐了下去，趴在桌上哭了。

教室里一下子响起了各种声音：

“哼，要抄，我也会。”

“可能以前读的文章都是抄的噢。”

4. 这是《论语十则》教学片断，教师要求学生分小组学习，提出不懂的问题，请组员帮解决；如果小组解决不了的，请小组长记下来，再在全班讨论。下面是学生提出不懂的问题：

生：文中说“岁寒，然后知松柏之后凋也”，我们都知道松柏是四季常青的，怎么会凋谢呢？

生：“士不可以不弘毅，任重而道远，仁以为己任，不亦重乎？死而后已，不亦远乎？”老师，“仁”是什么意思？

生：我不理解这样一个问题：注解中说《论语》有20篇，我们现在就学了10篇，你刚才说过“半部《论语》治天下”，那么我们学完这些就可以治天下？可我觉得没有获得那么大的本事啊！……

第八章　教学结束技能

一、教学结束技能简介

精彩的课堂教学需要做到：课伊始，趣已生；课推进，兴越浓；课虽尽，意犹存。这是理想的教学境界，是许多教师的孜孜追求。但是，有的教师上课很注意设计新颖的导入和环环相扣的教学展开，却不怎么注意设计巧妙的结束方式。或简单反复唠叨，用语不简明，让学生感到厌烦；或虎头蛇尾，草率收场；或随意荡开，不知所踪。课堂教学结束没能给学生留下深刻的印象，成为课堂教学的一处败笔。可见，不要小看课堂结尾的三五分钟，它也是课堂教学必不可少的一个重要环节，需要教师练就高超的课堂教学结束技能，从而设计出"豹尾"般的课堂结束方式，耐人寻味，引人入胜。

那么，什么是课堂教学结束技能呢？所谓课堂教学结束技能，指的是教师在完成一节课的教学任务后，通过反复强调、概括总结、学生实践等方式，对课堂中的学习内容进行及时的巩固和应用，使其系统地、稳固地纳入学生的知识网络之中的教学行为。课堂教学结束技能是教师应该具有的必不可少的教学技能。具有熟练课堂教学结束技能的教师，能够精心设计恰当有效的课堂结束方式，这对于加深学生理解、巩固该堂课所学的知识和技能，帮助学生形成良好的认知结构，激发学生课后积极思维，都有着重要的作用。

第一，巩固新知识。搞好课堂总结，对学生理解、掌握当堂所学的知识有着重要的作用。总结式引导学生回顾刚学到的新知识，达到当堂巩固的目的。学生通过总结，把所学到的新知识更加清晰、准确、系统地予以掌握。

第二，深化知识。课堂总结可以突出重点，还可以使知识条理化、系统化，把刚学到的新知识与以前学过的旧知识相衔接，尤其要为下一个要讲的问题或下一节要讲的新课埋下伏线，为讲授以后的新内容提前创设教学意境，造成悬念，以激发学生追求新知识的欲望。

第三,认识升华。学习知识也是对学生进行思想教育的一个重要方面,其价值,不仅在于丰富人们的知识,更主要的是使学生提高认识事物、分析问题的能力。所以,教师在课堂上进行的总结,绝不是课程内容的简单重复,而是总结出某种带规律性的结论,使学生对所学的知识的认识上升到理论高度,受到更为深刻的思想教育。

第四,培养能力。适当的课堂总结,不仅能使所学知识得以归纳、总结和概括,而且能促进学生对所学知识的理解,深化记忆,从而培养学生思维的敏捷性、深刻性、广阔性和整体性。在总结时,通过对问题的思考与回答,使学生逐步学会用科学的方法分析、概括知识,能够认识问题的本质,并且对于现实中的新问题也能比较科学地进行分析。总结的过程,也是培养学生形成创造性思维能力的过程。

第五,及时反馈。在总结过程中,通过提问让学生分析、回答问题,可以随时发现教学中的问题并及时补救。对学生参与的活动要作出准确评估,充分肯定成绩,并指出问题,积极的评估能给人以继续向上的推动力量。

二、教学结束技能的理论视野

(一)认知结构理论[①]

认知心理学家普遍强调认知结构在学习中的重要作用。所谓认知结构,是指个人在感知和理解客观现实的基础上,在头脑中形成的一种心理结构。它是由个体过去的知识经验组成的。从教学上来说,有广义和狭义的两种理解:广义是指学生已有的观念的全部内容及其组织;狭义是指学生在某一学科的特殊知识领域内的观念的全部内容及其组织。

认知结构理论源于早期认知理论的格式塔心理学的顿悟说。"格式塔"是德文 gestalt 的音译,与"形状"、"形式"、"完形"同义,指任何一种被分离的整体,在学习过程中,可以被理解为一种认知结构。韦特海墨(Wertheime)认为学习是知觉的重新组织,是构造一种"完形",即格式塔。学习过程中问题的解决,都是由于对环境中事物关系的理解而构成一种"完形"所实现的,学习的成功与实现主要是由顿悟决定的。

皮亚杰研究儿童智慧的发展,提出了图式理论,进一步丰富了认知结构理论。皮亚杰认为,图式是主体的认知结构,图式发生变化引起认知结构的变化,认知结构的变化引起认知和心理的发展与变化。图式的建构过程,是在同化和顺应两种作用中完成的,同化是认知结构发展中量的积累,顺应是认知结构发

---

① 陈琦.认知结构理论与教育.北京师范大学学报,1988(1):73－79.

展中质的突变，从而形成若干个心理发展阶段，即感知运算阶段、前运算阶段、具体运算阶段和形式运算阶段。

布鲁纳是研究认知结构理论系统化的代表人物。他首次详细界定了认知结构的概念，认为认知结构就是归类后的类别（概念、知识经验等）按层次水平的高低组成的编码系统，它是人用以感知外界的分类模式，是新信息借以加工的依据，也是人的推理活动的参照框架。他认为，学习就是类目化的过程，从具体的、特殊的、水平低的类目发展到一般的、概括的、水平高的类目；教学活动的目的应该是最大限度地促进学生主动形成完善的认知结构。

奥苏伯尔则是认知结构理论的具体化的实用者。他认为，认知结构是指个体具有知识的数量、清晰度和组织方式，它由事实、概念、命题、理论等构成。从内容上讲，认知结构主要指的是学生已有的知识；从组织特点上讲，主要是指知识概括程度的层次性。在这个层次结构中，最一般、最抽象、包容性广的概念和原理处于结构的顶端，在其下是抽象程度低、包容性较少、比较具体的知识，这是一种类似"金字塔结构"。奥苏伯尔认为，学生的学习就是在已有的认知结构基础上，吸收新的知识，并纳入已有的认知结构中的过程。只有学生把学习的新内容与自己的原有认知结构联系起来，才会产生有意义学习。

认知结构理论对教学的启示是多方面的。首先，学生的学习主要是掌握学科的基本结构，即掌握该门学科的基本概念和原理及方法策略。任何一门学科知识都是以一些基本概念和原理为核心内容的，它们反映了事物的本质特征和事物间的内在联系。教师教学应该突出学科的基本结构，选择那些基本的概念和原理作为教学的内容，以便于学生学习和掌握，并应用于实际问题的解决。其次，学生的原有认知结构在学习中具有重要的作用。学生学习是原有认知结构中有关因素（和新知识有联系的旧知识）和新知识互相作用促使认知结构发生变化的过程，在这相互作用过程中，原有认知结构的旧知识起到支撑点、固定点的关键作用，旧知识和新知识经过反复多次的相互作用才能把新知识吸收到原有认知结构中来，这同时也使原有的认知结构更加丰富、更加分化。因此，在教学的开始阶段要激活学生的原有认知结构中的旧知识，使之和要学的新知识产生联系；在教学发展阶段，要促使旧知识和新知识反复发生相互作用；在教学的结束阶段，要把在教学过程中断断续续地一点一点地学习起来的新知识联系起来，使之成为结构良好的知识整体，并和原有知识结构中的相关知识联系在一起，这就是教学结束活动的重要作用。如果教学结束时不注意把持续学习的知识联系起来，不注意和以前学的知识联系起来，学习的效率就会很低，因为，获得的知识如果没有圆满的结构把它们联系起来，就会很容易被忘记。

(二)强化理论

强化理论也是教学结束的理论基础,其具体论述详见第六章“反馈与引导技能”的理论视野部分。

三、教学结束技能案例分析

在教学中,结束技能主要有两种类型:一是聚焦型结束,其目的是巩固学生所学到的新知识,把学生的注意力集中到课堂教学的要点上去,让学生获得明确的规律性的东西。它包括强调重点、概括要点、升华认识、实践练习等。二是发散型结束,其目的是鼓励学生从所学的内容为出发点引申到课外,拓展阅读,启迪思维,继续探索。它包括延伸阅读、激发探究等。

(一)强调重点

强调重点是指教师在课堂教学任务完成后对本课教学的重点内容或精彩之处再次加以强调,引起学生注意。这虽然属于重复,但也不可忽略。因为课堂教学是随着时间推移而不断展开教学内容,这样,教学的重点、难点、精妙之处、容易混淆的概念等学习内容就夹杂在其他教学内容之中,有的学生不能区别主要的和次要的学习内容,通过教学后的强调重点,便于学生迅速而简明地掌握学习核心内容。

例如,特级教师董承理老师执教《今生今世的证据》一课,教学重在引导学生准确理解作者的本意,在这基础上启发学生对作者的看法形成自己的观点,生发感悟。前者是依据文章的某些语言片段进行阐释,是客观性理解;后者则需要读者多方联系自己的生活经历、以前的相关阅读积累进行提炼而形成,是主观性理解。而要让学生认识到这两种理解的区别及其特征是有一定困难的。因此,在完成教学任务后,教师设计强调并区分这两种理解的结束语:“可以说,‘今生今世的证据’是一个永恒的人生哲学命题,怎样回答这个问题,将决定着我们的人生价值。今天,我们学习刘亮程的这篇散文,重要的任务之一,是准确理解作者的本意;另一个任务,就是开启我们对自己人生证据的思考。这后一个任务是不是也算是对这篇课文的理解?”学生有些说“是”,有些说“不是”。教师再进一步说:“对课文的理解,是指理解作者的意思,文本的意思。我们刚才谈的,是就作者的看法引申开来的,是我们对这个问题的理解,不能算到作者和文本头上去。阅读,既要准确地理解作者的意思,又要有自己对这个问题的看法。没有这方面的看法,我们就成了储藏书籍的书橱,而有自己的理解,我们可以在这个基础上形成自己的观点,这些观点,可以成为我们今生今世存在的证据。下课之后,请同学们就刚才讨论过的‘今生今世的证据’问题写一篇随笔,把自己的理解或想法写出来,有困难吗?”(学生:“没有。”)教师以画龙点睛的强调方式结束教学，使学生认识到阅读既要准确理解作者的意思，又要由此生发感想，形成自己的看法。

（二）概括要点

概括要点，是指在课堂教学即将结束之际，教师运用准确、精练的语言，把本节课的主要内容作提纲挈领的总结与归纳，意在让学生由博返约、纲举目张，形成完整的认知结构，牢固地掌握所学的知识。

1. 概括知识要点

课堂教学常常会涉及知识教学，而往往一堂课教学所涉及的知识点会比较多，分散在不同的教学环节中进行教学，而所教的知识又会和学生以前所了解的知识有所关联，和以后将要学习的知识也有联系，学生在学习时往往会只关注目前所学的知识，忽略所学知识之间的联系，尤其是忽略和以前、以后所学知识的联系，这就需要教师在完成课堂教学任务后，注意对所学的知识进行要点概括，并指明所学的知识之间的联系。我们看看特级教师于漪老师执教《晋祠》一文时，在结束教学时是怎样进行教学内容要点的概括的。

【例 8-1】 师：有人说"看景不如听景。"因为你看景是看自然的原形，同学们游览过一些地方，看的是自然的风景。而听景，就是听人家介绍，读人家描写的，这个时候你还可以享受到艺术加工的佳妙。我们现在读《晋祠》这篇文章，除了认识所介绍的优美的自然风景和悠久的历史文物这些对象之外（手指板书），还领略到作者进行的艺术加工，进行的艺术的渲染，领略到艺术美，这就美上加美了。所以，文章的最后一句话"晋祠，真不愧为我国锦绣河山中一颗——"

生（齐）：璀璨的明珠。

师：像明珠一样发出亮光，闪闪发光，对。所以最后一句话是由衷的赞叹。介绍了自然风景，晋祠美，在山，在树，在水；介绍了悠久的历史文物，三绝，其他建筑、园中小品，以及名人题咏等等（指板书），最后赞叹"晋祠，真不愧为我国锦绣河山中一颗璀璨的明珠"。

开头我们说了，晋祠只是《中国名胜词典》（出示书）中山西省太原市的一个条目，而这本词典有一千几百页，晋祠只是一个小小条目。由此可推知，我们祖国的名胜古迹星罗棋布，在世界上罕见，是首屈——（师、生齐）一指的。

我们祖国历史悠久，中华民族数千年深厚的文化平铺在我们九百六十万平方公里的土地上，你无论走到哪儿，都可以看到名胜，都可以看到古迹。刚才你们讲到的故宫、颐和园、秀美的西子湖等，讲到的遥远的西藏、新疆无不有我们祖先的文化遗迹，这些历史文化哺育着我们世世代代的中华儿女，我们世世代代中华儿女从祖国深厚的文化中汲取了大量的精神养料。今天，我们同样要从中汲取精神养料，不能愧对——（师生同声）我们的祖先。

今天学《晋祠》，领略它的风景美、历史文物美，长大以后，不仅要读万卷书，还要力求——

生（齐）：行万里路。

师：对，行万里路，有机会到祖国各地考察，放眼观看我们的壮丽山川，从中汲取丰富的养料，滋养自己，成为精神丰富的人。

今天这堂课就学到这里。（下课）（《晋祠》于漪）

从上例中我们可以看出，于漪老师把本课书教学主要内容梳理一遍，特别强调了课文所介绍的自然风景与悠久的历史文物，并和课前学生所了解的资料、课后拓展的相应学习内容联系起来，帮助学生加深对所学知识的理解，培养他们的总结概括能力，促使学生把相关的知识互相勾连。

2.概括能力、方法要点

课堂教学结束时除了注意概括所教学的知识要点之外，还应该注意概括学生学习时所涉及的能力操作过程或学习方法。学生在课堂开展学习，涉及学什么内容，用什么方法去学习，前者师生一般都会关注到，后者有时师生会有所忽略。但后者的学习却更难掌握，更需要教师在课堂教学中让学牛明确用什么方法去学，学习结束后及时总结所学方法的特点和操作过程。著名特级教师宁鸿彬老师执教《读报常识》一课时，就是以概括所学习的阅读方法作为教学的结束的。

【例8-2】 师：很好。今天我们通过学习《读报常识》这篇语文知识短文，学会了三种阅读此类文章的方法：提纲法、提要法、提问法。同学们能分别说一下吗？

生（58）：提纲法就是给课文每个段落加上一个小标题。这样全文的内容就清楚了。

师：提要法？

生（59）：提要法就是把每一段的最重要的话拿出来，以此了解全篇内容。

生（60）：提问法就是在阅读报纸时要善于发现问题，解决问题。

师：同学们能很好地说出这三种方法，说明你们对这三种方法有了一定的领会。希望你们在今后的学习中能自觉地运用这些方法来解决问题。时间长了，自学能力就提高了。下课。

宁鸿彬老师教《读报常识》，不是教学生怎样去理解这篇知识短文，而是引导学生在阅读理解中学习三种阅读方法。再分别指导学生运用三种阅读方法分别阅读课文的不同部分内容后，宁老师在课堂教学将要结束时，对这三种阅读方法再次进行概括总结，让学生获得完整的认识。

(三)升华认识

升华认识,是指教师在课堂教学中,在引导学生理解作者思想观点、体会课文道德情感的基础上进一步扩展与引申,使之内涵与外延更丰富,更易于与原有知识联系起来,形成更广阔的背景知识,在新的情境中加以运用。换言之,语文课堂教学,不但引导学生理解作者所表达的思想观点,还应该引导学生学习作者思维方式来思考面临的各种问题,从而提高思维水平;不但引导学生体验作品的情感,而且引导学生把体验到的情感内化为自己的感情,从而提升自己的情感。

1. 提高思维

学习语文,不仅仅是了解作者的思想观点,更重要的是引导学生学习作者认识社会和自然、思考问题的方法,并在以后的学习生活中运用这种思维方法解决实际问题。正如维果斯基所指出,教学能够激起和推动儿童一系列内部的发展过程,从而使儿童把人类经验内化为儿童自身内在的财富。要提高学生的思维,教师教学首先需要引导学生理解课文的思想内容,然后指导学生理清文章的思路,认识作者思考问题的方式,然后学习作者的思维方式思考类似的问题。特级教师董承理老师在执教《斑纹》一课时,就非常注意在课堂教学将要结束时引导学生学习作者的思维方法来思考生活问题,从而提高学生的思维能力。我们来看看董承理老师在这堂课教学结束阶段的教学活动。

【例 8-3】 师:显然,E 同学的理解应该是正确的,作者借斑纹,写了她对世界万物存在的状态和法则的一种理解和感想。换句话说,作者是从斑纹的角度来探索世界的存在法则的。但是我们知道,这个世界不只有斑纹,还有别的形状、别的东西。譬如,我们的祖先就是用金木水火土来解释世界的构成和运行法则的;物理学家,是从物质的运动状态来探索世界的运行规律的;数学家,是从数的角度来探索事物的关系的,等等。我们可以从无数个角度、从无数个点着眼把自己对这个世界的认识和感受贯串起来,就像周晓枫从"斑纹"角度所做的那样。我们能不能试着从别的角度来认识世界的存在法则呢?

生 O:我觉得可以从圆的角度来认识世界。这个世界的任何东西都在一刻不停地作圆周运动,大到宇宙,小到电子,哪一样能离得了圆周运动?自然界是这样,人类社会也是这样,一个人到这个世界上转了一圈回归了自然,他的子子孙孙又接着作这样的运动;整个社会从原始共产主义向前发展,最后又向高级共产主义回归。我看圆周运动就是世界存在的法则。

师:很不错,很有思想。还有吗?

生 P:我看世界上的任何事物都是成双作对存在的:天和地,高山和大海,运动和静止,生存和死亡,雄的和雌的,强的和弱的,善的和恶的——几乎一切事物都是这样的，没有了这一方，另一方也就不存在了。我们的祖先用阴阳来解释一切事物的运动，我觉得是很有道理的。

师：你的看法已经进入哲学世界了，这一点，将来学习哲学知识时会懂得更多。还有吗？

生Q：我早上来学校时自行车的链条断了，车子就没法骑了。现在我想，这个世界是可以用链条去解释的。我们现在的世界是这个样子的，但它过去不是这个样子的，从过去的样子变成现在的样子，这是链条的两个环节；将来的世界会代替现在这个样子，将来的将来又会代替将来的世界。正是这种无穷尽的链条，才构成整个宇宙的永恒。我看，所有的事物都是这样的，我可以用一根链条串起整个世界的一切。

师：你们都说得很好。每一个人，都可以从自己独特的视角去认识和解释世界，获得一份独特的感受。我们这样去想的时候，都可以有周晓枫写《斑纹》的那种感受——我们本着这种体验再去读《斑纹》，就会有一种亲切感，不会像开始时那样觉得这篇作品难以理解，我们可以感觉到，写这类文章时，作者到底是想介绍科学知识呢还是在表达自己对世界的认识和感受；阅读能力的欠缺，有时候需要写作体验去弥补。同学们下课以后，请就这节课中的体验或你对世界的认识方式写一篇作文，再认真阅读课文——理解以后再去阅读，一定会有更深的感受。

从上面的课堂教学结束阶段的教学中我们不难看出，董老师的阅读教学应该不仅仅停留在对课文的理解上，关键在于理解后引导学生的思想升华。在学生已经理解文章的基础上，董老师注重了引导学生进一步提升认识。老师引导学生："作者借斑纹，写了她对世界万物存在的状态和法则的一种理解和感想。换句话说，作者是从斑纹的角度来探索世界的存在法则的。但是我们知道，这个世界不只有斑纹，还有别的形状、别的东西。譬如，我们的祖先就用金木水火土来解释世界的构成和运行法则的；物理学家，是从物质的运动状态来探索世界的运行规律的；数学家，是从数的角度来探索事物的关系的，等等。我们可以从无数个角度、从无数个点着眼把自己对这个世界的认识和感受贯串起来，就像周晓枫从'斑纹'角度所做的那样。我们能不能试着从别的角度来认识世界的存在法则呢？"由此，激发了学生的创造性思维，有的学生从圆的角度来认识世界，有的学生从对称的角度来认识世界，有的学生从链条的角度来认识世界。学生一旦以适当的方式打开思维的闸门，就会呈现出缤纷的世界。思维活跃之后，需要及时加以整理，所以，董老师最后要求学生课外"就这节课中的体验或你对世界的认识方式写一篇作文，再认真阅读课文——理解以后再去阅读，一定会有更深的感受"。

2.提升情感

学习语文,同样不仅仅是了解课文的情感,更重要的是引导学生将理解的情感内化到自己的价值观、信念体系中去,并且用此来指导具体的行动,最终形成新的价值观、人生观,完善学生的性格,这就是通过教学提升情感。内化情感一般经过从理解课文的情感到评价课文的情感,再到选择内化情感的过程。其中,学生以自己的价值判断和经验为参照对面临的情感作出评判和抉择,是情感内化的关键的因素。学生只有能够评价情感,认清情感因素所包含的是非曲直,才能够深化、稳固这种情感,并将这种情感纳入原有的价值体系中去,或形成新的价值体系,进而用来引导自己的行为。语文教学中,有的教师只注重引导学生针对客体——课文的情感进行评价,而忽略了引导学生针对主体——学生自己的情感进行评价。这样学生的情感就难以得到升华。因为,学生的自我情感的评价,是从评价他人和集体评价中逐渐形成的。通过这样的评价,能够帮助学生树立正确的人生观、价值观,能够帮助他们形成良好的自我评价,更好地深化和稳定自己的美好情感。

我们来观摩一位教师的教学片段:

【例 8-4】 师:同学们,小学我们学习过《孔融让梨》的故事,哪一位同学能作扼要的复述。

生 1:说的是孔融很小就能把大的梨让给哥哥,自己吃小的。

生 2:孔融是东汉时期的文学家,很小的时候就懂得文明礼让。4 岁那年,有一次客人送来一筐梨子,兄弟几个都围在筐旁想吃梨,父亲让最小的孔融先挑,他挑了个最小的,父亲问他为什么,他说:"我年纪最小,应该吃小的。"

师:两位同学都复述得好,一个简要,一个比较具体。但同学们知道这则故事关键在哪个字眼上?

生:(异口同声)"让!"

师:好。同学们,千百年来,孔融让梨的故事,一直传颂下来,成为文明谦让品德的典范。如今社会竞争非常激烈,有人认为还需要谦让精神,有的却认为谦让落伍了,再也不能适应社会了。今天,老师带来了一幅漫画(画面上有句话"还讲这个《孔融让梨》,让孩子将来怎么适应社会"),大家分组讨论。

……

生 A:当今社会还需要谦让精神,有谦让方能适应社会。如:开学初发新书,往往都有一两本破损或起皱,如果同学间没有谦让精神,人人都不要皱的书,那这本破损或起皱的书怎么处置呢?幸好有些同学站起来说:"老师,请把那本书给我吧!"所以社会需要谦让精神。

生 B:反对。在公共汽车上你把座位让出来给老人、孕妇坐,反倒被一些眼明手快的人抢先坐下了。这种谦让还有什么意义呢?

生C:学习成绩在班里名列前茅的同学,你能对他说把名次让给我吗?或者说我的第一名这次就让给你了。这明摆着是不可能的,因此说谦让精神已不适应社会的需要。

生D:这个观点应该看环境而定,有些无所谓的小事可以互相谦让,但是在一些重要的事物上,必须寸土必争。如在学习上应该展开竞争,才能互相促进。

生E:我认为当今社会竞争很激烈,但是无论在学习上、工作上、社会上都需要这种"谦让"的美德。学习上有了谦让才能互相促进,共同进步,没有了会故步自封;工作上有了它能更好地开拓事业,没有了便会争个鱼死网破、两败俱伤;社会上有了它,能推进社会文明的进步,没有了它整个社会则无法发展,不进则退。

师:同学们都能踊跃发言,各抒己见,而且能把好的意见写在胶片上,都能够开动脑筋想问题,特别是同学E他能很全面地谈论带有现实意义的社会问题。不过老师想补充一句:"竞争和谦让精神并不矛盾,竞争中你大可当仁不让,切记有礼有节。竞争无论如何激烈,也必须学礼、识礼、守礼,方能提高效益。"课后同学们再把它整理成一篇小作文。

在这一课堂教学中,我们看到,教师在引导学生对课文思想感情理解和评价的基础上,进一步联系各自的生活认识,展示各自的看法,不同视角观点之间的相互启迪与补充,完善、加深对课文情感的认识,最后形成了共同的见解。在教学结束时让学生明白了:竞争和谦让精神并不矛盾,竞争中你大可当仁不让,切记有礼有节。竞争无论如何激烈,也必须学礼、识礼、守礼,方能提高效益。正是通过这样日积月累的评价活动,消除消极情感,纠正糊涂认识,发扬积极情感,光大正确观点,学生逐渐形成正确的价值观和人生观。

(四)实践练习

实践练习,是指教师在经过一节课较为全面系统的教学、学生对所学的内容有了一定的认识后,在将要结束教学时设计必要的实践练习,让学生把所学的知识和能力加以巩固、消化。为此,教师要抓住教学的重点和关键性问题,从教学目的出发精心设计实践练习题,通过师生共同活动或学生亲自动手动脑,使学生对当堂课的知识和能力得到及时巩固和消化,从而培养独立思考和分析、解决问题的能力,获得举一反三、触类旁通的效果。

例如特级教师邓彤老师执教《明湖居听书》一课,以音乐导入新课,然后分析小说结构,重点引导学生赏析描写音乐的段落,最后以引导学生欣赏音乐谈感受、练习描写音乐作为教学的结束。我们来看看邓老师是怎样设计教学的结束的。

【例 8-5】 师：我们分析了全文结构，也欣赏了作者对音乐的精彩描写。现在，让我们再欣赏一遍柴可夫斯基《如歌的行板》吧！听后，请同学们谈谈自己的感受。

（教师重播音乐，学生闭目聆听，有学生不时提笔记下瞬间感受。音乐结束后，教师不急于发问，有意留下 3 分钟空白，让学生沉浸在对乐曲的回味中，以期营造一种余音绕梁的氛围。）

师：说说你听音乐时想到的内容。

生 1：我好像看到茫茫的俄罗斯平原，以及平原上散发着枯叶气息的白桦林，冰雪覆盖的世界，饥寒交迫、贫穷无助的凄苦的农人。

生 2：我仿佛看见伏尔加河上一艘货船正逆流而上，船上的船夫正吃力地撑着船，春天料峭的寒风吹在他瘦削的脸上；船尾一个小女孩托着腮望着岸上开得很早的几点小黄花，脸上露出一丝微笑……

师：除了这些由音乐联想起的景象外，还可以从哪些方面谈？

生：听了这段音乐，我的心不由自主地紧缩，我好像喘不过气来，鼻子酸酸的，我想放声大哭！

…………

（铃声响起。教师要求学生将以上感受整理成一段文字，并加上小标题，作为课后作文上交。）

《明湖居听书》一课是以音乐描写见长的课文，郑老师执教这篇课文时，删除一切旁枝，不讲通感夸张，略讲烘托渲染，将教学重点确定为“对无形音乐的传神描写”。以音乐导入课文，以分析音乐描写方法为课堂主体，以欣赏和描写音乐结束本课教学。邓老师在第三环节不厌其烦地引导学生赏析课文描写音乐的段落，就是通过范例的学习让学生从中总结出描写音乐的一些规律，这样，在课堂将要结束时引导学生欣赏音乐、尝试描写音乐，实际上就是让学生运用学习所获得的规律性知识。

（五）延伸阅读

延伸阅读，是指教师课文讲完后，不是马上结束教学，而是根据课文的思想内容和人物线索，为学生介绍了与课文内容密切相连的课外资料，引导学生由课内阅读向课外阅读延伸、拓展，使之成为联系第二课堂的纽带。这样，课堂教学就成为语文学习的加油站、中转点，语文学习就可以打破教室空间界限、课堂时间界限、教材素材界限，真正做到课内扬起语文学习风帆，课外畅游语文学习的海洋。

例如，一位教师执教莎士比亚名剧《威尼斯商人》，课堂教学的主要环节设计为：熟悉作品，把握情节；模拟表演，解读人物；合作交流，品味语言；归纳主题，引向课外。教师就是在学生熟悉了情节、人物的基础上讨论归纳作品的主题，并相机以适当的问题将学生的阅读焦点引向课外来结束全课。

【例 8-6】 师：经过以上的学习，我们欣赏了本剧巧妙的情节设计、鲜明的人物个性和丰富的戏剧语言。这一切把一个冲突激烈的戏剧故事展现在我们面前，同学们从中领会到作者和剧本所要表达的意图了吗？大家再讨论讨论。（生讨论）

生 1：这个剧本赞美了像安东尼奥那样的人为朋友担当风险、甘愿牺牲一切的可贵精神，讽刺了像夏洛克那样的人唯利是图、冷酷残忍的丑陋嘴脸。

生 2：这个剧本表达的是，只有依靠机智和聪慧才能战胜邪恶。

生 3：这个剧本的含义就是我们常说的那句话——邪不胜正。

师：看来，夏洛克在人们眼中就是邪恶的化身……

生 4：(小声地)我觉得夏洛克也挺可怜的。

师：你为什么会有这样的感觉呢？

生 5：虽然夏洛克冷酷无情，十分凶残，但是我从人物的对话中感觉到夏洛克好像一直就处在被周围人排挤的状态，他之所以这样应该也是有原因的吧。

师：你发现的问题很有意思也很有意义。究竟怎样理解和看待夏洛克这个人呢？其实《威尼斯商人》全剧中很多情节和细节可以帮助我们更加深刻地理解夏洛克这个人物的内心世界，从而更加准确地评价这个人物。希望同学们下去后去完整地读一读全剧原著，就这个问题或者就自己在课堂学习中发现的问题、存在的疑惑去做一番研究和探讨，我深信，你们会真正成为莎士比亚的知音。值得一提的是，一直以来人们总是把本剧中的夏洛克与法国作家莫里哀笔下的阿巴贡、巴尔扎克笔下的葛朗台、俄国作家果戈理笔下的泼留希金并称为“四大吝啬鬼”。有兴趣的同学不妨也下去了解一下其他三个人物形象的情况，看看这个说法的道理何在。

这样的结束语，与其说是课的结束，不如说是课的开始，“曲终收拨”却乐音未停，“余音绕梁”而兴趣不减，从课内教学延伸到课外阅读，使课内和课外有机结合起来，促使学生通过节选而读完全篇，从所学的这一篇课文而扩充到与之相关联的其他作品，培养课外阅读的兴趣。

(六)激发探究

激发探究，是教师在教学将要结束时，顺着学生思维深入、学习氛围高涨的状况，提出新的研究问题，用以激励学生课外研究的兴趣。这种课堂教学结束形式，可以激励学生的好奇心、求知欲，激发学生学习的积极性、主动性，使学生感到“学无止境”，课后继续扬起再学习的风帆。

例如，著名特级教师钱梦龙老师执教《死海不死》一文，在将要结束课堂教学任务时，适时激发学生的好奇心和求知欲，把学生从课堂学习引向了课外拓展探究活动。

【例 8-7】 师：同学们，这堂课我们着重学习了知识小品的文体特点。在学习过程中，同学们的聪明和自信给我留下了很深的印象。最后还有一点时间，我还想出个难题考考大家，这可是个“高精尖”的大难题，你们如果这个问题也能解决了，我就真正佩服你们了；如果你们怕难，那我们来读几遍课文就算了。

生（七嘴八舌）：我们不怕难……

师：好，那现在我就宣布这道难题了？

生（七嘴八舌）：宣布好了……

师：宣布之前，请同学们先把课文最后一段一起朗读一遍。

（学生齐声朗读课文）

师：课文最后这一段说死海数百年后可能干涸，我先问你们，作者推断的根据是什么？

生 1：近十年来死海每年水面下降 40 到 50 厘米……按照这样的速度下降，死海数百年后自然会干掉。

师：那么，死海水面下降的原因是什么？

生 1：因为这里炎热干燥（师插问：你怎么知道？）地理课上学到过，课文里也说“艳阳高照”。因此死海海水的蒸发量大于约旦河输入的水量。蒸发多，输入少，所以海水每年下降。

师：说得很对。现在请大家听好了，我出的难题是：按照作者这样推算的思路和方法，死海真的会干涸吗？

生 2：我认为死海数百年后不可能干涸，因为到那时科学比现在更加发达，人类肯定有办法救活死海。

生 3：我认为他把老师的问题理解错了。我理解老师的意思是……（语顿。师插话：我知道你理解我的意思，不要急，慢慢说。）老师是问按照课文作者的办法推算，是不是一定会推算出死海会干涸的结果。

师：对，我就是这个意思，感谢这位同学把我的意思解释得十分准确。（对生 3）那你能回答这个问题吗？（生 3 不语）看来有点为难你了。这样吧，我把问题再具体化一些：死海海水的蒸发量大于约旦河输入的水量，是作者认为死海将会干涸的原因，你认为死海的蒸发量是不是一个不变的常量？

生 3：不是。（师插问：为什么？）在雨水多的年份蒸发量就会减少。

师：请注意，天气变化或地壳的变动等等这类偶然的因素不在我们的考虑范围以内，何况死海盆地的气候干旱少雨，全年的降水量加在一起不过 50～60 厘米。刚才你把我出的难题解释得很好，怎么自己倒忘了？请你从作者计算的思路这个角度去思考：即使按照作者的计算，死海的蒸发量会不会变化？

师：啊，好多同学都举手了，看来都找到答案了。请大家把手放下，让他（指生3）再想想，他很聪明，我相信他很快就会想出来的。

生3：蒸发量也就会变小。

师：为什么？

生3：死海的海水每年下降，死海的面积也会逐渐缩小。

师（向全班）：大家说说，海水的蒸发量和海面面积是什么关系？

生（众）：正比关系。

师：既然死海海水的蒸发量随着死海海面的逐渐缩小而减少，那么结果会怎样呢？

生3：当蒸发量小于约旦河水输入量的时候，死海就死不了了。

师：不一定要等到“小于”的那一天，再想想。

生3：等于。

师：对啦！当死海海水的蒸发量等于约旦河水的输入量的时候，死海就死不了。当然罗，那时的死海也不会像现在这样无边无际，波涛起伏，而是死也死不了，活也活得不像样，这是一种什么状况？

生（齐）：半死不活！（笑声）

师：对！就是半死不活！同学们果真智商很高，这个难题也没有难住你们。不过，死海究竟会不会死，恐怕不是一个计算的问题，而是一个现实问题。事实上，造成死海海水连年下降的原因，不全因为海水的蒸发量大，更主要的是人为的原因：以色列和约旦大量截流约旦河水用于灌溉和城市用水，致使约旦河输入死海的水量越来越少。这一严峻的事实已引起不少科学家、环境保护主义者的忧虑，一项名为“让死海继续活下去”的活动已经开始。死海处于地球陆地的最低点，人称“地球的肚脐”，不仅有独特的旅游景观，而且它还蕴藏着极其丰富的矿物资源，尤其是氯化钾和溴。同学们虽然没有去过死海，但我相信大家都关心地球的命运，为此我建议大家用我们的智慧参与到“让死海继续活下去”的活动中去。请回去做两件事：第一，上网搜索关于死海的资料（建议用 www.google.com 搜索引擎）；第二，参考、运用网上资料，以《救救死海》或《死海不能死》为题写一篇文章，为拯救死海进行呼吁，或提出拯救死海的办法、建议。当然啦，我们的文章救不了死海，但至少可以表明我们关心地球命运的立场。我希望每一位同学长大后都能够成为一名自觉的环境保护主义者。

从上面的课例可以看出，钱老师激发学生从课内学习走向课外探究的方法十分巧妙。首先，教师在鼓励学生的基础上使用激将法：“在学习过程中，同学们的聪明和自信给我留下了很深的印象。最后还有一点时间，我还想出个难题考考大家，这可是个'高精尖'的大难题，你们如果这个问题也能解决了，我就真正佩服你们了；如果你们怕难，那我们来读几遍课文就算了。"都说初生牛犊不怕虎，学生果然被激发起探究的热情。接着，教师从课文存在的微瑕提出研究问题："按照作者这样推算的思路和方法，死海真的会干涸吗？"然后引导学生准确理解问题的实质，提供探究的背景资料和研究方法。最后布置学生课外探究的具体任务。这样布置课外探究任务，既激发了学生探究的兴趣和热情，还指明了具体可行的探究途径，以保证学生课外喜欢探究，能够探究，真正探究。

其实，结束方式无定式，好在巧用中。语文课堂教学结束的方式还有很多。只要我们始终牢记"以学生为本"的理念，用心揣摩，注重创新，就一定能够创设出丰富多彩的、画龙点睛般的教学完美结局。它不仅可以归结全篇，深化主题，而且可以把教学的内容提炼升华，将学生的思维引入到更深入、更广阔的领域，并把学生从课堂教学引向更广泛的课外学习，从而真正提升学生的语文能力和素养。

四、教学结束技能灵活运用

为了便于初学者更快更好地掌握语文课堂教学结束技能，上面所列举的六种教学结束范例，基本上都是以一种教学结束方式为主的教师教学活动。而在实际的课堂教学中，教学结束方式是多种多样的，既可以是以教师活动为主的教学结束方式，也可以是以学生活动为主的教学结束方式；既可以是单一类型的教学结束方式，也可以是多种类型结合的教学结束方式。下面我们介绍的特级教师董承理老师执教的《读〈伊索寓言〉》一课的教学结束方式，就是在教师引导下学生自己总结课堂所学习的理解文章的方法。

【例 8-8】 师：现在，同学们对这篇课文的基本内容和写作目的都有自己的看法了，原先对文章的理解都得到某种程度的修正了。只是，恐怕还有个遗憾：老师没有把这篇文章的主题写在黑板上，没有明确告诉大家这篇文章应该怎么理解。应该怎么理解，这不是我最关心的。能够形成自己的理解，并且能够检测和修正、完善自己的理解才是最重要的。现在，我请同学们总结一下这节课所学的检测方法。第一点，看什么？

生（齐）：文章的思路。

师：对。怎么看？

生 Z：竖着读，看话题是怎样发展的，把它们连成一个整体。

师：嗯。然后呢，该怎么做？

生 S1：靠近文章，仔细阅读原文，品尝原文的语言，分析作者的写作意图，像我们刚才分析作者"纠正"《伊索寓言》那样。

师：如果感到还没有把握呢，该怎么做？

生 S1：再拉开距离，看作者的写作背景，看文集里其他文章的相关内容，看文章的环境。

师：谈得很好。对阅读来说，学会读书远比记住理解结论重要，会检测自己的理解，一时理解错了也不要紧，只要懂得方法，自己会纠正过来的，钉子碰多了，慢慢就成熟起来了，理解的水平也就逐步提高了。下去之后，请同学们认真地品读《读〈伊索寓言〉》，好好欣赏作者的幽默。然后，再找几篇难一点的文章来读一读——我建议大家去读钱钟书的《写在人生边上》，形成自己的理解，然后自己检测理解的可靠性，不断完善自己的理解。

董老师在课堂将要结束时，没有自己去做教学总结，而是引导学生自己去做总结。引导学生自己去做总结，一方面真正体现了学习的主体是学生。所谓主体不是空洞的口号，而是体现在整个学习过程中的主人翁地位，也就是学生自己明确学习目标，自己开展学习活动，自我监控学习过程，自我激励学习进步，自我反思和总结学习结果。另一方面，通过学生自我总结，有利于教师及时了解学生对学习内容的掌握情况。学生总结顺畅、完整，说明准确而牢固地掌握学习内容；学生总结结结巴巴、挂一漏万，说明没有掌握学习内容。

这里尤其值得注意的是，董老师要求学生总结的不是语文课堂所学习的知识、所理解的课文内容或主旨，而是引导学生反思和总结整个课堂教学所采用的阅读方法。“现在，我请同学们总结一下这节课所学的检测方法。”在董老师的引导下，学生总结了刚才学习时所进行的认知活动：“看文章的思路”、“看话题是怎样发展的，把它们连成一个整体”、“靠近文章，仔细阅读原文，品尝原文的语言，分析作者的写作意图”、“再拉开距离，看作者的写作背景，看文集里其他文章的相关内容，看文章的环境”。这种重在引导学生反思和总结阅读方法的操作程序，培养学生对自己的认知活动过程具有自我意识和自我监控能力，也就是所谓的元认知能力。这样的反思和总结是非常必要的，因为这些程序性知识是学生在一节课的学习过程中一点一滴探索感悟到的，如果不注意引导学生进行反思和总结，他们就有可能只获得碎片式的知识，使程序性知识以陈述性知识的特性储存在大脑里。而反思和总结则是让学生归纳、总结出所学习的程序性知识的特征，说出其操作时头脑里的思维活动过程，明确其操作过程的关键步骤，把碎片式的知识整理为系统性的知识，使之成为整体。这样，既增强学生对其思维过程的意识，使学生完整而清晰地掌握所学习的阅读方法，也为学生今后自主运用这些阅读方法，并监控和调节运用的效果奠定基础。董老师的课堂教学还没有结束于此，还进一步引导学生关注钱钟书《写在人生的边上》中的其他文章，牵起了钱钟书著作的一个系列，勾起了阅读作者其他著作的欲望。这样结束教学,既概括课堂教学涉及的能力要点,又引导学生向课外阅读延伸。做到了一箭双雕。

五、教学结束技能练习设计

(一)语文课堂教学结束的要求

第一,教学结束要紧扣教学目标和教学过程。一节课是一个完整的整体,教学结束是这个整体的一部分,因此不能孤立地设计教学结束环节,而需要在教学目标和整节课的教学过程中加以考虑。

第二,教学结束如果要强调重点、难点,概括要点,应注意深化和提高,切忌简单地重复;还要注意明确整堂课教学内容之间的联系,明确课内教学内容与学生原有知识之间的联系,明确现在所学的内容与之前学习的内容、将要学习的内容的联系。力求通过强调和概括形成知识和能力系统,便于学生记忆。

第三,教学结束要注意培养学生的思维能力。课堂教学不仅仅是学习知识,更重要的是通过知识的掌握培养学生的思维能力。上课过程中,展示思维范例,提供思维的践行机会,反思思维的效果,创设新的问题情境,启动更深更广的思维,只有在教学各环节中多关注培养学生的思维能力,学生的思维能力才有可能真正得到提高。

第四,教学结束时要注意获取反馈信息,及时了解学生掌握的情况。教学的最终目的是"学",而不是"教",因为在教学过程中,学生是认识的主体。检验教师一堂课的教学效果如何,很重要的一项内容是看这节课最后的提问结果或学生练习情况。通过提问或练习,可以了解学生的学习情况,及时发现存在的问题,从而使教师随时修正和调整自己的教学,以补救学生学习的缺陷,取得更理想的教学效果。

第五,教学结束用语要简明扼要,优雅而富于变化。

(二)教学结束技能训练设计的方法

第一,明确课堂教学目标和教学过程。教学结束虽然是教学过程的最后一个环节,但它是整个教学过程中环环相扣的一个环节,因此不能脱离教学目标和整个教学过程孤立地去设计教学结束的方法。教学目标制约着教学的全过程,设计教学结束的关键在于要紧扣教学目标,顺接前面的教学环节。教学目标的重点是掌握知识,教学结束则可以重在整理知识,形成系统,以便记忆。教学目标的重点是训练能力,教学结束则可以反思能力操作过程,提供练习和迁移机会。教学目标重点是情感熏陶,教学结束则可以着力煽情,使学生感情得到进一步丰富和提升。

第二,确定教学结束的类型。课堂教学结束的类型是丰富多样的,随着教学经验的不断丰富，教师可以随时根据教学内容、学生特点、具体的教学情境灵活地动态生成地创设出适切的教学结束方式。但对于新教师来说，初次走上教学的讲台，首要的任务是掌握教学的基本技能，可以根据教学目标和教学过程中前面各环节特点，选择前面所介绍的六种教学结束的方法之一，来设计教学结束类型。等熟练掌握基本的教学结束类型后，再谋求灵活变化。

第三，设计教学结束的具体方法。选定教学结束类型后则可以具体设计教学结束的流程。首先是设计教学结束环节的重点内容是什么；接着设计怎样从前一个教学环节过渡到教学结束环节；然后设计教学结束环节怎样推进，要提什么问题，需要开展哪些师生活动；最后是设计具体的教学结束语言。

第四，课前模拟练习。新教师或对教学结束方法掌握还不是很熟练的教师，最好课前能够在微格教室里进行教学结束模拟练习，了解自己设计的教学结束方式是否适合学生接受水平，是否与前面的教学环节衔接妥帖，内容是否具有逻辑性，师生活动是否协调，语言是否简练、清晰等等。发现问题，及时改进，保证教学结束的质量。

六、教学结束技能评价

运用表 8-1 评价教学结束的教学效果。

表 8-1　教学结束技能评价表

课题：　　　　　　　　　　讲课教师：　　　　　　　　评价者：

项　目	优	中	差
能突出教学的重点、难点、精彩点	5	3	1
总结的要点有明确的联系，使知识、能力系统化	5	3	1
注意课内外沟通	5	3	1
与教学目标、前面各教学环节互相呼应，成为整体	5	3	1
既有教师活动，也有学生活动	5	3	1
能激发学生进一步探索的兴趣	5	3	1
布置作业要求明确，数量恰当，难度适中	5	3	1
教师语言简明扼要，优雅而富于变化	5	3	1
合计			

注：请听课后根据以下各项评价指标评出等级（在相应的等级上打钩），总分在 1～10 为差，11～20 为一般，21～30 为中等，31～40 为优良。

【微格训练】

一、教学结束案例分析：仔细阅读下面的教学结束课例，分析其优缺点。

1.《爸爸的花儿落了》的教学结束：

师：好感动人的一幕，文中深深的父女情，像雨丝一样浸润我们的心田，使我们每个人的心都为之潮湿起来、感动起来，心灵深处最柔软的一角被掀开了。我想，此时此刻，同学们肯定有很多话要说，有很多情感要抒发。下面我们就有感情地说一说，进行一次仿句练习。（出示幻灯）

师：这里有两个句子："父爱是阳光，让我感到人间的温暖；父爱是灯塔，照亮我前行的路。"这两个句子写得不是很好，但是，我相信同学们会把它仿得非常棒。

下面就请同学们拿出纸和笔仿写"父爱是……"

（学生仿写。）

师：好，下面，我们来交流一下吧！

生1：父爱是彩虹，引领我度过黎明前的黑暗；父爱是春雨，滋润着我，让我茁壮成长；父爱是桥梁，使我一步步地走向成功。

师：怎么样，不错吧？

生2：父爱是蜡烛，为我们尽心付出不求回报；父爱是北极星，指引我前进的方向。

师：北极星，这个比喻真棒。

生3：父爱是一条绳子，在我困难时，他会将我拉上来；父爱是燃烧的炭，在我失败时，会使我温暖。

生4：父爱是缤纷的彩石，为我铺下了美丽的道路；父爱是天上的彩虹，把我纯洁的天空装饰得美妙绝伦；父爱是西下的夕阳，让我知道永远不能放弃。

师：怎么样，给点掌声吧！（问学生名字，然后说，相信日后你会成为一名作家。）

生5：父爱是微风，无声却能悄悄袭来；父爱是细雨，虽然细小却能润湿我的心灵。

师：很美。

生6：父爱是勇气，告诉我遇到困难的时候应该如何面对。

生7：父爱是秋天，赐以我们深沉；父爱是奔驰的马儿，带着我们冲向胜利的远方。

生8：父爱是照明灯，指引我走向远方；父爱是东升西落的太阳，让我们知道失败了，还有机会再重来！

师：(大声)失败了，还有机会再重来！

生9：父爱是罗盘，指引我如何走向人生道路的辉煌。

生10：父爱是大路，引我走向人生成长的跑道；父爱是勇气，让我担起成长的重任。

师(有感情的)：确实的，父爱就像那大楼坚实的地基，支撑起我坚强的意志，父爱就像一棵大树，为我撑起一片蓝天。如果说成长是一首诗，那么父爱就是一条河，这是一条严厉的河，在你犯错时，挥起鸡毛掸子，使你警醒；这是一条温馨的河，在雨天会为你送来花夹袄；这又是一条激励的河，激励你勇敢地面对困难，硬着头皮去闯练；这更是一条希望的河，希望你快快长大，快快懂事。那么请让我们在成长的记忆长河中谨记："生命中，有一个人叫父亲，有一种爱叫父爱"。

下面，让我们在满文军《懂你》的深情旋律中结束我们这堂课的学习。

(播放《懂你》歌曲。)

师：下课，谢谢同学们。

2.《故乡》的教学结束：

师：还有问题吗？没有了？那就回顾一下，经过两堂课，同学们在学习方法上有些什么体会？

生：把难题解决了，课文也读懂了。

生：经过讨论，印象特别深。

生：讨论讨论可以学到别的同学的长处。

生：提出问题等于解决问题的一半，我们要学会提出问题。

师：说得真好！你们问题提得好，解决得更好，两个方面都得满分。我再来补充一点：我知道，你们金华的孩子都很用功，如果再加上多思考问题，就会越学越聪明。学习刻苦是一只翅膀；开动脑筋，是另一只翅膀，你们这些小老虎就会飞起来。这就叫做——

生：如虎添翼。(笑)

师：好，说得好！这样，你们就将走上"四化"建设的岗位，就会成为顶呱呱有用的人才了。好，课上到这儿，我很满意。谢谢同学们，下课！

3.《新型玻璃》的教学结束：

师：你们就是未来的发明家、创造者！你们想不想设计出更新型的玻璃为祖国现代化建设出力呢？说说看，你们有什么想法？

生：我想设计一种玻璃能使房间自动调节干湿度。

生：我要发明一种发光玻璃。天黑了，它能自动放光，室内不必再装电灯，可以为国家省很多电。……

师：同学们的发明真多，而且都有价值，我想以后一定能实现。如果那时你发明成功了，可不要忘记打个电话告诉老师一声呵！好，现在请大家参照课文的写法把自己的设想写下来。

学生在饶有兴味的活动中，获得了全面的发展：语文工具和思想情感、想象和说话、读书和写作等等。

4.《云南的歌会》的教学结束：

师：不少写平民的散文，玩味的往往是他们生活的卑微，却意识不到这个汪洋大海般的世界对生活的意义，感觉不到它的尊严。

沈从文是个例外。他始终以"乡下人"的视角，从乡村的民风民情中发掘人性中优美、自然、鲜活的生命形态，以唤醒那些在尘世风烟中渐次迷失的灵魂。

邵燕祥说："从文的作品可以不舍昼夜地流下去，润泽当代的直到后代的无数焦渴的灵魂。"

在今天这个物质喧嚣忙忙碌碌的现实世界里，我们周围跋涉着太多疲于奔命而日益沧桑的灵魂，包括我自己。

感谢沈从文！是他，让我们停下脚步，去体味这些乡野间自在优美的生命；是他，让我们回望来路，去拣拾那些本就存活于我们生命中自然鲜活的基因。

我想，我们是不是应该让清风明月走进心灵，让劳心苦形的生命重新吐露嫩绿的枝芽。我期待着大家每天都有灿烂的笑容，让我们的生命鲜活滋润地笔立于天地之间！

二、教学结束技能微格模拟训练：从下面各题中选择一题，进行教学结束设计，然后在微格教室中进行模拟练习，分析其中的效果。

1. 下面是《小石潭记》的课堂教学过程：导入新课；作者简介；朗读课文，疏通字词；再读课文，整体感知(本文是一篇游记，说说课文是按照什么顺序写?)；品读赏析，走进心灵。(在柳宗元眼里，小石潭很美，美在哪儿呢？柳宗元面对这样一个美丽而富有诗意的小石潭，又是怎样的一种情怀呢？如何理解"心乐之"和"凄神寒骨"的矛盾。)

请接着具体设计这课教学的结束方式，然后在微格教室进行模拟训练，评价设计效果，并具体说明设计的理由。

2. 下面是《石壕吏》的课堂教学过程：第一遍读课文，是以二胡曲《二泉映月》作配乐朗读课文，思考可否用这首乐曲作电视剧的主题曲。第二遍读课文，是研究如何将课文改编成电视剧，包括三个统一的小问题：如何根据课文第一部分为四个人物设计特写动作，如何根据课文第二部分设计画面表现老妇人的话，如何根据课文第三部分设计画面、音响并补充情节。第三遍读课文，是讨论根据《石壕吏》改编成的电视剧，其感情基调应该是“悲凉”还是“悲愤”。

请接着具体设计这课教学的结束方式，然后在微格教室进行模拟训练，评价设计效果，并具体说明设计的理由。

3. 下面是《社戏》的课堂教学过程：导入新课；整体感知（解释戏的含义、简介社戏）；文本探究（赏戏外戏、赏戏中事、赏戏中人、赏戏中景）；解读主题（反复朗读，两次看戏与社戏的区别？寂寞何在?）

请接着具体设计这课教学的结束方式，然后在微格教室进行模拟训练，评价设计效果，并具体说明设计的理由。

4. 下面是《乡愁》的课堂教学过程：情境导入；走近作者；走近作品（读懂诗意：这首诗表达了作者怎样的情感?）；走入文本（读出诗情：四小节分别表达了作者怎样不同的情感？借助什么来表达的？如何读出丰富的感情?）

请接着具体设计这课教学的结束方式，然后在微格教室进行模拟训练，评价设计效果，并具体说明设计的理由。

第九章　课堂教学技能的综合运用

在实际教学中,教师开展一堂课的教学总是综合运用各种教学技能。因此,我们在学习教学技能时,不仅仅是能够掌握一个个单一的课堂教学技能,更需要学会根据教学目的、教学内容、学生特点,选择合适的教学技能,协调地、综合地运用于课堂教学。

一、语文课堂教学技能综合运用的原则

(一)计划性原则

教学是有目的、有计划地引导学生学习语文知识,训练语文能力,掌握语文学习方法,感受高尚的情感世界,为了达到这些目标,教师在上每一节课前都需要精心设计教案,这包括深入研读文本,多角度了解学生,科学确定教学目标,精心选择教学内容,合理地安排教学过程,恰当地运用教学技能。但是,有些新教师在备课时常常更多地关注教学内容和教学过程,而对教学技能运用的设计注意不够,在教学中会出现教学策略单一,教学技能运用不适合而低效等现象。有时候有些教师观察优秀教师的课堂教学也会产生一种误解,似乎看到的是优秀教师在教学时灵机一动,即兴随意地运用教学技能,其实优秀教师能够达到这一境界,是他们长期一直对其教学进行精心设计,从而达到能根据教学具体情境熟练运用教学技能的程度。因此,新教师在备课时一定根据教学内容和学生的特点计划好怎样运用相应的教学技能,例如,怎样根据教学内容和学生特点设计精彩的导入,什么时候应该简明扼要地讲授,在什么情景下应该组织学生合作探究,特别需要指出的是,精心设计提问更是教学设计最重要的组成部分。

(二)适配性原则

教学最难能可贵的地方在于教学技能的运用与教学内容、学生特点相适配。教学首先是要确立教学目标和内容,然后灵活运用各种教学技能去引导学

生学习。换言之，教学技能的运用，就是针对学生学习过程中存在的知识障碍、思维障碍与心理障碍，提供相应的排除故障的相关信息或思路，让学生进入一种突然的、说不出的、直觉的体验状态，促使学生开动脑筋，进一步思考与研究，最终寻找到解决问题的途径与方法，达到掌握知识、发展能力的教学目的。

(三)灵活性原则

新课改强调教学的预设与动态生成相结合。这就是说，教师一方面要在课前进行精心的备课，预设好教学方案；另一方面，又要在教学中根据学生的学习情况随时灵活地调整教学，有可能会动态生成新的教学目标、新的教学内容，这样，教师也就及时调整教学技能的运用，例如动态生成新的问题、新的组织学生活动的方式等，这就是课堂教学的灵活性。

二、教学技能综合运用案例分析

《读〈伊索寓言〉》的教学实录①

(一)谈话导入，诊断学生初始阅读状况

师：《读〈伊索寓言〉》这篇文章，同学们在上课前已经读过了。现在，我们来讨论预习时请大家思考的两个问题：这篇文章是讲什么的？作者写这篇文章目的是什么？

生A：我觉得这篇文章表面上讲的是寓言的问题，实质上是批评当时的社会现象。因为他在文章中列举了几则寓言，然后提出了自己对某些社会现象的看法。作者在文章中写了许多方面的内容，真正的目的在对社会现象提出了批评。

师：这位同学很勇敢，而且说得很肯定，充满了自信，很好。

生B：我觉得这篇文章意在纠正《伊索寓言》的某些看法。作者强调了小孩子该不该读寓言，尤其是伊索的寓言。

师：好的，你的观点很明确，并且说得简单，扼要。

生C：在这篇课文中，钱钟书剖析了《伊索寓言》，然后联系一些社会状况，发现跟寓言所说的不一样，于是谈到了对小孩子的教育问题，认为教育孩子一定要联系生活实际。作者觉得《伊索寓言》所说的故事不够切合生活实际，觉得有必要去纠正它。

师：好，你的意见与刚才那位同学有些相似，但也有所不同，不错。

生D：作者认为应该为孩子的良好的成长创造良好的社会环境。《伊索寓

① 张孔义、董承理.语文课程的实践回归——董承理语文教学探索实录评析.长春：吉林大学出版社，2009：1－9.

言》固然能教育孩子，但主要的还要看看我们这个社会，社会环境对孩子的教育极其重要。

在教学的开始阶段，教师要求学生“思考两个问题：这篇文章是讲什么的？作者写这篇文章目的是什么？”让学生自由发言，谈对这篇文章写作宗旨的理解。这是了解学生对课文初步理解的情况，关心学生在教师未讲之前的阅读状况。学生对课文的初步理解产生了分歧，“一种是认为本文批评某些社会现象的，另一种是认为谈用寓言教育孩子的问题的，还有一种意见是认为课文是纠正寓言的幼稚和简单的”。

（二）确定目标，指明学习方向

师：把刚才的发言加以梳理，概括，实际上有这么些意见：一种认为本文是批评某些社会现象的，另一种认为是谈用寓言教育孩子的问题的，还有一种意见认为课文是纠正寓言的幼稚和简单的。不管持哪种观点，这些同学都读出了自己的看法，这是很可贵的。但是，就作者的本意来讲，在一篇短文里不可能有这么多不同的核心话题。也就是说，这些意见不可能都符合作者的本意，肯定有一些理解是不准确的。这就需要我们自己去检测——理解的过程也是自我检测的过程——为自己的理解寻找根据。怎样检测呢？第一步，是看文章的思路。怎样看思路？要学会竖着读。

（学生觉得奇怪，低声议论）

教师虽然在备课阶段就有预设的教学目标，但最终的具体的教学目标是在课堂教学过程中根据学生的理解状况动态生成的。面对学生理解的分歧，教师让学生意识到真实的需要解决的问题情景：同学们对课文的理解彼此不同，但作者写一篇文章不可能有这些彼此矛盾的意思。“这些意见不可能都符合作者的本意，肯定有一些理解是不准确的。这就需要我们自己去检测——理解的过程也是自我检测的过程——为自己的理解寻找根据。”于是，根据学生的学习需要，确定接下来的具体的教学目标和教学重点，告诉学生“检测自己的理解是否正确”，选择的学习方法是：“竖着读”。

（三）示范方法，观察模仿

师：大家对“竖着读”的说法感到新奇，是吗？

（学生微笑着点头）

师：的确，我们习惯于横着读，就是一个字一个词一个句子读过去。横读是阅读的基础。但很多时候，仅仅有横读是不够的，还需要竖着读，就是按照前后顺序，把文章的话题一个一个串起来，连成有机的整体，这就是全文的思路。现在，我们试着竖读：这篇文章有哪些话题？它们是怎样串成一个整体的？

（学生作竖读尝试）

师：现在，我请一位同学谈谈这篇文章有哪些话题，怎样串起来的。

生E：课文先讲现在有些女的对待比自己年轻得多的比较宽容，而对年龄相近的就很刻薄，接着讲古代相当于小孩子时期。然后……然后，讲我们有必要纠正《伊索寓言》，接着就举了纠正的例子——

师：共举了几个例子？

（生E数例子）

生E：9个。最后，作者说《伊索寓言》不适合做现代儿童的读物。

师：刚才这位同学除了在一个地方卡住了外，别的都谈得很利索。有补充或者不同意见的吗？

生F：我认为第3段说的是《伊索寓言》至少给了我们三方面的安慰，然后得出结论，说我们要对它加以纠正。

师：你说得很好。只是，第3段和上文有什么联系吗？

（学生看书，思考）

生F：有的。作者说前面两段话，就是为了引出第3段。

师：你这样说，有什么根据吗？

生F：有。作者在第3段的开头就说："这些感想是偶尔翻看《伊索寓言》引起的。"然后推出了三重安慰。

师：你说得太好了！你终于看到这两个话题之间的联系了。这可是个重要的发现啊！

生G：E同学对第2段的理解有些含糊。作者明明说我们思慕古代只是因为我们比古代进步得多，像大人喜欢小孩子那样宽容。前面两段差不多是一个话题。既然古代是小孩子，《伊索寓言》也就是这样的小孩子，我们需要宽容地纠正它的"浅薄见解"。

师：你说得太好了！最可贵的，是能够把这些段落很自然地融在一起，脉络贯通。现在，我请一位同学在刚才发言的基础上，把全文的思路顺畅地加以陈述。

（学生发言）

师：这样看来，全文的重心就落在第3段带出的对《伊索寓言》的批评上，说它太简单了，把孩子们的脑子都教简单了。全文思路，证明我们很多同学的理解是有根据的。

（很多学生现出欣慰的笑容）

师：但是，仅有这样的检测是不够的，我们还需要深入原文中去，深入重点内容中去，看看作者到底说了些什么，怎么说的。我们看看，作者"纠正"9个寓言的浅薄，有什么共同点吗？

（学生看书）

生H：有共同点，每段都先说寓言，然后再纠正它的浅薄。

师：你这么快就能发现特点，真不错。现在，我们先来看作者对第一个寓言的“纠正”。你们看过这则寓言吗？（学生摇头）这则寓言原文的题目叫《蝙蝠与黄鼠狼的故事》。一只蝙蝠被黄鼠狼逮住了，这只黄鼠狼最恨兽类了，要吃它。蝙蝠说：“我不是兽类，我是鸟。”黄鼠狼于是就放过了蝙蝠。后来，这只蝙蝠又被另一只黄鼠狼逮住了，那只黄鼠狼最恨鸟类，要吃它。蝙蝠说：“我不是鸟类，我是兽类。”那只黄鼠狼也放过了它。最后，寓言告诉人们：随机应变，能使我们转危为安。

生J：我发现《伊索寓言》原文意思和课文说的有些不一样，而且下面作者所说的也和原寓言根本不是一回事。

师：你的反应真快！的确不是一回事。但作者所说的现象就是在现在我们也能够看到，有些人为了某种目的，专门到外行人那里去充内行，招摇撞骗，形象十分丑恶。现在，我们再来看第二则寓言。同学们看过这则寓言吗？

（学生轻声问什么是“促织”。教师说是蟋蟀。学生茫然摇头）

师：这则寓言的原题目叫《蝉和蚂蚁》——

（学生中出现轻轻的骚动，有学生说“读过”。）

师：既然读过，那我叫一位同学说说这则寓言。

生K：故事和课文上写的一样，只是主人公不是促织，而是知了。寓言告诉人们，做事不要只顾眼前，要有长远打算。

师：你说得真好！那么，作者是怎样评论这种现象的呢？我们先把课文的原文读一下。

（学生读课文）

师：“生前养不活自己的大作家，到了死后偏有一大批人靠他生活”，这种现象听说过吗？

生L：曹雪芹活着的时候，他的生活很艰难，但是他死了以后，研究他和《红楼梦》就成了一门学问。听说有人发现了曹雪芹的一根头发，就写了一大篇论文。

生M：杜甫、李白他们的生前生活都很坎坷，可是现在杜甫研究家、李白研究家，就都成了名人了。

师：对，这类现象在全世界都很普遍，都靠死人吃饭。同学们，你们注意到了吗，当我们起劲地谈着这些现象的时候，谁还记得《蝉和蚂蚁》这个寓言讲的什么啊！早撇在一边了。

师：我们再来看下文的那只狗，寓言讲的什么？作者由此引申出什么？

学生N：狗看到了自己的影子，就想跟影子打架，结果把嘴里的肉都丢了。

师：再请语文课代表把作者发挥的这段文字读一读。

（课代表读课文）

师：这里有个很有意思的现象，作者在称“某些人”的地方，统统称作“东西”。读着这些话，很容易使人想起鲁迅说过的类似的话，他说一些人攻击别人的隐私，有鼻子有眼，煞有介事。这些人是怎么知道的呢？原来，他们所说的那些东西都是自己的做法和想法——照镜子照的。鲁迅把这些人称作什么呢？“不是东西之流！”所以，这里作者认为那些缺德的人最好少照镜子，少干些无中生有、中伤别人的缺德事。

师：从这三则寓言看，我们大致可以得到这样的印象：寓言故事和作者所说的社会现象根本是两回事。那么，作者“纠正”这些寓言，目的何在？

生P：重点不是讲寓言，而是为了引出下面对社会现象的议论。

学生不知道什么是“竖着读”，感到奇怪。教师向学生描述“竖着读”的策略，即“看文章的思路”、“要学会竖着读”。告诉学生“竖着读”的好处：“我们习惯于横着读，就是一个字一个词一个句子读过去。横读是阅读的基础。但很多时候，仅仅有横读是不够的，还需要竖着读，就是按照前后顺序，把文章的话题一个一个串起来，连成有机的整体，这就是全文的思路。”这里需要注意的是，“竖着读”是一种阅读技能，学生学习一种新技能需要经历感知、模仿的过程，所以，在教学的初始阶段，教师向学生清楚描述所学的阅读技能的特点，使内在的认知活动外化为学生可以观察得到的行为，以便学生模仿学习。在这基础上，教师再指导学生一步一步地开展“竖读”（即梳理文章思路）的学习活动。在学习过程中，教师还注意引导学生对自己学习过程的思考，以提高学生对自己思维的认识，并鼓励学生监控其思维活动是怎样进行的。教师对学生的学习提供及时的反馈，用表扬的方式强化学生的行为。从始至终，教师都没有说自己是怎样理解这篇文章的，但学生通过自己的探究自然形成了自己的理解——尽管彼此有差异，但大致不离文本。同时学生也基本掌握了相应的学习技能。

（四）指导练习，巩固学习

师：那么下面的六则寓言呢？现在，我们以很快的速度默读下面的六段文字。

（学生读课文。教师请最先读完、很有信心地等待发言的学生谈看法）

生Q：我看下面的六则寓言和前面的三则完全一样，重点都在寓言后边的议论。

师：你的阅读不仅很快，而且很有效，能很快形成结论。我还想告诉大家一件很有意思的事情：课文中的第6则，原题目叫《青蛙与牯牛》，现存的《伊索寓言全集》357 则寓言中没有这个故事，而在《拉封丹寓言诗全集》和《克雷洛夫寓言》中倒可以见到。这可以说明什么问题？

生 R：作者在写这篇文章时没有仔细核对原文。

生 S：我看作者根本不关心所写的是不是《伊索寓言》里的故事。

师：这就触及本文的写作动机了，就是说，作者写这篇文章，到底想干什么？

生 T：我看醉翁之意不在酒，在评论社会。

生 W：我看作者是在借题发挥，抨击社会上那些丑恶现象。

技能学习离不开一定的练习。教师的教学另一个可贵之处正在于，课文的前半部分是教师指导下学习“竖着读”的阅读技能。当学生基本掌握了“竖着读”的技能，达到对课文前半部分的理解后，教师放手让学生自己运用“竖着读”方法，自己去阅读理解课文后半部分的内容。这既是为学生提供了很好的学习运用机会，也起到了巩固前面技能学习的作用。

（五）拓展资料，深化学习

师：你们都说得很肯定，我无法反驳你们的意见。但是我觉得，这样获得的认识结论虽然说是有根据的，但总觉得还不够牢靠。要牢靠，需要拉开阅读距离，把这篇文章放到写作背景里来看。要了解写作背景，比较方便的办法是看这篇文章收在作者的那本集子里，那是一本什么样的集子。这篇文章是从哪里选出来的？

生（齐）：《写在人生边上》

师：《写在人生边上》收了作者 10 篇文章。作者在序言里是这么说的：人生是一本书。一种人没读几页就发了一大堆评论了，还有一种人，他用消遣的方法读，偶尔有些感触，就随手在书边上写几个字。作者说自己的这些文章也就是写在书边上的那几行字。你们猜猜看，《写在人生的边上》这本书是讲什么的？

学生 Y：大概是讲对人生的感触的。

师：如果你们心里还没底，那我告诉大家这个文集都讲了些什么。第一篇《魔鬼夜访钱钟书》，魔鬼来访问他，与他谈论人性。还有一篇是《论快乐》。什么是快乐？快乐是由人的精神决定的。再有一篇是《吃饭》，有些人根本不吃饭，他是冲着菜吃的。接着就是这篇《读〈伊索寓言〉》。此外还有《论俗气》，《论文盲》，《论文人》……总共 10 篇。《写在人生的边上》这本集子的大环境应该能够帮助我们准确判断《读〈伊索寓言〉》是讲什么的。如果大家有兴趣，到图书馆里去借来看看。我看过，很有意思的。

（学生交头接耳，议论纷纷）

学生通过“竖着读”基本理解了作者的写作意图和写作主旨，教学也可以到此为止，但为了拓宽学生视野，提高学生的阅读兴趣，教师引导学生把阅读的视野辐射到钱钟书《写在人生的边上》中的所有文章，通过讨论文集中写类似主题的其他文章，认识到这些文章讲的都是人生社会的问题，反映了作者对人生、社会的认识，牵起了钱钟书著作的一个系列。这既可以印证学生对课文理解，也勾起了学生课后阅读作者其他著作的欲望。

（六）反思与小结，内化学习技能

师：现在，同学们对这篇课文的基本内容和写作目的都有自己的看法了，原先对文章的理解都得到某种程度的修正了。只是，恐怕还有个遗憾：老师没有把这篇文章的主题写在黑板上，没有明确告诉大家这篇文章应该怎么理解。应该怎么理解，这不是我最关心的。能够形成自己的理解，并且能够检测和修正、完善自己的理解才是最重要的。现在，我请同学们总结一下这节课所学的检测方法。第一点，看什么？

生（齐）：文章的思路。

师：对。怎么看？

生 Z：竖着读，看话题是怎样发展的，把它们连成一个整体。

师：嗯。然后呢，该怎么做？

生 S1：靠近文章，仔细阅读原文，品尝原文的语言，分析作者的写作意图，像我们刚才分析作者“纠正”《伊索寓言》那样。

师：如果感到还没有把握呢，该怎么做？

生 S1：再拉开距离，看作者的写作背景，看文集里其他文章的相关内容，看文章的环境。

师：谈得很好。对阅读来说，学会读书远比记住结论重要，会检测自己的理解，一时理解错了也不要紧，只要懂得方法，自己会纠正过来的，钉子碰多了，慢慢就成熟起来了，理解的水平也就逐步提高了。下去之后，请同学们认真地品读《读〈伊索寓言〉》，好好欣赏作者的幽默。然后，再找几篇难一点的文章来读一读——我建议大家去读钱钟书的《写在人生边上》，形成自己的理解，然后自己检测理解的可靠性，不断完善自己的理解。

在教学的最后阶段，教师注意引导学生自己来反思和总结学习所得。“现在，我请同学们总结一下这节课所学的检测方法。”在老师的引导下，学生总结了刚才学习时所进行的认知活动：“看文章的思路”、“看话题是怎样发展的，把它们连成一个整体”、“靠近文章，仔细阅读原文，品尝原文的语言，分析作者的写作意图”、“再拉开距离，看作者的写作背景，看文集里其他文章的相关内容，看文章的环境”。学生能够完整地总结了这堂课所有学习程序，获得了程序性知识，说明了他们对自己的认知活动过程具有自我意识和自我监控能力，也就是所谓的元认知能力。这样的反思和总结是非常必要的,因为这些程序性知识是学生在一节课的学习过程中一点一滴探索感悟到的,如果不注意引导学生进行反思和总结,他们就有可能只获得碎片式的知识,使程序性知识以陈述性知识的特性储存在大脑里。而反思和总结则是让学生归纳、总结出所学习的程序性知识的特征,说出其操作时头脑里的思维活动过程,明确其操作过程的关键步骤,把碎片式的知识整理为系统性的知识,使之成为整体。这样,既增强学生对其思维过程的意识,也为学生今后自主运用这些程序性知识、并监控和调节运用的效果奠定基础。

【微格训练】

一、自选观摩优秀教师的课堂教学录像,感性体会优秀教师教学技能的综合运用。

二、下面是《中国现代诗歌散文欣赏》诗歌部分小结的教学设计,请仔细阅读,理性分析优秀教师教学技能的综合运用。

选修课《中国现代诗歌散文欣赏》诗歌部分小结的教学设计

教学目标

1. 总结诗歌部分的学习,对诗歌这种文学体裁有一种较全面的理性的认识。

2. 学习在感性认识的基础上总结出规律性的认识。

3. 带着理性认识回到对作品的感性体悟,从而加深对诗歌特点的了解。

4. 帮助学生认识:诗不仅是表达审美认识的一种体裁,还是人认识世界的一种思维方式,是人的精神生活的极为重要内容;缺少诗,人生就缺了一个胳膊或一条腿。

教学重点、难点

1. 使感性认识和理性认识达成一致,将诗歌知识和具体作品的感知融会;

2. 将感受上升为理性认识对很多学生来说有较大难度。

教学的基本方法

1. 教师的主要任务是激活学生体验和领悟诗歌的思维活动,引导学生就自己的感受展开联想,帮助他们整理自己的想法,并总结方法。在教学的过程中,将渗透诗歌的一般知识,欣赏的一般方法,但不是专门讲授这些知识让学生记忆,或者用这些知识去肢解作品。教学的基本思路,不是让课文中的作品成为讲解诗歌知识的例子,而是以对这些作品的阅读欣赏为培养基,培育学生对诗歌和诗歌欣赏的感悟。

2. 不专用一篇作品为解剖对象,而是由学生自行选择,就他们对自己有所感有所悟的作品的某一点入手，品味，联想，总结，然后得出自己的认识结论来。

3. 教师可以而且应该示例，但示例不是教学的主要内容，而仅仅是认识方法的启示，是引子，主要作用是带动学生的认识活动。

4. 教师重视的不是对诗歌作品的理解，而是学生在学习的过程中对方法的掌握，对诗歌本身特点的感知和领悟，获得属于他们自己的那一份认识成果。

教学时间

1 课时。

教学流程

1. 导入：反思——什么是诗歌？

前面，我们学习了五个单元共 25 篇诗歌作品和 5 篇关于诗歌的知识短文；在必修课的五个模块中，我们学了不少古今中外的诗歌名作；在初中、小学，我们还学过大量的诗歌作品和一些关于诗歌的知识。从我们认得字开始阅读至今，在课外，我们读过很多古今中外的诗歌作品。现在，我们能不能凭自己阅读欣赏诗歌所形成的积累，就诗歌留给我们的印象，说一说到底什么是诗歌？

当然，文学常识已经告诉我们，诗歌是和小说、散文、戏剧并列的文学作品的一个体裁类型，它在形式上有些什么特点。但是，我们都很清楚，这些知识对我们来说很抽象，除了诗歌一般都排成诗行，一篇作品一般都分为若干个诗段，多数诗歌都押韵这些印象比较清晰之外，别的，似乎很难再说出点什么了。为什么会这样呢？这是因为，诗歌感知世界的方式和一般的实用文章是不同的；尽管我们读过不少诗歌作品，但我们很少具体进入作品的意境去仔细品味和比较欣赏诗歌的想象跟理解一般文章的想象有什么不同，所以缺少具体的感受，也就很难真正理解诗歌知识所讲的内容。要真正懂得诗歌，就得学会仔细玩味作品，玩味自己的感受，从中领悟诗歌的特殊韵味。

2. 示例：教师谈自己对课文中诗歌的领悟。

譬如，我们读闻一多的《也许》，就感觉到它很美，而不是很悲。其实，诗人失去爱女，应该是撕心裂肺的痛楚：这样可爱的小女孩，竟然活突突地就没了，他是怎样都无法接受这个事实的。他要是像真实生活中那样，呼天抢地，或是捶胸顿足，叫喊着女儿的名字号啕大哭，或是伏案抽泣，饮食俱废，或是大病一场，形销骨立——这些也都是常有的事。但这是生活现象，不是诗；把这些情形写出来，当然也很感人，但这是纪实文章，不是诗。

诗人在痛定之后，情绪稳定下来了。他想着，我女儿不会死的，她怎么会死呢？她只是哭累了，睡着了，那就好好睡一觉吧。夜莺啊，你不要叫，蝙蝠啊，你不要飞，不要惊醒我的孩子。阳光啊，你不要刺她的眼，清风啊，你不要拂她的眉,我的可爱的孩子睡着了,你们不要惊醒她。孩子啊,你睡吧,松荫是遮蔽你的伞,蚯蚓翻泥、小草吸水声是陪伴你的最美妙的音乐,在这静谧的世界里,没有人来打搅你,你好好睡吧。诗人让自己的思绪安宁下来,把揪心的悲哀痛楚,把日夜驱之不去的对她在生之日回忆,时时浮上心来的各种念头,堆放在一起,让它发酵,然后将形成的想法一再过滤,去掉杂质,使之变得更为清醇,更为浓郁,也更为浑厚。在理想光芒的观照下,生活的碎片在眼前变幻成一幅幅图景,凡人成为天使,万物皆为精灵。在这个过程中,五谷酿为美酒,沉痛化成长歌,生活感受净化为诗。

那么,什么是诗呢?

(板书)诗,是长歌当哭,是生活材料经过发酵、蒸馏、提纯后的美酒,是升华了的生活感受,是理想观照下的经过提炼的生活。——闻一多《也许》给我的启示。

这是我对诗歌的领悟。

3. 延伸:我们可以从无数个角度总结自己对诗歌的感受。

不同的诗歌,可以给我们不同的启示;即使是同一首诗,我们也可以从不同的角度获得多种启示。正是这些看起来点点滴滴的具体感受或启示,才积淀成我们对诗歌的相对完整、全面的认识。下面,我再简略地写出我们课文中的诗歌给予我的几点感悟:

(板书)

(1)爱有百样,诗也有百味;说得清的爱真诚有限,化得开的诗韵味不多。诗的魅力,就在无尽的蕴涵留给你永恒的回味,不断的咀嚼让你满口余香。——读"爱的心语"短辑。

(2)人从自然中提炼出了诗,又在诗中创造出了自然。诗中的自然熔铸进了人的灵魂,人在欣赏自然的同时又欣赏着自己的灵魂。——读郑敏的《金黄的稻束》

(3)我走进了诗的世界,在那里,琳琅满目的人和自然的万象让我迷醉。而在我沉醉的同时,诗的思、诗的味、诗的清泉又融入了我的世界,荡涤着我的灵魂。——读邹荻帆的《无题》

4. 学生尝试着就自己所感最深的一点谈对诗歌的领悟。

现在,请同学们就本学期所学诗歌作品给你的最强烈、最突出、最清晰某一点,像我上面所做的那样,谈谈诗歌作品给你的感受或启示。先概括地写出你的感受或启示,然后加以说明。

(学生翻检课文,写出简短的感受,当众宣读,然后对自己的感悟作出简要的说明)

（学生互相评论，主要指出别人感悟的独特之处。教师将学生的发言要点板书）

（让学生尽可能多地发表自己的意见，在此基础上评出若干最有特色的发言）

5. 小结。

同学们刚才都谈了自己对诗歌的领悟。我们可能都有这样的感觉：抽象地去思考诗歌，我们只能在想象中琢磨它的外部的形式特征——诗段、诗行、诗句的节奏、诗韵，别的就很难想象得到。但是，当我们就具体的诗作进行品味时，特别是就诗的内涵和生活、诗人的情感和理想、诗的情感表达的方式展开思考时，所得到那种的发现，远比我们印象中的“诗”要复杂得多，也有意思得多、美得多，简直是一个说不尽的话题，而且，每联系到一首作品，感觉都不一样。正是这种感受的积累，才使我们对诗的认识丰富起来、深刻起来；也正是在这个时候，我们才发现，诗是一个无法穷尽的话题。

从某种意义上说，诗，就是文学；小说，戏剧，散文莫不含有诗的成分。人的生活，一方面是物质的、现实的；另一方面，又是精神的、理想的——也就是诗的。这两个方面，构成了我们生活最基本的内容。人要想提升自己的精神境界，得好好读诗，思考诗，从生活中去发现诗，让自己的精神含有诗意。这样，我们就能逐步脱离低级趣味，不断提高自己的精神品位，而成为一个有修养的高尚的人。

6. 作业：

(1)再写几组从不同的角度对诗歌感悟的概括（像示例那样简短的总结，不必展开）。

(2)就其中你最满意的一组，加以发挥，写成一篇短文。

三、选择一篇课文完整设计一节阅读课的教案，在微格教室进行说课和试讲，感受课堂教学技能的综合运用。

主要参考资料

[1]蔡敏."角色扮演式教学"的原理与评价.教育科学,2004(12).
[2]陈德明.数学课堂总结的五种形式.江西教育,1999(7-8).
[3]陈美勇,黄旭才.不应遗憾的结尾——小议课堂教学总结艺术.广西教育,2002(8).
[4]陈天金.浅谈语文自学辅导教学中教师的导.学科教育,1995(12).
[5]董素芳.对非指导性教学模式的教育心理学分析.科教文汇,2007(4上).
[6]陈维嘉.讲解技能.佛山大学学报,1997(6).
[7]冯生尧.发现学习模式的历史透视与评价.现代教育论丛,1998(3).
[8]高玲.关于加强师范生教学技能训练的思考.山东师大学报(社会科学版),1997(5).
[9]郭君.目标控制单元复习总结课的操作.教育实践与研究,2001(10).
[10]郭嗣会.论教师课堂讲授语言.上海大学学报(社会科学版),1998(5).
[11]郭友.对师范生教学技能培训模式的探讨.高等师范教育研究,1999(1).
[12]海唯一,曾祥权."启发式"教学中的启发途径初探.内江师范学院学报,2001(4).
[13]胡淑珍,胡清薇.教学技能观的辨析与思考.课程·教材·教法,2002(2).
[14]黄中益.改进讲授方法,促使学生乐学.中国教育学刊,1997(1).
[15]江玲,邹霞.微格教学与教学技能分类.四川师范学院学报(哲学社会科学版),1999(9).
[16]鞠鑫.认知结构理论研究述评.四川教育学院学报,2008(6).
[17]邝丽湛.论教师教学的应变能力.心理发展与教育,1995(4).
[18]李承奎."多角度立意"作文教学记.中学语文教学参考,1999(1-2).
[19]李克东.教师职业技能训练教程.北京:北京师范大学出版社,1994.
[20]李松林,李文林.教学活动理论的系统考察与方法论反思.外国中小学教

育,2008(1).
[21]李颖.语文课的讲解技能.北京教育学院学报,1996(4).
[22]梁英,张大均.用新的知识观探讨高师生教学技能的形成.宁波大学学报(教育科学版),1999(4).
[23]刘连武.浅谈教师的课后总结.石油教育,2000(10).
[24]刘丽平.运用微格教学提高师范生课堂教学技能.成都大学学报(教育科学版),2008(8).
[25]卢洋.试论课堂教学机智.陕西师范大学学报(哲学社会科学版),1998(9).
[26]马多秀.教师的教育机智及其生成——马克斯·范梅南的现象学教育学思想的解读.江苏教育研究,2007(10).
[27]马增彩.罗杰斯"非指导性"教学的现代启示.天津市教科院学报,2002(2).
[28]孟宪恺.微格教学基本教程.北京:北京师范大学出版社,1992.
[29]彭豪祥.有效教学反馈的主要特征.教育研究与实验,2009(3).
[30]乔晖.近十年教学技能研究综述.盐城师范学院学报(人文社会科学版),2004(2).
[31]邱自佚,崔征.浅议总结教学.小学语文教学,2002(8).
[32]茹荣芳,王淑霞.教师教育中教学技能训练模式的探索.中国成人教育,2008(3).
[33]施良方,崔允漷.教学理论:课堂教学的原理、策略与研究.上海:华东师范大学出版社,1999.
[34]宋翠霞.小学语文教学中的导入讲授与总结.中国电化教育,1997(3).
[35]孙海.论课堂教学讲解技能的基本要求.许昌师专学报,2000(1).
[36]孙正川.《课堂教学技能》课程的探讨.黄石教育学院学报,1999(1).
[37]田玉萍.导入——高师数学教学技能的灵性作用.牡丹江师范学院学报(自然科学版),2009(1).
[38]王凡.课后总结的五种方法.小学语文教学,1997(10).
[39]王鸿熙,刘常涌.《学记》启发教学思想初探.山东教育科研,1999(9).
[40]汪家宝,刘丽.构建教学技能训练的新模式.广西高教研究,2002(4).
[41]王美岚,王琳.布鲁纳的发现学习及其启示.当代教育科学,2005(21).
[42]王树森.试论历史课堂教学中的总结技能.课程教材教法,1996(10).
[43]王晓平.概念的控制掌握与智力开发.心理科学通讯,1987(1).
[44]王云峰.对教学技能心理训练模式的再探索.首都师范大学学报(社会科学版),1995(4).
[45]吴丹青.语文,在诗意的土壤里.北京:北京大众文艺出版社,2005.

[46]邬秀萍.小学数学课总结七法.广西教育,2000(10).
[47]肖少北.布鲁纳的认知—发现学习理论与教学改革.外国中小学教育,2001(5).
[48]徐林祥,张悦群.中学语文课堂教学技能训练.长春:东北师范大学出版社,1999.
[49]余文森.略论课后总结和评价能力.吉林教育科学,1997(11).
[50]闫建国,郝继峰.教师教学技能训练的初步探究.教学与管理,2001(10).
[51]严晓松.浅议课堂总结.中学生物教学,2002(5).
[52]叶长文.教学中偶发事件的分类及应变技巧.山东教育,2000(21—22).
[53]叶飞.教育的机智——范梅南教育思想探析.当代教育科学,2006(1).
[54]张国仁,杨金花.认知结构的概念形成及其理论发展探索.吉林省教育学院学报,2010(2).
[55]张建伟,陈琦.科学发现学习的新近研究.心理学动态,2001(4).
[56]张蕾,林雨风.中国语文人.北京:首都师范大学出版社,2010.
[57]张铁牛.论教学技能的形成与发展.许昌学院学报,2003(5).
[58]张玉兰,宁更柱.物理课堂总结八法.山西教育,1999(6).
[59]张熙.罗杰斯的"非指导性"教学模式和主导主体思想.教育研究,1996(2).
[60]赵春平,温金梅.浅谈教学机智在课堂教学中的运用.教育理论与实践,2001(5).
[61]赵正铭.略论课堂教学机智.中国教育学刊,2002(6).
[62]郑葳,王大为.超越学习的个体性和社会性之争——活动理论之于现代学习论的影响.全球教育展望,2005(1).
[63]周忠生,田宗友.罗杰斯的"非指导性教学"模式评述,外国中小学教育,2002(6).
[64]周治华.关于课堂讲授信息量的思考.四川师范学院学报(哲学社会科学版),1996(4).
[65]邹立君.职业教育教学技能的内涵与特征.河南职业技术师范学院学报(职业教育版),2003(6).
[66]邹翔安.漫谈语文教学的导语、讲授语和结束语.中学语文教学参考,1998(1—2).
[67]钟启泉,欧培民.语文课程与教学论.杭州:浙江教育出版社,2003.
[68]朱晓燕.高师生英语教学技能训练体系设计.广州师院学报(社会科学版),1997(2).

后　记

2009年春天，本人有幸应邀出席浙江大学出版社召开的高等院校师范类专业教学及教材建设研讨会，欣然接受了《语文课堂教学技能与微格训练》教材的编写任务。

本人由于长期从事师范学院中文系本科生的教学工作和语文教师继续教育工作，深感严格而有系统地训练语文教师的课堂教学技能是非常重要的。教师课堂教学技能是教师专业素质的重要构成因素，其获得和形成需要一个较长时间的历练过程。师范生实习前通过初步的严格训练，掌握最基本的课堂教学技能，以便在毕业后的课堂教学中站稳脚步；新教师通过三年左右继续教育的入职培训，熟练地运用教学技能，从而胜任教学工作；骨干教师通过继续教育的提高培训，把教学技能提升为教学技巧或教学艺术，从而成为教学专家。也就是说，培养语文教师的教学技能需要长期规划，系统训练，逐步提升；而编写适用于师范生和新任教师所需要的注重实践训练的教材是培养教师课堂教学技能的前提。

经过两年多的努力，整理和研究了平时开展教师职前和职后教育所积累的资料，终于完成了书稿。本书由本人与杭州市上城区教育学院吴丹青特级教师合作完成。吴老师就自己多年的教学和培训积累的丰富材料，撰写了“提问”这一章。

本书能够完成，非常感谢历年来参加浙江省骨干教师培训的许多语文教师，他们在培训期间留下了大量的教学录像，成为语文教学技能培训的丰富案例。同时感谢杭州师范大学王光龙教授拨冗审阅，感谢浙江大学出版社的编辑们为本书的出版付出了艰辛的劳动。在写作过程中，我们参阅了大量的相关资料，吸收了其中的最新研究成果，并尽可能一一注明所参考的资料，但由于有的资料积累的时间比较早，故已无法全部注明，在此仅能表示感谢和歉意。

因为时间仓促，我们的水平也有限，书中不当之处，敬请专家同行批评指正。

张孔义

2011年6月于杭州浅水湾

Teaching Skills in Chinese

Learning and Microtraining